LE GRAND EMPIRE

Bibliothèque de « L'Évolution de l'humanité »

JEAN TULARD

LE GRAND EMPIRE

1804-1815

Albin Michel

Préface à la nouvelle édition

La parution du *Grand Empire* en 1982 dans la prestigieuse collection « L'Évolution de l'humanité » a contribué à relancer les études napoléoniennes en France.

La fin de la Seconde Guerre mondiale avait laissé en ruines une grande partie de l'Europe. La Guerre froide la coupa jusqu'en 1989 en deux blocs hostiles, rendant de nombreuses sources inaccessibles.

Qui pouvait s'intéresser – une poignée de chercheurs exceptée – à l'Europe de Napoléon ? Aux grandes synthèses de l'avant-guerre, on préféra la biographie anecdotique chère aux disciples de Lenôtre ou les récits plus ou moins colorés de batailles.

La Nouvelle Histoire put afficher un superbe mépris pour l'époque napoléonienne, temps court fondé sur l'événementiel.

C'était injuste puisque les années 1795-1815 ont vu un changement en profondeur du Vieux Continent tout aussi important que celui de la Renaissance.

Une impulsion nouvelle fut donnée par l'Institut Napoléon ressuscité à la fin des années 40 par le professeur Marcel Dunan, grand spécialiste de l'Allemagne. Présidé aujourd'hui par le professeur Jacques-Olivier Boudon, l'Institut Napoléon a été à l'origine de nombreuses thèses en Sorbonne ou à l'École pratique des Hautes Études. On les trouvera citées dans le supplément bibliographique de ce livre.

La Fondation Napoléon, à l'initiative de son directeur Thierry Lentz et grâce à la générosité de l'industriel Lapeyre, a soutenu cet effort en entreprenant notamment la publication – enfin scientifique – de la correspondance de l'Empereur.

Autour de ces deux pôles et à travers une nouvelle génération d'universitaires débarrassés des complexes suscités par l'absurde discrédit entachant les recherches sur le Consulat et l'Empire, de nombreux travaux ont vu le jour ces dernières années. Les grands documents diplomatiques ont été publiés par Michel Kerautret. Plusieurs biographies ont été renouvelées, ainsi celle de Talleyrand par Emmanuel de Waresquiel. L'armée a bénéficié des travaux d'Alain Pigeard, Ronald Zins, Jacques Garnier ou Jacques Jourquin. Enfin, hors France, un Englund aux États-Unis, un Berding et un Weiss en Allemagne, un Masilli-Migliorini en Italie ont élargi notre champ de vision.

Les conclusions du *Grand Empire* en ont-elles été modifiées ? Nuancées plutôt, surtout dans le domaine économique avec les études de Pierre Brenda et Jacques Wolf, tandis que Genève, grâce à Palluel, et Milan avec Pillepich faisaient l'objet de thèses exhaustives qui apportent une foule de renseignements inédits.

Dans sa belle synthèse en trois volumes, *La France et l'Europe de Napoléon,* Thierry Lentz a confirmé ce que souhaitait montrer *Le Grand Empire* : « C'est parce qu'il avait réussi à engager la fusion nationale, consolidé l'unité, assouvi les appétits des différentes classes à l'intérieur en même temps qu'il mettait au point une efficace machine de financement que le régime napoléonien put se lancer à la conquête de l'Europe. »

Et Jacques-Olivier Boudon, sous un titre identique, *La France et l'Europe de Napoléon*, le souligne déjà un an plus tôt : « Il est impensable d'envisager l'histoire du Consulat et de l'Empire sans le faire dans un cadre européen tant que le destin de la France et de ses voisins est alors lié. »

Ainsi se trouve justifiée par deux nouveaux et grands historiens de Napoléon la vision proposée en 1982 dans ce *Grand Empire* que l'on va lire ou relire.

Jean Tulard *de l'Institut*,
septembre 2009

Préface à l'édition de 1982

Depuis 1922, la collection « L'Évolution de l'Humanité » a publié près de quatre-vingts volumes. Les plus grands historiens français y ont collaboré : Gustave Glotz et Ferdinand Lot, Lucien Febvre et Marc Bloch, Léon Robin, Louis Halphen, Joseph Vendryès... La liste pourrait être beaucoup plus longue.

Henri Berr, créateur de la collection, avait conçu pour elle un plan fort ambitieux, qui couvrait toute l'histoire de l'humanité des origines à nos jours. Ce plan, il travailla énergiquement à le réaliser. À sa mort en 1954, il légua la direction de la collection au Centre International de Synthèse, dont il était le fondateur, et Paul Chalus, secrétaire général du Centre, poursuivit l'œuvre entreprise avec l'inépuisable gentillesse et l'inlassable dévouement qu'aucun de ses amis ne pourra oublier.

Paul Chalus est mort à son tour, et c'est à moi qu'il incombe désormais de continuer le travail commencé par Henri Berr. Beaucoup de choses ont changé depuis 1922, et d'abord l'idée que nous nous faisons de l'histoire. Henri Berr lui-même avait travaillé à ce changement, et le plan général qu'il avait tracé pour la collection reste étonnamment moderne, en particulier pour la place qu'il fait à l'histoire sociale, à l'histoire des mentalités, à l'histoire intellectuelle. Il se trouve ainsi que l'ouvrage de Jean Tulard que nous présentons aujourd'hui vient occuper, à très peu de chose près, la place prévue pour lui.

Cela n'est pas surprenant, car l'épisode du Grand Empire napoléonien, si bref qu'il ait été, a pesé lourd dans l'histoire européenne. Bien que le Congrès de Vienne ait restauré en apparence la vieille Europe monarchique de 1789, il était déjà clair en 1815 que rien ne serait plus comme avant. Paradoxalement peut-être, l'histoire de cette mutation profonde doit d'abord être une histoire événementielle. Pendant vingt ans, l'événement a régné en maître. L'événement, c'est-à-dire l'histoire militaire et diplomatique, les victoires et les défaites, les alliances nouées et dénouées, les fidélités et les trahisons de milliers d'hommes subjugués ou révoltés par l'incroyable succès et l'implacable ambition de Napoléon Ier. L'événement, c'est d'abord cet homme, produit, certes, de la Révolution française, mais unique par son génie. Comme sans le vouloir, Jean Tulard nous le montre, au cœur de toutes les affaires, improvisant un empire pour mieux poursuivre la guerre contre l'Angleterre, et maniant comme des marionnettes tous ceux, frères ou maréchaux, qu'il avait placés sur des trônes quelque part en Europe et qui, naïvement, auraient bien voulu faire le bonheur de leurs sujets.

Tous ces événements, ces retours soudains de la fortune des peuples et des rois, ces changements de desseins dans la pensée du maître et de ses ennemis, il fallait les raconter, car rien n'est intelligible sans eux. Mais, sous l'événement, il y a les réalités profondes, les exigences de l'économie qui refusent de se plier aux volontés d'un homme, les réactions des paysans et des bourgeoisies nationales d'abord favorables aux idées révolutionnaires mais bientôt hostiles aux exactions des soldats et aux conséquences désastreuses du Blocus continental. Héritier de la Grande Nation révolutionnaire, le Grand Empire devient le rêve d'un despote qui cherche moins à convaincre qu'à écraser.

Comment ce Grand Empire s'est fait et s'est défait, voilà ce que raconte ce livre. Lorsqu'il s'achève, c'est l'Europe du XIXe siècle qui est en place, avec un Code civil copié sur le Code Napoléon, des bourgeois qui ont découvert la liberté et le pouvoir, mais aussi des peuples qui se sont découverts eux-mêmes dans la haine de l'envahisseur français. Europe des nationalités, Europe des bourgeois, bien plutôt qu'une Europe de la Sainte-Alliance.

Pas plus que Charlemagne, Napoléon n'est parvenu à construire un empire durable. Pas plus que lui sans doute, il ne pensait à ce que nous appelons aujourd'hui « faire l'Europe ».

De cet empire improvisé, il a subsisté plus de ressentiments que de bienveillance entre les peuples. Et pourtant, sans qu'ils s'en doutent, ces peuples, un instant unis dans le Grand Empire, allaient devoir affronter ensemble, sinon du même pas, l'aventure de la révolution industrielle.

Jacques Roger
Professeur en Sorbonne
Directeur du Centre International de Synthèse

Avertissement

Ce livre est l'histoire d'une domination et non celle d'un homme. On ne trouvera pas ici la vie de Napoléon, mais la description des territoires dont il fit la conquête et qu'il chercha à assimiler dans un vaste ensemble, le Grand Empire. Pour un temps très bref, l'Europe fut presque entièrement unie sous l'autorité de la France. Comment ? Faut-il en attribuer le seul mérite à Napoléon ? La Convention puis le Directoire n'avaient-ils pas, contrairement aux principes qu'ils proclamaient, ouvert une politique d'annexions, en sorte que le Grand Empire ne fut en définitive que l'héritier de la Grande Nation ? L'Europe elle-même ne porte-t-elle pas dans la naissance de l'impérialisme français une lourde responsabilité en formant ces coalitions sans cesse dénouées et reconstituées dans le seul but d'abattre la Révolution puis Napoléon et d'affaiblir la France ?

L'Empire est-il né d'une volonté délibérée ou du hasard des circonstances ? À considérer son organisation, l'étonnante variété des régimes allant du territoire annexé et transformé en département au royaume vassal, l'attente dans plusieurs pays d'une unification qui ne vint jamais, un système douanier en contradiction avec les développements économiques, comment distinguer l'empirisme des principes ?

Pourquoi, enfin, cet Empire s'est-il écroulé alors que les troupes françaises avaient été favorablement accueillies sur la rive gauche du Rhin, au Piémont ou en Pologne, que, de Goethe à Hegel, des Afrancesados à Monti, toute une Europe de l'intelligence avait salué en Napoléon un rénovateur du vieux monde ?

Et l'échec de la tentative d'unification du continent par

Napoléon, tentative qu'il revendiquera à Sainte-Hélène, a-t-il condamné à tout jamais l'idée européenne, tant de fois agitée depuis ?

Autant de questions auxquelles, depuis la parution de l'histoire diplomatique du Premier Empire par le baron Bignon, l'un des acteurs de cette politique étrangère, il a été maintes fois répondu. Thiers, Sorel, Vandal, Bourgeois, Masson, plus récemment Marcel Dunan, André Fugier, Jacques Godechot, Roger Dufraisse ou André Palluel, ont écrit des pages devenues classiques sur la genèse et l'effondrement de l'empire napoléonien.

Fallait-il ajouter à cette vaste bibliographie un livre supplémentaire ?

De nouvelles sources ont été offertes au chercheur : archives Murat, fonds considérable qui permet de juger plus équitablement l'une des figures les plus controversées de l'épopée impériale ; papiers de Joseph Bonaparte concernant ses royautés successives de Naples et d'Espagne, saisis par Wellington à la bataille de Vitoria et restés inédits jusqu'à ce que M. Jean Favier, directeur général des Archives de France, obtienne en 1977 les crédits nécessaires pour les acquérir. Si l'on veut bien noter que c'est également à M. Jean Favier que l'on doit l'entrée au palais Soubise des archives du prince Napoléon, les historiens du Premier Empire peuvent considérer qu'un grand pas a été accompli dans la concentration à Paris d'un vaste ensemble documentaire inconnu jusqu'alors. Un ensemble que cette synthèse ne peut encore qu'effleurer ; du moins y puise-t-elle sa justification.

Introduction

La prépondérance française

Pourquoi, au sortir d'une longue période d'effacement, la France a-t-elle dominé l'Europe entre 1792 et 1815 ? Ni l'idée d'une régénération morale pendant la Révolution ni l'évocation du génie napoléonien ne suffisent à expliquer comment l'ancien royaume de Louis XVI a pu tenir tête aux autres puissances, coalisées contre lui, du Nord au Midi. Sans négliger ni la Révolution, ni Napoléon, ce sont des facteurs divers et complexes qu'il faut faire intervenir pour comprendre la supériorité française en Europe durant deux décennies.

FACTEURS INTELLECTUELS

L'impérialisme français ne fut-il pas intellectuel avant d'être militaire ? L'Europe des Lumières ne préfigurait-elle pas la Grande Nation et le Grand Empire ? La conquête philosophique a précédé celle des armes ; les idées ont frayé la voie aux soldats. Le prestige de la culture française était en effet considérable à la veille de la Révolution. Voltaire et Rousseau étaient lus dans toutes les capitales où la censure le permettait. Les artistes français sollicités par les cours étrangères acceptaient de s'expatrier temporairement. La science française enfin, avec Lavoisier, Buffon, Lamarck, Laplace et Legendre, exerçait un incontestable rayonnement. En 1777, Caraccioli, ambassadeur napolitain, publie un opuscule : *Paris le modèle des nations étrangères ou l'Europe française*. Il écrit : « Jadis tout était romain, aujourd'hui tout est français [1]. »

Cette prépondérance de la France s'explique aussi par l'universalité de sa langue. Le théâtre en français triomphe à Saint-Pétersbourg et c'est le français que l'on emploie dans tous les documents diplomatiques de la Hofburg à Vienne. En 1782, l'académie de Berlin reconnaît cette prééminence en mettant au concours, sur la suggestion du bibliothécaire Merian, les questions suivantes : « Qu'est-ce qui a fait de la langue française la langue universelle de l'Europe ? Par où mérite-t-elle cette prérogative ? Peut-on présumer qu'elle la conserve ? »

La réponse de Rivarol retient l'attention des académiciens. Il invoque le climat, la facilité des relations et le caractère des habitants, mais aussi la clarté, la précision et l'harmonie d'une langue devenue, grâce à ses qualités, le véhicule privilégié des chefs-d'œuvre littéraires et des traités diplomatiques.

Quant à l'avenir, le XVIIIᵉ siècle, avec Voltaire et d'autres, constatait Rivarol, n'a fait apparaître aucun signe de décadence dans notre pays. Un seul danger : « La France qui a, dans son sein, une subsistance assurée et des richesses immortelles, agit contre ses intérêts et méconnaît son génie quand elle se livre à l'esprit de conquête. » L'auteur rejoint ici Vergennes, l'un des grands inspirateurs de la politique étrangère de Louis XVI.

En 1792, la Révolution rompt avec ces principes : le messianisme guerrier remplace l'idée d'équilibre européen. Les événements parisiens relancent en fait le mouvement de sympathie ou de simple curiosité à l'égard de la France. De Godwin à Wordsworth en Angleterre, de Campe à Humboldt en Allemagne, d'Alfieri à Pindemonte en Italie, on se passionne pour la révolution qui s'accomplit en France, on s'exalte sur les victoires des armées révolutionnaires, on va jusqu'à traduire les discours des orateurs et les proclamations des généraux. Bonaparte figure déjà dans une anthologie américaine de modèles d'éloquence, *The*

---

1. Cf. dans la même collection : L. RÉAU, *L'Europe française au siècle des Lumières*, Paris, Albin Michel, 1951.

Columbian Orator, publiée à Boston en mai 1797 [1] ! L'art devient une arme de propagande redoutable, qu'il s'agisse de la peinture – les toiles sont largement reproduites sous forme de gravures – ou du théâtre, de la médaille ou de la chanson.

C'est à la presse, nouveau pouvoir, qu'est assigné un rôle important. De France partent des journaux destinés spécialement à l'étranger : la *Gazette littéraire de l'Europe* rédigée par Suard et subventionnée par le ministère des Affaires étrangères laisse la place à des feuilles révolutionnaires comme le *Batave* de Dusaulchoy ou le *Cosmopolite* de Proly. Des journaux français sont également imprimés en Belgique, en Hollande, en Allemagne et en Italie. Ne citons que le *Journal de Genève* auquel collabora Mallet du Pan en Suisse ou le *Courrier de l'Europe* imprimé à Londres [2].

N'oublions pas enfin, dans les liens idéologiques tissés entre la France et ses voisins, le rôle de la franc-maçonnerie [3]. Si son influence disparaît pendant la Révolution, en revanche au moment de la reconstitution des loges, bien des fonctionnaires chargés d'administrer les pays conquis trouveront dans les maçons allemands ou italiens de précieux alliés.

Bref, sans reprendre ici un sujet largement traité, on peut considérer que, sous l'influence des « Lumières » ou de la propagande révolutionnaire, une large fraction de l'opinion cultivée européenne se trouvait mise en condition avant même l'apparition des soldats de la Grande Nation, porteurs des idées de liberté et d'égalité.

Avec Napoléon, la propagande prend une nouvelle dimension. Elle devient, de l'aveu même de ses adversaires, l'arme napoléonienne la plus redoutable et la plus redoutée.

Plus encore que les révolutionnaires, Napoléon a su utiliser la presse. La lettre du 1er juin 1805, adressée de Milan par Napoléon à Fouché, son ministre de la Police, contient le meilleur résumé de la politique suivie : « Les journaux sont une partie importante.

---

1. J. GODECHOT, *La Grande Nation*, p. 125.
2. *Ibid.*, p. 121.
3. P. CHEVALLIER, *Histoire de la franc-maçonnerie française*.

On ne peut dire aujourd'hui qu'ils sont malveillants mais ils sont trop bêtes ; ils écrivent sans but... Je voudrais que les rédacteurs des journaux conservés fussent des hommes attachés, qui eussent assez de sens pour ne point mettre des nouvelles contraires à la nation. Il faudrait que l'esprit de ces journaux fût dirigé dans ce sens, d'attaquer l'Angleterre dans ses modes, ses usages, sa littérature, sa Constitution. Geoffroi n'est recommandable que sous ce point de vue, et c'est le grand mal que nous a fait Voltaire de tant nous prêcher l'anglomanie [1]. »

Voici un exemple de cette orientation donnée à la presse. Le 19 février 1814, Napoléon rappelle à Savary : « Les journaux sont rédigés sans esprit. Est-il convenable, dans le moment actuel, d'aller dire que j'avais peu de monde, que je n'ai vaincu que parce que j'ai surpris l'ennemi et que nous étions un contre trois ? Il faut, en vérité, que vous ayez perdu la tête à Paris pour dire de pareilles choses, lorsque, moi, je dis partout que j'ai 300 000 hommes, lorsque l'ennemi le croit et qu'il faut le dire à satiété [2]. »

À Sainte-Hélène, Napoléon dira qu'il avait fait du *Moniteur*, lu avec avidité dans toute l'Europe, « l'âme et la force de son gouvernement, son intermédiaire et ses communications avec l'opinion publique du dedans et du dehors ». Il les déclarait « terribles et à charge à tant de réputations ». Ce que reconnaît Mme de Staël dans un texte fameux : « Si *Le Moniteur* accusait quelqu'un d'avoir volé sur le grand chemin, aucune gazette, ni française, ni allemande, ni italienne, ne pourrait admettre sa justification. Quelque indépendance de caractère que l'on eût, je crois qu'on ne pouvait se défendre de frissonner en attirant de tels moyens contre soi [3]. » Seule la presse anglaise – encore est-elle proscrite dans l'Empire – pouvait faire un contrepoids efficace à un tel pouvoir.

Les brochures n'ont pas moins d'importance. Des folliculaires ont la charge de les rédiger : Barère, Fiévée, Montgaillard, etc. Comme ne peuvent circuler que des informations officielles donc

---

1. *Correspondance de Napoléon Ier*, n° 8821.
2. *Ibid.*, n° 21316.
3. MISTLER, *Napoléon et l'Empire*, t. II, p. 231.

suspectes par suite de la censure qu'avait également connue la Révolution, Napoléon essaie de toucher l'opinion par une action moins voyante. À Fouché, à Eugène, vice-roi d'Italie, au gouverneur de Paris, à ses frères, il donne souvent l'ordre de répandre des rumeurs : il s'agit de démoraliser l'ennemi ou de favoriser un mouvement populaire.

Les arts, de la peinture à la musique, ont pour mission essentielle de servir cette propagande. *Les Pestiférés de Jaffa* sont la réponse aux calomnies de Wilson accusant Bonaparte d'avoir fait empoisonner les soldats frappés par la peste en Égypte ; *Le Champ de bataille d'Eylau*, de Gros également, entend démentir les affirmations de victoire des Russes en montrant Napoléon maître du terrain.

Des médailles et des estampes commémorent les victoires. Le chant n'est pas négligé : encouragé par le gouvernement, Pierre Crouzet compose un nouveau *Chant du départ* ; en 1814, c'est *La Lyonnaise* qui invite à résister à l'invasion [1].

Du portrait officiel à la caricature (mais ici la concurrence anglaise est redoutable), tout est bon à la propagande napoléonienne. L'Autriche tentera en 1809, après l'Espagne, un effort voisin mais sans succès comparable. La diffusion de la langue française en Europe et la curiosité qu'inspire toujours le vainqueur ont largement servi Napoléon.

Toute victoire s'inscrit dans le paysage : de la colonne Vendôme à l'arc du Carrousel. Les expositions d'œuvres d'art enlevées à l'adversaire attirent une foule aussi enthousiaste que celle qui assistait aux triomphes des chefs victorieux à Rome.

La mode s'en mêle et gagne la quasi-totalité de l'Europe. Les fêtes et les parades militaires, dont le faste semble avoir ébloui les contemporains, à lire les descriptions de Balzac dans *La Femme de trente ans* ou de Sainte-Beuve dans *Volupté*, servent également la propagande impériale.

Dans une Europe déjà gagnée avant 1789 malgré de vives réactions à l'influence française, la Révolution avait ouvert la

---

1. HOLTMANN, *Napoleonic Propaganda*, p. 160.

voie : les mots d'ordre de liberté et d'égalité avaient été largement répandus, un nouveau rejet s'était manifesté vers 1793 contre les Français qualifiés de « Huns de l'Occident », rejet qui allait de l'*Anti-Jacobin* de Burke au massacre de Basseville, le 13 janvier à Rome. Mais le rayonnement des artistes émigrés avait compensé ces pertes. L'éclat des victoires napoléoniennes, amplifié par la propagande, relance à nouveau, jusqu'en 1808 au moins, la fascination pour la France et marque un recul de l'anglomanie.

LE POIDS DE LA DÉMOGRAPHIE

À l'arrière-plan de la supériorité française : le facteur démographique.

Les évaluations de la population au début de la Révolution sont naturellement sujettes à caution. Le chiffre avancé par Young dans ses *Voyages en France*, soit 26 363 074 habitants, paraît trop bas, celui de Pinteville de Cernon, qui correspond à 27 400 151, serait quant à lui trop élevé. Les recensements et dénombrements qui suivront, en 1790, en l'an II et en 1801, ne sont pas d'une grande sûreté, seul celui de 1806 semble offrir quelques garanties.

Pour en revenir au début de la Révolution, une reconstitution, tentée à partir des papiers du comité de division, donnerait pour la France les limites de 1790 : 28,1 millions d'habitants avec de fortes concentrations dans l'Ouest, le Nord et la région parisienne [1].

La France connaît alors un taux de nuptialité qui varie entre 90 et 85 pour 10 000, encore est-il difficile de le définir avec précision [2]. La natalité suit le mouvement : 390 pour 10 000, malgré un léger fléchissement dans les dernières années de l'Ancien Régime,

---

1. Cl. LANGLOIS, « 1790 : la révolution de 28 millions de Français », *Annales de démographie historique*, 1976, pp. 215-258.
2. Les chiffres qui suivent sont extraits de M. REINHARD, « Bilan du monde en 1815 », *Rapports, Comité international des Sciences historiques*, Vienne, 1965, pp. 451-470.

dû sans doute au progrès du contrôle des naissances, progrès que favorisera la politique de déchristianisation, du moins en milieu urbain.

La mortalité, enfin, ne peut être calculée avec précision : entre 320 et 390 pour 10 000 habitants, vers 1789. Notons la disparition des grandes épidémies sous le règne de Louis XVI et l'absence de disettes catastrophiques avant 1787. De là une baisse de la mortalité que viendra remettre en cause la Terreur, surtout dans les villes : 30 400 décès à Paris en 1794, 27 000 en 1795, 28 000 en 1796.

En 1789, la France apparaît comme un réservoir d'hommes, sinon inépuisable, du moins considérable par rapport à ses voisins européens.

À la même époque, l'Angleterre ne dépasse pas 8 millions d'habitants, malgré un fort essor de la natalité (362 naissances pour 100 mariages), et une très sensible diminution de la mortalité (269 pour 10 000).

Frédéric II avait beau affirmer que « la force d'un État ne se trouve pas dans l'extension d'un pays, mais dans sa richesse et le nombre de ses habitants », la Prusse ne compte pas encore 7 millions de sujets.

Les Bourbons d'Espagne ne règnent en Europe que sur 10,4 millions d'habitants, si l'on fait confiance au recensement de Floridablanca en 1787.

Le Portugal, malgré un net accroissement, ne totalise que 2,9 millions d'indigènes. L'Italie du Sud apparaît en perte de vitesse, mais le Piémont et la Toscane, grâce à leur industrie, compensent ce déclin. Au total, la péninsule compte 18 millions d'Italiens.

Deux géants, la Russie, avec 30 millions d'habitants et l'Empire autrichien qui compte environ 27 millions d'âmes, peuvent seuls rivaliser avec la France. Encore les deux colosses offrent-ils une singulière marqueterie de peuples. Ainsi Hongrois, Roumains, Croates, Serbes, Slovaques et Allemands cohabitent-ils sous la domination des Habsbourg, sans parler d'une non moindre grande diversité religieuse.

La France est, non seulement en 1789, l'un des pays les plus peuplés d'Europe, mais encore elle offre le spectacle d'une population jeune : 40 pour 100 des Français ont alors de 20 à 40 ans, et 36 pour 100 comptent moins de 20 ans [1].

Du coup, la France semble surpeuplée par rapport à la Russie, l'Autriche ou la Prusse.

Vers 1803, les deux guerres provoquées par des coalitions européennes n'ont provoqué aucune saignée démographique en France [2]. Mise en cause de façon excessive, la politique familiale de la Révolution n'a pas eu les effets présumés. Certes la cellule familiale a subi de rudes assauts (facilités nouvelles pour la dissolution du mariage, émancipation de la femme, abolition du droit d'aînesse favorisant le fils unique) mais l'équilibre n'est pas rompu. Bien plus, après un arrêt entre 1790 et 1796, la croissance de la population reprend de façon spectaculaire : elle serait de l'ordre de 800 000 habitants dans les limites de la France de 1790, pour la période décennale 1796-1806 [3].

Dans cette croissance, le rôle déterminant est joué par le Nord, l'Ouest, le Bassin parisien et les régions de l'Est, tandis que s'amorce le déclin du Sud-Ouest et du Centre. Ainsi, en dépit de l'émigration dont les effets ont été en partie compensés par les mesures d'amnistie prises sous le Consulat, des conséquences de la guerre civile et des pertes militaires, la France serait forte de 29 millions d'habitants lors de la proclamation de l'Empire.

Viennent s'ajouter à cette population celles des pays annexés : Belgique (3 254 000 habitants au recensement de 1806), Piémont et rive gauche du Rhin (1 500 000 Allemands) ainsi que des pays alliés (Hollande, Italie du Nord et cantons suisses).

Concluons. En 1804, c'est sur plus de 40 millions de sujets que peut déjà s'appuyer Napoléon face aux nouvelles coalitions européennes.

---

1. J. GODECHOT, *Les Révolutions*, p. 86.
2. Cf. les articles de L. HENRY et Y. BLAYO dans *Population*, nov. 1975, pp. 71 et 123.
3. Cl. LANGLOIS, *op. cit.*

LA FORCE MILITAIRE

On considérait, en 1789, que l'armée française, forte alors de 228 000 hommes, souffrait de deux maux : l'oisiveté et son corollaire, l'indiscipline [1]. La nécessité de justifier, à partir de 1772, de quatre degrés de noblesse, obligation encore renforcée par l'édit de Ségur qui mit fin aux certificats de complaisance, fermait l'accès des hauts grades à une élite intellectuelle d'origine bourgeoise. Carnot par exemple ne pouvait guère mieux espérer que le rôle ingrat d'un capitaine. Les conflits sociaux vinrent donc s'ajouter à l'ennui qu'inspirait la vie de garnison chez de jeunes officiers qui ne pouvaient guère compter s'illustrer que par la plume, faute de le pouvoir par l'épée.

Pourtant, si l'armée voyait diminuer de façon sensible son prestige à l'intérieur de la France comme en Europe, le XVIIIe siècle finissant donnait naissance à des théories militaires annonçant la guerre future et livrant les clefs des victoires françaises qui allaient suivre.

Dans *La Petite Guerre ou Traité du service des troupes légères en campagne*, ouvrage dédié au comte d'Argenson en 1761, le capitaine de Grandmaison définissait les principes de la guérilla. De son côté, Guibert soulignait les avantages mais aussi les inconvénients des armées nationales : « Supposons qu'il s'élevât en Europe un peuple vigoureux de génie et de moyens, et de gouvernement ; un peuple qui joignît à des vertus austères et à une milice nationale un plan fixe d'agrandissement, qui ne perdît pas de vue ce système ; qui, sachant faire la guerre à peu de frais et subsister par ses victoires, ne fût pas réduit à poser les armes par des calculs de finance. On verrait ce peuple subjuguer ses voisins et renverser nos faibles Constitutions comme l'aquilon plie de frêles roseaux. Qu'il est aisé d'avoir des armées invincibles, dans un État où les sujets sont citoyens, où ils en chérissent le gouvernement... Ô ma Patrie ! ce tableau ne sera peut-être pas

---

1. LÉONARD, *L'Armée et ses problèmes au* XVIIIe *siècle*, 1958.

toujours un rêve fantastique. Tu peux le réaliser, tu peux devenir cet État fortuné [1] ! » Quant à Lloyd, il insiste dans ses *Mémoires politiques et militaires*, dont le succès devait être considérable auprès des états-majors de la Révolution, sur le moral du général et les motivations des combattants [2].

Avant le développement de ces théories, la guerre apparaissait comme une subtile partie d'échecs où l'un des deux adversaires ne se décidait à engager la bataille, sur laquelle se jouait tout le sort de la campagne, que lorsqu'il disposait de la quasi-certitude de la victoire, soit par suite de l'avantage du terrain, soit en raison de sa supériorité numérique. Guerre de mouvement mais, plus encore, guerre défensive où le siège des places fortes mobilisait toutes les énergies pendant des mois, où les combats traînaient de forteresse en forteresse sans succès décisif. Les opinions étaient peu mobilisées, à l'exception des populations dont le territoire se trouvait envahi, et la guerre ne stimulait qu'exceptionnellement les capacités économiques des pays.

La France de la Révolution, en mettant en application les idées de Guibert et Lloyd, a bouleversé les anciennes données. Un principe est proclamé : tout citoyen doit le service militaire. Le décret du 23 août 1793 proclame : « Dès ce moment, jusqu'à celui où les ennemis auront été chassés du territoire de la République, tous les Français sont en réquisition pour le service des armées. Les jeunes gens iront au combat ; les hommes mariés forgeront les armes et transporteront les subsistances ; les femmes feront des tentes, des habits et serviront dans les hôpitaux ; les enfants mettront les vieux linges en charpie ; les vieillards se feront porter sur les places publiques pour exciter le courage des guerriers, prêcher la haine des rois et l'unité de la République. »

Lors de la formation de la deuxième coalition, le Directoire

---

1. Sur l'influence de Guibert : J. Colin, *L'Éducation militaire de Napoléon*, p. 122.

2. Sur l'influence de Lloyd : *Notes inédites de Napoléon Ier sur les Mémoires militaires du général Lloyd*, publiées par A. Ducaunnès-Duval, 1901, et Fr. Venturi, « Le avventure del generale Henry Lloyd », *Rivista Storica Italiana*, 1979, pp. 369-433.

substitua à la réquisition le régime de la conscription défini par la loi Jourdan du 23 septembre 1798. Tous les Français étaient appelés au service de vingt à vingt-cinq ans. En fait, les conscrits étaient divisés en cinq classes d'âge, la plus jeune étant appelée la première [1].

Ce système permit de lever annuellement 200 000 hommes. À la conception ruineuse de la levée en masse d'hommes arrachés de force à la vie de la nation se trouve substituée la notion moderne de réserves organisées venant en pleine force de l'âge, servir la patrie avant de reprendre leur place au sein de la nation. Le régiment fit place à la demi-brigade de 2 100 puis 3 000 soldats. La réunion de deux demi-brigades formait une brigade ; deux brigades donnaient à leur tour naissance à une division. Celle-ci était complétée par l'adjonction d'escadrons de cavalerie et de batteries d'artillerie. Forte de 12 000 hommes, la division devenait à elle seule une armée et constituait une unité tactique mobile et autonome.

Sur le terrain, fut abandonnée la disposition classique en lignes parallèles où deux fronts de bataille, dans lesquels cavaliers et fantassins étaient soigneusement séparés, s'affrontaient en exécutant, comme à la parade, des feux d'ensemble ou des manœuvres compliquées. La conception du soldat-machine, l'idéal prussien, fut abandonnée, faute de temps pour entraîner les hommes.

Les généraux de la Révolution, extraordinaires entraîneurs d'hommes, utilisèrent une tactique nouvelle : non seulement ils combinèrent, à l'intérieur des divisions, cavalerie et artillerie pour permettre au chef de faire donner à tout moment l'arme jugée la meilleure pour anéantir l'ennemi, mais encore, sans souci des formations en ligne du passé, ils ne cessèrent de développer, grâce à l'énorme potentiel d'hommes dont ils disposaient, mais en raison aussi de leur jeunesse, l'esprit d'offensive. « Rassemblez vos troupes ; mettez-vous en masse et tombez sur l'ennemi ; soyez attaquants, sans cesse attaquants ! » proclamait Carnot. « Pas trop de prudence, général ! » conseillait-il à Jourdan lors de la bataille

---

1. Sur l'armée de la Révolution : J.-P. BERTAUD, *La Révolution armée*, 1980.

de Wattignies. Hoche, de son côté, recommandait en 1793 : « Rasons les places fortes que nous ne pouvons défendre sans nous disséminer. Plaçons-nous hardiment au centre des armées ennemies. Plus forts réunis que chacune d'elles séparée, nous marcherons de celle que nous aurons vaincue à celle que nous irons vaincre. »

Napoléon n'a guère innové par rapport à la Révolution. Il a eu, lui aussi, le souci d'associer étroitement la nation à l'armée, grâce aux *bulletins* qui informaient le pays des victoires françaises [1]. Il conserve la conscription (les levées d'hommes sont décidées par sénatus-consulte, c'est-à-dire par Napoléon lui-même) et se contente de superposer à la division le corps d'armée. La Grande Armée est une armée nationale et non un rassemblement de mercenaires. Quand son recrutement s'altérera, après Eylau, par l'apport des levées étrangères, le sort des batailles deviendra plus incertain.

L'armement est resté le même après Brumaire : le fusil modèle 1777 et le canon Gribeauval ont continué à équiper l'armée napoléonienne, héritière des soldats de l'an II. Pourtant le rôle de la cavalerie dont les charges (cuirassiers, dragons et carabiniers reprennent le casque et la cuirasse abandonnés depuis Louis XIV) sont souvent décisives et celui de l'artillerie dont le tir prépare l'offensive, deviennent grandissants, tandis que l'on voit se développer le corps du génie avec ses sapeurs, ses mineurs et ses pontonniers. L'essentiel n'est pas dans le matériel ni dans l'intendance, toujours défectueuse (on vit en réalité sur le pays occupé), mais dans l'esprit d'offensive qui demeure identique avec plus d'audace toutefois dans la réalisation, plus de rapidité dans l'exécution, plus de génie dans l'élaboration des plans et dans la conduite des grandes opérations, grâce à l'unité du commandement. L'essentiel réside aussi de plus en plus dans la supériorité numérique sur le champ de bataille. Napoléon a engagé des effectifs considérables pour faire face à deux fronts après 1808. Mais il n'est vraiment à l'aise qu'avec une armée peu

---

1. J. TULARD, « Napoléon et l'arrière », *Revue de Défense nationale*, 1969.

nombreuse et qu'il tient bien en main : 1814 rappelle la première campagne d'Italie.

Peu de changements donc. Pourquoi Napoléon aurait-il innové en modifiant des méthodes qui avaient donné la victoire aux généraux de la Révolution ? N'avait-il pas été lui-même l'un de ces généraux ?

La supériorité militaire demeure le ciment nécessaire de l'unité d'un empire fondé sur la conquête. L'idéologie ne vient qu'après. Napoléon ne s'y trompe pas.

LES STRUCTURES POLITIQUES

Face à la coalition de l'Europe, la Révolution a réinventé la dictature de salut public. À Rome, dans les grands périls, toutes les libertés étaient suspendues et le pouvoir remis à un sauveur. Grands lecteurs de Plutarque, les hommes de la Révolution ont puisé dans l'exemple antique la théorie du gouvernement d'exception.

Ainsi Robespierre, opposant l'ordre constitutionnel et l'ordre révolutionnaire, définit ce dernier : « Il est soumis à des règles moins uniformes et moins rigoureuses parce que les circonstances où il se trouve sont orageuses et mobiles, et surtout parce qu'il est forcé de déployer sans cesse des ressources nouvelles et rapides pour répondre à des dangers nouveaux et pressants... » Et d'affirmer : « Quand l'État républicain est en danger, il doit songer avant tout à se défendre contre tous ceux qui l'attaquent [1]. » Marat confirme : « Il faut organiser le despotisme de la liberté pour écraser le despotisme des rois. »

Unité des pouvoirs, centralisation à l'extrême, rapidité d'exécution, justice expéditive, telles sont les caractéristiques du gouvernement mis en place progressivement entre le 10 août 1792 et la loi du 4 décembre 1794. Un ressort : la Terreur ; un objectif :

---

1. J. GODECHOT, *Les Institutions de la France sous la Révolution et l'Empire*, p. 292.

l'efficacité. Les généraux vaincus sont guillotinés, les administrateurs engourdis destitués.

Indiscutablement, ce gouvernement, malgré d'évidentes faiblesses (rivalité des comités et querelles de personnes, discrédit de la Révolution par suite des outrances des terroristes et maintien d'une puissante bureaucratie que dénonce en vain Saint-Just), a pu sauver la France de l'invasion. Un contre-révolutionnaire comme Joseph de Maistre est le premier à le reconnaître en 1796.

L'affaiblissement de l'exécutif après l'entrée en application de la Constitution de 1795 et les échecs extérieurs qui suivent la formation de la deuxième coalition ont ranimé la nostalgie de la dictature de salut public.

Devant une situation intérieure difficile (divisions religieuses, inflation galopante, insécurité des villes et des campagnes) et une guerre incertaine et sans fin, s'impose l'idée du *sauveur*. Fabre d'Olivet écrit dans ses *Mémoires* que les Jacobins avaient songé à Bernadotte mais que celui-ci aurait souhaité que cette dictature ait l'agrément de la représentation nationale. Il répugnait au coup de force. Sieyès songeait lui aussi à une dictature provisoire mais rêvait également pour elle d'une investiture parlementaire qu'on obtiendrait au besoin par la menace du sabre.

C'est en dictateur de salut public que se présente Bonaparte. Il le rappellera plus tard : « Lorsque je me mis à la tête des affaires, la France se trouvait dans le même état que Rome lorsqu'on déclarait qu'un dictateur était nécessaire pour sauver la République. Tous les peuples les plus puissants de l'Europe s'étaient coalisés contre elle. Pour résister avec succès, il fallait que le chef de l'État pût disposer de toute la force et de toutes les ressources de la nation. »

En 1804 encore, la monarchie impériale apparaît comme une perpétuation de la dictature de salut public dont on se soucie d'assurer la continuité en cas d'*accident*. Il s'agit d'éviter le vide du pouvoir qui aurait pour effet de favoriser une restauration des Bourbons. La forme monarchique permet de surcroît au dictateur de discuter sur un pied d'égalité avec les souverains de l'Europe.

La concentration des pouvoirs se fait dans un homme et non plus dans un comité, mais le ressort est identique : la défense des conquêtes révolutionnaires. Le serment prêté par l'Empereur, au moment du sacre, ne commence-t-il pas ainsi : « Je jure de maintenir l'intégrité du territoire de la République », entendons le territoire de 1804, non celui de 1789.

Mais, avant d'en arriver au sacre de 1804, les étapes ont été nombreuses, ménageant toujours la susceptibilité nationale et donnant l'impression finale d'un vaste rassemblement autour d'un homme, Napoléon Ier.

C'est pourquoi il apparaît essentiel de revenir sur l'avènement de Bonaparte et d'analyser la nature du pouvoir impérial.

Benjamin Constant avait réclamé, en Brumaire, une dictature de salut public.

De romain, le Consulat n'avait pas que le nom, il répondait au vœu de Benjamin Constant en instaurant une dictature à l'antique.

Les succès intérieurs et extérieurs ayant permis de sauver la République, Bonaparte, logiquement, aurait dû se retirer. Il n'en fut rien. La paix fournit le prétexte à l'organisation d'un référendum sur le consulat à vie.

Le 5 mai 1802, le Tribunat envoyait deux députations présenter au Sénat et au Premier Consul le vœu que « fût donné aux consuls un témoignage de la reconnaissance nationale ». Le Sénat suggéra une prorogation des pouvoirs de Bonaparte pour les dix nouvelles années. C'était peu, du moins aux yeux du bénéficiaire qui tourna la difficulté en déclarant qu'il appartenait au peuple seul de se prononcer. Le Conseil d'État fut donc saisi d'un projet de plébiscite sur la question suivante : Napoléon Bonaparte sera-t-il consul à vie ? La consultation eut lieu entre le début de mai et la fin de juillet 1802. Il y eut une participation électorale plus forte qu'en l'an VIII. Le nombre des *non* passa, pour cette raison et par suite du mécontentement des républicains, de 5 000 environ à 8 374.

Le 29 juillet 1802, Cambacérès invitait le Sénat à proclamer les résultats. Ce fut le sénatus-consulte du 2 août complété par un autre sénatus-consulte du 4, modifiant la Constitution[1]. L'article 1er de cette Constitution proclamait « Napoléon Bonaparte premier consul à vie ». Mais les deux autres consuls bénéficièrent également du vote populaire bien que la question posée n'ait concerné que Bonaparte.

Celui-ci pouvait faire élire son successeur de son vivant ou déposer aux Archives du gouvernement un vœu sur la nomination de son successeur, à ouvrir après sa mort. Il recevait le droit de convoquer le Sénat ainsi que le Corps législatif qu'il pouvait ajourner ou dissoudre. Il présidait le Sénat et nommait le président du Corps législatif. Pouvoirs singulièrement renforcés par rapport à l'an VIII, qui ne satisfaisaient pas entièrement Bonaparte.

La reprise de la guerre lui offrit l'occasion attendue. La grande conspiration de l'an XII et l'exécution du duc d'Enghien levèrent les derniers scrupules des anciens conventionnels. Une campagne d'adresses demandant à Bonaparte d'assurer l'avenir de la France en établissant l'hérédité de son pouvoir détermina le Tribunat, plus dépendant que le Sénat, à émettre le vœu, le 3 mai 1804, que Bonaparte fût proclamé « empereur héréditaire des Français ». Le lendemain, le Sénat se ralliait à ce vœu.

Une modification de la Constitution devenait indispensable : ce fut le sénatus-consulte organique du 18 mai 1804. Il fut soumis à la ratification du peuple, invité à répondre à la question suivante : « Le peuple français veut-il l'hérédité de la dignité impériale dans la descendance directe, naturelle, légitime et adoptive de Napoléon Bonaparte et dans la descendance directe, naturelle et légitime de Joseph Bonaparte et de Louis Bonaparte ? »

Il y eut à peu près le même nombre de *oui* qu'en 1802 : 3 572 329, contre 2 569 *non*.

Napoléon Bonaparte devenait Empereur des Français.

Quel était le contenu de ce titre ? Bonaparte a défini très tôt la nature de son pouvoir. D'un côté, il affirme : « La Révolution est fixée aux principes qui l'ont commencée ; elle est finie » ; de l'autre, il se pose en défenseur de ces principes : « On n'a rien

---

1. *Ibid.*, p. 576.

à craindre de mon vivant, mais tout chef électif serait après moi trop faible pour résister aux partisans des Bourbons. »

Les brumairiens se rallient donc à la conception d'une révolution couronnée, à une forme de gouvernement qui assure la durée des conquêtes de 1789. Le titre d'*empereur* permet d'éviter celui de *roi* et autorise Napoléon à renouer avec la deuxième dynastie par-dessus la troisième, en fondant une « quatrième dynastie ».

Lucien Bonaparte avait lancé trop tôt un *Parallèle entre César, Cromwell, Monck et Bonaparte*, « fragment (prétendument) traduit de l'anglais », qui commençait ainsi : « Il est des hommes qui paraissent à certaines époques pour fonder, détruire ou réparer les Empires. Tout fléchit sous leur ascendant. Leur fortune a quelque chose de si extraordinaire qu'elle entraîne à sa suite tous ceux qui, d'abord, s'étaient crus d'être leurs rivaux. »

Après 1804, on peut faire plus librement référence au passé, rappeler, plutôt que la révolution anglaise, les circonstances de l'avènement de Clovis ou évoquer la grande figure de Charlemagne. Le nom revient à plusieurs reprises dans *Le Journal des Débats*. Ne parle-t-on pas de lui faire élever une statue place de la Concorde ou place Vendôme ? Et, dans la campagne d'adresses évoquée plus haut, on relève celle d'Aix-la-Chapelle : « Le trône de Charlemagne vous attend, empereur Auguste, venez vous y asseoir. »

Cromwell, Clovis, Charlemagne, Auguste, les précédents historiques invoqués sont nombreux. En fait, c'est Charlemagne qu'invoque désormais Napoléon. Mais comment ne pas songer à l'évolution de Rome, de la monarchie à la République, de la République à l'Empire.

Pour y voir clair, quant à la nature de ce nouveau pouvoir, l'examen de la dignité impériale est indispensable [1]. Il faut donc se référer au sénatus-consulte organique du 18 mai 1804 : « Le gouvernement de la République est confié à un empereur qui prend le titre d'Empereur des Français. » L'ambiguïté est donc entretenue.

---

1. Nous reprenons ici les observations présentées dans *Le Concept d'Empire*, p. 282.

D'après l'article 52, « l'Empereur doit prêter serment, dans les deux ans qui suivent son avènement, de maintenir l'intégrité du territoire de la République, de respecter et de faire respecter les lois du Concordat et la liberté des cultes, de respecter et faire respecter l'égalité des droits, la liberté politique et civile, l'irrévocabilité des ventes des biens nationaux, de ne lever aucun impôt, de n'établir aucune taxe qu'en vertu de la loi, de gouverner dans la seule vue de l'intérêt, du bonheur et de la gloire du peuple français ».

C'est présenter l'Empereur comme le gardien des conquêtes de la Révolution ; c'est aussi respecter la souveraineté du peuple consulté à chaque étape de l'ascension de Napoléon.

Mais les formes du pouvoir, comme sa réalité, sont monarchiques. Nulle référence, certes, à Louis XVI déclaré *dernier* roi des Français par « ceux-là mêmes qui offrent la couronne à Napoléon ». L'ancêtre dont se réclame le nouvel empereur est Charlemagne, personnage qui a fasciné Bonaparte au temps où il lisait les *Observations sur l'histoire de la France* de Mably. L'alibi carolingien est fort commode au demeurant : l'éloignement dans le temps et l'obscurité qui l'entoure le rendent sans danger. Les armes de Napoléon y font donc référence : Charlemagne avait pris une aigle d'or sur champ d'azur : l'aigle orne le blason impérial. Les grands dignitaires se réclament également des temps carolingiens ; l'archichancelier d'Empire, l'architrésorier, etc. Autre référence : le sacre. Pépin avait été sacré par le pape Étienne II, Charlemagne couronné par Léon III. « Le Pontife qui sacra les fils de Pépin ne manque point de les appeler, ainsi que leur père, les oints du Seigneur ? Il confondit toutes les idées et appliqua les principes du gouvernement tout divin dont les ressorts étaient autant de miracles, du gouvernement des Français que Dieu abandonnait au droit naturel et commun à tous les hommes. Étienne compara la dignité de Pépin à la loyauté de David qui était une sorte de sacerdoce et contre laquelle les Juifs ne pouvaient attenter sans sacrilèges. Les Français venaient d'élire Pépin librement et sans qu'aucun prophète l'eût ordonné de la part de Dieu : le Pontife leur dit cependant que le prince ne tenait sa couronne que de Dieu seul, par l'intercession de saint Pierre et de saint Paul et les menaça de la censure de l'Église s'ils se départissaient jamais de la fidélité et de l'obéissance qu'ils devaient à Pépin et à sa postérité. »

Cette interprétation donnée par Mably du sacre des Carolingiens a-t-elle influencé Napoléon ? C'est ce que suggère Frédéric Masson [1] : « Est-ce donc la base que Napoléon cherche à substituer à la base démocratique sur qui reposait jusque-là son autorité ? Prétend-il recevoir une institution ou, tout le moins, une consécration divine ? Pourquoi pas ? S'il n'a point une foi entière pour lui-même, sans doute s'y fie-t-il pour ses sujets, du moins pour une partie d'entre eux. Sa politique y est intéressée, d'une façon qu'il peut croire essentielle. Il n'admet pas que son couronnement s'accomplisse sans des prières et des cérémonies rituelles. Il ne peut utilement requérir l'institution d'un des archevêques qu'il a nommés. La Sainte Ampoule est brisée. La tradition capétienne rompue ne peut être renouée au profit de la dynastie nouvelle. Mais que Pie VII vienne en France sacrer Napoléon comme ont fait Étienne II pour Pépin le Bref, Étienne IV pour Louis le Débonnaire ; que le vicaire de Jésus-Christ affirme ainsi la rupture définitive entre l'Église dont il est le chef et les descendants des rois très chrétiens ; que, comme a fait Zaccharie pour Childéric III, il substitue lui-même, aux fils de Saint Louis, le chef élu par la nation, ne fournira-t-il pas à Napoléon l'espèce de légitimité que celui-ci a vainement espérée de l'abdication du prétendant et qu'il ne trouve point dans l'élection populaire ? »

Si l'aigle éployée était carolingienne, l'aigle au repos sur les enseignes des soldats évoque davantage Rome, comme tout le langage du temps, des consuls aux tribuns, en passant par le Sénat. Le parallèle entre Napoléon et Auguste est tenté. Dès 1804, l'un et l'autre ont profité des lassitudes d'une république déchirée par les guerres civiles. Le régime, à Rome comme celui de 1800, concentrait tous les pouvoirs dans les mains d'un seul

---

1. F. MASSON, *Le Sacre et le couronnement de Napoléon*, p. 85.

homme, créait de nouveaux organes dépendant uniquement du « Prince », restaurait la monarchie tout en conservant aussi longtemps que possible les apparences républicaines. Il n'est pas jusqu'à l'attitude d'Auguste envers le Sénat romain qui n'annonce celle de Napoléon à l'égard du Sénat impérial. Parallèle encore que celui établi par les contemporains entre la « pax romana » et le Consulat. Le dessein de créer un culte impérial est identique. Mais une différence de taille existe entre les deux politiques : le principe dynastique est ouvertement proclamé par la Constitution de l'an XII ; à Rome, l'Empereur était choisi par le Sénat. Certes, la plupart des successeurs d'Auguste furent soit désignés par leurs prédécesseurs soit imposés par leurs troupes ; leur avènement restait toutefois sujet à controverse. Faiblesse du régime fondé par Auguste et que dénonçait Napoléon : « Quels horribles souvenirs pour les générations, que ceux de Tibère, de Néron, de Caligula, de Domitien et de tous ces princes qui régnèrent *sans lois légitimes, sans transmission d'hérédité.* »

Napoléon a procédé comme Auguste mais pour se couvrir du manteau de Charlemagne.

Napoléon a-t-il cru toutefois à l'avenir de la IVe dynastie qu'il entendait fonder ? Les articles de la Constitution de l'an XII qui proclamaient l'hérédité de l'Empire, de mâle en mâle, par ordre de primogéniture, selon la « loi salique », n'avaient guère aux yeux de la bourgeoisie qui soutenait l'Empire qu'une valeur dissuasive à l'égard des Bourbons ; les notables prolongeaient une forme de gouvernement garantissant la destruction de la féodalité et la vente des biens nationaux. Ils s'assuraient contre un retour de l'Ancien Régime plutôt qu'ils n'entendaient établir une nouvelle dynastie. Leur froideur lors de la naissance du Roi de Rome comme leur attitude au moment du coup d'État du général Malet montrent qu'ils n'ont jamais considéré les Bonaparte à la façon d'une dynastie normale. L'affaire Malet aurait pu prendre place dans les conspirations de palais décrites dans *Les Douze Césars.*

Une dictature militaire invoquant des légitimités contradictoires ; le suffrage universel et l'hérédité, tel apparaît l'Empire. « Le premier représentant de la nation, c'est l'Empereur, car tout pouvoir vient de Dieu et de la Nation », lit-on dans *Le Moniteur* du 1ᵉʳ janvier 1809.

Dictature fondée sur le charisme d'un individu plutôt que véritable monarchie. Napoléon est aux yeux de l'opinion française comme de l'Europe l'héritier de la Révolution. Sa popularité lui vaut un large soutien dans le pays et lui permet d'utiliser un ressort patriotique plus développé que sur le reste du continent. L'unité de décision permet le secret et la rapidité, elle est garante d'efficacité. Mais elle révélera aussi ses dangers après 1810.

LES MILIEUX D'AFFAIRES

Napoléon avouera devant Caulaincourt, en 1812, qu'il a dû compter avec la pression des milieux d'affaires : « Le commerce est si égoïste qu'il est injuste. Il veut toujours gagner, peu importe que les autres perdent [1]. » Pression que l'on peut saisir à travers les pétitions, les mémoires, les enquêtes ou les revendications des organismes consultatifs dont le régime napoléonien a encouragé la création ou la résurrection : conseils de commerce en juin 1801, puis chambres de commerce, « chargées de présenter des vues sur les moyens d'accroître la prospérité du commerce et faire connaître les causes qui en arrêtent les progrès », chambres consultatives de manufactures, fabriques, arts et métiers, composées exclusivement de patrons, fondées « dans le but de rendre les manufactures françaises supérieures aux établissements étrangers », etc.

On ne saurait nier le rôle joué par la bourgeoisie dans l'engrenage de la guerre : c'est la Gironde qui engage la Révolution dans une voie dont Robespierre, avec certains modérés, a été l'un des rares à dénoncer les dangers. C'est à Cambon qui régnera pendant la Terreur sur le comité des Finances, qu'est attribué le mot fameux : « La guerre devient ruineuse avec nos principes de philosophie et de générosité. » Réquisitions, confiscations,

---

1. CAULAINCOURT, *Mémoires*, t. II, p. 261.

contributions exceptionnelles s'abattent sur les pays occupés qui deviennent également la proie de vastes spéculations.

Lancée avec des motivations essentiellement politiques, la guerre, les premières défaites passées, apparaît bien vite comme une source importante de profit ; le continent prend ainsi le relais des îles. La fortune de la France reposait, à la veille de la Révolution, sur le fameux commerce triangulaire qui avait assuré la fortune des ports de la façade atlantique : Nantes, La Rochelle, Bordeaux. La révolte de Saint-Domingue, la maîtrise anglaise de la mer, la perte des colonies, mais aussi la guerre civile ont provoqué le déclin du grand négoce. Déclin qu'il importe au demeurant de nuancer : seules les relations entre colonies et ports français étaient particulièrement difficiles au début de 1793, mais les « neutres », danois ou américains, continuaient à ravitailler Bordeaux [1]. Un premier embargo sur les neutres, en août 1793, suivi en octobre d'une prohibition générale des marchandises, avait été assoupli à la demande des négociants et des fabricants après le 9 thermidor. À nouveau les ports français se ferment à tout trafic lors de la réaction qui suit la paix de Campo-Formio. Même si Bordeaux, baromètre du trafic portuaire, parvient à maintenir quelque temps un trafic réduit, la crise a été suffisamment sérieuse pour que le coup d'État de Brumaire ait été accueilli favorablement.

Le redressement est aussitôt sensible : création d'un conseil général qui se prononce contre les prohibitions, réorganisation des anciennes bourses, résurrection des chambres de commerce. En relation avec la reprise de la production aux Antilles et dans l'océan Indien, l'armement colonial retrouve une partie de son activité : 208 navires à Bordeaux en 1802. La reprise est moins sensible toutefois à Nantes et à La Rochelle. Au total, le commerce extérieur est passé de 553 millions en 1799 à 790 millions en 1802.

Mais Bonaparte annonce qu'il maintiendra la politique de prohibition définie en 1798. C'est l'affrontement au sein des

---

1. P. BUTEL, « Le commerce maritime de la France », *Information historique*, 1968, p. 211.

milieux d'affaires : tandis que le négoce maritime réclame la libéralisation des échanges, les industriels du coton font pression en faveur du protectionnisme sans lequel, affirment-ils, l'industrie française serait balayée comme au moment du traité de 1786. Argument repris par de nombreux manufacturiers. Alors que la bourgeoisie des ports s'obstine à regarder vers la mer, une autre bourgeoisie découvre les avantages de la guerre et de la conquête. Il y a, dans ses rangs, les fournisseurs qui assurent l'approvisionnement et l'habillement des armées [1]. Leur enrichissement a été rapide sous la Révolution : Collet, Antonini, Amiel et Valette en Italie, Charpentier puis Olry en Allemagne, et, au sommet, Vanlerberghe, Ouvrard et les frères Michel, sont les représentants les plus connus parmi les financiers intéressés par ce type d'affaires que ne dédaignent pas un Barrillon ou un Récamier.

Les possibilités offertes en Belgique et sur la rive gauche du Rhin par la spéculation sur les biens nationaux ont aiguisé bien des appétits : domaines confisqués des émigrés et terres d'Église nationalisées sont achetés et revendus par d'habiles financiers. Ancien garçon d'auberge à Douai, Paulée obtient par un décret du 8 frimaire an V l'autorisation d'acheter 16 millions de biens nationaux en Belgique ; une partie sera affermée, une autre revendue. Paulée a des concurrents comme Hainguerlot, Liévin-Carié ou encore Bodin [2]. Adjudications de travaux publics et investissements privés dans les pays conquis sont aussi l'occasion de fructueuses opérations.

De façon générale, l'Europe est un gigantesque marché que l'élimination de l'Angleterre ouvre, sans partage, aux produits français. Balzac l'a bien vu, qui écrira dans *Le Député d'Arcis* : « Le prix du coton dépendait du triomphe ou de la défaite de l'empereur Napoléon dont les adversaires, les généraux anglais,

---

1. L. BERGERON, *Banquiers, négociants et manufacturiers parisiens du Directoire à l'Empire*, p. 152.
   2. *Ibid.*, p. 161.

disaient en Espagne : "La ville est prise, faites avancer les ballots". »

L'industrie, écrasée en 1786 par la concurrence anglaise, frappée dans certains secteurs, celui du luxe notamment, par la crise sociale, a repris son essor vers 1794. Les fabrications de guerre ont assuré le relais avec pour corollaire le développement de la chimie. Le maintien de la loi Le Chapelier, même au plus fort de la Terreur, offrait la possibilité d'utiliser à bon marché une main d'œuvre abondante et docile. La suppression des corporations favorisait l'initiative privée : de plus en plus nombreux sont les brevets d'invention délivrés à des particuliers [1], de la machine à filer le coton de Brousse et Pickford à celle pour filer la laine, la bourre de soie et le lin, mise au point par Sagnal et Milne à Marly. En 1802, Dollfuss-Mieg introduit à Mulhouse dans sa filature une machine à vapeur sur le modèle anglais. La production entre 1795 et 1803 connaît une hausse dans presque tous les domaines.

« Le paradoxe de l'économie française dans les années 1792-1815, c'est que, dans un contexte intérieur souvent défavorable à la production, aux échanges et au profit, et dans un contexte extérieur qui soulignait l'impossibilité pour la France de maîtriser l'espace du continent comme l'Angleterre pouvait maîtriser celui de la mer, elle ait pourtant mis en place les premières structures de la révolution industrielle [2]. » Certes le rétablissement du produit national, la montée de la croissance ne sont pas continus : il y a des ruptures, en 1805 notamment, avant la crise plus spectaculaire que profonde de 1811.

C'est le coton qui mène le jeu. Sa filature se concentre et se mécanise : Paris, la Normandie, l'Alsace, Lille-Saint-Quentin. La valeur de la production quadruple. Mulhouse est annexée ; Neuchâtel entre dans la mouvance française. Bien protégée, l'activité cotonnière devient l'une des sources de la richesse française. La laine suit.

1. CHABERT, *Essai sur le mouvement des revenus*, p. 147.
2. P. LÉON, *Histoire économique et sociale du monde*, t. III, p. 361.

La sidérurgie demeure tributaire des commandes militaires. Celles-ci sont particulièrement importantes dans le Nord et l'Est, vivifiant les forges de l'Ourthe ou du Bas-Rhin. S'il y a, chez une petite élite d'entrepreneurs, en Nivernais par exemple, des innovations techniques, le travail du fer dépend encore du charbon de bois et de la lenteur des transports. Néanmoins la production est en plein essor.

L'industrie de luxe retrouve son ancien éclat. Son caractère demeure, de par la nature même de la production, artisanal, mais là aussi apparaît le progrès technique.

On oublie trop, au profit des maréchaux, les manufacturiers et entrepreneurs du Premier Empire, les Ternaux, Oberkampf, Richard-Lenoir. C'est grâce à eux que « la France prend rang comme premier des *second corners* de la Révolution industrielle en Europe [1] ». Ne faut-il pas y voir l'une des principales raisons de la prépondérance française sur le continent ?

Cette industrie n'en demeure pas moins fragile. Certes, sur le continent, la supériorité de la France est incontestable. Ni la Prusse, ni l'Autriche, malgré les réformes de Joseph II, ni la Russie, ni la plupart des États allemands ne sont alors en mesure de rivaliser avec la « Grande Nation ». Si la production industrielle s'accroît en Rhénanie et dans le grand-duché de Berg, c'est qu'il s'agit de territoires annexés ou soumis à l'influence française. Au total l'industrie allemande représente à peine le tiers de la production française. Quant à la Suisse et à la partie la plus active de l'Italie du Nord, elles dépendent de la France.

Cette suprématie se retrouve dans le domaine agricole. Pas d'innovations, pas de progression spectaculaire du rendement céréalier, pas de recul important de la jachère, mais la France se suffit à elle-même ; elle est, en période de bonne récolte, exportatrice. De là l'intérêt porté par les agriculteurs dans le Sud-Ouest, tourné vers l'Angleterre, pour un régime de libre-échange.

---

1. *Ibid.*

Ce dernier serait pourtant désastreux pour l'économie française qui ne peut espérer l'emporter sur sa rivale britannique. Que l'Empire s'ouvre à la concurrence britannique, qu'il tolère la liberté des échanges sur le continent et son industrie sera, une nouvelle fois, balayée.

Reubell, responsable de la politique étrangère au sein du Directoire, l'avoue dans une missive à l'ambassadeur de France en Espagne : « Une paix avec l'Angleterre me semble la perte de la République. *Carthago delenda*. D'ici quelques années, nous ne pourrions plus exporter nos marchandises [1]. »

La nécessité de s'assurer contre tout retour du commerce britannique impose une politique incessante d'annexion ou de mise sous tutelle des autres États ; il faut aussi combattre la contrebande. De là l'occupation en 1798 des deux plaques tournantes de la fraude : Mulhouse et Genève. De là le système des Républiques-sœurs que justifie Sieyès dans sa lettre à Talleyrand du 24 juillet 1798. Alors devient possible une véritable union douanière d'une partie du continent sous l'hégémonie de la France. Le traité conclu avec la République batave, le 7 février 1797, a ouvert la voie.

Deux conceptions s'affrontent donc au sein des milieux d'affaires : les industriels, tenants du protectionnisme et avides de conquêtes continentales, s'opposent aux représentants des ports qui puisent dans le *Traité d'économie politique*, que fait paraître Jean-Baptiste Say en 1803, des arguments libre-échangistes. Opposition qu'il ne faut pas exagérer et qui ne va pas sans spectaculaires reconversions.

C'est en tout cas Trafalgar qui tranche en faveur des premiers. La route terrestre l'emporte désormais sur la voie maritime.

Ni l'idéologie révolutionnaire ni la forte personnalité de Napoléon ne suffisent à expliquer cette prépondérance française sur l'Europe pendant deux décennies. Faut-il privilégier l'avance technique prise par la France sur le continent ou donner la première place au poids démographique d'un pays qui

---

1. Cité par TERSEN dans *L'Europe de Napoléon à nos jours*, p. 12.

paraît encore surpeuplé par rapport aux steppes russes ? Doit-il invoquer une propagande plus habile ou des motivations plus profondes dans les combats ? Cette armée de paysans n'avait-elle pas tout à perdre face aux mercenaires levés par les féodalités européennes ? La puissance d'un État centralisé et bureaucratique ne peut être sous-estimée, et encore moins un sentiment national qui finit par gagner une partie de l'Europe. En réalité, ce sont tous ces éléments, non pas séparément mais étroitement mêlés, qui ont donné naissance à la Grande Nation puis au Grand Empire.

PREMIÈRE PARTIE

L'héritage de la Grande Nation

Lorsque Bonaparte prend le pouvoir, le 19 brumaire, il apparaît avant tout comme un homme de la Révolution. Sa carrière en témoigne. Il a refusé d'émigrer. En 1791, à l'annonce de la fuite du roi, il tranche l'un des premiers, dans le débat qui oppose l'idée de république, alors neuve, à celle de monarchie. La France peut se passer d'un roi, estime-t-il. Seuls Danton et Robespierre osent alors penser de même, et non sans précautions. « Vingt-cinq millions d'hommes ne peuvent pas vivre en République est un adage impolitique », note le jeune officier dans l'un de ses cahiers. Du Discours de Lyon au Souper de Beaucaire, il se fait l'ardent défenseur de l'idéologie jacobine. À Toulon, Robespierre le jeune le remarque comme un homme sûr ; le 13 vendémiaire, il canonne l'insurrection monarchiste à Paris ; le 18 fructidor, il empêche, par l'intermédiaire d'Augereau, le général Pichegru de restaurer la monarchie. Peu d'officiers auront autant donné de gages à la Révolution. De cette Révolution, le Premier Consul conserve tous les symboles : empereur, il prête serment, le 2 décembre, de défendre les conquêtes révolutionnaires, et ce titre impérial n'apparaît jusqu'à Tilsit que comme une continuation de la dictature révolutionnaire du Comité de salut public ou même du Directoire mais concentrée cette fois dans un seul homme, ce que n'admettent pas les jacobins les plus intransigeants.

« Cette nation, dira plus tard Napoléon à O'Meara, avait besoin d'un gouvernement fort. Tant que je suis resté à la tête des affaires, la France a été dans l'état où était Rome quand il fallait un dictateur pour sauver la République. Les nations de l'Europe, séduite par l'or (anglais) ont renouvelé sans cesse les coalitions contre mon pouvoir.

Il était donc urgent que le chef de l'État toujours menacé, attaqué, recueillît la force et toutes les ressources du pays pour résister ou vaincre. Je n'ai jamais fait de conquête qu'en me défendant. L'Europe n'a jamais cessé de combattre la France à cause de ses principes. »

Napoléon demandera que l'on ne distingue pas la dignité impériale du concept de la Grande Nation, rédactrice des Droits de l'homme et championne du droit des peuples à disposer d'eux-mêmes. Déjà, il eût été en droit de faire remarquer qu'en Europe, au moment de son avènement, l'image de la Grande Nation avait été quelque peu ternie par l'exploitation des Républiques-sœurs et des territoires annexés soumis aux réquisitions, aux contributions de guerre, aux enlèvements d'œuvres d'art et aux exactions des généraux. « On n'exporte par la liberté à la pointe des baïonnettes », déclarait Robespierre qui était hostile à l'expansion militaire de la Révolution avant que les problèmes intérieurs aient été résolus.

Napoléon se contente d'invoquer le cas de la Pologne et de rappeler que, si les États-Unis, cités comme modèle de la démocratie « étaient au centre de l'Europe, ils ne résisteraient pas deux ans à la pression des monarchies ». « Il fallut à la République française, ajoutait Napoléon, le despotisme du Comité de salut public pour la sauver d'une défaite qui eût été suivie du partage de la France. » Propos que tenait déjà Joseph de Maistre en 1797.

De ce Comité de salut public, Napoléon se prétend l'héritier. Les guerres qu'il doit mener continuent celles de la Révolution : guerre de la nation française contre les vieilles monarchies européennes, défense tout à la fois des frontières naturelles enfin conquises et des principes de 1789.

Encore à Tilsit face au tsar, Napoléon, victorieux, apparaît comme le champion de la Grande Nation. Mais l'on va bientôt substituer à ce terme celui de Grand Empire.

I.

Les frontières naturelles

Si Richelieu n'est pas, contrairement à la légende, l'inventeur de la politique des « frontières naturelles », le grand cardinal n'en a pas moins poursuivi patiemment son dessein d'agrandissement du royaume, et sa politique avait trouvé en Mazarin et Louis XIV de dignes continuateurs. Mais, à la veille de la Révolution, la vieille monarchie, en proie à la crise financière la plus sérieuse de son histoire, semble avoir renoncé à toute vue expansionniste. « La France doit craindre les agrandissements bien plus que les ambitionner », affirme Vergennes. À son tour, la Constituante déclare solennellement, le 22 mai 1790, sa volonté de ne rien entreprendre contre la liberté d'aucun peuple et rejette toute guerre de conquête : « La nation française renonce à entreprendre aucune guerre dans la vue de faire des conquêtes et elle n'emploiera jamais ses forces contre la liberté d'aucun peuple. »

Mais à toute révolution est lié inévitablement un certain messianisme. Les souverains européens d'abord indifférents devinrent hostiles : le 7 février 1792, Prusse et Autriche signaient une alliance contre la France. En France se développait l'idée, exprimée notamment par Brissot, chef de file des Girondins, qu'un conflit ne pourrait que renforcer, à l'intérieur comme à l'extérieur, la Révolution. Saisissant au vol les prétextes fournis par l'agitation provoquée sur le Rhin par les rassemblements d'émigrés, la Législative, sous l'influence de la Gironde, jetait la France dans la guerre [1]. Une guerre que l'on avait cru pouvoir

---

1. On se reportera aux histoires de la Révolution française. Les pages d'A. SOREL, *L'Europe et la Révolution française*, t. III, sont excellentes.

limiter à l'Autriche mais qui finit par embraser la majorité de l'Europe. Les victoires françaises ont conduit, après Valmy, à une nouvelle vision de la politique extérieure. L'idée des « frontières naturelles » s'impose, venue d'Allemagne ou née de la lecture des historiens du XVIIᵉ siècle, on ne sait exactement[1]. En tout cas Anacharsis Cloots, « l'orateur du genre humain », avait lancé la doctrine dans ses *Vœux d'un gallophile*, paru en 1785. « Un objet que la cour de Versailles ne doit pas perdre de vue, c'est de reculer les frontières de la France jusqu'à l'embouchure du Rhin. Ce fleuve est la borne naturelle des Gaules ainsi que les Alpes, les Pyrénées, la Méditerranée et l'Océan. » C'est maintenant Danton qui déclare, le 31 janvier 1793 : « Les limites de la France sont marquées par la nature ; nous les atteindrons des quatre coins de l'horizon, du côté du Rhin, du côté de l'Océan, du côté des Alpes. Là doivent finir les bornes de notre République. » Carnot approuve, le 14 février : « Les limites anciennes et naturelles de la France sont le Rhin, les Alpes et les Pyrénées. » Les Girondins ne sont pas en reste : « La République française ne doit avoir pour bornes que le Rhin[2]. »

De là une suite d'annexions dont le consentement fut arraché, souvent par la force, aux populations comprises entre les frontières de 1789 d'une part, le Rhin et les Alpes de l'autre : la Savoie, le 27 novembre 1792 ; Nice, le 31 janvier 1793 ; la Belgique puis la rive gauche du Rhin, le 21 mars de la même année. Frontières perdues puis regagnées.

La fragilité de ces conquêtes donne naissance à une idée nouvelle : les Républiques-sœurs. Plutôt que de procéder à des annexions, pourquoi ne pas instituer des gouvernements apparemment indépendants, en réalité sous tutelle française ?

Le système des Républiques-sœurs est probablement le résultat d'un compromis entre d'une part la politique d'annexion de l'Alsacien Reubell, conventionnel puis membre influent du

---

1. ZELLER, « La Monarchie et les frontières naturelles », *Revue d'Histoire moderne*, 1933, pp. 305-333.

2. J. GODECHOT, *La Grande Nation*, p. 79.

Directoire, soucieux surtout de porter la frontière française sur le Rhin et de l'y consolider [1], et d'autre part la modération de Carnot revenu de ses illusions sur les frontières naturelles à la lecture des rapports adressés par les commissaires aux armées et les généraux sur l'esprit public dans les pays occupés [2].

La Belgique continua à être traitée en territoire français. Les motifs de ce traitement étaient tout à la fois politiques (affaiblir l'Autriche) et économiques (le pays offrait à la convoitise des spéculateurs une énorme quantité de biens nationaux). En revanche les Provinces-Unies offrirent, dès 1795, l'occasion souhaitée pour expérimenter le modèle de la République-sœur. « Nous pensons, déclarait le Comité de salut public, que le système à suivre en Hollande est tout à fait différent de celui qu'il fallait suivre en Belgique. L'intérêt de la République est que les Hollandais soient rassurés, qu'ils n'émigrent point avec leurs trésors et leur commerce, et que les Anglais, leurs rivaux, ne se réjouissent pas de tout ce qu'ils auraient perdu les premiers. Il faut que les propriétés individuelles soient garanties, que la Hollande fournisse à nos approvisionnements, qu'enfin les Bataves, du moins ceux d'outre-Rhin, soient nos alliés, que le stathoudérat soit écrasé [3]. »

Le traité de La Haye, signé le 16 mai 1795, donnait à la France, désormais solidement installée sur la Meuse, Maestricht. Il reconnaissait la relative indépendance de la République batave, tout en s'empressant de lui imposer une contribution de 100 millions de florins et l'entretien de 25 000 soldats français.

Suivit, en 1797, l'établissement d'une République cisalpine. Ici apparaît Bonaparte. Le jeune général a poussé contre l'avis de Reubell, obsédé par le Rhin, à la création en Lombardie d'un État qui aurait l'appui des patriotes italiens et servirait ses ambitions. Les préliminaires de Leoben signés, Bonaparte entreprit l'organisation de cette République-sœur dont le nom

---

1. GUYOT, *Le Directoire et la paix de l'Europe*, 1911, et surtout B. NABONNE, *La Diplomatie du Directoire et Bonaparte d'après les papiers de Reubell*, 1951.
2. M. REINHARD, *Le Grand Carnet*, t. II, p. 212.
3. J. GODECHOT, *op. cit.*, p. 92.

suscita immédiatement de nombreuses interprétations. En se plaçant du point de vue de la France, il eût été préférable de parler de République *transalpine*. Si Bonaparte choisissait le terme de *cisalpine*, ne fallait-il pas comprendre qu'il regardait vers Rome, songeant déjà à l'agrandissement du nouvel État ? Tous les doutes furent rapidement dissipés : Modène puis le territoire de Massa-Carrare, qui assurait à la République un débouché sur la Méditerranée, étaient annexés peu après. Le 18 juillet 1797 c'était le tour de Bologne, de Ferrare et de la Romagne. Viennent ensuite l'Adige et la Valteline. À la fin de novembre 1797, quand Bonaparte quitte l'Italie, il laisse derrière lui, coupant la péninsule en biais, « de la frontière suisse à l'Adriatique, un État de 3 300 000 habitants [1] ».

Gênes suivit le mouvement ; sous la menace, la « Superbe » devenait, le 16 juin 1797, la République ligurienne.

Le 15 février 1798, la République romaine était proclamée au Capitole, après une intervention militaire de Berthier et l'expulsion du pape qui devait mourir en captivité, à Valence, l'année suivante. L'assassinat, dans des circonstances mal éclaircies, du général Duphot avait servi de prétexte au Directoire pour ordonner à Berthier de marcher sur la Ville éternelle. À son tour, Naples succombait. S'étant imprudemment engagé dans les intrigues contre la France, le royaume des Deux-Siciles fut envahi par Championnet, en janvier 1799. Naples tombait et se transformait en république Parthénopéenne.

Considérée par Reubell comme un glacis défensif essentiel à l'est, la Suisse ne put résister longtemps. Les patriotes hésitant à prendre une initiative, le Directoire autorisait Brune à intervenir au début de 1798, à la suite d'un échange de coups de feu. Une République helvétique fut proclamée : elle groupait la majorité des cantons ainsi que les bailliages italiens du Tessin, moins la Valteline rattachée à la Cisalpine et les Grisons aux mains des Autrichiens.

De la Hollande à l'Italie en passant par la Suisse, cette

---

1. FUGIER, *Napoléon et l'Italie*, p. 77.

expansion française a réussi grâce aux réseaux de patriotes établis dans ces pays. C'est leur appui qui a permis ensuite l'établissement d'institutions calquées sur le modèle français.

Jusqu'alors, l'alibi idéologique avait été mis en avant. Bien vite, les Républiques-sœurs sont englobées dans un système économique continental contrôlé par la France pour le plus grand profit de ses manufacturiers. François de Neufchâteau, ministre de l'Intérieur, directeur, puis à nouveau ministre de l'Intérieur, fut le principal inspirateur de cet impérialisme économique. Avec lui, la nouvelle bourgeoisie jetait le masque des grands principes : elle révélait son intention de supplanter le commerce et l'industrie britanniques sur le continent. L'expédition d'Égypte révélait aussi que sous l'influence de la vieille bourgeoisie des ports, l'idée coloniale n'était pas pour autant perdue de vue. Talleyrand avait lu devant l'Institut, le 3 juillet 1797, un *Essai sur les avantages à retirer de colonies nouvelles dans les circonstances présentes.* Mais la République avait-elle les moyens de mener deux politiques de front ? Trop de cynisme de la part de la France ainsi que les excès de ses partisans, dans les Républiques-sœurs, les *Giacobini* en Italie plus particulièrement, ont fini par retourner l'opinion européenne et alarmer les chancelleries. Nouveau ministre des Relations extérieures, Talleyrand avait prévenu les Directeurs dans son *Mémoire* du 10 juillet 1798 : « Que la République évite de faire étalage de sa force dans de moindres occasions, qu'elle soit constante, habile et sage et que le nom de grand peuple qui lui a été donné par l'admiration lui soit confirmé par la confiance. » Mais le Directoire n'avait nullement l'intention d'écouter cette leçon de modération. La guerre reprend avec la formation d'une deuxième coalition. Au printemps de 1799, le glacis des Républiques-sœurs est enfoncé, et s'impose, dans l'anarchie générale, l'idée d'un sauveur.

Ce sauveur, Bonaparte [1], s'affirme à ses débuts, au lendemain du coup d'État de Brumaire, que nous n'avons pas à traiter ici comme le continuateur de la Révolution.

---

1. J. TULARD, *Napoléon ou le mythe du sauveur*, 1978.

S'il offre la paix à l'Angleterre et à l'Autriche, c'est dans le souci évident de se concilier son opinion intérieure – plus particulièrement la bourgeoisie portuaire – lassée par tant d'années de guerre, mais aucun des objectifs antérieurs n'est perdu de vue : briser la puissance jugée trop envahissante de l'Autriche et chasser l'Anglais du continent, de façon à asseoir la suprématie politique et économique de la France sur l'Europe occidentale [1]. L'Égypte et la reconquête des colonies figurent également dans cet ambitieux programme.

Marengo, le 14 juin 1800, met fin pour un temps aux ambitions territoriales de Vienne. Le désastre subi par les forces autrichiennes, le 3 décembre 1800, à Hohenlinden, oblige Cobenzl à accepter, le 9 février 1801, à Lunéville, les conditions françaises et à renoncer à la Belgique, à la rive gauche du Rhin et à une partie de l'Italie du Nord.

À son tour, le cabinet britannique, sous la poussée de l'inflation et de la disette, se voit acculé à la négociation. Pitt remet sa démission, le 3 février 1801. Le 1er octobre de la même année, les préliminaires de paix sont signés par Hawkesbury, du côté anglais, et Otto pour la France. La paix proprement dite est conclue le 27 mars 1802. Cette paix, dite d'Amiens, met fin à dix années de guerre ininterrompue entre la Révolution française et l'Europe.

Au sortir de cette décennie belliqueuse, la France de Louis XVI, repliée sur elle-même, rongée par une crise morale et financière, s'efface devant la Grande Nation, forte de ses frontières naturelles, Rhin, Alpes et Pyrénées et de son glacis d'États-tampons, Hollande, Suisse, Italie du Nord.

L'Empire napoléonien est déjà dessiné en 1803.

---

1. A. FUGIER, *La Révolution et l'Empire (Histoire des relations internationales)*, p. 121.

II.

La Grande Nation

Talleyrand aurait prédit aux Anglais, à la veille de la rupture de la paix d'Amiens : « Le premier coup de canon peut créer subitement l'Empire gaulois. Le Premier Consul a trente-trois ans et il n'a encore détruit que des États de second ordre. Qui sait ce qu'il lui faudrait de temps, s'il y était forcé, pour changer de nouveau la face de l'Europe et ressusciter l'Empire d'Occident ? »

En réalité, les contours de cet empire ont déjà été dessinés par les conquêtes révolutionnaires. Ne l'oublions pas : Napoléon est avant tout l'héritier de la Grande Nation.

LA FRANCE DE 1803

Le territoire français comprend alors 120 départements. L'*Almanach national* pour l'an XII en donne une curieuse énumération en les répartissant par provinces et anciennes généralités, preuve que la fusion n'est pas encore parfaite.

Reprenons cette liste. La Provence forme désormais quatre départements (Basses-Alpes, Bouches-du-Rhône, Var, Vaucluse), le Dauphiné trois (Hautes-Alpes, Drôme, Isère), la Franche-Comté trois également (Doubs, Jura, Haute-Saône). Voici, à l'est, l'Alsace transformée en Haut-Rhin et Bas-Rhin, la Lorraine, le Barrois et les Trois-Évêchés devenus la Meurthe, la Meuse, la Moselle et les Vosges ; la Champagne et la principauté de Sedan qui s'appellent maintenant la Marne, la Haute-Marne, l'Aube et les Ardennes. Flandre, Hainaut, Artois et Cambrésis sont regroupés dans deux départements : Nord et Pas-de-Calais. Le vaste ensemble de l'Ile-de-France est découpé en Seine, Seine-et-Oise, Seine-et-Marne, Somme, Aisne, Oise. La Normandie et le Perche ont donné naissance à cinq départements (Calvados, Eure, Manche, Orne, Seine-Inférieure). La Bretagne se divise en cinq départements également (Côtes-du-Nord, Finistère, Ille-et-Vilaine, Loire-Inférieure, Morbihan), le Poitou en trois (Deux-Sèvres, Vendée, Vienne), l'Orléanais et le pays chartrain en trois (Loiret, Eure-et-Loir, Loir-et-Cher), le Berry en deux (Indre, Cher), l'Anjou et la Touraine en quatre (Indre-et-Loire, Mayenne, Maine-et-Loire, Sarthe). Le département de la Nièvre est l'ancien Nivernais, celui du Rhône le Lyonnais, l'Allier est le vieux Bourbonnais et la Charente correspond à l'Angoumois. L'ensemble du Forez et du Beaujolais est en partie pris dans le département de la Loire. Bourgogne, Auxerrois, Bresse, Bugey et Dombes donnent l'Ain, la Côte-d'Or, l'Yonne, la Saône-et-Loire ; le Limousin, la Corrèze, la Creuse et la Haute-Vienne ; le Périgord, la Dordogne. L'ensemble du Bordelais, de l'Armagnac et des Landes est divisé en quatre départements : Gironde, Landes, Lot-et-Garonne, Gers. Au Quercy correspond le Lot, au Rouergue l'Aveyron, au Roussillon les Pyrénées-Orientales. Pays basque et Béarn sont unis dans le département des Basses-Pyrénées, Bigorre et Quatre-Vallées dans celui des Hautes-Pyrénées. L'*Almanach* donne l'équivalent du pays de Foix, l'Ariège. Le Languedoc se fragmente en Ardèche, Aude, Gard, Haute-Garonne, Hérault, Lozère, Tarn. Trois départements recoupent le Velay, la haute et la basse Auvergne : Cantal, Haute-Loire, Puy-de-Dôme. La Corse se divise en deux : Golo et Liamone. L'ancienne cité des Papes, Avignon, enfin, est le chef-lieu du département du Vaucluse [1].

Le « centralisme jacobin » que se garde de répudier le Consulat a voulu ainsi briser les particularismes régionaux, mais L'*Almanach national* en reconnaît la persistance. Une persistance qui se traduit dans la résistance des patois et des vieilles unités de mesure, comme dans le maintien des anciennes élites en dépit de la répression qui suivit les révoltes fédéralistes ou contre-

---

1. *Almanach national de la France*, an XII, p. 293.

révolutionnaires. Du moins l'autarcie qui caractérisait l'ancienne économie provinciale apparaît-elle fortement ébranlée depuis la suppression des douanes intérieures cependant que la conscription favorise d'importants brassages de population[1].

Au problème de la fusion des vieilles régions jalouses de leur autonomie vient s'ajouter celui de l'assimilation des nouvelles conquêtes qui ont permis à la France d'atteindre ses frontières naturelles.

LA RIVE GAUCHE DU RHIN

En 1803, les quatre départements de la rive gauche du Rhin sont déjà en cours de francisation.

Dans celui de la Sarre, formé d'une partie de l'électorat de Trèves et de celui de Cologne, vit une population de 220 000 habitants. La préfecture est à Trèves, les sous-préfectures découpées assez arbitrairement sont à Sarrebrück, Prüm et Birkenfeld. La Roër, qui englobe les provinces prussiennes de Clèves, de Gueldres et de Meurs, le pays de Juliers, une autre partie de l'électorat de Cologne, les villes jadis impériales d'Aix-la-Chapelle et de Cologne, est le cœur de cette Allemagne devenue française. Le département abrite 516 000 habitants ; Aix-la-Chapelle en est la préfecture, Cologne, Creveldt et Clèves accueillant un sous-préfet. Le Rhin-et-Moselle comprend des morceaux des électorats de Cologne et de Trêves, du Palatinat, du duché des Deux-Ponts et du margraviat de Baden, ainsi que de diverses possessions de princes, comtes et barons de l'Empire, soit 203 000 administrés. La préfecture est établie à Coblence ; deux sous-préfectures sont fixées à Bonn et Simmern. Enfin, le Mont-Tonnerre, du nom de la montagne qui se trouve dans le département, est constitué par les principaux éléments de l'électorat de Mayence et du Palatinat, des évêchés de Worms et de Spire, et du duché des Deux-Ponts.

---

1. J. GODECHOT, *Les Institutions de la France sous la Révolution et l'Empire*, *passim*.

Forte population évaluée à 342 000 individus ; une préfecture à Mayence, trois sous-préfectures à Spire, Kaiserslautern et Deux-Ponts.

Le personnel administratif est français, sauf dans les emplois subalternes.

Dans un vieux livre, Alfred Rambaud a décrit les différents organes administratifs qui précédèrent la mise en place des départements : administration centrale à Aix-la-Chapelle en 1794 ; commission administrative puis directions générales, l'une à Aix-la-Chapelle, l'autre à Coblence en 1796 ; commission intermédiaire mise en place par Hoche l'année suivante ; administration de Rudler, nommé commissaire du gouvernement, le 4 novembre 1797. Avec Rudler, le Directoire s'engage dans la voie de la francisation : division en départements, cantons et communes, justices de paix et tribunaux d'appel à la place des anciennes juridictions féodales, ecclésiastiques ou princières, abolition du droit de chasse, des dîmes et des corvées. Le 9 février 1801, était proclamée l'incorporation définitive des territoires rhénans à la France, mais les départements restaient subordonnés au commissariat du gouvernement établi à Mayence. Il fallut attendre le décret du 30 juin 1802 pour que les départements rhénans accèdent à une égalité complète avec les départements français [1].

Cette francisation n'alla pas sans résistance. Elle a été voulue certes par une grande partie des patriotes cisrhénans, séduits, tel Görres, par la *Déclaration des droits de l'homme* ; elle a été accueillie favorablement par de nombreux paysans lorsque fut proclamée la suppression des droits féodaux ; une fraction de la bourgeoisie a vu une source d'enrichissement dans la nationalisation des biens d'Église. Mais les charges de guerre (réquisitions et contributions diverses) étaient lourdes ; de plus, la francisation ne signifiait nullement pour beaucoup l'annexion. L'idée d'une République cisrhénane telle que la concevait Hoche, sorte de République-sœur où seraient placés à côté des autorités

---

1. A. Rambaud, *Les Français sur le Rhin*, p. 303.

indigènes des commissaires français parlant allemand, n'était-elle qu'une chimère ? Pouvait-on trouver une solution intermédiaire entre le retour à l'Empire germanique et l'annexion à la France ? Görres et ses amis l'avaient d'abord cru. Mais les discours patriotiques et les plantations de Freiheitsbäume ne suffisaient pas à fonder un État. À Coblence, Görres a rapidement tiré la leçon de cet échec : « La réunion avec la République française était la meilleure fortune pour la rive gauche du Rhin. On n'avait pu faire jusqu'ici des efforts pour la réaliser, puisque le Directoire voulait, non la réunion, mais l'indépendance des pays occupés. Aujourd'hui, on nous accorde la réunion et, par là, nous atteignons le but si longtemps désiré... L'arbitraire des princes ne saurait s'enchaîner par des traités de paix, pas plus que la voracité de l'hyène ou la férocité du tigre par des bulles d'or. Mais nous sommes maintenant unis avec la France, nous faisons partie d'un colosse qui, rien que par son poids énorme, écraserait les cabales de ce parti qui a juré une haine éternelle à l'humanité. » Et de s'exclamer : « La nature a donné le Rhin pour frontière à la France. Malheur à l'insensé qui voudrait déplacer ses limites [1] ! »

Brumaire ouvre le temps des désillusions. La dictature de Bonaparte heurte le libéralisme des patriotes rhénans. Görres, après avoir exprimé sa déception dans un écrit intitulé *Résultats de ma mission à Paris*, se retire provisoirement de la vie publique, se contentant d'un poste de professeur dans un établissement public de Coblence.

L'annexion se complète d'une active politique d'assimilation sous le Consulat : Bonaparte en rappelle les avantages dans une proclamation du 18 juillet 1801 qui suivit la paix de Lunéville reconnaissant à la France toute la rive gauche du Rhin :

« Des privilèges odieux n'enchaînent plus l'industrie des ouvriers ; le gibier ne ravage plus les champs du cultivateur, ne dévore plus les fruits de son travail ; pour tous ont cessé les avilissantes corvées ; pour tous a cessé la dégradation des

---

1. *Ibid.*, p. 311.

servitudes féodales. La dîme est abolie ; les contributions de tous genres sont adoucies ; les perceptions sont également réparties entre les terres du seigneur ou de l'ecclésiastique, ci-devant exempts de charges, et celles du particulier qui les supportait seul ; les douanes intérieures qui se rencontraient au passage d'une contrée à une autre, ou empêchaient de remonter les rivières, sont supprimées ; le commerce est libre avec la France, le marché le plus avantageux du monde. Une justice impartiale, des administrations régulières sont substituées à l'autorité arbitraire des baillis.

Tels sont les avantages que la réunion assure à la liberté et à la propriété. Elle ne fait pas moins pour la sûreté et la tranquillité du pays. Au lieu de se trouver couvert d'intérêts opposés et toujours en conflit, il sera sous l'abri d'un intérêt commun à trente millions de citoyens. Au lieu d'être soumis à une multitude de petites dominations trop faibles pour le défendre, assez fortes pour l'opprimer, il sera protégé par une puissance qui saura toujours faire respecter son territoire [1]. »

Proclamation suivie d'effets : le brigand Schinderhannes qui, depuis plusieurs années, ravageait le pays, est capturé et exécuté en novembre 1803. Mais c'est surtout l'économie, on le verra, qui va bénéficier de cette nouvelle politique. Dans ces conditions, l'opinion rhénane accepte, du moins dans les milieux appartenant à la bourgeoisie et aux paysans, la nouvelle politique de fusion.

LES DÉPARTEMENTS BELGES

Au nord, la Belgique est déjà assimilée.

Les anciens Pays-Bas autrichiens, révoltés à plusieurs reprises contre Vienne, avaient accueilli en libérateurs les soldats français, lors de l'invasion de la Belgique par les armées de la Révolution. Très vite, sous le poids des réquisitions, et devant l'anticléricalisme des nouveaux venus, s'était opéré un retournement de

---

1. *Ibid.*, p. 318.

l'opinion. Cependant, les Belges restèrent passifs lorsque les Autrichiens, après leur victoire de Neerwinden, en mars 1793, occupèrent à nouveau leur pays. La victoire de Fleurus, en juin de l'année suivante, ramena les Français. Ils traitèrent une nouvelle fois la Belgique en territoire conquis, avant de l'annexer purement et simplement le 1er octobre 1795. Anciens Pays-Bas et principauté de Liège avaient déjà été découpés en départements dès le mois d'août ; à la fin de 1795, les droits féodaux, dont la charge était, semble-t-il, peu élevée, disparurent ; les impôts français étaient introduits un an après.

Ces réformes eussent été bien accueillies sans l'arrogance et l'arbitraire des administrateurs français, les troubles suscités par les élections de l'an V et de l'an VI et surtout les persécutions religieuses (fermeture d'églises et proscription du costume ecclésiastique). L'introduction de la conscription mit le feu aux poudres. En vain les autorités locales avaient-elles recommandé la prudence. Dès octobre, éclataient diverses séditions locales connues sous le nom de « guerre des paysans ».

Un premier mouvement se développa en octobre 1798 entre Gand et Anvers, se traduisant par des registres d'état civil brûlés, des arbres de la liberté abattus et remplacés par des croix (ce qui en disait long sur le mécontentement religieux), des pillages de caisses publiques, attestant la présence, à côté des jeunes conscrits en révolte, d'éléments douteux. Cependant, ces bandes, mal organisées, ne parvinrent pas à s'emparer d'Anvers où l'alerte fut chaude. Une impitoyable répression suivit. Un arrêté du 22 octobre décidait en effet : « Les communes qui ne s'opposeront pas à l'invasion des brigands sur leur territoire seront traitées comme en état de rébellion contre la République française, et les commandants militaires sont autorisés à brûler les maisons desquelles on fera feu sur la troupe, et dans lesquelles on trouverait des brigands réfugiés [1]. » Quarante et un insurgés furent passés par les armes à Malines.

Au Luxembourg, devenu département des Forêts, où la

---

1. LANZAC DE LABORIE, *La Domination française en Belgique*, t. I, p. 225.

révolte reçut le nom de « guerre des bâtons », les troupes françaises firent de véritables cartons sur les rebelles. Les paysans, maîtres de la petite place d'Hasselt, le 4 décembre, en étaient chassés le lendemain. Après cette défaite, l'insurrection parut brisée, mais la rancœur demeura très forte dans les campagnes contre l'occupant français.

L'atmosphère se détendit après Brumaire. La pacification religieuse y fut pour beaucoup, en dépit du recrutement trop français des évêques. Le rétablissement de l'ordre, après l'élimination de quelques bandes de pillards, le redressement financier et le nouvel essor de la laine à Verviers, à partir de 1798, du coton à Gand vers 1801, ont été déterminants pour assurer la popularité du Premier Consul. Une popularité que celui-ci put apprécier à l'occasion de son voyage à Gand, Bruxelles et Anvers, au cours de l'été 1803.

Un net recul du flamand dans les villes [1] et la chute du nombre des réfractaires, surtout dans la Dyle et dans l'Ourthe, ont été des signes plus probants encore du processus de francisation.

En 1803, les départements belges sont au nombre de neuf. Borné au nord par la Hollande, à l'est par les Deux-Nethes et la Dyle, au sud par la Lys et Jemmapes, le département de l'Escaut est le plus important avec 595 258 habitants. La préfecture est Gand ; les sous-préfectures ont été établies à Audenarde, Ecloo et Termonde. Le département de Jemmapes doit à son activité économique de compter, répartis entre la préfecture de Mons et les sous-préfectures de Charleroi et de Tournai, ses 412 129 ressortissants. Il est toutefois dépassé par la Lys (470 707 âmes) dont Bruges est la préfecture, Courtrai, Furnes et Ypres les sous-préfectures. La Dyle suit avec 363 956 habitants ; préfecture : Bruxelles ; sous-préfectures : Louvain et Nivelles. Autre département dont l'essor va devenir spectaculaire : l'Ourthe avec 313 876 résidents. Sa préfecture est Liège ; elle a pour sous-préfectures Huy et Malmedy. Moins peuplé est le département des Deux-Nethes (249 376 personnes y habitent),

---

1. DEVLEESHOUWER, « La Belgique », dans *Pays sous domination française*, p. 24.

malgré Anvers, qui a perdu son importance maritime et les deux sous-préfectures de Malines et Turnhout. Limité par le Brabant hollandais au nord, la Roër à l'est, la Dyle à l'ouest, l'Ourthe au sud, voici le département de la Meuse-Inférieure qui compte 232 662 individus. Maestricht en est la préfecture, Ruremonde et Hasselt les sous-préfectures. Bon dernier, le département de Sambre-et-Meuse, avec ses 165 192 habitants. Il a pour préfecture Namur, et pour sous-préfectures Dinant, Marche et Saint-Hubert. Mettons à part le Luxembourg, département des Forêts qui compte 225 549 âmes.

Au total, un puissant glacis défensif de neuf départements. En reculant ainsi ses frontières, la France verrouille la principale voie d'invasion de son territoire.

LES ALPES

Le *limes* alpin n'est pas moins fermement tenu avec les départements du Mont-Blanc (la Savoie), des Alpes-Maritimes (Nice) et du Léman (Genève) dont l'intérêt stratégique est évident.

L'ancien duché de Savoie comprenait toute la partie des États du roi de Sardaigne située à l'ouest des Alpes. Il était divisé, à la veille de la Révolution, en sept provinces : Savoie proprement dite, Genevois, Tarentaise, Maurienne, Carouge, Chablais et Faucigny, soumises à l'autorité d'un intendant-général qui résidait à Chambéry. Il a donné naissance, comme l'expliquera le préfet Verneilh dans sa *statistique*[1], au département du Mont-Blanc qui « était, dans son origine, le plus étendu, comme le plus élevé de la France ; il fut le premier des départements réunis, et par une singularité remarquable, le principe de sa réunion remonte justement au premier jour de la République décrétée le 22 septembre 1792, le même jour que l'armée française entra en Savoie, sous les ordres du général Montesquiou ». Verneilh en précise aussi les

---

1. VERNEILH, *Département du Mont-Blanc*, 1807, p. 2.

variations de frontières. « Après la réunion de Genève, les districts de Carouge et de Thonon en entier, ainsi que la majeure partie de celui de Cluses, furent retranchés du département du Mont-Blanc, pour aider à former celui du Léman créé par une loi du 8 fructidor an VI (25 août 1798). Par la nouvelle division territoriale du 28 pluviôse an VIII, ce département perdit encore, au profit du Léman, les cantons de Mégève, Sallanche, Saint-Gervais et Chamony *(sic)*, les plus rapprochés du Mont-Blanc ; de sorte qu'aujourd'hui, cette montagne qui a donné son nom au département, paraît n'être plus dans son enceinte. »

En 1798, comme on vient de le voir, Genève, qui avait toujours été extérieure à la vieille Confédération, était annexée. C'était priver la contrebande de l'une de ses principales plaques tournantes. C'était aussi consacrer la victoire des jacobins locaux sur la vieille oligarchie. C'était enfin s'assurer le contrôle des vallées alpines.

Au-delà des Alpes, la domination française s'étend sur le Piémont : « Il est nécessaire à la France, la Maison d'Autriche possédant l'État de Venise », affirmait Bonaparte [1]. Nécessaire pour la France, le Piémont l'était en raison de sa production séricicole et de l'exportation de ses grèges dont les deux tiers se faisaient à destination de la fabrique lyonnaise ; mais nécessaire le Piémont l'était surtout à cause de sa position aux débouchés du Cenis et du Genèvre.

Dès 1796, les troupes françaises sont en Piémont, pillant « les plus fertiles plaines du monde ». Après l'occupation de décembre 1798, le Directoire envisagea non pas la réunion à la République cisalpine créée par Bonaparte à Milan, mais l'annexion à la France. Un référendum fut organisé en ce sens, le 16 février 1799 ; il suscita de violents désordres antifrançais que l'entrée des troupes austro-russes contribua à aggraver. Turin était en effet occupé par les Russes le 26 mai. Les brutalités des cosaques y provoquèrent un revirement de l'opinion. D'autant que le roi, réfugié en Sardaigne, ne put regagner ses États, les Autrichiens

---

1. DRIAULT, *Napoléon en Italie*, p. 110.

mettant à sa place un commissaire impérial, Concina, chargé de faire la chasse aux jacobins [1].

Après Marengo, le Piémont repassait sous domination française. Lorsque Charles-Emmanuel IV abdiqua, le 8 juin 1802, en faveur de son frère Victor-Emmanuel Ier, celui-ci put un moment caresser l'espoir que le Piémont lui serait restitué. Talleyrand affirme, dans ses *Mémoires*, avoir recommandé cette solution. En réalité, Bonaparte, comme précédemment le Directoire, était résolu à l'annexion. L'arrêté consulaire du 22 germinal an IX (12 avril 1801), antidaté du 12 germinal (2 avril) pour ne pas paraître lier cette décision à la mort du tsar Paul Ier qui avait toujours soutenu le roi de Sardaigne, faisait déjà du territoire piémontais une division militaire dont le quartier général était fixé à Turin, sous le commandement du général Jourdan. Le Piémont était divisé en six départements : la Doire (Ivrée), Marengo (Alexandrie), le Pô (Turin, alors peuplé de 80 000 habitants), la Sesia (Verceil), la Stura (Coni) et le Tanaro (Asti). Chaptal s'empressa de mettre en place conseils de préfecture, conseils de département et d'arrondissement. Le 10 messidor an X (29 juin 1802), un arrêté consulaire accordait une amnistie générale pour tous les délits politiques et les émigrés étaient invités à rentrer avant le 1er vendémiaire an IX. Enfin, par un sénatus-consulte du 24 fructidor an X, proclamé par les Consuls loi de la République, le 28 (15 septembre 1802), les six départements étaient « réunis au territoire de la République française [2] ».

L'opinion piémontaise demeurait divisée devant cette annexion. Trois partis s'affrontaient : les monarchistes fidèles à l'ancienne dynastie, les républicains francophiles comme le diplomate Carlo Bossi ou le médecin Carlo Guilio, qui avaient accueilli favorablement, à quelques nuances près, le rattachement à la France, et les républicains autonomistes comme le futur

---

1. VACCARINO, « L'inchiesta del 1799 nei giacobini in Piemonte », *Rivista storica italiana*, 1965, pp. 27-77.

2. F. BOYER, « L'esprit public en Piémont en l'an X et en l'an XI », *Revue de l'Institut Napoléon*, 1969, p. 150.

historien Botta, qui appelaient de leurs vœux une république italienne englobant les autres États de la péninsule.

Les partisans de la France étaient peu suivis. Dans un rapport du 30 août 1802, Jourdan, chargé du commandement militaire, observait : « Le mécontentement des habitants augmente tous les jours. Plongés dans la stupeur, ils obéissent à la force, mais en général, ils nous détestent et chaque jour voit diminuer le nombre de nos partisans [1]. »

D'un côté, en effet, les tenants de l'unité italienne exprimaient, en boudant, leur déception de voir avorté le projet d'union avec Milan et la République cisalpine, de l'autre, les anciens cadres, persécutés au début de l'occupation française, contraints de fournir des otages, ruinés par la cessation du paiement des rentes par l'État, accablés sous le poids des contributions de guerre, demeuraient volontairement à l'écart. Désabusé, Jourdan laissait la place à un autre général, Menou, qui tomba, à son tour, malade.

Partagé entre Français et Italiens, le corps préfectoral se mettait pourtant au travail. La plupart des préfets n'étaient pas sans talents : ainsi Gandolfo, professeur de droit à Turin, placé à la tête du département de la Doire, ou Ferdinand de la Ville, pour le Pô. Cet ancien gentilhomme de la Chambre du roi de Sardaigne prêchait une réconciliation que refusait pour sa part le célèbre écrivain Alfieri.

Vers 1803, l'optimisme des francophiles perçait enfin. Laboulinière, secrétaire général provisoire de la division militaire, adressait au conseiller d'État Laumond, venu en visite d'inspection, un long rapport qui faisait état d'un incontestable redressement : « Les factions semblent avoir disparu ; ceux qui ne tenaient à l'Ancien Régime que par la crainte de son retour sont aujourd'hui franchement partisans du gouvernement français ; ceux qui étaient royalistes par principe se soumettent à la nécessité... Quant au parti italien, ceux qui le composaient se rallient progressivement au parti français ; la nécessité leur en fait une loi et

---

1. *Ibid.*, p. 151.

bientôt leur intérêt les y attachera davantage[1]. » L'annexion rétablissait l'union avec la Savoie et Nice, brisée en 1792. De là la satisfaction des commerçants. De leur côté les paysans ne pouvaient qu'accueillir favorablement la disparition des charges féodales. S'étonnera-t-on que les mots d'ordre unitaires n'aient rencontré qu'un faible écho. Au total, à l'exception de quelques foyers de résistance dans les pays récemment annexés et dans les provinces de l'ouest, c'est un ensemble relativement homogène que celui de la France de 1803 : mêmes divisions administratives, unification juridique en cours, entité douanière, langue commune pour les actes de l'administration, une seule capitale : Paris. Quel contraste avec les empires autrichien ou russe, beaucoup plus hétérogènes, où se pose avec acuité le problème des communications. L'Angleterre elle-même doit compter avec l'abcès irlandais.

Quant au reste de l'Europe, le morcellement de l'Italie et de l'Allemagne, les rivalités des pays nordiques, la lente décadence de l'Espagne laissent à la France de considérables possibilités d'action pour modifier à son gré la carte du continent.

---

1. *Ibid.*, p. 155.

III.

Républiques-sœurs et colonies

Aux frontières naturelles enfin atteintes, la France ajoute un système défensif supplémentaire constitué par les Républiques-sœurs créées sous le Directoire et sur lesquelles elle conserve, par l'entremise des patriotes, et grâce à la présence de troupes françaises sur leur territoire, une influence incontestée.

Bien plus, après la paix d'Amiens, le Premier Consul peut envisager, sans trop de difficultés, sauf à Saint-Domingue et en Inde, la reconstitution de l'ancien empire colonial de la France. L'*Almanach national* de l'an XII ne fait-il pas figurer, parmi les 120 départements qu'il énumère fièrement, 12 situés outre-mer ?

LA RÉPUBLIQUE BATAVE

Au nord, l'influence française, débordant les départements belges, s'étend à la Hollande, soulevée en 1787 et deux fois envahie par les troupes françaises.

Les anciennes Provinces-Unies sont devenues, depuis 1795, sous l'impulsion des patriotes, la République batave. En 1796, une commission, issue de l'Assemblée nationale qui venait d'être élue, avait élaboré un projet de Constitution qui fut si critiqué, faute d'avoir trouvé un compromis satisfaisant entre le système unitaire rêvé et les aspirations fédéralistes, qu'une deuxième commission dut se mettre au travail à son tour. Présenté au peuple, le résultat de ses délibérations fut repoussé lors du référendum du 8 août 1797. Il fallut désigner une nouvelle Assemblée qui ne put achever la rédaction, déjà fort compromise, de son projet, par suite du coup d'État, d'instigation française, du 22 janvier 1798. Soixante-huit des cent vingt-six députés ayant été éliminés, les parlementaires mirent au point, presque sous la dictée de l'ambassadeur français, Delacroix, la Constitution approuvée, cette fois, le 23 avril 1798 [1].

Une Constitution qui reprenait certains principes généraux de 1793, de la référence à l'Être suprême au suffrage universel. Mais il s'agissait en réalité d'une démocratie de façade puisque les orangistes, tenants de l'ancien régime, étaient d'emblée privés du droit de vote, et que les patriotes radicaux étaient à leur tour écartés par un coup de force du général francophile Daendels, précédemment animateur de la légion batave [2].

Le pouvoir restait aux mains des partisans de la France. L'homme fort fut désormais Schimmelpenninck, ambassadeur à Paris. Car c'est de Paris que venaient les ordres, l'emprise française devenant si importante que l'évolution politique des anciennes Provinces-Unies épousa presque exactement celle de la France. En 1800, Gogel, spécialiste des questions financières, allait même jusqu'à proposer l'établissement d'un régime consulaire inspiré de la Constitution de l'an VIII. Une tentative de réconciliation générale était par ailleurs amorcée par Schimmelpenninck. Les orangistes, à l'instar des émigrés français, commencèrent de guerre lasse à se rallier. Les dernières résistances devaient tomber peu à peu.

La Constitution de 1801 mettait en place un gouvernement autoritaire. Certes, ce gouvernement était confié à douze membres formant le Staatsbewind et les autorités locales semblaient retrouver leur importance perdue ; en réalité, les douze s'effaceront bientôt, devant le Grand Pensionnaire, tandis que l'on reviendra sans ambiguïté à une politique fortement centralisatrice, notamment dans le domaine financier.

À ses débuts, le Staatsbewind crut pouvoir mener une poli-

---

1. GEYL, *La Révolution batave*, 1971.

2. SIX, *Dictionnaire des généraux de la Révolution et de l'Empire*, et les recherches de J. EYMERET, notamment «Java sous Daendels», dans *Archipel*, 1972, p. 151.

tique de neutralité entre l'Angleterre et la France, vitale pour le commerce hollandais [1]. Après la paix d'Amiens, il réclama d'être délié de son traité d'alliance offensive et défensive avec la France. Mais Bonaparte disposait d'importants moyens de pression grâce aux troupes d'occupation établies sur le territoire hollandais. Au moment où se dessinait à nouveau une rupture entre la France et l'Angleterre, le Staatsbewind revint à la charge. En vain. Le résultat fut de renforcer la méfiance de Bonaparte et de conduire la Hollande « de l'état de pays dépendant à celui de pays soumis et de pays soumis à province réunie ».

LA RÉPUBLIQUE CISALPINE

Création de Bonaparte, avec Milan pour capitale, emportée par la tourmente de 1799, ressuscitée le 5 juin 1800, avant même la victoire de Marengo, la République cisalpine « n'a plus de république que le nom [2] ».

Son sort demeure encore incertain : annexion à la France, retour à l'Autriche, ou noyau d'une future Italie indépendante.

À sa tête, une commission de neuf puis trois membres : Ruga, Sommariva et Visconti, sans grande autorité face au représentant de la France, Claude Petiet, précédemment administrateur général de l'armée de réserve. Petiet peut parler haut : l'armée d'occupation, forte de 30 000 hommes, pèse d'un poids très lourd sur un pays ruiné par trois invasions et quatre années de guerre. Nobles et ecclésiastiques sont persécutés par les extrémistes que soutiennent les généraux français. Dès le 13 mai 1801, un décret du Premier Consul divise la République en douze départements confiés à des préfets [3].

Mais il y a bien des compensations à cette mainmise. C'est ainsi que le territoire cisalpin s'agrandit du Novarais enlevé

---

1. *Napoléon et l'Europe*, p. 53.
2. DRIAULT, *La Politique extérieure du Premier Consul*, p. 118.
3. L. ANTONIELLI, « Le choix des préfets dans la République italienne », *Annales historiques de la Révolution française*, 1977, p. 548.

au Piémont, et que les débouchés du Simplon sont attribués définitivement à la République. S'y ajoutent, après la paix de Lunéville, Vérone, dont la campagne n'est pas moins riche que celle de Novare, et le Polesin, entre le Bas-Adige et le Bas-Pô. Au total, l'État cisalpin compte une population de 3 900 000 habitants.

C'est le comte Francesco Melzi d'Eril qui va jouer le rôle déterminant dans l'avenir du régime. Administrateur de Milan, au temps de l'occupation autrichienne, il avait été remarqué par Bonaparte lors de la première campagne d'Italie puis, trop compromis, avait dû se retirer en Espagne, lors de l'invasion austro-russe. Le retour des Français le rappela au pouvoir. La situation est difficile : aux inondations du printemps de 1801 s'ajoutent les exigences des troupes françaises. Le *Journal* de Stendhal n'en donne qu'une faible idée. En mars 1801, le Premier Consul convoque Melzi. Celui-ci expose ses idées : un État regroupant l'ensemble des pays italiens entre Alpes et Adige sous une monarchie confiée à un infant d'Espagne et formant tampon entre la France et l'Autriche. André Fugier voit dans ce projet l'influence de Talleyrand, « réticent à l'égard de toute extension française exagérée [1] ». En fait, le Premier Consul ne pouvait accepter l'idée d'un État neutre même indépendant, contrôlant les cols alpins.

Sans se soucier de l'avis de Melzi, Bonaparte fait rédiger un projet de Constitution en 128 articles qui confie le pouvoir exécutif à un président élu pour dix ans et rééligible, nommant les ministres et possédant l'initiative des lois. Une consulte d'État a dans ses attributions les questions diplomatiques et la sécurité intérieure ; le Corps législatif examine et vote les projets de loi. Ce Corps législatif est élu par trois collèges électoraux : les propriétaires, les commerçants, les dotti ou savants, tous nommés par le gouvernement.

Une consulte extraordinaire de cinq cents députés venus de tous les départements de la République est convoquée à Lyon,

---

1. FUGIER, *Napoléon et l'Italie*, p. 115.

ville située à égale distance de Paris et de Milan. Répartis en sections, ses membres se voient contraints d'accepter un projet préparé à l'avance et de déléguer leurs pouvoirs à un comité restreint de trente personnes chargé de désigner le chef du nouvel État. Le 24 janvier 1802, Napoléon Bonaparte est proposé comme président de la République cisalpine par le comité et élu le lendemain, non sans quelques réticences, par l'assemblée générale. Réticences balayées lorsque l'assemblée apprend que la République cisalpine s'appellera désormais République italienne et que Melzi en recevra la vice-présidence.

L'installation du gouvernement eut lieu le 14 février 1802. Murat écrivait à Talleyrand : « Le contentement régnait partout [1]. »

Ajoutons à l'État milanais le Piémont déjà annexé et la République ligurienne, c'est-à-dire Gênes, dotée par Dejean puis Saliceti d'une nouvelle Constitution promulguée le 24 juin 1802, et à laquelle la convention du 10 juin 1802 imposait de nouveaux remaniements consacrant sa vassalisation [2]. C'est donc la majeure partie de l'Italie du Nord, en tout cas celle des liaisons entre la France et l'Italie, qui se trouve placée sous domination française. Il ne manque que Venise encore aux mains des Autrichiens.

L'ITALIE CENTRALE

Les ambitions françaises s'étendaient à l'Italie centrale. À Lucques, envahie, abandonnée puis à nouveau envahie par les Français entre 1799 et 1800, Saliceti avait été chargé d'établir une Constitution sur le modèle de la République italienne : le pouvoir législatif était réservé à un grand conseil de trois cents députés, le pouvoir exécutif à un conseil de douze anciens, présidé par un gonfalonier. Là encore la dépendance à l'égard de la France était étroite.

---

1. *Ibid.*, p. 125.
2. DE CLERCQ, *Recueil des traités de la France*, t. I, p. 587.

Même situation pour la Toscane, occupée puis évacuée en 1799. Le grand-duc l'avait échangée à la paix de Lunéville contre Salzbourg. Elle devait en principe revenir au duc de Parme dont les États auraient été incorporés à la République cisalpine. Le duc hésita. Bonaparte songeait déjà à installer à Florence le prince Louis de Bourbon, gendre de Charles IV d'Espagne. Le traité d'Aranjuez, conclu le 21 mars 1801, fit en effet de Louis un roi d'Étrurie, nouveau nom de la Toscane, en échange de l'île d'Elbe cédée à la France. La réunion officielle de l'île fut consacrée par le sénatus-consulte du 26 août 1802. Dès l'an IX, Lachevardière, dans les *Annales de statistique*, avait attiré l'attention sur l'importance stratégique de l'île et sur ses richesses minières [1].

Louis Ier d'Étrurie et son épouse Marie-Louise, avant de prendre possession de leur nouvel État, durent se rendre à Paris, en signe de vassalité. Louis Ier ne régna que quelques mois : il mourut le 27 mai 1803 et Marie-Louise fut proclamée régente. La situation financière désastreuse interdisait, malgré l'existence d'un parti anglais puissant et d'un actif parti unitaire, toute velléité d'indépendance.

À Parme, enfin, la mort du duc, le 9 octobre 1802, avait entraîné l'entrée des troupes françaises dans le duché. Parme resta jusqu'en 1808 un territoire autonome gouverné à la manière d'un département français par Moreau de Saint-Méry.

La République helvétique

En 1791, à Auxonne, Bonaparte avait tiré du *Voyage de William Coxe en Suisse*, traduit par Ramon de Carbonnières, de nombreuses notes qu'il avait soigneusement gardées. Elles lui furent probablement utiles lors des négociations du traité de Campo-Formio qui réglèrent le sort de la Valteline, de Bormio et de Chiavenna, annexés à la nouvelle République cisalpine.

---

1. J. TULARD, « L'île d'Elbe en l'an X », *Revue de l'Institut Napoléon*, 1964, p. 64.

À l'issue du banquet offert le 10 décembre 1797, Bonaparte aurait déclaré qu'il fallait se disposer sans retard « à jeter à terre par la révolution les gouvernements aristocratiques de la Suisse [1] ».

Fut-il le véritable inspirateur, en liaison avec les patriotes suisses, Pierre Ochs ou César Laharpe, de l'invasion de la Confédération ? C'est probable. Son intérêt se portait d'abord sur la République cisalpine dont la route du Simplon commandait les liaisons avec la France, mais il avait aussi noté que la Suisse couvrait la frontière française du Rhin au Rhône et permettait de tourner la vallée supérieure du Danube. Son intérêt stratégique était tout à la fois défensif et offensif. L'Angleterre ne s'y trompait point, qui entretenait des agents dans les principaux cantons.

En mars 1798, c'est l'intervention que l'on a évoquée plus haut.

Pour cette Suisse sous influence française, on a d'abord songé à l'établissement de trois républiques : la République rhodanique, la République helvétique et la Tellgovie en hommage à Guillaume Tell. Après le départ de Brune, on en revient à une « République helvétique une et indivisible ». S'y ajoute un traité d'alliance franco-helvétique, le 19 août 1798, stipulant le libre passage du Simplon [2].

Bonaparte est en Égypte lorsque les forces de la deuxième coalition interviennent en Suisse. Cette fois, c'est Masséna qui redresse la situation grâce à la victoire de Zurich. Désormais, le sort de la Suisse se trouve lié à celui de la France.

Unitaires et fédéralistes s'affrontent en une suite de coups d'État tandis que Paris compte les points. Après la paix de Lunéville, le Premier Consul se décide à intervenir. Il a compris que le régime unitaire ne convient pas à l'Helvétie, mais il importe aussi de ne pas faire de cette dernière une puissance trop forte qui pourrait échapper à l'influence française.

---

1. Cité dans *Napoléon et l'Europe*, p. 87. P. GIELLET, « Avec Bonaparte de Genève à Bâle », ch. X.
2. DE CLERCQ, *op. cit.*, p. 363.

La Constitution dite de Malmaison établit en Suisse un régime fédératif qui répartit les attributions politiques et administratives entre les institutions fédérales et les cantons. Échec pour Bonaparte. Comme tous les compromis, celui-ci ne satisfait personne.

L'insuccès de deux nouveaux projets, suivi d'un soulèvement préparé par des agents anglais, à l'issue du départ des troupes françaises, achève d'irriter Bonaparte. Ney reçoit l'ordre d'intervenir. Il installe le gouvernement à Berne, arrête les fortes têtes puis dirige sur Paris les députés à la consulte convoquée par Bonaparte, à l'exemple de celle qui venait de se réunir à Lyon pour fixer le sort de la République cisalpine. Les négociations durent deux mois ; en fait le Premier Consul a déjà fixé son choix : « La nature a fait votre État fédératif ; vouloir la vaincre, n'est pas d'un homme sage [...]. Plus j'ai réfléchi sur la nature de votre pays, plus a été forte en moi la conviction inspirée par la diversité des éléments qui la composent, qu'il est impossible de la soumettre à l'uniformité. Tout vous conduit au fédéralisme. » Excellent prétexte pour ramener un État unifié au niveau d'une fédération de cantons ayant chacun sa propre constitution. Ce fut l'acte de Médiation du 19 février 1803. À la tête de la nouvelle Confédération : un landamman annuel choisi parmi les six cantons historiques (Fribourg, Berne, Soleure, Bâle, Zurich, Lucerne) à tour de rôle, en assure la présidence. C'est un Fribourgeois, Louis d'Affry, qui fut le premier landamman.

Désormais disparaissent les anciens bailliages, et l'égalité politique est proclamée : « Il n'y a plus en Helvétie ni pays sujets, ni privilèges de lieux de naissance, de personne ou de famille. » Ressuscite en revanche la Diète fédérale composée de deux députés par canton.

L'indépendance de ces cantons nécessitait une médiation, ce fut celle de Bonaparte qui ne prendra toutefois officiellement le titre de médiateur qu'après 1806 [1].

Ce médiateur ne garantit pas seulement la nouvelle Constitution [2],

---

1. SURATTEAU, dans *Les Pays sous domination française*, p. 104.
2. DRIAULT, *op. cit.*, p. 294.

il assure la direction de la politique étrangère. Le 27 septembre 1803, un nouveau traité d'alliance, une alliance seulement défensive il est vrai, se voit conclue pour une période de cinquante ans. La Suisse doit souscrire le même jour une capitulation militaire par laquelle elle s'engage à mettre à la disposition de Bonaparte 16 000 hommes, plus un dépôt de 4 000 autres soldats et un bataillon de grenadiers. Il est également prévu que deux États soumis au protectorat français, les Républiques batave et italienne, auront le droit de prélever dans la Confédération un régiment de 4 000 hommes, porté à 5 000 en temps de guerre. Non seulement la Suisse est ravalée sur le plan de sa diplomatie au rang de satellite de la France, mais encore elle devient une sorte de réservoir d'hommes pour Bonaparte en vue des futures guerres continentales.

L'opinion a pourtant accueilli favorablement l'acte de médiation : on oublia la Suisse dépendante de la France, appelée à lui fournir des troupes, pour ne retenir que la Suisse pacifiée, fédérée à nouveau, où était proclamée l'égalité entre les citoyens. On fut reconnaissant à Bonaparte d'avoir mis fin à l'impopulaire République helvétique et aux invasions étrangères qui avaient transformé, sous le Directoire, le territoire suisse en un champ de bataille pour la deuxième coalition. Le Premier Consul marquait un point : « Il n'était plus à craindre que la Suisse devînt bientôt une autre Jersey [1]. »

L'ALLEMAGNE EN 1803

Fortement établie sur la rive gauche du Rhin, la France devait toutefois compter avec une menace venue de l'est, alors que ses satellites hollandais et italien la préservaient au nord et au sud-est, bien au-delà de ses limites naturelles. Les remaniements territoriaux qui suivirent en Allemagne la signature du traité de Lunéville lui permirent de conjurer ce danger.

---

1. *Ibid.*, p. 295.

Par la paix de Lunéville, l'empereur d'Allemagne ne s'était pas contenté d'abandonner à la République française «le comté de Falkenstein et ses dépendances, le Frickthal et tout ce qui appartenait à la Maison d'Autriche sur la rive gauche du Rhin entre Zurich et Bâle», il avait aussi consenti «à ce que la République française possède, en toute souveraineté et propriété, les pays et domaines situés sur la rive gauche du Rhin et qui faisaient partie de l'Empire germanique, de manière que le thalweg du Rhin fût désormais la limite entre la République française et l'Empire germanique depuis l'endroit où le Rhin quitte le territoire helvétique jusqu'à celui où il entre dans le territoire batave». En conséquence, la France renonçait aux places de Düsseldorf, Ehrenbreitstein, Philisbourg, au fort de Kehl et à Vieux-Brisach. L'article 7 qui suivait cette renonciation, ouvrait la voie à de profonds remaniements en Allemagne : «Comme par suite de la cession que fait l'Empire à la République française, plusieurs princes et États de l'Empire se trouvent particulièrement dépossédés, en tout ou partie, tandis que c'est à l'Empire germanique collectivement à supporter les pertes résultant des stipulations du présent traité, il est convenu que l'Empire sera tenu de donner aux princes héréditaires qui se trouvent dépossédés de la rive gauche du Rhin, un dédommagement qui sera pris dans le sein dudit Empire, suivant les arrangements qui, d'après ces bases, seront ultérieurement déterminés.»

En fait, la Diète de Ratisbonne, paralysée par la rivalité de la Prusse et de l'Autriche et la résistance des princes ecclésiastiques à toute sécularisation, ne put prendre de décision avant le mois d'octobre 1801. Le 2, elle s'en remettait à une commission qu'elle invitait à respecter un principe de limitation lors des sécularisations qui seraient envisagées. Incapable elle aussi de trancher, la commission dut fait appel à la médiation de la Russie et de la France. L'appel à la France était justifié par le traité de Lunéville et les conventions passées avec la Prusse, Bade, la Hesse, le Wurtemberg et la Bavière ; la Russie invoquait de son côté sa participation au traité de Teschen qui, en 1779, avait confirmé les accords antérieurs sur les limites des États allemands.

Dans la réalité, le principal rôle revint à Bonaparte. Celui-ci signa plusieurs traités et conventions avec la Prusse et d'autres États. L'ensemble forma le plan français approuvé, le 4 juin 1802, par la Russie, et que la Diète fut sommée d'accepter dans un délai de deux mois. Ce plan modifiait profondément la carte de l'Allemagne. Le nombre des États était réduit de moitié. Des cinquante-deux villes libres, il n'en restait que six : Hambourg, Brême, Francfort, Augsbourg et Nuremberg. Des trois électeurs ecclésiastiques, ne subsistait que celui de Mayence transféré à Ratisbonne. Prusse et Autriche se trouvaient refoulées à l'est tandis que l'influence française pénétrait désormais sans rivale l'Allemagne occidentale.

La Bavière, qui avait dû céder ses possessions palatines de la rive gauche, recevait, grâce à l'entremise de la France, un splendide dédommagement, à savoir : la meilleure partie de l'évêché de Wurtzbourg, dix-sept villes libres, dont Ulm, douze abbayes et des morceaux de Bamberg, Augsbourg et Freisingen. Elle sortait du remaniement plus peuplée et formait désormais un véritable État, territorialement cohérent.

Un autre client de la France, Bade, recevait l'évêché de Constance, ce qui subsisterait sur la rive droite du Rhin des évêchés de Spire et de Bâle, dix abbayes et sept villes libres.

Au duc de Wurtemberg, devenu électeur, étaient attribuées par le plan français sept abbayes et neuf villes libres en échange de Montbéliard et de ses fiefs d'Alsace et de Franche-Comté.

Les partisans de la France n'avaient décidément pas à se plaindre. Bonaparte constituait ainsi « une Allemagne moyenne composée de quelques petits États comme Bade, la Bavière, le Wurtemberg, les Hesses, assez forts, surtout en s'unissant, pour contenir l'Autriche et la Prusse, assez faibles et divisés pour ne pouvoir se passer de la tutelle française [1] ». *Limes* précieux qui renforçait la barrière naturelle du Rhin.

---

1. *Ibid.*, p. 315.

LES AMBITIONS COLONIALES FRANÇAISES

Du côté de la barrière océanique, les ambitions françaises n'étaient pas moins grandes.

La paix d'Amiens permettait en effet la reconstitution du domaine colonial hérité de la monarchie, puisque la France recouvrait en principe Saint-Domingue, la Martinique, la Guadeloupe et ses dépendances, la Guyane, Sainte-Lucie, Saint-Pierre-et-Miquelon, les Mascareignes et les comptoirs indiens. À ces anciennes possessions, s'ajoutaient celles acquises depuis 1789 : la partie orientale de Saint-Domingue cédée par l'Espagne au traité de Bâle en 1795, et la Louisiane restituée par l'Espagne au traité de Saint-Ildefonse, le 1er octobre 1800, en échange de la Toscane cédée au fils du duc de Parme.

« Il y avait là les éléments d'un fort bel empire[1] » ; mais les éléments seulement. L'influence française avait perdu son ancienne importance en Méditerranée ; aux Antilles, il importait de remettre de l'ordre ; les Anglais paraissaient peu pressés de laisser revenir la France dans l'océan Indien. Surtout, une flotte était nécessaire pour servir une politique coloniale cohérente. Mais le Premier Consul avait-il, en 1803, une politique cohérente ?

On note un incontestable intérêt porté à la Méditerranée. Malgré la perte de Malte, de Corfou et de l'Égypte, Bonaparte ne renonçait pas à faire de cette mer un lac français. Dès que la paix fut signée entre la Porte et la France, le Premier Consul envoya Brune comme ambassadeur à Constantinople avec pour mission de « restaurer par tous les moyens la suprématie que la France avait depuis deux cents ans dans cette capitale », et de « tenir constamment son rang au-dessus des ambassadeurs de toutes les nations ». Sébastiani était envoyé, le 5 septembre 1802, en Tripolitaine, en Égypte et en Syrie pour y étudier les possibilités d'une intervention française[2]. Des traités de paix

---

1. G. HARDY, *Histoire de la colonisation française*, p. 134.

2. AUZOUX, « La mission de Sébastiani à Tripoli », *Revue des Études napoléoniennes*, II, 1919.

étaient signés avec le pacha de Tripoli (16 juin 1801) et le bey de Tunis (23 février 1802) ; en Algérie, le consul général Dubais-Thainville obtenait, le 11 décembre 1801, la restitution des concessions d'Afrique. Mais, excité par Busach et Bacri[1], le bey d'Alger ne cessa de multiplier les provocations. Un projet de débarquement fut envisagé[2], mais demeura sans suite jusqu'en 1830.

Aux Antilles et dans les anciennes colonies, fut établie une administration proche de celle de l'Ancien Régime : un capitaine général chargé de la défense militaire ; au-dessous de lui, mais indépendant, un préfet colonial auquel était confiée l'administration civile ; enfin un grand juge, lui aussi indépendant des deux autres, concentrait toutes les attributions judiciaires, placées jadis dans la main du gouverneur.

La loi du 30 floréal an X ayant placé les colonies en dehors du droit commun, Bonaparte en profite pour prendre un certain nombre d'arrêtés qui renouaient avec la conception du pacte colonial. La décision la plus importante est celle qui rétablit l'esclavage, le 30 floréal an X, puis la traite. « Il y a des moments, s'exclame Regnault de Saint-Jean-d'Angély au Corps législatif, où il est nécessaire, il est juste, il est honorable de rétrograder. »

Cette décision et d'autres maladresses rendirent la situation intenable aux Antilles. Si la Guadeloupe, révoltée en 1801, fut rapidement matée, elle n'offrait qu'un spectacle de désolation. À Saint-Domingue, il existait une possibilité d'entente avec Toussaint Louverture, maître de l'île entière. Elle fut perdue. Bonaparte refusait tout pouvoir indépendant à Saint-Domingue. Sans doute entrevoyait-il la possibilité d'un triangle d'implantation française dans l'Atlantique dont les pointes auraient été la Guyane, la Louisiane et Saint-Domingue. Aussi, avant même les accords définitifs de paix avec l'Angleterre, lançait-il sur l'île, le 11 décembre 1801, 23 000 hommes, des vétérans pour

---

1. Fr. HILDESHEIMER, « Grandeur et décadence de la maison Bacri de Marseille », *Revue des Études juives*, 1977.
2. L. BERJAUD, *Boutin, agent secret de Napoléon et précurseur de l'Algérie française*, p. 85.

la plupart, placés sous le commandement de son beau-frère, le général Leclerc. La rapidité de pénétration des colonnes françaises permit l'écrasement des forces de Toussaint qui se rendit le 6 mai. En réalité, la guerre était loin d'être terminée ; elle prit un caractère atroce. Indignés de la façon dont s'étaient comportés les Français à l'égard de Toussaint Louverture, déporté dans le Jura où il mourut l'année suivante, ses anciens lieutenants ou rivaux, Dessalines, Christophe, Pétion se concertèrent [1]. Dès septembre, la révolte gagnait l'ensemble des plantations. Découragé, Leclerc écrivait : « Depuis que je suis ici, je n'ai eu que le spectacle d'incendies, d'insurrections, d'assassinats, de morts et de mourants. Mon âme est flétrie. » Il mourait, le 2 novembre 1802. Rochambeau, qui lui succéda, déclencha une impitoyable répression. Mais la reprise de la guerre maritime avec l'Angleterre ruina les derniers espoirs français.

L'échec de Saint-Domingue rendait l'occupation de la Louisiane inutile. D'autres raisons ont peut-être pesé (hostilité des États-Unis qui voulaient garder libre le débouché de La Nouvelle-Orléans, crainte de voir l'Angleterre s'y établir, besoin d'argent) dans la renonciation à l'expédition. Le 30 avril 1803, étaient signées avec les représentants des États-Unis trois conventions concernant la cession de la Louisiane aux États-Unis, le prix (60 millions) et les indemnités dues aux Américains [2]. Victor fut averti que son expédition n'aurait pas lieu. Le préfet Laussat, envoyé en avant pour négocier la rétrocession de la Louisiane par les Espagnols, s'en tira par deux cérémonies, le 30 novembre et le 20 décembre.

Troisième volet de la politique coloniale française : après la Méditerranée et l'Atlantique, l'océan Indien. Les colonies hollandaises de la Sonde, sur lesquelles la France pouvait espérer exercer une influence au moins indirecte, offraient une excellente base d'opérations. Le 20 juin 1802, l'ancien conventionnel Cavai-

---

1. Derniers travaux sur Toussaint : « Boromé », dans *Revue de l'Institut Napoléon*, 1977, pp. 167-171.

2. De Clerq, *op. cit.*

gnac était envoyé à Mascate comme « résident et commissaire des relations commerciales ». Le général Decaen se voyait assigner comme objectif de reprendre les possessions françaises aux Indes et s'embarquait le 6 mars 1803.

S'ajoutant aux incessants empiétements continentaux, comment cette politique coloniale « toutes mers et tous océans », n'aurait-elle pas inquiété les Anglais ? D'autant que le Premier Consul ne les ménageait pas. Par un arrêté du 22 juillet 1802, il élevait les droits d'entrée sur les produits coloniaux dont la moitié venait d'Angleterre. Les théories mercantilistes triomphaient en France (au point que l'on peut se demander si l'expansion coloniale n'était pas un moyen de désarmer les préventions des ports). Le négoce britannique devait perdre rapidement tout espoir de voir signer un traité analogue à celui de 1785.

Du coup, la paix cessait de paraître avantageuse pour la Grande-Bretagne : enrichie par la guerre, l'industrie, faute des débouchés continentaux tant espérés, stagnait désormais tandis que le rétablissement des influences française et hollandaise sur leurs colonies annonçait inexorablement pour Londres la fin du monopole des denrées coloniales.

Désormais, la prépondérance française sur le continent semble solidement établie. Que de chemin parcouru en une décennie. « On disait, il y a quelques années, que sur la carte de l'Europe, il y avait un vide, là où la France avait été ; je regarde maintenant cette carte et j'y vois partout la France, rien que la France », déclare Sheridan [1]. C'est une déclaration de guerre.

Arrêtons-nous pourtant un instant sur cette France de 1803 qui a atteint ses frontières naturelles et que protège un glacis d'États satellites. Contemplons cette construction harmonieuse, limitée par l'Atlantique, le Rhin, les Alpes et les Pyrénées, préservée de toute agression immédiate grâce à l'action de ses soldats et de ses diplomates. Jamais la France n'a été aussi puissante. Talleyrand avait raison. Il eût fallu en rester là.

---

1. DRIAULT, *op. cit.*, p. 337.

IV.

La rupture franco-anglaise

La rupture de la paix d'Amiens tient à des causes héritées de la Révolution. Napoléon Ier n'en porte pas seul la responsabilité. L'Angleterre ne peut admettre une France forte sur le continent et à plus forte raison à Anvers. Napoléon ne peut renoncer à la Belgique sans trahir la Grande Nation.

CAUSES DE LA RUPTURE

Les raisons qui mettent fin à la paix franco-anglaise sont bien connues : en premier lieu, notons l'inquiétude de Londres devant l'annexion du Piémont, l'occupation de la Suisse et la non-évacuation de la Hollande par les troupes françaises. Ajoutons que le renouveau colonial de la France et de ses alliés remettait en cause la prépondérance maritime de la Grande-Bretagne. Enfin, le gouvernement français se dérobait devant la signature d'un traité de commerce, n'admettant qu'une « série d'arrangements particuliers », selon les instructions données par le Premier Consul à l'ambassadeur Andréossy : « Toutes les fois qu'on vous parlera commerce, répondez qu'on ne pourra ici entendre aucune proposition de nature à resserrer les liens commerciaux aussi longtemps que l'Angleterre n'aura pas prouvé qu'elle veut réellement sortir de cet état, qui n'est à vrai dire qu'une cessation d'hostilités, pour rentrer dans l'état d'une paix véritable [1]. » Et de dénoncer la présence des Bourbons et de leurs agents sur le

---

1. COQUELLE, *Napoléon et l'Angleterre*, p. 20.

sol anglais ainsi que les nombreux libelles prenant à partie le gouvernement français.

Une telle lettre montrait que Bonaparte continuait, de son côté, à nourrir des griefs contre l'Angleterre. Le cabinet britannique n'avait pas mis fin aux attaques des émigrés contre le Premier Consul, en dehors du retentissant procès fait au pamphlétaire Peltier, provisoirement réduit à l'impuissance [1].

Addington était-il rempli de bonne volonté ou biaisait-il ? Ne devait-il pas compter avec l'opposition d'une partie du Parlement et plus encore avec le poids de l'opinion publique anglaise qui entendait que fût respectée la liberté de la presse ? Or Bonaparte faisait preuve d'une sensibilité extrême à l'égard des critiques venues d'outre-Manche, et son irritation n'a cessé de grandir devant l'incapacité de Londres à les enrayer.

La guerre devait-elle pour autant éclater ? D'un côté, des intérêts commerciaux fortement menacés, de l'autre la susceptibilité d'un chef d'État de plus en plus absolu, mise à rude épreuve. Pour tendue que fût la situation, elle n'impliquait pas obligatoirement la reprise des hostilités. La publication dans *Le Moniteur* du 30 janvier 1803 du rapport du colonel Sébastiani sur sa mission en Égypte mit le feu aux poudres. N'y lisait-on pas que six mille soldats français suffiraient pour conquérir l'Égypte ?

Déjà peu désireux d'évacuer Malte, comme les y invitait le traité d'Amiens, les Anglais utilisèrent ce prétexte pour ne pas lâcher l'île. La position française était pourtant inattaquable puisque les troupes de la République avaient quitté les États de Naples et de Rome conformément aux accords. Secrétaire d'État aux Affaires étrangères, Hawkesbury expliquait que « la position de l'Europe et particulièrement de la France n'était plus la même aujourd'hui qu'à l'époque du traité d'Amiens, que le statu quo au moment du traité qui devait servir de base aux stipulations des compensations, dérangé par l'extension de territoire qu'avait prise la France, laissait une disparate trop forte

---

1. MASPERO-CLERC, *Jean-Gabriel Peltier*, p. 149.

entre les conditions sur lesquelles on avait établi la discussion et les résultats énoncés dans le traité ».

L'entrevue, le 18 février 1803, entre le Premier Consul et l'ambassadeur d'Angleterre à Paris, Lord Withworth, ne permit pas de trouver un terrain d'entente. Bonaparte reprochait à l'Angleterre la non-évacuation de Malte et plus encore les intrigues des émigrés contre le gouvernement. Il se refusait à considérer l'occupation du Piémont et de la Suisse comme une remise en cause du statu quo européen et éludait prudemment la question hollandaise.

Le lendemain, Talleyrand envoyait ses instructions à Andréossy. Il l'invitait à la fermeté sur les points suivants :

« 1. Qu'Alexandrie et Malte soient évacuées.

« 2. Que Georges et consorts soient expulsés du territoire britannique.

« 3. Que les gazettes anglaises elles-mêmes soient empêchées de se permettre contre la France et le Premier Consul les outrages qui répugnent à la décence publique, au droit des nations et à l'état de paix. »

Un langage non moins ferme était tenu dans l'exposé de la situation de la République présenté au Corps législatif, le 22 février [1]. Toute la responsabilité d'une rupture éventuelle était rejetée sur l'Angleterre : « Le gouvernement garantit à la nation la paix du continent, et il lui est permis d'espérer la continuation de la paix maritime. Pour la conserver, le gouvernement fera tout ce qui est compatible avec l'honneur national essentiellement lié à la stricte exécution des traités. » Deux partis, expliquait-on, se disputaient le pouvoir en Angleterre, l'un favorable à la paix, l'autre hostile à la France. De là les fluctuations de la politique britannique. Mais, concluait sur ce point l'exposé : « Quel que soit à Londres le succès de l'intrigue, elle n'entraînera point d'autres peuples dans des ligues nouvelles ; et le gouvernement le dit avec un juste orgueil : l'Angleterre seule ne saurait aujourd'hui lutter contre la France. »

---

1. *Archives parlementaires*, nouvelle série, t. IV, p. 5.

Le 8 mars, la réplique anglaise se traduisait par le message royal aux Communes. Soucieuse d'appeler la Grande-Bretagne à la vigilance devant les ambitions françaises, « Sa Majesté, déclarait George III, croit nécessaire d'informer la Chambre des communes que des préparatifs militaires considérables se faisant dans les ports de France et de Hollande, elle a jugé convenable d'adopter de nouvelles mesures de précaution pour la sûreté de ses États [1] ».

Quelques jours plus tard, c'est une nouvelle algarade qu'essuyait aux Tuileries l'ambassadeur d'Angleterre : « Vous voulez la guerre. Nous nous sommes battus pendant quinze ans. C'en est déjà trop. Mais vous voulez faire la guerre quinze années encore et vous m'y forcez [2]. » La scène avait été précédée d'une grande offensive diplomatique avec envoi de lettres à l'Empereur de Russie, au roi de Prusse auprès duquel était envoyé en mission Duroc, au roi d'Espagne [3]. On en restait pourtant avec l'Angleterre au niveau des échanges verbaux. Lord Hawkesbury faisait connaître une nouvelle fois, le 3 avril, à Andréossy, la position officielle du cabinet britannique. Il demandait au gouvernement français de donner des « explications satisfaisantes » sur ses « projets ambitieux ». Andréossy interprétait la position de Lord Hawkesbury dans un sens favorable à la paix. Mais tel n'était pas l'avis de Paris. Pour sortir de l'impasse, le 26 avril, Lord Withworth présentait à Talleyrand de nouvelles bases de discussions :

1. L'Angleterre garderait Malte pendant dix ans.

2. L'île de Lampédouze lui serait cédée en toute propriété.

3. Les troupes françaises évacueraient la Hollande et la Suisse.

Il ajoutait (verbalement) que si, dans un délai de sept jours, aucun accord n'était intervenu, il regagnerait Londres, les relations diplomatiques se trouvant alors rompues.

---

1. COQUELLE, *op. cit.*, p. 45.
2. Il existe plusieurs versions de l'algarade : cf. GARROS, *Itinéraire de Napoléon Bonaparte*, p. 205.
3. *Correspondance*, n° 6740.

Talleyrand répondit de façon dilatoire, le 2 mai : pourquoi ne pas remettre l'île de Malte à la Russie ?

De nouvelles propositions furent transmises de Londres le 10 mai. Malte deviendrait un État indépendant et l'Angleterre reconnaîtrait les Républiques italienne et ligurienne ; en retour seraient évacuées la Hollande et la Suisse. De cette position, les Anglais n'entendaient plus démordre.

Faute de réponse, l'ambassadeur Withworth quittait Paris le 12 mai. Talleyrand tenta une ultime démarche : Malte serait anglaise pour dix ans ; dans le même intervalle, les Français s'installeraient à Otrante et à Tarente. Trop tard. Le 16, Andréossy prenait lui aussi le chemin du retour. La rupture était consommée.

Qui porte la responsabilité de cette rupture ? On en a longuement discuté, au début de ce siècle, au temps des grands conflits coloniaux avec l'Angleterre. D'Albert Sorel à Arthur Lévy, de Frédéric Masson à Émile Bourgeois, tant d'arguments ont été échangés que le débat y a perdu en clarté. Aucun doute, Bonaparte avait besoin de la guerre. Talleyrand parlera habilement d'*amour-propre blessé*, et Bonaparte écrira lui-même au pape : « J'ai été poussé à bout[1]. » Toutefois Lucien dira de son frère « qu'à cette époque, sa pensée était plus ambitieuse que patriotique » ; elle lui faisait « une nécessité personnelle de la guerre ». Les victoires s'oublient vite et l'engourdissement est néfaste aux dictatures. Au demeurant, les Français n'étaient nullement hostiles à la reprise des hostilités : la politique étrangère du Premier Consul flattait leur orgueil. « On montre beaucoup de confiance dans le gouvernement et l'on entend partout l'éloge de la conduite qu'il tient dans les circonstances présentes », lit-on dans un rapport de police du 22 mai ; la veille, un observateur notait : « L'indignation contre l'Angleterre est à son comble. On a entendu nombre de personnes qui disaient qu'elles étaient disposées à tous les sacrifices pour soutenir cette guerre et abaisser l'orgueil des Anglais[2]. » Le Premier Consul a-

---

1. *Correspondance*, n° 6752.
2. AULARD, *Paris sous le Consulat*, t. IV, pp. 96 et 99.

t-il néanmoins souhaité une reprise aussi rapide de la guerre alors que la pacification intérieure était loin d'être achevée ? « À Amiens, devait confier Napoléon à Las Cases, je croyais de très bonne foi le sort de la France, celui de l'Europe, le mien, fixés, la guerre finie. C'est le cabinet anglais qui a tout rallumé... Pour moi, j'allais me donner uniquement à l'administration de la France... Je n'eusse rien perdu du côté de la gloire... J'eusse fait la conquête morale de l'Europe comme j'ai été sur le point de l'accomplir par les armes. De quel lustre on m'a privé[1] ! »

L'Angleterre avait, elle aussi, en effet, intérêt à la rupture des relations avec la France. Pouvait-elle tolérer plus longtemps l'expansion de la République et son dynamisme économique ? Il importait de rompre au plus vite avant que le Premier Consul ait pu consolider son influence sur le continent et réorganiser sa marine. La mauvaise foi britannique était évidente à propos de Malte. Lord Pelham avoue, le 16 mai : « Le ministère a regardé la conservation de cette île comme absolument nécessaire à la Grande-Bretagne pour la garantir contre les desseins de la France à l'égard de l'Égypte. »

PREMIÈRES HOSTILITÉS

La rupture de la paix d'Amiens eut des conséquences immédiates sur le plan militaire. L'Angleterre fit aussitôt saisir dans ses ports, sans déclaration de guerre, 1 200 bateaux de commerce français ou de puissances alliées à la France.

La riposte de Bonaparte ne tarda pas : Mortier occupait le Hanovre dont le roi d'Angleterre était le souverain. La France s'assurait ainsi le contrôle des bouches de l'Elbe et de la Weser. Gouvion Saint-Cyr reçut l'ordre de réoccuper Tarente et Brindisi, clefs de l'Adriatique et de la mer Ionienne. Dans les deux Républiques, la française et l'italienne, furent confisquées toutes les

---

1. *Mémorial*, t. II, p. 543, 11 novembre 1816.

marchandises anglaises ; les sujets britanniques qui s'y trouvaient devinrent prisonniers de guerre. Livourne, principal port du royaume d'Étrurie créé pour les Bourbons de Parme, fut mis en état de siège. Une convention était conclue, le 25 juin 1803, entre les Républiques française, italienne et batave sur le contingent à fournir [1]. Dans une capitulation signée le 27 septembre 1803 avec la Diète helvétique, celle-ci s'engageait à fournir 16 000 hommes. La convention était complétée le même jour par un traité d'alliance défensive.

Cette intense activité diplomatique n'en resta pas là. Le 19 octobre, fut signée une convention de neutralité avec l'Espagne. Celle-ci s'engageait à verser à la France « un subside pécuniaire de six millions par mois » jusqu'à la fin de la guerre. Autre convention avec le Portugal, signée le 19 décembre : le prince-régent acceptait que les obligations imposées au Portugal envers son allié français fussent converties en un subside de seize millions. Soieries, dentelles, batistes et autres produits des manufactures françaises pourraient pénétrer au Portugal en échange de sa neutralité sur le plan militaire. Une alliance offensive et défensive avec la République ligurienne était conclue le 24 février 1804. Le système défensif continental ainsi constitué, pour solide qu'il apparaisse, ne pouvait suffire à Bonaparte. C'est avec l'offensive qu'il est dans son élément.

En juin 1803, le Premier Consul reprend le projet de descente en Angleterre, décidé puis suspendu en 1798, repris en 1801, après la paix de Lunéville, et rendu inutile par la signature des préliminaires de paix avec l'Angleterre à la fin de cette même année.

L'ordre du 25 prairial an XI (14 juin 1803) crée six camps, un en Hollande, un à Gand, un à Saint-Omer, un à Compiègne, un autre à Saint-Malo et le sixième à Bayonne [2]. Boulogne devait être le lieu de concentration de l'expédition contre l'Angleterre. D'autres aménagements étaient prévus dans les ports voisins.

1. DE CLERCQ, *Recueil des traités de la France*, t. II, p. 69.
2. Sur ces camps, cf. *Bulletin de la société de Pont-de-Briques*, passim.

L'idée d'une conquête de l'Angleterre par l'armée française était-elle réaliste ? Bonaparte croyait-il une telle expédition possible ou s'agissait-il seulement d'une mesure d'intimidation pour contraindre le cabinet britannique à négocier ? Le choix de Boulogne, dans la première hypothèse, était-il heureux ? Et la France disposait-elle d'une marine suffisante pour réussir cette entreprise ? Autant de questions auxquelles on n'a cessé d'apporter les réponses les plus contradictoires.

Reste qu'à la fin de 1803, c'est Bonaparte qui a l'initiative des opérations.

En fait, ce nouveau conflit est inséparable des guerres de la Révolution : on parlera à juste titre, lors de l'entrée en scène de l'Autriche, d'une « troisième » coalition contre la France.

V.

L'échec maritime

Paradoxalement l'avenir de la domination napoléonnienne s'est joué sur mer. Trafalgar condamne Napoléon devenu empereur en 1804 à une domination continentale alors que nous l'avons vu esquisser sous le Consulat une ambitieuse politique coloniale et maritime. Après le désastre de Trafalgar, dont il ne faut pas exagérer toutefois l'importance, si rien n'était définitivement compromis, le ressort semble néanmoins brisé. Sur mer, Napoléon n'a pas été plus heureux que le Comité de salut public ou le Directoire : il se trouve confronté aux mêmes problèmes et reprend les mêmes solutions.

LES PROJETS DE DÉBARQUEMENT EN ANGLETERRE

Après deux ans de préparatifs, Napoléon paraît résolu en 1805 à tenter un débarquement sur les côtes anglaises.

Qu'il ait d'abord envisagé le rassemblement de troupes au camp de Boulogne comme une manœuvre d'intimidation à l'égard du cabinet britannique, c'est fort possible ; force lui est de constater que, sincères ou non, ses offres de paix, en janvier 1804, ne rencontrent aucun écho. L'Angleterre ne semble nullement décidée à céder.

Désormais, Napoléon se voit condamné à réussir. Son plan repose sur la combinaison de deux éléments : les escadres et la flottille [1].

---

1. MASSON et MURACCIOLE, *Napoléon et la marine*, p. 154.

La flottille doit assurer aux troupes le passage de la Manche à partir des ports de Boulogne, Calais, Étaples et Ambleteuse. Initialement l'opération devait se faire par surprise, la nuit, au cours de la mauvaise saison. En fait, cette flottille, de qualité médiocre, paraît incapable d'affronter une mer démontée et de se frayer un chemin au milieu des navires anglais assurant la surveillance de la Manche[1]. Forfait malade, l'amiral Bruix sans illusion et Decrès, ministre de la Marine, surtout soucieux de se comporter en bon courtisan, portent la responsabilité des carences de la flotille.

L'appel aux escadres est donc nécessaire. Mais ces escadres sont également de médiocre qualité : navires en nombre insuffisant, mal équipés et mal armés ; équipages formés à la hâte, cadres sans énergie.

C'est pourquoi Napoléon a dû constamment différer ses projets jusqu'au moment de l'entrée en guerre de l'Espagne à la suite de la convention signée le 4 janvier 1805[2]. Napoléon avait d'abord été contraint de se contenter de subsides, d'ailleurs irrégulièrement payés, de la part de l'allié madrilène. Exaspérée par l'arraisonnement de quatre de ses frégates par la flotte anglaise, l'Espagne, sous l'influence de son premier ministre Godoy, se décide à apporter à Napoléon l'appui de trente vaisseaux, sous réserve, il est vrai, de la réunion du nombre de marins nécessaire. L'Empereur peut aussi compter sur la marine hollandaise, dont l'appoint fut modeste, mais qui assurait à ses forces une légère supériorité numérique.

Le plan élaboré par l'Empereur consistait à attirer la flotte anglaise loin de la Manche par une manœuvre de diversion et de profiter de la provisoire dispersion des navires anglais pour débarquer sur les côtes qu'ils étaient chargés de protéger. On reconnaît, transposés sur la mer, les principes napoléoniens de rapidité et de surprise.

---

1. Cf. lettres et instructions de Napoléon dans F. BEAUCOUR, *Napoléon à Pont-de-Briques*, t. I.

2. DE CLERCQ, *Recueil des traités de la France*, t. II, p. 117.

Le 30 mars 1805, Villeneuve quitte Toulon avec onze vaisseaux ; il se renforce, à Cadix, de sept autres navires placés sous le commandement de Gravina, un Espagnol. Trompés, les Anglais croient à une opération sur l'Égypte ; Nelson va prendre position au large de la Sicile. À Cadix, Orde perd le contact. Il y a un peu d'affolement dans les états-majors britanniques.

Le projet initial prévoit que Villeneuve retrouvera aux Antilles Missiessy parti de Rochefort en janvier et Ganteaume, pour l'instant bloqué dans Brest par Gardner.

Mais Napoléon modifie le rendez-vous : il aura lieu désormais au Ferrol, après que Villeneuve aura attaqué les Antilles, et sera suivi de l'entrée dans la Manche des forces unies. D'autres remaniements suivent. Même si le but qui est de s'assurer le contrôle provisoire de la Manche n'est jamais perdu de vue, ces modifications entraînent la confusion et se heurtent au problème des communications et à celui des vents. Par ailleurs, l'Amirauté britannique devine le piège et souhaite de toute façon éviter une dispersion qui lui avait été préjudiciable dans la guerre d'Amérique.

Villeneuve n'y peut rien. L'Angleterre continue à être gardée par plus de trente vaisseaux, dix-huit à Brest, quinze au large du Ferrol, prêts à se réunir à l'annonce de tout mouvement suspect dans la Manche [1]. Par ailleurs, Nelson remonte au début d'août sous Ouessant. Le plan de Napoléon a échoué.

Que Villeneuve reste par la suite à Cadix et que la rupture d'une digue à Boulogne compromette les mouvements de la flottille pour un long délai, tout cela est désormais sans importance, puisque la partie est déjà perdue pour les Français. Au début d'août, Napoléon ne croit plus à la réussite de ses projets, mais il ne cessera de défendre la manœuvre qu'il avait imaginée : « Je voulais réunir quarante ou cinquante vaisseaux pour des opérations combinées et me trouver pendant quinze jours maître de la Manche. L'ennemi a cru que je me proposais de passer de vive force par la seule force militaire de la flottille. L'idée de mon

---

1. Sur cet échec, MASSON et MURACCIOLE, *op. cit.*, p. 181.

véritable projet ne lui est point venue. » La lettre que Decrès adresse à Napoléon, le 23 août 1805, montre son scepticisme quant à la valeur de la flotte et révèle les doutes du ministre sur le plan conçu par Napoléon : « Affecter tout ce qui pouvait inspirer à l'Angleterre la terreur d'un coup mortel ; rechercher en même temps et disposer secrètement les moyens de lui porter ce coup, voilà si je ne me trompe pas, le système que Votre Majesté a suivi jusqu'à ce jour. L'armement et les mouvements proclamés de la flottille ont rempli le premier but (celui des terreurs). Les contrariétés que vos escadres viennent d'éprouver ajournent le second (celui de porter le coup). Nul doute, et je l'avoue avec candeur, que lorsque vous fondâtes la flottille je ne fus éloigné de penser que son premier objet serait aussi parfaitement atteint. La flottille conserve toute sa force et, soit comme épouvantail soit comme instrument qui doit agir au jour que le sort a fixé, je suis pénétré de son importance [1]. » On ne saurait être plus réservé sur la flotte.

Le désastre de Trafalgar, le 21 octobre 1805, confirme ces réserves. Certes toute la flotte impériale est loin d'être anéantie. Mais, démoralisée, elle hésitera désormais à affronter la marine anglaise, lui abandonnant la maîtrise de la mer. Il serait vain de disserter une nouvelle fois, après les fortes pages de Mahan, sur les conséquences de cet abandon [2].

Napoléon n'en continue pas moins à dominer le continent. Le choc des deux impérialismes se trouve ainsi simplifié : il oppose la puissance maritime à la force terrestre.

---

1. Cité par P. GUIOT, « Le camp de Boulogne », *Neptunia*, n° 39, p. 19.
2. MAHAN, *Influence of Sea Power upon french Revolution and Empire*, 1892.

VI.

La troisième coalition

Si la France avait pris l'initiative sur les mers, l'Angleterre ne restait pas inactive sur le continent. En avril 1804, le cabinet Addington était tombé, et Pitt, revenu au pouvoir, le 10 mai, lançait une vaste offensive diplomatique qui devait aboutir à la formation de la troisième coalition.

LA DIPLOMATIE

Les avances anglaises vers la Prusse se heurtaient à un refus poli. Frédéric-Guillaume III hésitait, redoutant par-dessus tout de se retrouver dans le camp du perdant. La France lui faisait miroiter le Hanovre pour prix de son alliance, mais Berlin ne la jugeait pas assez forte pour résister à une coalition européenne. Le 24 mai 1804, le roi de Prusse consentait à signer une déclaration commune avec la Russie qui, à dire vrai, ne l'engageait guère. Pour intervenir, il se réservait le choix du moment et se cantonnait pour l'instant dans une prudente neutralité. La Russie se montrait plus déterminée ; Londres avait accueilli avec faveur la proposition de Novossiltzoff de créer une « fédération européenne » chargée de contenir la France dans les anciennes limites et d'établir un nouveau droit des gens. Les peuples libérés du joug français devaient recevoir un régime libéral au lieu de subir un retour des anciens abus.

Depuis août 1803, les relations franco-russes s'étaient refroidies. Alexandre Ier prenait le contre-pied de la politique de son père, Paul Ier, devenu, peu avant son assassinat, francophile. Un message transmis par Oubril à Talleyrand, le 21 juillet 1804, avait fait connaître à Napoléon les positions du tsar : que la France renonce à toute visée en Orient et à l'occupation de Tarente et de Brindisi. Concentrant des troupes sur la Vistule, Alexandre se déclarait prêt à la guerre ; sous l'influence de son favori Czartoryski, francophobe décidé. D'autres conseillers poussaient également leur maître dans la voie de l'alliance avec l'Angleterre. « Nos productions respectives nous sont réciproquement nécessaires et trouvent l'une chez l'autre les meilleurs et les plus avantageux marchés de l'univers, écrivait Simon Vorontzov. Nous sommes formidables par nos forces de terre et l'Angleterre est la plus grande puissance maritime du monde. » Alexandre ne devait-il pas son trône à l'Angleterre ? Ajoutons que l'exécution du duc d'Enghien fut ressentie, à Saint-Pétersbourg comme un camouflet, surtout après que Napoléon, invité à se justifier, n'eut pas manqué de rappeler l'assassinat de Paul Ier. De toute manière, d'une guerre en Europe ne pouvaient sortir que des avantages pour la Russie [1].

L'Autriche, au contraire, ne voyait nul intérêt dans la reprise des hostilités avec la France. C'est la raison pour laquelle elle s'était inclinée devant l'ultimatum de Bonaparte, le 2 mars 1804, lui interdisant de reprendre à la Bavière, alliée de la France, les districts de l'Inn. Elle n'avait que faiblement protesté lors de l'enlèvement du duc d'Enghien sur le territoire de l'Empire. Elle avait enfin reconnu le titre impérial conféré à Napoléon en mai de la même année.

Entre les humiliations que lui infligeait Napoléon et les visées russes sur la Pologne dont l'Autriche possédait un large morceau, il fallait choisir. Une position d'attente était difficile à maintenir.

Là encore, l'Angleterre appuyait le parti de la guerre (l'archiduc Jean, Stadion, Metternich) contre l'archiduc Charles qui invoquait le vide des caisses de l'État et la médiocrité d'une armée dépourvue de matériel et de munitions. Gentz, le plus acharné des adversaires de la France, adressait au vice-chancelier Cobenzl

---

1. Cf. notamment A. VANDAL, *Napoléon et Alexandre Ier*, p. 5.

un *Mémoire sur la nécessité de ne pas reconnaître le titre impérial de Bonaparte :* « Cette dignité, écrivait-il au représentant anglais à Berlin, consomme notre honte et nous donne la mesure de la décadence universelle[1]. » En fait, on l'a vu, François II s'était incliné devant la décision de Napoléon, se limitant à déclarer héréditaire la *monarchia austriaca*, le 11 août 1804, et à prendre pour blason l'aigle noir bicéphale sur champ d'or.

« L'année 1804, note Metternich, s'écoula dans une pénible incertitude. Ce n'était ni la guerre, ni la paix. Le ciel était couvert de nuages menaçants, mais la foudre ne devait éclater qu'en 1805[2]. » Comment l'Autriche pouvait-elle ignorer qu'elle n'a plus les moyens de sa politique ? Dans sa *Constitution de l'Allemagne* rédigée en 1802, Hegel affirme : « L'Allemagne n'est plus un État. Au cours de la guerre contre la République française, elle l'a expérimenté elle-même : la perte de quelques-unes de ses plus belles provinces, de quelques millions d'habitants et une dette plus lourde dans la moitié sud que dans la moitié nord, qui prolonge durement en temps de paix les misères de la guerre, en sont les résultats les plus tangibles. »

Entre août 1804 et avril 1805, la situation internationale ne cesse de se dégrader : rupture des relations diplomatiques entre Paris et Saint-Pétersbourg, puis traité secret d'alliance défensive entre Alexandre Ier et François II, le 6 novembre 1804, par lequel le tsar s'engageait à défendre les intérêts autrichiens en Italie, alors qu'en retour l'Autriche promettait « de maintenir contre Napoléon l'intégrité de l'Empire ottoman ».

Vienne s'inquiétait en effet des empiétements de Napoléon dans la péninsule italienne. Dès le 2 janvier 1805, le souverain français avait averti l'empereur François II de son désir d'ériger

---

1. M.-H. WEIL, *D'Ulm à Iéna, correspondance inédite du chevalier de Gentz avec Francis James Jackson, ministre de la Grande-Bretagne à Berlin*, p. 33.

2. *Mémoires de Metternich*, t. 1. « La Prusse, note-t-il, traversait alors une période de transition. Insensiblement, cette puissance sortait de l'état de torpeur où l'avaient fait tomber la paix de Bâle et son système de neutralité qui, dans la lutte soutenue par l'Autriche, par l'Angleterre et parfois par la Russie contre la Révolution française, avait réduit la Prusse au rôle de simple spectatrice », p. 38. Ce réveil de la Prusse a pesé sur la détermination autrichienne.

la République italienne en une monarchie héréditaire en faveur de son frère Joseph. Vice-président de la République, Melzi était soupçonné d'entretenir des relations secrètes avec l'Autriche. Il fallait quelqu'un de plus sûr à Milan. Joseph ayant renoncé, pour des raisons mal éclaircies, Napoléon s'attribuait la couronne et allait la ceindre lui-même dans sa capitale, le 26 mai 1805. Avant de quitter son nouveau royaume, Napoléon faisait d'Eugène de Beauharnais un vice-roi, avec pour mission de renforcer l'État milanais sur le plan militaire. Suivait l'annexion de Gênes. « En réunissant le port et la population des deux Rivières à l'Empire français, écrit Thiers, Napoléon se donnait depuis le Texel jusqu'au fond du principal golfe de la Méditerranée une étendue de côtes et une quantité de matelots qui pouvaient avec beaucoup de temps et de suite le rendre, sinon l'égal de l'Angleterre sur les mers, du moins son rival respectable. Il crut que l'Angleterre seule pouvait prendre à cette question un véritable intérêt. C'était une faute, car, dans la disposition d'esprit de l'Autriche, c'était la jeter dans les bras de la coalition [...]. C'était fournir, à tous nos ennemis qui remplissaient l'Europe de bruits perfides, un nouveau prétexte fondé de se récrier contre l'ambition de la France et surtout contre la violation de ses promesses, puisque Napoléon lui-même en instituant le royaume d'Italie avait promis au Sénat de ne pas ajouter une seule province de plus à son Empire [1]. »

Gentz écrivait que l'Autriche accepterait de voir Napoléon ceindre la couronne de fer, sans émettre la moindre protestation. « Elle dévorera ce nouvel outrage. Elle le dévorera dans un moment où, au premier signal donné par elle, 100 000 Russes qui n'attendent que ce signal voleraient à son secours, dans un moment où le cabinet de Saint-Pétersbourg, je le dis avec pleine certitude, après avoir été longtemps le plus incrédule des incrédules, ne demande, ne désire qu'une proposition de ce côté-ci pour se croire justifié à ses propres yeux en attaquant la France [2]. »

---

1. THIERS, *Histoire du Consulat et de l'Empire*, livre XXI.
2. WEIL, *op. cit.*, p. 41.

L'annexion de Gênes mit le feu aux poudres. « À Vienne [...] on voyait bien depuis longtemps que Napoléon désirait l'Italie tout entière et on ne pouvait se résigner à la lui abandonner sans lutter une dernière fois avec le courage du désespoir[1]. » Le 11 avril 1805, un traité d'alliance était signé entre l'Angleterre et la Russie. L'Autriche s'y joignait le 9 août. La guerre devenait inévitable.

Dès juillet, Mack, promu quartier-maître général de l'armée autrichienne, Schwarzenberg, Collenbach, tous adversaires acharnés de l'archiduc Charles et, du côté russe, Wintzingerode, mettaient au point un plan d'opérations.

Celui-ci entrait en application peu après. Le 7 septembre 1805, les Autrichiens envahissaient la Bavière.

LA GUERRE

Le 23 août 1805, Napoléon qui pressent cette invasion écrit à Talleyrand : « Plus je réfléchis à la situation de l'Europe, plus je vois qu'il est urgent de prendre un parti décisif. Je n'ai, en réalité, rien à attendre de l'explication de l'Autriche. Elle répondra par de belles phrases [...]. Dans cet état de choses, je cours au plus pressé : je lève les camps *(de Boulogne et des côtes de la Manche)* et, au 1er vendémiaire, je me trouve avec 200 000 hommes en Allemagne et 25 000 dans le royaume de Naples. Je marche sur Vienne, et ne pose les armes que je n'aie Naples et Venise, et augmenté tellement les États de l'Électeur de Bavière, que je n'aie plus rien à craindre de l'Autriche[2]. »

L'échec déjà évident de la manœuvre, confiée à Villeneuve, conduit l'Empereur à ne plus envisager d'autres opérations que continentales. Son plan est simple, comme à l'accoutumée : marcher sur Vienne tandis que Masséna, avec 50 000 hommes, agira en Italie du Nord, et que Gouvion Saint-Cyr s'opposera dans le sud de la péninsule à un éventuel débarquement anglo-russe venu de Malte ou de Corfou, et neutralisera le royaume de Naples.

---

1. THIERS, *op. cit.*, livre XXI.
2. *Correspondance*, n° 9117.

Dans sa course sur Vienne, Napoléon n'ignore pas qu'il se heurtera à une armée autrichienne en Souabe. Par des démonstrations en Forêt-Noire, il prévoit d'attirer les Autrichiens vers les sources du Neckar et du Danube, cependant qu'il portera son armée sur le Lech et interceptera les lignes de retraite de l'ennemi. Dès le 26 août, les ordres sont donnés pour le mouvement de l'armée, du camp de Boulogne vers le Rhin. Ce mouvement s'opère, à partir du 29, d'Ambleteuse, Boulogne et Montreuil vers Manheim, Spire et Strasbourg.

Le 13 septembre, Napoléon apprend que les Autrichiens ont franchi l'Inn et attaqué la Bavière. Le plan s'exécute aussitôt. Le Rhin est franchi dans la nuit du 24 au 25. Le 2 octobre, l'Empereur écrit à Bernadotte : « Si j'ai le bonheur que l'armée autrichienne s'endorme trois ou quatre jours sur l'Iller et dans la Forêt-Noire, je l'aurai tournée, et j'espère qu'il ne s'en échappera que des débris [1]. »

Mack ne se doute pas de l'ampleur de la manœuvre imaginée par Napoléon. Il va prendre position, près d'Ulm, le long de l'Iller, un affluent du Danube, à la place prévue par Napoléon. Les troupes françaises franchissent le fleuve, près d'Elchingen, à Munster, Donauwerth, Neubourg et Ingolstadt ; puis elles s'établissent d'une part à Munich pour empêcher l'intervention d'une armée russe de secours, d'autre part à Augsbourg d'où elles procèdent à l'investissement des forces autrichiennes. Encerclé dans Ulm, Mack capitule le 20 octobre 1805. D'Ulm, la Grande Armée fonce sur Vienne. Les ponts tombent sans difficultés grâce à une ruse audacieuse, et le 13 novembre, Napoléon fait son entrée dans la capitale autrichienne.

Cobenzl avait affirmé que Bonaparte ne pourrait arriver jusqu'à Vienne avant que les Russes n'aient opéré leur jonction avec les Autrichiens. C'était compter sans la lourdeur des alliés de François II que des caricatures représentèrent chevauchant des écrevisses et des tortues.

Napoléon remontant vers le nord vint à la rencontre de François II et d'Alexandre Ier qui venaient enfin de rassembler

---

1. *Ibid.*, n° 9312, cité par CAMON, *La Guerre napoléonienne*, p. 121.

Austerlitz : décembre 1805.

Légende :
- Français à 8h30
- Français de 10h à midi
- Français à 14h
- Alliés

BRÜNN
AUSTERLITZ

vers Olmütz
vers Presbourg

Bagration
Sosenitz
Lannes
Santon
Murat (cavalerie)
Blaschowitz
Garde Impériale (russe)
Krenowitz
Schlapanitz
Girzikowitz
Murat
Lannes
Soult
Bernadotte
Napoléon
Garde Impériale
Les Empereurs
Pratzen
Soult
Kobelnitz
Soult
Château
Sokolnitz
Telnitz
Buxhoeven
Augezd
Davout
Étang de Satschan
Moenitz
Raigern
Davout

Route de Hongrie vers Vienne
Schwartza
Littawa

.331
.239
298•
324•
.193

0 2 4 km

leurs forces. C'est près du village d'Austerlitz, sur le plateau de Pratzen que se joua « la bataille des trois empereurs », le 2 décembre 1805.

Napoléon se trouvait profondément enfoncé en Moravie, loin de ses bases, dans une situation d'infériorité numérique que risquait d'aggraver encore l'arrivée de renforts autrichiens. Il importait donc d'obliger l'ennemi à combattre avant la venue des troupes de l'archiduc Charles, et de le contraindre à commettre une faute qui permît à Napoléon de s'assurer un avantage décisif.

En feignant de battre en retraite, l'Empereur incita l'entourage d'Alexandre à engager, sans attendre, le combat. Ce premier objectif atteint, Napoléon imagina d'inspirer aux Austro-Russes le projet de tourner l'armée française par sa droite, volontairement dégarnie, en espérant ainsi lui couper la route de Vienne. Pour exécuter ce projet, les forces d'Alexandre Ier et de François II devaient dégager le milieu du plateau de Pratzen de manière à renforcer leur gauche à Telnitz. Cette faute commise, Napoléon n'aurait plus qu'à escalader le plateau et à enfoncer le centre de l'ennemi ainsi affaibli.

Tout se passa comme prévu. La défaite des forces austro-russes fut sans appel : elles perdaient 27 000 hommes et près de 200 canons. Le 6 décembre, Duroc écrivait à Talleyrand : « Jamais armée n'a éprouvé une telle défaite. On assure que ce n'est qu'avec peine qu'il a pu être rassemblé 25 000 Russes qui font leur retraite chez eux. Le champ de bataille était jonché de morts, les villages pleins de traîneurs et de blessés. Leurs corps d'élite ont le plus souffert, ils ont perdu toute leur artillerie et tous leurs bagages. Hier encore on a pris ce qu'il en restait [1]. »

LENDEMAINS D'AUSTERLITZ

Dans la nuit qui suivit la bataille, François II, abandonné par le tsar, sollicita de son vainqueur une entrevue. Elle eut lieu, le 4,

---

1. Lettre inédite.

près du Moulin brûlé, et dura une heure et demie. À l'issue de l'entretien, Napoléon déclarait : « Messieurs, nous retournons à Paris, la paix est faite. »

Un armistice était conclu le 6, et le traité définitif signé à Presbourg, le 26 décembre.

François II payait « les pots cassés » de la troisième coalition. Talleyrand, après la bataille d'Ulm, avait suggéré à Napoléon d'offrir des compensations dans les Balkans à l'Autriche en échange de son retrait de l'alliance anglo-russe, retrait qui eût permis à Napoléon de reprendre ses projets de débarquement en Angleterre. La nouvelle de Trafalgar rendait ce projet inutile. Au demeurant Vienne faisait la sourde oreille et croyait encore en la victoire.

Le traité de Presbourg consacra son éviction de l'Italie du Nord. Non seulement François II reconnaissait, dans l'article 5, l'empereur des Français comme roi d'Italie, avec, il est vrai, promesse de séparation des deux couronnes, ainsi que la création des principautés de Lucques et de Piombino en faveur de membres de la famille impériale (article 31), mais il cédait, par l'article 4, la ville de Venise, l'Istrie et la Dalmatie vénitiennes, les bouches du Cattaro et les îles de l'Adriatique au royaume d'Italie.

En Allemagne, l'humiliation autrichienne n'était pas moins grande.

Les États du Sud n'avaient témoigné, à la veille du conflit, ni sympathie pour l'Angleterre ni communauté d'intérêts avec l'Autriche. Habilement conseillé par son ministre Montgelas, Max-Joseph de Bavière avait donné le signal du ralliement à la France par le traité du 25 août 1805. Par la suite, le Wurtemberg, le 30 août, et Bade, le 5 septembre, avaient rejoint le camp français. Or, « en ces régions difficiles, aux reliefs ardus et aux forêts épaisses, par l'accord des gouvernements, les frontières se trouvèrent ouvertes aux Français, les passages livrés [1] ».

Grâce à cet accord, Napoléon put agir avec célérité et surprendre les Autrichiens à Ulm avant l'arrivée des Russes.

---

1. FUGIER, *La Révolution et l'Empire*, p. 199.

Restait à payer le prix d'une si précieuse collaboration. Napoléon entendait que l'Autriche en supportât les frais. François II dut reconnaître les titres de roi pris par les Électeurs de Bavière et de Wurtemberg. À la Bavière, il abandonnait le margraviat de Burgaw, la principauté d'Eichstadt, le comté du Tyrol et le territoire de Lindau ; au Wurtemberg, cinq villes sur le Danube, le landgraviat de Nellenbourg et une partie de Brisgaw, l'autre revenant à l'Électeur de Bade. Humiliation suprême pour François II, les nouveaux souverains se voyaient délivrés de tout lien de vassalité à l'égard de l'Empire allemand. « Leurs Majestés les rois de Bavière et de Wurtemberg et Son Altesse Sérénissime l'Électeur de Bade jouiront sur les territoires à eux cédés, comme aussi sur leurs anciens États, de la plénitude de la souveraineté et de tous les droits qui en dérivent et qui leur ont été garantis par Sa Majesté l'Empereur des Français, roi d'Italie », prévoyait l'article 14.

Tandis que le royaume d'Italie fermait à l'Autriche l'accès de la plaine du Pô, le royaume de Bavière préservait l'Allemagne méridionale. L'union d'Eugène de Beauharnais, vice-roi d'Italie, et d'Augusta, fille du roi de Bavière, scellait la constitution de l'axe Milan-Munich, que venait encore renforcer le mariage de Stéphanie de Beauharnais avec le prince héritier de Bade. Les Alpes étaient ainsi solidement verrouillées. Talleyrand avait pourtant à nouveau plaidé la modération : « Votre Majesté peut maintenant briser la monarchie autrichienne ou la relever. Une fois brisée, il ne serait plus au pouvoir de Votre Majesté elle-même d'en rassembler les débris épars et d'en recomposer une seule masse. Or l'existence de cette masse est nécessaire. Elle est indispensable au salut futur des nations civilisées[1]. » Pourquoi ? « Parce qu'elle est contre les barbares un boulevard suffisant. »

Talleyrand feint de croire au péril turc. En fait, il a été acheté par Vienne[2]. Pour justifier les sommes reçues, il s'attache,

---

1. LACOUR-GAYET, *Talleyrand*, t. II, p. 170.
2. *Ibid.*, p. 172. Cf. aussi E. DARD, *Napoléon et Talleyrand*, p. 118-121.

faute de mieux, à faire diminuer la contribution de guerre que Napoléon entendait imposer au vaincu.

Dans la réalité, Napoléon avait raison contre son ministre. Par le traité de Presbourg, il continuait la politique d'abaissement de la maison des Habsbourgs voulue par les Bourbons. Il commençait à briser cette marqueterie de peuples, d'où allaient finalement sortir, parce que son œuvre demeura inachevée, les guerres européennes du XIXe et du XXe siècle.

REMANIEMENTS EUROPÉENS

Ses frontières alpine et rhénane assurées, l'Empereur entend consolider son influence en Italie et outre-Rhin, au-delà des barrières naturelles.

Il y a désormais la France limitée par les Pyrénées, les Alpes, le Rhin et l'Océan, et l'Empire confié aux parents de Napoléon. « Je ne veux plus avoir de parents dans l'obscurité. Ceux qui ne s'élèveront pas avec moi ne seront plus de ma famille. J'en fais une famille de rois ou plutôt de vice-rois », affirme l'Empereur. Si le titre d'Empereur ne continue à recouvrir en France qu'une dictature de salut public encore mal assurée, faute de la confiance totale des notables (comme vient de le prouver le krach des Négociants-Réunis mettant en péril la Banque de France lors de l'automne de 1805), sur le plan européen, en revanche, le concept d'Empire prend pleinement son sens carolingien. Hollande, Italie et Allemagne deviennent le lieu de profonds bouleversements en faveur des Napoléonides.

À Louis, la Hollande. Le jeune frère de Napoléon avait reçu, le 31 août 1805, le commandement de la garde nationale de Paris et de la Ve division militaire. Devant les menaces que faisait peser la flotte anglaise sur les côtes hollandaises et face à la possibilité d'une invasion prussienne, en cas d'entrée en guerre de Berlin, Napoléon avait confié à son frère le soin de protéger la République batave avec l'aide d'une armée ramenée du Rhin sur Nimègue, commandée par les généraux Michaud et Colaud.

Le 21 décembre 1805, de Schönbrunn, Berthier enjoignait à Louis : « Sa Majesté ordonne que vous restiez en Hollande, que vous y fassiez cantonner votre armée, que vous la teniez sur un pied respectable. La Hollande doit fournir la solde et toutes les dépenses de l'armée du Nord ; elle doit acheter et fournir tous les chevaux d'artillerie et de charroi. L'armée du Nord ne doit rien coûter à l'Empereur [1]. »

À l'annonce des négociations précédant la paix de Presbourg, Louis renvoya l'armée du Nord sur Paris et quitta La Haye, le 31 janvier. Mais Napoléon ne l'entendait pas ainsi. Schimmelpenninck, devenu Grand Pensionnaire en mai 1805, n'avait pas réussi à redresser la situation financière désastreuse de l'État hollandais ruiné par la guerre maritime. S'il semblait acquis à la France, ses sentiments républicains étaient par ailleurs connus : n'avait-il pas refusé de devenir stathouder héréditaire ? Il tomba malade, au début de 1806. Le contre-amiral Verhuell, venu à Paris, se vit inviter par Napoléon à provoquer en Hollande un courant d'opinion favorable à la royauté de Louis. Une délégation se rendit à Paris pour y élaborer le mode d'élection au trône. Le 14 mars 1806, Napoléon résumait sa position dans une note à Talleyrand :

« La Hollande est sans pouvoir exécutif ; il lui en faut un ; je lui donnerai le prince Louis. On fera un acte par lequel la religion du pays sera respectée ; le prince gardera la sienne et chaque partie de la nation gardera la sienne. La Constitution actuelle sera conservée, hormis qu'au lieu du Grand Pensionnaire, il y aura un roi. Je n'aurai pas même de difficulté à lui donner le titre de Stathouder. Du reste la Constitution du pays sera la même. Schimmelpenninck présidera le conseil des Hautes Puissances. Dans toutes les relations extérieures, dans le gouvernement des colonies et dans toutes les affaires de l'État, les actes seront au nom du roi.

C'est une affaire à laquelle je suis décidé ; cela ou bien la réunion. Les arguments sont que, sans cela, je ne ferai rendre aucune colonie à la paix, au lieu que non seulement je ferai rendre toutes les

---

1. LABARRE DE RAILLICOURT, *Louis, roi de Hollande*, p. 109.

colonies mais que je leur ferai entrevoir que je procurerai la Frise. Enfin, il n'y a plus un moment à perdre. Il faut que dans vingt jours le prince Louis fasse son entrée à Amsterdam [1] »

Le 24 mai, un traité est conclu entre la République batave et la France. Observant que « le renouvellement périodique de l'État sera toujours en Hollande une source de dissensions », et qu'un gouvernement héréditaire peut seul « lui garantir le libre exercice de sa religion, son indépendance politique », et lui permettre « d'exercer librement son industrie sur demande formelle faite par leurs hautes puissances représentant la République batave (entendons la délégation reçue à Paris) que le prince Louis Napoléon soit nommé et couronné roi héréditaire et constitutionnel de la Hollande, Sa Majesté défère à ce vœu ».

Il est stipulé toutefois que Napoléon garantit à la Hollande le maintien de ses droits constitutionnels, son indépendance et l'intégrité de ses possessions coloniales. Il fallait désarmer les préventions de l'opinion publique. De plus, les deux couronnes, comme en Italie, ne pourront être réunies : cette fois, c'est à l'Europe que l'on s'adresse [2]. Une déclaration au Sénat montre bien l'esprit dans lequel a été établie la nouvelle monarchie : « Située à l'embouchure des grandes rivières qui arrosent une partie considérable de notre territoire, la Hollande est un prolongement des limites naturelles. Elle est nécessaire au commerce français, à la défense de l'Empire [3]. »

La politique familiale s'étendit à l'Italie. Dès mars 1806, Élisa Bacciocchi, sœur de l'Empereur, recevait Lucques et Piombino tandis que l'autre sœur de Napoléon, Pauline, se voyait attribuer la principauté de Guastalla.

Mais c'est à Naples qu'intervint le changement le plus spectaculaire.

Les Bourbons avaient commis l'imprudence de se joindre à la troisième coalition contre la France. Ils avaient promis, le

---

1. *Correspondance*, n° 9970.
2. Traité dans DE CLERQ, *Recueil des traités de la France*, p. 165.
3. Version différente dans DE CLERQ, *op. cit.*, p. 170.

10 septembre 1805, de recevoir une armée anglo-russe et de favoriser une manœuvre de diversion dans le sud de la péninsule. Forts de cet accord, les alliés se présentaient devant Naples, le 19 novembre 1805. Leurs forces comprenaient 2 000 Russes et 8 000 Anglais qui n'eurent guère à combattre, l'annonce de la victoire d'Austerlitz les décidant à se retirer promptement. Restaient en revanche le roi Ferdinand et son épouse Marie-Caroline, compromis dans une mauvaise affaire [1].

Foudroyante fut la riposte de Napoléon : « Soldats, la dynastie de Naples a cessé de régner ! Son existence est incompatible avec le repos de l'Europe et l'honneur de ma couronne. »

La formation de l'armée de Naples était décidée le 9 décembre, quelques jours après Austerlitz. Son commandement, d'abord remis à Gouvion Saint-Cyr, fut confié à Masséna qui eut à son tour la surprise de le voir passer à Joseph, le frère aîné de Napoléon, tout exprès promu pour la circonstance général de division et lieutenant de l'Empereur, le 27 décembre.

Joseph eut d'ailleurs la sagesse de s'en remettre à Masséna. La marche sur Naples ne fut au demeurant qu'une promenade militaire. Joseph et Masséna se dirigèrent vers Capoue, Lechi et les Italiens occupèrent les Abruzzes, tandis que le général Reynier suivait la voie Appienne. Le 14 février 1805, Naples tombait aux mains des Français cependant que Ferdinand et sa cour se réfugiaient en Sicile.

Joseph était proclamé roi de Naples, le 30 mars, mais le détroit de Messine allait se révéler aussi infranchissable que la Manche et la Sicile resta aux Bourbons, soit 1 200 000 sujets sur les 6 millions que comptait auparavant le royaume. Du moins, de Milan à Naples, à l'exception de la faible Étrurie et de Rome, tout aussi fragile, la péninsule était-elle entièrement soumise à Napoléon par personne interposée ou directement. Peu de résistance, celle-ci se confondant parfois avec le brigandage comme en Calabre où sévit quelque temps Fra Daviolo. Un avertissement toutefois : à Maida, le 4 juillet 1806, Reynier était battu par les Anglais débarqués

---

1. Sur Marie-Caroline, la biographie de BONNEFONS.

au nord du golfe de Santa-Eufemia, sous le commandement du général Stuart [1]. Cette défaite donnait le signal d'une insurrection qu'il fallut durement réprimer. La Calabre n'était pas l'Espagne, mais l'on voyait s'y amorcer un type de guerre que l'on retrouvera dans la péninsule Ibérique et au Tyrol.

En Allemagne, la simplification de la carte s'accompagnait du renforcement de l'influence française.

À mesure que les difficultés de la lutte contre l'Angleterre s'amplifiaient, Napoléon, jusqu'alors plutôt tourné vers l'Italie, semblait résolu à franchir cette ligne du Rhin qui avait été le seul objectif des hommes de la Révolution.

Talleyrand soulignait, quelque temps après la signature du traité de Lunéville, la nécessité de ne pas faire du Rhin le fleuve mitoyen de deux grands États. Il fallait éloigner de cette barrière toute grande puissance, dépasser par conséquent le principe des frontières naturelles pour s'intéresser à la rive droite du Rhin. C'était déjà la politique menée en Italie.

En août 1805, avait été offert à la Prusse le Hanovre en échange de l'ancien duché de Clèves. Frédéric-Guillaume III avait différé sa réponse. Après Austerlitz, l'heure des atermoiements était passée ; il fallait accepter. Le traité fut signé le 15 février 1806. À Clèves, s'ajoutait Berg cédé par la Bavière à la France depuis le 16 décembre 1805.

Face aux départements de Rhin-et-Moselle et de la Roer, s'étendit en conséquence, de l'autre côté du fleuve, un nouvel État réunissant Clèves et Berg. Le 15 mars 1806, Napoléon en investissait Murat, époux de sa sœur Caroline. « Le prince Murat, expliquait Cambacérès au Sénat, le 31 mars 1806, sera chargé de la garde d'une partie importante des frontières de l'Empire [2]. » Nul ne s'y trompait en Allemagne. Après avoir fortifié dans le sud de grands États intermédiaires comme la Bavière, pour couvrir la ligne du Haut-Rhin, Napoléon éloignait la Prusse du Bas-Rhin et

---

1. Bon récit de cette bataille trop négligée dans RAMBAUD, *Naples sous Joseph Bonaparte*, pp. 70-75.

2. SCHMIDT, *Le Grand-Duché de Berg*, p. 10.

assurait son contrôle sur les deux rives du fleuve appelé à devenir l'axe essentiel du nouvel empire.

À défaut de pouvoir établir d'autres membres de sa famille outreRhin, l'Empereur renforçait sa tutelle sur ses principaux clients. Le 12 juillet 1806 était signé à Paris le traité établissant la Confédération des États du Rhin.

L'article 1er sonnait le glas du Saint-Empire romain germanique : « Les États de LL.MM. le Roi de Bavière et de Wurtemberg, de LL.AA.SS. les Électeurs Archichancelier et de Bade, le Duc de Berg et de Clèves, le Landgrave de Hesse-Darmstadt, les Princes de Nassau-Usingen et Nassau-Weilbourg, les Princes de Hohenzollern-Hechingen et Hohenzollern-Sigmaringen, les Princes de Salm-Salm et de Salm-Kirbourg, le Prince d'Isenbourg-Birstein, le Duc d'Arenberg et le Prince de Lichtenstein et le Comte de la Leyen, seront séparés à perpétuité du territoire de l'Empire germanique et unis entre eux par une confédération particulière, sous le nom d'États confédérés du Rhin. » Coupure confirmée par l'article 3 : « Chacun des rois et princes confédérés renoncera à ceux de ses titres qui expriment des rapports quelconques avec l'Empire germanique ; et le 1er août prochain il fera notifier à la Diète sa séparation d'avec l'Empire. »

Toutes les contestations devaient être tranchées par la Diète de Francfort que présidait l'Électeur-Archichancelier Charles de Dalberg, depuis 1802 Prince-Archevêque de Mayence et dont le sigle d'archevêque métropolitain et d'Électeur-Archichancelier de l'Empire germanique avait été transféré, après les remaniements de 1803, à Ratisbonne.

Dalberg ne recevait en réalité que l'apparence du pouvoir car l'article 12 précisait que « Sa Majesté l'Empereur des Français sera proclamé Protecteur de la Confédération et, en cette qualité, au décès de chaque Prince-Primat, il en nommera le successeur ».

D'autres articles précisaient l'étendue des remaniements territoriaux effectués au détriment de l'Autriche et visant à un équilibre nouveau des États au sein de la Confédération.

Concession aux princes, l'article 27 prévoyait des dispositions contraires à l'esprit de la Révolution : « Les Princes et Comtes actuellement régnants conserveront chacun, comme propriété patrimoniale et privée, tous les domaines sans exception qu'ils possèdent maintenant, ainsi que *tous les droits seigneuriaux et féodaux* non essentiellement inhérents à la souveraineté, et notamment le droit de basse et moyenne juridiction en matière civile et criminelle, de juridiction et de police forestière, de chasse, de pêche, de mines, d'usines, des dîmes et prestations féodales, de pâturage et autres semblables revenus provenant desdits domaines et droits [1]. »

C'était la condamnation pure et simple du Saint-Empire romain germanique. Elle fit sensation car l'idée impériale restait encore fortement implantée dans les esprits, comme en témoigne le manuel du juriste Gönner, *Deutsches Staatsrecht*, publié en 1804 [2]. François II en tira les conséquences : il devint François Ier d'Autriche.

---

1. De Clerq, *op. cit.*, t. II, p. 171.
2. Dunan, *Napoléon et l'Allemagne*, p. 406.

VII.

La quatrième coalition

Quelques mois après la signature de la paix avec l'Autriche, la guerre continentale reprenait. La responsabilité de l'Angleterre ne fut pas mise en doute. Le conflit s'inscrivait dans la lignée des opérations contre la Révolution française : on parla donc de quatrième coalition.

LA PAIX MANQUÉE

Austerlitz anéantissait les espoirs anglais de défaite française : on peut même y voir l'une des causes de la mort de William Pitt, le 23 janvier 1806.

Appelé à le remplacer, Fox était un francophile déclaré et un partisan de la paix. Venu à Paris, après la signature du traité d'Amiens, il avait été reçu par le Premier Consul pour lequel il nourrissait une sincère admiration.

Le « Ministère de tous les talents » (ainsi désignait-on la formation qui comprenait Fox aux Affaires étrangères, Grey à l'Amirauté, Windham à la Guerre, Grenville à la Trésorerie et Addington au Sceau privé) fit le premier pas, dès février 1806, en proposant non une trêve mais une paix « sûre et durable ». Fox précisait dans sa lettre du 26 mars : « Ce n'est pas assurément qu'avec les ressources que nous avons, nous ayons à craindre la continuation de la guerre ; la nation anglaise, de toute l'Europe, est celle qui, peut-être, souffre le moins de sa durée, mais nous n'en plaignons pas moins les maux d'autrui. Faisons donc ce que nous pouvons pour les finir [1]. »

Dans sa réponse, Talleyrand suggérait l'envoi d'un plénipotentiaire anglais à Lille où il pourrait rencontrer un homologue français. Mais Fox, ayant évoqué la nécessité où il se trouvait, par suite du traité d'alliance anglo-russe, de demander la présence d'un diplomate du tsar, se heurta à un refus de Napoléon : « Lorsque la guerre a éclaté en 1803 entre la France et l'Angleterre, la Russie était en paix avec la France et, bien plus, l'empereur Alexandre a déclaré qu'il était dans son intention de rester étranger aux débats entre les deux nations [2]. »

Du côté anglais, l'annonce de la cession par la France à la Prusse du Hanovre, occupé dès la rupture de 1803, avait suscité une certaine rancœur qu'aggrava la position de Napoléon sur la présence d'un diplomate russe dans les négociations. C'est ici qu'intervint Lord Seymour, comte de Yarmouth, qui, prisonnier depuis le début de la guerre, fut remis en liberté par décision impériale, le 23 mai. Arrivé à Paris, il y rencontra Talleyrand qui lui fournit les autorisations nécessaires pour se rendre en Grande-Bretagne. Après un bref séjour à Londres, Yarmouth revint à Paris, le 17 juin, muni des pleins pouvoirs, et commença aussitôt ses entretiens avec Talleyrand, sous la surveillance de la police de Fouché qui lui consacre une large place dans ses bulletins : ne s'y voit-il pas accusé de spéculer sur les chances de paix en achetant de l'eau-de-vie à destination de la Grande-Bretagne [3] ?

L'une des pierres d'achoppement de la négociation qui s'engageait sur des bases nouvelles demeurait la question sicilienne. L'île occupée par les Anglais devait, du point de vue britannique, rester à Ferdinand ; Napoléon entendait l'ajouter au domaine de Joseph pour achever ainsi l'unité italienne (sans doute avait-il déjà des vues précises sur Rome) sous sa

---

1. COQUELLE, *Napoléon et l'Angleterre*, p. 94. Sur le rôle des financiers, cf. M. BRUGUIÈRE, « Hambourg et le parti de la paix », *Francia*, 1973, pp. 467-481.

2. COQUELLE, *op. cit.*, p. 98.

3. HAUTERIVE, *La Police secrète du Premier Empire*, t. II, pp. 95 et suiv.

domination, proposant de dédommager Ferdinand avec les villes de la Hanse, la Dalmatie ou l'Albanie. La résistance anglaise faiblit lorsque Saint-Pétersbourg fit savoir à Fox que le tsar n'était nullement opposé à l'abandon par Ferdinand de la Sicile en échange d'une indemnisation en Dalmatie. Moyen commode, il est vrai, d'écarter Napoléon de l'Empire ottoman.

Le représentant russe Oubril, arrivé à Paris le 5 juillet avec mission de maintenir « une zone de protection autour de la Russie », était malencontreusement tombé malade. Talleyrand, profitant de sa faiblesse, réussit à lui arracher une paix séparée, le 20 juillet : la Sicile en échange des îles Baléares pour le prince royal de Naples et d'une forte indemnité pécuniaire pour Ferdinand et Marie-Caroline. Les Russes maintenaient une garnison à Corfou, gardaient les îles Ioniennes, mais évacuaient l'Allemagne. Dans le traité, l'article 9 stipulait que la France acceptait les bons offices de la Russie dans son conflit avec l'Angleterre.

Celle-ci, après avoir insisté pour que fût présent un diplomate russe, se trouvait jouée par la faiblesse d'Oubril, d'autant que, depuis juin, Louis Bonaparte était installé sur le trône de Hollande.

La partie était gagnée par Napoléon. Deux événements remirent tout en cause. Sur l'impression de la défaite d'Austerlitz, dont il se tenait pour responsable, associant les soldats tués à son père assassiné, et sur la suggestion de son principal conseiller Czartoryski, Alexandre Ier avait cédé sur la Sicile. Au remords s'ajoutait l'intention d'écarter Napoléon de l'Orient.

S'étant ressaisi et ayant accepté la démission de Czartoryski en butte aux attaques de l'impératrice douairière, il refusa de signer le traité que lui proposait Oubril. Stroganov, résumant l'impression de la cour, s'exclamait : « Je trouve qu'il est impossible de porter un nom russe et de ne pas mourir de honte à la lecture de cet acte extraordinaire. » Seuls Koutouzov et l'amiral Tchitchagov laissaient entendre que la Russie n'était peut-être pas prête à reprendre immédiatement la lutte.

Ce n'était pas, en revanche, la position du baron balte Budberg, qui remplaçait Czartoryski et demandait la reprise de la guerre. L'envoi du général Sébastiani à Constantinople et l'occupation de Raguse par Marmont [1] montraient au demeurant que Napoléon n'entendait pas renoncer à ses ambitions orientales.

Le second coup de théâtre fut la mort de Fox, le 13 septembre 1806. Fox était certes revenu sur l'abandon de la Sicile par Yarmouth ; l'opinion anglaise ne l'aurait pas suivi. Mais sa disparition rendait désormais impossible de nouvelles approches pacifiques.

L'ALLIANCE RUSSO-PRUSSIENNE

En 1805, à l'annonce de l'entrée de Napoléon en Allemagne du Sud, Frédéric-Guillaume III, jusque-là hésitant, s'était décidé à autoriser le passage des troupes russes sur le territoire prussien. Le tsar s'était aussitôt précipité à Berlin, renonçant à cette résurrection de la Pologne que lui suggérait Czartoryski, pour s'assurer en retour l'alliance prussienne. Le 25 octobre, il était brillamment reçu par Frédéric-Guillaume et ne restait pas indifférent à la beauté de la reine Louise. Quelques jours plus tard, le 3 novembre, la Prusse signait le traité de Potsdam par lequel elle entrait dans la troisième coalition sans préciser toutefois les conditions de son concours. Une scène étrange devait sceller cette alliance. De nuit, le tsar, le roi de Prusse et son épouse se rendirent dans la crypte où reposait Frédéric II. Là Alexandre baisa le tombeau de son idole, puis jura éternelle amitié avec Frédéric-Guillaume III.

En fait, sur les sages conseils du ministre Haugwitz qui avait été envoyé auprès de Napoléon, à la veille d'Austerlitz, pour lui proposer la médiation prussienne, la Prusse s'empressa d'oublier le traité de Potsdam et de signer avec la France celui de Schönbrunn, le 16 décembre, par lequel, on l'a vu, elle recevait

---

1. MARMONT, *Mémoires du duc de Raguse*, t. III, p. 112.

le Hanovre en échange de Clèves rattaché à Berg et de Neuchâtel que Napoléon céda à Berthier[1].

Il convient d'ailleurs de noter l'existence en Prusse même, jusqu'en 1806, d'un courant libéral favorable à la Révolution française puis à Bonaparte. Des officiers comme Heinrich von Bulow, des publicistes comme Friedrich Buchholz, auteur du *Nouveau Léviathan*, escomptaient l'appui de la France pour obtenir des réformes contre la domination des hobereaux[2]. Rappelons la haine dont faisait déjà preuve Kant, à Koenigsberg, à l'égard de l'Angleterre.

Au moment où l'Europe était si près de la paix générale, durant l'été 1806, la Prusse pouvait espérer tirer de grands avantages du nouvel équilibre. Talleyrand laisse entendre que la France ne s'opposerait pas à un passage de la couronne impériale de l'Autriche dans la maison de Brandebourg ou à la constitution d'une fédération des États du Nord sous la houlette prussienne[3]. Pour la diplomatie napoléonienne que devait suivre, bon gré mal gré, Talleyrand, l'ennemi demeurait, en Allemagne, l'Autriche tandis que la Prusse semblait l'alliée naturelle de la France.

Déjà une confédération des États du Nord paraissait s'esquisser avec la Prusse pourvue du titre impérial et les Électeurs de Saxe et de Hesse-Cassel transformés en rois. La Bavière et les États du Sud qui redoutaient l'Autriche approuvaient ce nouveau partage, malgré quelques voix discordantes comme celle de Comeau : « La Fédération du Rhin fait de Napoléon l'empereur d'Allemagne. La Prusse était l'alliée naturelle de la France quand le sceptre impérial dominait à Vienne ; elle devient son ennemi si le sceptre passe à Paris[4]. »

C'était voir juste. Frédéric-Guillaume III ne se laissa pas séduire par les promesses françaises. La contrepartie lui paraissait trop lourde : laisser la France sur le Rhin. De plus, il apprit que,

---

1. COURVOISIER, *Le Maréchal Berthier et sa principauté de Neuchâtel.* Bonne description de l'administration de la principauté.
2. DUNAN, *Napoléon et l'Allemagne*, p. 196.
3. *Ibid.*
4. *Ibid.*

dans les négociations entre Londres et Paris, Napoléon avait envisagé de reprendre le Hanovre à la Prusse pour le restituer au souverain britannique.

Frédéric-Guillaume III était résolu désormais à affronter Napoléon. Il se tourna vers Alexandre, ressuscitant le traité de Potsdam : « Dites-moi, Sire, je vous en conjure, lui écrivait-il le 8 août 1806, si je puis espérer que vos troupes resteront à portée de me secourir et si je puis compter sur elles en cas d'agression. »

Malgré l'impératrice douairière, hostile à la Prusse, Alexandre, plus que jamais envoûté par la reine Louise, répondit à cet appel en donnant de nouvelles assurances.

Déjà l'armée prussienne se préparait au combat, superbe mécanique de 200 000 hommes, commandée par d'éblouissants stratèges capables de disserter à l'infini sur l'ordre oblique. Mais la Prusse était-elle réellement prête ? Napoléon ne le croyait pas et ne croyait pas davantage à la guerre. Il laissa donc la Prusse armer sans réagir. « On est étonné, écrit Gentz le 17 septembre, de l'avantage indiscutable qu'il a accordé à la Prusse en lui laissant le temps de faire tous ses préparatifs, mais on attribue ce délai, d'un côté à l'incrédulité de Bonaparte sur les véritables intentions du cabinet de Berlin, de l'autre côté à la nécessité de préparer de sa part des mesures auxquelles il n'avait pas cru devoir recourir de sitôt, vu le système pacifique de ce cabinet que Bonaparte a cru imperturbable [1]. »

Ce n'est que le 3 septembre 1806 que Napoléon commença à s'inquiéter. « Je ne puis, avouait-il à Talleyrand, avoir d'alliance réelle avec aucune des grandes puissances de l'Europe [2]. » Il ordonna alors à Berthier de suspendre le retrait des troupes françaises stationnées en Allemagne et de tout préparer pour une concentration à Bamberg, situé à dix jours de marche de Berlin. Rien à craindre du côté de Vienne : l'Autriche devait d'abord panser ses blessures. Quant à la Russie, les délais d'acheminement des troupes laissaient une marge de sécurité à la France.

---

1. WEIL, *D'Ulm à Iéna*, p. 213.
2. Cité par SOREL, *L'Europe et la Révolution française*, t. VII, p. 94.

Napoléon peut donc hausser le ton, se faire menaçant au cas où la Prusse chercherait à envahir un autre État allemand. Il est convaincu qu'elle cédera. À Joseph, il écrit, le 13 septembre : « La Prusse me fait mille protestations mais je n'en prends pas moins mes précautions. Sous peu de jours, elle aura désarmé ou elle sera écrasée. L'Autriche proteste de ses intentions pacifiques. La Russie ne sait ce qu'elle veut. Son éloignement la rend impuissante [1]. » Et, le 15 septembre, il mande à Eugène : « La Prusse continue d'armer ; j'espère qu'elle désarmera bien vite ou qu'elle s'en repentira bientôt. Je suis bien avec l'Autriche qui me proteste de son désir de maintenir la bonne harmonie. » Le 18, il confirme à son beau-fils : « La Prusse continue toujours ses armements et il ne serait pas impossible qu'il y eût dans le courant d'octobre une rupture entre les deux puissances. Jusqu'ici, il n'y a rien de décidé [2]. » L'agitation brouillonne de Berlin ne peut que le maintenir sur ses gardes. Frédéric-Guillaume relance en effet Saint-Pétersbourg, promet à l'Autriche de lui abandonner la Bavière, fait savoir à Londres qu'il ne fera pas une affaire personnelle du Hanovre, en appelle à l'ensemble de l'Allemagne pour combattre « en faveur de l'existence, de la sûreté, de l'indépendance communes ».

Frédéric-Guillaume résume dans une lettre datée du 26 septembre ses griefs envers la France [3]. De son côté, Haugwitz envoie un ultimatum : Napoléon doit ramener ses troupes en deçà du Rhin avant le 8 octobre. C'est la guerre.

LA CAMPAGNE DE PRUSSE

Cette guerre se déroula en deux parties : la campagne de Prusse, du 8 au 14 octobre 1806, reproduction de celle d'Autriche et parangon de la guerre éclair, et les opérations de Pologne, de décembre 1806 à juin 1807, plus longues et plus incertaines.

---

1. *Ibid.*, p. 95.
2. *Correspondance de Napoléon*, n° 10 789 et 10 809.
3. SOREL, *op. cit.*, p. 98.

Avant même l'ultimatum prussien, Napoléon avait passé, sur un rayon de 50 kilomètres autour de Bamberg, plus de 160 000 hommes.

Le dispositif prussien était établi sur la rive gauche de la Saale, au nord du Thüringerwald, de Gotha à Iéna. Les Prussiens espéraient surprendre Napoléon en franchissant le massif montagneux à la hauteur de Gotha.

Ce fut Napoléon qui les surprit. Le 8 octobre, les forces françaises, réparties en colonnes, surgissaient, par les défilés du Frankenwald, sur la rive droite de la Saale et la descendaient à toute vitesse. Le 10 octobre, à Saalfeld, elles bousculaient le corps du prince Louis de Prusse qui fut tué dans le combat. Le 3, elles étaient à Iéna et à Auerstaedt, sur les arrières et sur le flanc des troupes prussiennes.

Frédéric-Guillaume III et ses généraux, mesurant le danger, décidèrent la retraite vers l'Elbe, en deux colonnes, l'une commandée par le Roi et le duc de Brunswick, l'autre par le prince de Hohenlohe.

Ce dernier avait mission de couvrir la retraite et s'était établi sur des plateaux boisés à l'est d'Iéna. Dans la nuit du 13 au 14 octobre, Napoléon, escaladant avec 30 000 hommes le Landgrafenberg qui domine Iéna, vint surprendre le Prince.

Lannes, dans un premier combat, de six heures à neuf heures du matin, refoula un corps prussien de 8 000 soldats établi sur le plateau, dans les villages de Closwitz, Cospeda et Lützlroda. Les Français purent alors élargir leur offensive, avec Soult à droite, Augereau à gauche, tandis que Ney venait renforcer Lannes.

Une nouvelle bataille entre dix heures et quatorze heures fut livrée pour la possession des villages d'Isserstaedt et Vierzehneiligen. Manœuvrant comme à la parade, les troupes de Hohenlohe furent décimées par le tir précis et nourri des tirailleurs français habilement dispersés, que vint relayer, à quatorze heures, la cavalerie de Murat. Les Prussiens abandonnèrent le terrain dans une confusion sans cesse grandissante.

Au même moment, apparaissait un nouvel échelon prussien fort de 15 000 hommes sous le commandement du général Ruchel.

Celui-ci tenta, malgré la débandade du corps de Hohenlohe, de lancer une contre-offensive, mais il fut emporté dans la débâcle des autres troupes.

Au total, plus de la moitié des forces prussiennes était anéantie, tandis que le reste fuyait vers Weimar, poursuivi par la cavalerie de Murat.

La seconde colonne prussienne se heurta plus au nord à Davout, près d'Auerstaedt. Elle était forte de 50 000 hommes. Davout ne pouvait compter que sur les divisions Gudin, Friant et Morand, avec trois régiments de chasseurs à cheval, soit 28 000 combattants. C'est que le rôle de Davout était limité à l'origine : Napoléon croyait surprendre à Iéna l'ensemble des forces adverses et avait chargé le maréchal de se rabattre sur Apolda pour les prendre à revers. En réalité, Davout dut supporter l'essentiel de la bataille, l'une des plus acharnées des guerres napoléoniennes puisqu'elle fit 25 000 tués ou blessés dont le duc de Brunswick. Établi dans le village de Hassenhausen, Davout résista vaillamment à la pression ennemie. Jusqu'à quatre heures de l'après-midi, les Prussiens tentèrent vainement d'enfoncer le dispositif français. À ce moment, bien qu'ayant perdu le tiers de ses effectifs, Davout amorça une contre-offensive qui obligea les Prussiens à reculer sur Weimar.

Vaincus d'Iéna et battus d'Auerstaedt se retrouvèrent donc à Weimar où la retraite se transforma en une horrible panique. Les soldats, abandonnant leurs armes, se mirent à fuir devant eux, sabrés par les cavaliers français lancés à leur poursuite. On cite le cas de trois hussards qui capturèrent un escadron.

Deux corps tentèrent de s'échapper : le premier, fort de 16 000 hommes, commandé par Hohenlohe, fut pris à Prenzlau, le 28 octobre ; l'autre, sous Blücher, malgré ses 20 000 hommes, fut bloqué dans Lübeck, le 7 novembre. Le lendemain, il ne restait à peu près rien de l'armée prussienne.

Toutes les places fortes, Magdebourg, Spandau, Stettin, Custrin tombèrent sans résistance. Il n'y eut que Kolberg pour sauver l'honneur. Nulle part, le moindre sentiment national ne se fit jour ; le désastre militaire se doublait d'un effondrement moral non moins complet. Le 27 octobre, Napoléon entrait dans Berlin, salué respectueusement par la foule. Que faire d'une aussi éclatante victoire ? « Deux partis, devait confier l'Empereur, s'offrirent à moi. Achèverais-je l'anéantissement de la Prusse ou profiterais-je des regrets de son roi, homme vénérable et d'honneur, pour me l'attacher par les liens d'une reconnaissance qui, de sa part, serait sincère ? J'avais besoin du Hanovre et des provinces prussiennes de Saxe, de Westphalie et de Franconie. Il me fallait aussi Magdebourg. Mais, si je posais la couronne de Pologne sur la tête du roi de Prusse, l'indemnité effacerait le regret des pertes. Frédéric-Guillaume, roi de Prusse et de Pologne, serait un plus puissant monarque qu'avant la bataille d'Iéna [1]. » Idée séduisante, dans la ligne du XVIIIe siècle, que celle de la Prusse alliée privilégiée de la France.

L'occasion parut propice. Frédéric-Guillaume n'écrivait-il pas à son vainqueur : « Vous êtes trop grand pour que le résultat d'une seule journée puisse vous porter à m'apprécier moins. » N'invitait-il pas, le 7 novembre 1806, ses ministres à veiller à ce que l'Empereur « fût bien accueilli dans les demeures royales où il lui plairait de résider, de l'y traiter en invité et de l'y héberger aux frais du trésor prussien ».

La nouvelle d'Iéna avait causé en Russie une première impression faite de joie et de satisfaction devant l'humiliation d'un État détesté.

Toutefois, Alexandre ne pouvait abandonner son allié ; il s'inquiétait devant l'agitation qui gagnait les esprits dans les parties de l'ancien royaume de Pologne. Plus grave encore la politique menée par Sébastiani à Constantinople menaçait directement les intérêts russes en Orient : Napoléon engageait en effet son représentant à signer avec la Porte un traité offensif et défensif par lequel il garantissait au sultan l'intégralité de ses provinces de Moldavie et de Valachie. Alexandre restait enfin sous le charme de la reine Louise. Aussi rassurait-il Frédéric-Guillaume dans une lettre du 3 novembre par laquelle

---

1. SOREL, *op. cit.*, p. 120.

il l'assurait de « son attachement » et lui promettait l'appui de 140 000 hommes.

La guerre continuait.

La guerre de Pologne

Napoléon vint chercher les Russes en Pologne. Une Pologne qui, de Posen à Varsovie, s'exaltait devant la perspective de voir bientôt ressuscité l'ancien royaume par les soins de la France. Déjà, des Polonais, avec à leur tête Dombrowski, rejoignaient Napoléon à Berlin. Napoléon se garda de les décourager et tint, le 19 novembre, des propos prudents sur la nécessaire unité de la Pologne[1]. N'avait-il pas un besoin pressant de leur appui ?

Dans ces immenses plaines, Napoléon ne pouvait espérer rééditer les effets de surprise qui avaient constitué jusqu'alors l'essentiel de sa stratégie. Il découvrait un climat fait de brutales chutes de neige et de brusques dégels qui transformaient champs et chemins en marécages où s'enlisaient les troupes. Le médecin en chef Gilbert, dans une brochure publiée à Berlin en 1808, dresse le tableau des observations météorologiques faites du 15 décembre 1806 au 1er septembre 1807 :

« Novembre. Premiers jours assez beaux, la seconde moitié humide. À la fin du mois, un vent d'est très violent a desséché en une nuit toutes les routes et a donné de la neige, de la glace ; mais les vents ont repassé de suite au midi et le dégel est survenu.

« Décembre. Dans les premiers jours, des gelées très fortes. Puis un dégel. Le 10, la Vistule entraînait dans son cours des glaces considérables. Les pluies ont commencé de suite et continué tout le mois. Les routes étaient impraticables.

« Janvier 1807. Les premiers jours très froids. La température de ce mois a toujours été signalée par des alternatives continuelles de glace et de neige.

« Février. Ce mois a été constamment humide. Les troupes s'enfonçaient dans les boues jusqu'à la ceinture. Un grand nombre

---

de caissons et de voitures y ont été engloutis. Le pont de la Vistule devant Thorn a été rompu en trois endroits par les glaces.

« Mars. La première semaine, temps couvert et doux. Du 6 au 10, glace. Froids très piquants. Du 10 au 15, neiges considérables. Retour de l'humidité, vent de sud-ouest très violent. Ouragan, le 20. Le reste du mois, vicissitudes continuelles de froids et de dégels.

« Avril. Première quinzaine, mêmes vicissitudes : du 15 au 20, temps froid. Du 20 au 30, pluies, giboulées, neige, grêle, temps très dur, humidité très froide.

« Mai. Temps variable. Beaucoup de pluie. Grande humidité.

« Juin. Même température jusqu'au 15. Alors, commencement des chaleurs.

« Juillet. Température chaude s'accroissant chaque jour. Sécheresse remarquable ; parfois vents piquants extrêmement froids dans les lieux où le soleil ne pénètre pas.

« Août. Chaleurs étouffantes, extraordinaires. Sécheresse constante. Embrasement spontané d'une forêt. Les habitants du pays rapportent que depuis très longtemps ils n'ont eu ni un hiver aussi humide ni un été aussi chaud et aussi sec. »

Conditions météorologiques très dures dont Gilbert analyse les conséquences : « L'armée a prodigieusement souffert de cette humidité froide. Les troupes y ont été continuellement exposées, enfoncées souvent dans les marais jusques aux genoux, pénétrées de cette humidité froide et piquante, mouillées sans pouvoir ni changer de vêtements ni les faire sécher, forcées à des marches redoublées, couchant quelquefois sur la terre détrempée, passant tout à coup de cette température à une autre tout opposée, entassées dans des rez-de-chaussée malpropres, infects, échauffés fortement par les poêles, ne pouvant boire que des eaux impures, dures et malsaines ou qu'une bière de mauvaise qualité, au moment même de sa fermentation, ou altérée par des mélanges nuisibles [1]. » Ajoutons enfin que les Russes échappaient

---

1. N. P. GILBERT, *Tableau historique des maladies qui ont affligé la Grande Armée dans la campagne de Prusse et de Pologne*, p. 35.

aux Français qui cherchaient à les prendre dans une manœuvre d'enveloppement.

Au moment où Napoléon pensait les avoir à sa merci, ce fut à lui d'être surpris par les Russes, à Eylau, le 8 février 1807, au cours d'une violente tempête de neige. Il ne disposait alors que de 50 000 hommes contre 70 000 Russes commandés par Benningsen. Le corps d'armée d'Augereau, perdu dans la tourmente, fut presque entièrement anéanti. Les Russes faillirent même s'emparer de l'état-major français près du cimetière d'Eylau. Toute la cavalerie dut être lancée dans une prodigieuse charge conduite par Murat pour dégager le centre du dispositif français.

La résistance acharnée des Russes changeait l'esprit de la campagne. Nerveusement épuisé, donnant pour la première fois des signes de fatigue, Napoléon fit des offres de paix à Frédéric-Guillaume pour assurer ses arrières. Il se heurta à un refus. L'espoir était revenu dans le camp prussien. Avant de reprendre les opérations, l'Empereur s'efforça de renforcer son armée : il fit appel à des contingents allemands, italiens, hollandais et même espagnols. L'armée impériale perdait son caractère national pour devenir une force européenne.

Sur le plan diplomatique, il est alors essentiel de maintenir à tout prix un front oriental qui oblige la Russie à concentrer une partie de ses forces face à ses voisins turcs et persans.

À Constantinople, Napoléon peut compter sur Sébastiani qui assure la défense du port contre les Anglais. L'amiral Duckworth renonce, le 1er mars 1807, à s'emparer de la ville. Sébastiani écrivait à l'Empereur : « Sa Majesté n'a pas un ami plus sincère et plus dévoué que le sultan Sélim et la fermeté qu'il vient de montrer fait preuve que son amitié ne sera pas infructueuse. » Vis-à-vis de la Perse, Napoléon envoie Gardane.

Le Shah entretenait de mauvaises relations avec les Russes auxquels il disputait la Géorgie. Il avait d'abord songé à faire appel aux Anglais ; la formation de la quatrième coalition l'en détourna. Il chercha donc du secours auprès de Napoléon, lui écrivant dès décembre 1804 pour obtenir son appui. L'Empereur ne l'écouta, au début, que d'une oreille distraite. Un commerçant français, Escalon, avait attiré son attention sur l'intérêt stratégique de la Perse dans la lutte contre l'Angleterre. Tour à tour, Jaubert, le capitaine Bontems et La Blanche, un neveu de Talleyrand, prirent contact avec Feth-Ali. Par ailleurs, Napoléon reçut à Finkenstein l'ambassadeur Mirza-Riza, le 26 avril 1807, avec un faste tout particulier. Il avait désormais besoin du Shah : « La Turquie faisait une diversion sur le Danube ; la Perse, au pied du Caucase, serait l'extrême droite de la Grande Armée et achèverait vers la Caspienne le gigantesque croissant dont Napoléon enserrait la Russie depuis les côtes de la mer Baltique [1]. » Le traité signé à Finkenstein, le 4 mai 1807, garantissait l'intégrité du territoire perse et reconnaissait la Géorgie comme lui appartenant ; en retour, le Shah rompait ses relations avec l'Angleterre et s'engageait à faire marcher une armée sur les possessions anglaises de l'Inde. Ainsi assuré sur le front oriental, Napoléon lançait au printemps une offensive en direction de Königsberg, centre d'approvisionnement de l'armée russe.

Après avoir passé l'Aile, Benningsen crut pouvoir surprendre l'armée française par une attaque de flanc. C'est lui qui fut saisi dans une position désavantageuse, le dos à la rivière, le 14 juin 1807, à Friedland.

La bataille dura dix-neuf heures, en raison de la longueur du jour à cette latitude et de la volonté de Napoléon de faire traîner les opérations confiées à Lannes, pour permettre à l'ensemble de ses forces d'arriver sur le terrain. Quand l'armée fut rassemblée, Ney, à l'aile droite, reçut mission d'enfoncer les Russes qui lui faisaient face et de détruire les ponts sur l'Aile pour couper la retraite de l'ennemi. Il y parvint, non sans difficultés, grâce à un tir d'artillerie d'une grande puissance. Les Russes laissaient sur le terrain 25 000 hommes et 80 canons.

Découragé, Alexandre se décida à traiter.

---

1. DRIAULT, *La Politique orientale de Napoléon*, p. 177.

VIII.

Tilsit ou l'Empire consolidé

Dès le 19 juin, après la défaite de Friedland, le prince de Lobanoff avait été envoyé par Benningsen pour la conclusion d'un armistice d'un mois, signé le 21 juin. Alexandre se détachait de Londres qui ne lui promettait qu'un subside insignifiant (2 200 000 livres par an) et un corps auxiliaire de 12 000 hommes. De plus la guerre avec les Turcs lui coûtait cher en hommes et en argent [1].

De son côté, Napoléon mesurait la fatigue de son armée et avait besoin de la paix continentale pour mettre en application le système de blocus qu'il venait de décider à Berlin contre l'Angleterre, le 21 novembre 1806. Par ailleurs, l'Autriche pouvait à tout moment intervenir et l'Espagne se révélait peu sûre. Godoy réclamait l'exécution d'un projet caressé depuis 1804 : se tailler une principauté aux dépens du Portugal, projet que Talleyrand, acheté par le Portugal, avait habilement enterré : Godoy s'inquiétait également des conséquences de l'alliance française : une escadre anglaise s'était emparée, le 27 juin 1806, de Buenos Aires, ouvrant ainsi au commerce britannique l'immense marché sud-américain. Au demeurant, Alexandre et Frédéric-

---

1. Un traité avait été passé le 23 septembre 1805 entre la Russie et la Turquie, rapprochées depuis 1799, dans un esprit hostile à l'expansion française. Napoléon avait tenté à plusieurs reprises de faire revenir Sélim III sur cette alliance qui, par la prise de Cattaro, les succès de Seniavine à Raguse et en Dalmatie, ouvrait à la Russie la maîtrise de l'Adriatique. La France faisait pression pour obtenir la fermeture des détroits aux navires de guerre russes. Elle obtint enfin cette rupture russo-turque qui fut la cause de l'invasion par les forces d'Alexandre de la Moldavie, en octobre 1806. Mouravieff (*L'Alliance russo-turque*, p. 216) minimise le rôle de Sébastiani.

Guillaume faisaient pression sur lui pour le rallier à la quatrième coalition. Le 5 octobre, Godoy avait lancé une proclamation appelant les Espagnols aux armes. Contre qui ? Le « Prince de la Paix » ne le précisait pas. Mais l'opinion espagnole moins prudente s'enflamma immédiatement contre les Français[1]. Ainsi, de Vienne à Madrid, pouvait à tout moment se former une vaste coalition contre une domination française jugée de plus en plus lourde et entreprenante. Il fallait pour Napoléon se hâter de conclure la paix avec la Russie.

Lors d'un entretien, le 22, avec Lobanoff, Napoléon laissait entendre que la Vistule pourrait être la frontière naturelle de la Russie. De son côté, le tsar faisait savoir à Napoléon que « l'alliance entre la France et la Russie a toujours été l'objet de ses désirs et qu'il est convaincu que, seule, elle peut garantir le bonheur et le repos de l'univers ». Et d'ajouter : « Je me flatte que nous nous entendrons facilement avec l'empereur Napoléon, pourvu que nous traitions sans intermédiaire. » Ce fut l'entrevue de Tilsit.

L'ENTREVUE DE TILSIT

« Au milieu du Niémen, un radeau avait été établi à l'aide de barques juxtaposées : l'art industrieux de nos soldats y avait élevé une maisonnette très joliment meublée, comprenant deux pièces, dont l'une devait recevoir les empereurs et servir à leur conférence, dont l'autre était destinée à leur état-major. Des branchages, des guirlandes fleuries cachaient la nudité des murs ; au fronton, les chiffres de Napoléon et d'Alexandre figuraient entrelacés[2]. »

Tel fut le décor qui servit à l'entrevue des deux empereurs, le 25 juin 1807.

On assure que le premier mot d'Alexandre pour Napoléon

---

1. A. FUGIER, *La Révolution et l'Empire*, p. 210.
2. A. VANDAL, *Napoléon et Alexandre Ier*, t. I, p. 57.

fut : « Sire, je hais les Anglais autant que vous. » « En ce cas, la paix est faite », aurait répondu Napoléon. Mais si le tsar flattait l'anglophobie de l'Empereur, l'Empereur, à son tour, s'en prenait à l'Autriche, « bête noire » d'Alexandre, en demandant son exclusion des accords. « J'ai souvent couché à deux, jamais à trois », déclarait Napoléon.

Restait la Prusse qu'Alexandre ne pouvait abandonner, d'autant que Frédéric-Guillaume l'attendait dans un village voisin. Le tsar pria Napoléon d'épargner au roi une humiliation inutile et obtint que l'armistice serait signé sur-le-champ, sans remise de places.

De ce premier entretien, que ressortait-il ? Pour prix de son alliance avec la Russie, Napoléon demandait la reconnaissance par Alexandre des changements opérés en Italie et en Allemagne. Il ne proposait pas d'autres changements pour la France qui avait atteint ses frontières naturelles et que protégeait le glacis des royaumes vassaux. « Questionné sur deux points, il avait déclaré ne point vouloir détruire la Prusse ni rétablir la Pologne. S'il écartait l'Autriche de ses combinaisons, répondant en cela aux désirs d'Alexandre, il n'annonçait aucun projet contre l'existence même de cet empire, indispensable à la sécurité de la Russie. » Ce que Napoléon demandait à la Russie, c'était une alliance contre l'Angleterre, la fermeture de l'Empire des tsars au commerce britannique. Certes l'économie russe risquait de souffrir du Blocus continental, mais ce mal ne serait que provisoire et Alexandre pouvait reprendre le vieux projet de Paul Ier d'une ligue des Neutres qui assurerait l'indépendance des mers. En échange « Napoléon semblait promettre à la Russie des profits sérieux, brillants surtout et flatteurs, et l'Orient était le terrain où elle aurait naturellement à les demander et à les recevoir. Sans doute, l'Empereur n'annonçait rien de positif, mais ses regards, le ton de ses discours, son air, en disaient plus que ses paroles, et, pour se manifester par de précieux témoignages, sa bonne volonté paraissait n'attendre qu'une occasion [1] ».

---

1. *Ibid.*, p. 63.

Les entretiens reprirent le lendemain ; le roi de Prusse assista à la deuxième entrevue sur le Niémen, mais se retira ensuite. Dès lors les négociations sérieuses se poursuivirent à deux, dans la ville de Tilsit neutralisée, le roi de Prusse n'étant admis qu'aux dîners et aux cérémonies, bien qu'il ait reçu le renfort de la reine Louise [1].

« Cette négociation directe ne ressemblait à aucune autre : rien d'apprêté, point d'appareil solennel, point de conférences à jour fixe, point de témoins importuns chargés de tenir la plume : "Je serai votre secrétaire, avait dit Napoléon à Alexandre, et vous serez le mien." On se voyait et l'on conférait à toute heure : des digressions variées, attrayantes, des confidences à cœur ouvert, rompaient la monotonie des conversations d'affaires et apprenaient aux deux empereurs à se mieux comprendre, en les faisant se connaître et s'apprécier davantage [2]. »

Pour compléter leur argumentation ou éclairer leurs différends, les deux souverains échangeaient des lettres qui nous ont été conservées [3].

Ainsi Napoléon estimait-il que, pour que l'alliance fût durable entre les deux États, il importait de ne rien changer « dans les rapports généraux de commerce et de géographie que la nature avait établis entre eux ». En conséquence, Napoléon renonçait à placer Jérôme à Varsovie et affirmait que son influence devait s'arrêter à l'Elbe. Les pays entre Niémen et Elbe formeraient « la barrière qui séparera les deux empires et amortira les coups d'épingle qui, entre les nations, précèdent les coups de canon ». Le roi de Prusse rentrerait en possession de tous les territoires jusqu'à l'Elbe. Dantzig serait proclamée « ville libre ».

Le tsar n'était pas d'accord sur la frontière à établir entre la Russie et le duché de Varsovie, et sur la façon dont serait reconstitué le royaume de Prusse.

---

1. Sur les sentiments de Napoléon à l'égard de la reine Louise, cf. *Correspondance*, n° 12 875 : « Je suis une toile cirée sur laquelle tout cela ne fait que glisser ; il m'en coûterait trop cher pour faire le galant. »
2. VANDAL, *op. cit.*, p. 81.
3. TATISTCHEFF, *Alexandre Ier et Napoléon*, p. 163.

LES ACCORDS DE TILSIT

Finalement le traité fut signé, le 7 juillet, par Talleyrand, prince de Bénévent, pour la France, et les princes Kourakine et Lobanoff pour la Russie.

Il rétablissait « paix et amitié parfaites » entre les deux empereurs.

« Par égard » pour la Russie, Napoléon consentait à restituer au roi de Prusse, son allié, les quatre provinces de Brandebourg, Poméranie, Vieille-Prusse et Silésie. Frédéric-Guillaume perdait en revanche le Hanovre et tous les territoires situés à l'ouest de l'Elbe ainsi que sa part des partages polonais. Dantzig redevenait libre. Les ducs de Saxe-Cobourg, Oldenbourg et Mecklembourg-Schwerin, apparentés au tsar, retrouvaient leurs États qui restaient toutefois occupés par des troupes françaises jusqu'à la paix avec l'Angleterre.

De son côté, Alexandre reconnaissait tous les changements intervenus en Europe dont la présence de Louis à Amsterdam et de Joseph à Naples, ainsi que les modifications à intervenir à partir des possessions enlevées à la Prusse dont la création d'un grand-duché de Varsovie aux frontières définies par l'article 9, et celle d'un royaume de Westphalie au cœur de l'Allemagne. Les relations commerciales étaient rétablies « sur le même pied qu'avant la guerre ».

Au traité proprement dit, étaient joints des articles séparés et secrets où figurait la cession des îles Ioniennes et du Cattaro à la France.

Suivait un traité d'alliance offensive et défensive. La Russie offrait sa médiation auprès de l'Angleterre sur la base de l'indépendance des mers et de la restitution des colonies enlevées à la France, celle-ci restituant de son côté le Hanovre au monarque anglais. Si Londres refusait les bases de cette médiation, Alexandre s'engageait à déclarer la guerre à la Grande-Bretagne. Les deux empereurs inviteraient de concert Copenhague, Stockholm et Lisbonne à fermer leurs ports aux Anglais et à leur déclarer la guerre. Ils s'efforceraient de convaincre Vienne de se joindre à cette coalition.

Napoléon quant à lui offrait sa médiation dans le conflit qui opposait la Russie à Constantinople. Si la Porte n'acceptait pas cette médiation, «la France ferait cause commune avec la Russie contre les Ottomans et les deux hautes puissances contractantes s'entendraient pour soustraire toutes les provinces de l'Empire ottoman en Europe, la ville de Constantinople et la province de Roumélie exceptées, au joug et aux vexations des Turcs». Formule plutôt vague par rapport aux engagements précis souscrits par le tsar dans l'autre conflit [1].

Indépendamment de ces stipulations, d'autres articles secrets ont-ils déterminé la portion de territoire turc réservée à chacune des deux parties ? Des projets ont été agités mais ils ne semblent pas être passés dans les accords qui ont été signés.

Le 9 juillet, le traité de paix était conclu avec la Prusse. Le signaient Talleyrand pour la France, les comtes de Kalkreuth et de Goltz pour la Prusse.

L'article 2 énumérait la liste des territoires restitués à la Prusse : la partie du duché de Magdebourg située à la droite de l'Elbe, la moyenne et la nouvelle marche de Brandebourg, le duché de Poméranie, la haute, la basse et la nouvelle Silésie avec le comté de Glatz, ainsi que les citadelles de Spandau, Stettin, Custrin, Glogau, Breslau, Glatz, Kosel.

Le roi de Prusse reconnaissait tous les changements intervenus en Europe et s'engageait à faire « cause commune avec la France contre l'Angleterre » si celle-ci ne consentait pas à la paix.

Au total, la Prusse perdait 5 millions d'habitants sur les 10 qui la composaient et elle devait être occupée par les troupes françaises jusqu'au paiement de l'énorme indemnité de guerre fixée par Napoléon [2]. Une route militaire devait à travers elle joindre la Saxe à Varsovie.

---

1. DUNAN, dans *Napoléon, et l'Empire*, t. II, p. 93.
2. LESAGE, *Napoléon Ier créancier de la Prusse*.

LA RENAISSANCE DE LA POLOGNE

En revanche, Napoléon poussait une pointe jusqu'à la frontière russe grâce à la constitution, à partir des territoires polonais perdus par la Prusse, du duché de Varsovie : 1 850 lieues carrées, plus de 2 millions d'habitants. Cette marche orientale, menaçante pour la Russie, était confiée au nouveau roi de Saxe, mais rattachée par son souverain à la Confédération du Rhin sur laquelle Napoléon exerçait un contrôle direct. À tout moment, le duché pouvait se transformer en un royaume polonais ressuscité de ses cendres.

Pourquoi ce duché de Varsovie ? Il semble que Napoléon n'ait jamais eu d'idées bien arrêtées, avant 1807, sur le sort de l'ancien royaume, en dépit des propos que lui prête Mme de Rémusat : « C'est le royaume de Pologne qu'il faut créer. Voilà le boulevard de notre indépendance. »

Pendant la campagne d'hiver de 1806-1807, il prononce quelques phrases à effets qu'amplifient les imaginations polonaises. Mais il écrit, le 6 décembre 1806 : « Je ne proclamerai l'indépendance de la Pologne que lorsque je reconnaîtrai qu'ils la veulent et peuvent soutenir [1]. »

Le 19 décembre, il est pour la première fois à Varsovie. Il y reste jusqu'au 23, y revient le 1er janvier, et ne quittera à nouveau la capitale que le 29. La rencontre avec Marie Walewska, lors de ce séjour, ne semble avoir eu, contrairement à ce qui fut affirmé, aucune incidence politique. En revanche, fut mise en place, sous l'impulsion de Maret puis de Talleyrand, une commission de gouvernement, le 14 janvier 1807, chargée de diriger provisoirement le pays, notamment sur le plan militaire.

Après Eylau, Napoléon paraît un moment décidé à restituer ses territoires polonais à la Prusse. C'est Frédéric-Guillaume qui repousse alors les avances françaises. Faut-il penser avec l'historien russe Schilder que c'est Alexandre qui aurait eu l'idée de créer le duché alors que Napoléon lui offrait de prendre la

---

1. *Correspondance*, n° 11 399.

Pologne dans l'intention de le brouiller ainsi avec la Prusse et l'Autriche ? La compensation réclamée par l'Empereur était, il est vrai, de taille : la Silésie pour Jérôme [1].

Ce fut finalement un duché confié au roi de Saxe et dont la situation internationale devait être réglée par la convention du 22 juillet 1807.

En principe, le duché devait être gouverné par le souverain de Saxe. En réalité, Napoléon exigea que toutes les donations faites par l'Empereur en Pologne fussent irrévocables et que toutes les créances du roi de Prusse fussent réservées à Napoléon. 30 000 soldats français devaient stationner dans le duché jusqu'à la mise en place des nouvelles autorités.

Ces nouvelles autorités étaient définies dans une Constitution imposée par Napoléon sans tenir compte de l'avis du roi de Saxe ni des Polonais eux-mêmes.

Le 17 septembre 1807, le roi de Saxe recevait à Berlin son nouvel État. La question polonaise n'était pas résolue pour autant. Qu'allait-il advenir des territoires encore aux mains des Autrichiens et des Russes ? Ne souhaiteraient-ils pas être rattachés au duché ?

LES NOUVEAUX REMANIEMENTS EN ALLEMAGNE

En Allemagne, Napoléon marquait également des points. Dès le début de la campagne de 1806, il avait feint de considérer la Saxe comme victime de la Prusse dans une mémorable proclamation aux Saxons. Après Iéna, il avait libéré les soldats de l'Électeur de Saxe, Frédéric-Auguste, qui servaient sous Hohenlohe ; ce qui ne l'empêchait pas d'occuper Dresde le 24 octobre tandis que le territoire saxon était administré par des intendants français.

Frédéric-Auguste était catholique ; son principal ministre, le comte de Bose, préposé aux Affaires étrangères, ne montrait aucune sympathie, selon Thiard, pour « le système prussien » ; il

---

1. BAILLEN, *Köningin Luise*, p. 238, HANDELSMAN, *Napoléon et la Pologne*, p. 128.

avait le soutien d'une opinion favorable en majorité à la France. Le 11 décembre, l'Électeur et l'Empereur signaient le traité de Posen. L'Électeur devenait roi et entrait dans la Confédération du Rhin. Il cédait quelques petits domaines en échange de la Basse-Lusace enlevée à la Prusse, et il s'engageait à fournir à Napoléon un contingent de 20 000 hommes, réduits à 6 000 pour la campagne. Napoléon s'assurait de la sorte un précieux allié en Allemagne du Nord. Deux Électeurs de Saxe ayant été rois de Pologne, Frédéric-Auguste reçut le duché de Varsovie. En remerciement, l'université de Leipzig fit de Napoléon, le 23 juillet 1808, le parrain d'une constellation[1].

Les princes saxons de Weimar, Gotha, Meiningen, Hildeburg-hausen et Cobourg durent adhérer en bloc à la Confédération du Rhin et fournir à l'Empereur leur contingent de soldats.

Ce furent les maisons de Hesse-Cassel et de Brunswick qui firent les frais de cette nouvelle réorganisation de l'Allemagne.

L'Électeur de Hesse avait commis l'imprudence, en 1806, de mettre son armée sur le pied de guerre et de fortifier sa forteresse de Hanau, puis d'accueillir Blücher sur son territoire. Le 31 octobre, lui était notifiée l'invasion de ses États : les troupes de Mortier entraient le 1er novembre dans Cassel. Le 27e bulletin de la Grande Armée sonnait le glas de l'Électeur : « Il paiera cette frénésie de la perte de ses États. Il n'y a pas en Allemagne une maison qui ait été plus constamment ennemie de la France. Depuis bien des années, elle vendait le sang de ses sujets à l'Angleterre pour nous faire la guerre dans les deux mondes, et c'est à ce trafic de troupes que ce prince doit les trésors qu'il a amassés, dont une partie est enfermée à Magdebourg et une autre a été transportée à l'étranger. Cette sordide avarice a entraîné la catastrophe de sa maison, dont l'existence sur nos frontières est incompatible avec la sûreté de la France[2]. »

Quant à la maison de Brunswick dont le titulaire avait été mortellement blessé à Auerstaedt (il devait mourir le 10 novembre

1. RAMBAUD, *L'Allemagne sous Napoléon Ier*, p. 86.
2. Cité par RAMBAUD, *op. cit.*, p. 117.

1806), elle avait particulièrement attiré la colère de Napoléon qui se souvenait de l'insolent manifeste du duc, cause essentielle de la journée du 10 août 1792 : « Je veux renvoyer ces Welfs dans les marécages italiens d'où ils sont sortis, déclarait l'Empereur. Je veux les fouler et les anéantir comme ce chapeau, et qu'on ne se souvienne plus d'eux en Allemagne [1]. »

Tous les territoires de la Prusse et de ses alliés, situés entre Elbe et Rhin, avaient été frappés, dès le 5 octobre 1806, d'énormes contributions de guerre ; un autre décret, le 23 octobre, les divisait en six gouvernements militaires : le général Loison était à Munster, Gobert à Minden, Bisson à Brunswick, Thiébault à Fulda, Clarke à Erfurt, Lagrange à Cassel. Les fonctionnaires étaient invités à rester en place, les impôts devaient être perçus et la justice rendue comme par le passé. Il y eut peu de résistances, sauf en Hesse-Cassel où des soldats sous la conduite du capitaine von Usslar entrèrent en insurrection.

Napoléon ne songeait nullement à annexer à la France les États des vaincus. « J'ai assez du Rhin », disait-il alors, et le sénatus-consulte du 21 janvier 1808 déclarait la France « assez grande ».

Fidèle à la politique des glacis, au concept carolingien des marches, il forma, sous le nom ancien et mal approprié de Westphalie, un royaume comprenant les États du duc de Bruns-wick, ceux de l'Électeur de Hesse-Cassel, l'abbaye de Corvey, possession de la maison d'Orange-Fulda, les pays de Göttingen, Osnabrück et Grubenhagen enlevés à l'Électeur de Hanovre, roi d'Angleterre, et des territoires saxons entre Erfurt et l'Eichsfeld, sans compter les domaines prussiens. Le royaume s'étendait sur trois fleuves, Elbe, Weser et Ems, mais il ne possédait aucune de leurs embouchures. « Sa frontière occidentale courait paral-lèlement au Rhin, et cependant ne s'y appuyait nulle part ; sa frontière septentrionale courait parallèlement à la mer, mais en était partout tenue à distance [2]. »

---

1. *Ibid.*, p. 125.
2. *Ibid.*, p. 203.

Il s'agissait d'une création artificielle, au cœur de l'Allemagne, entièrement dans la main de Napoléon. Pour souligner cette dépendance, Napoléon attribua le nouveau royaume à son plus jeune frère, Jérôme. Comme la Saxe, et par contrecoup le duché de Varsovie, la Westphalie entrait dans la Confédération du Rhin.

Au total les avantages acquis à Tilsit étaient considérables. Napoléon atteint alors au sommet de sa puissance. Son empire ira encore en s'étendant, mais son extension même le rendra plus vulnérable. En 1807, protégée par un glacis d'États vassaux et de marches, la France n'a jamais été aussi forte.

IX.

L'Empire en 1808 : le modèle carolingien

L'Exposé de la situation de l'Empire présenté le 24 août 1807 au Corps législatif exalte le traité de Tilsit, « cette noble paix qui semble avoir été faite pour l'intérêt de l'humanité et de l'Europe entière. Le vainqueur n'a stipulé pour lui aucun avantage. Dantzig a été rendue au commerce et à la liberté ; la navigation de la Vistule a été dégagée de ses entraves ; un juste équilibre a été réglé entre des princes voisins : tout ce qui doit les unir a été établi, tout ce qui pourrait les diviser a été écarté ».

Si ce texte officiel pèche par optimisme dans sa seconde partie, il est exact en son début : Napoléon n'agrandit pas à Tilsit le territoire français. Mais s'il n'accroît pas le nombre des départements, il renforce le glacis des royaumes vassaux. Surtout, l'Empire trouve dans l'alliance russe une légitimité et un équilibre dont il était précédemment dépourvu. Jusqu'alors, les réticences des puissances européennes le rendaient aussi précaire et vulnérable que la Grande Nation et ses Républiques-sœurs. La quasi-disparition de la Prusse et l'alliance russe, contrepoids sur le continent de l'influence autrichienne, assurent à la domination napoléonienne des garanties de survie qu'elle n'avait pas eues auparavant. Bien construit, l'Empire invoque, dans sa forme géographique comme dans ses références historiques, le précédent de Charlemagne. Les Bonaparte se réclament des Carolingiens. Par la propagande officielle l'imberbe Napoléon est l'héritier de « l'empereur à la barbe fleurie ». Mais, en 1807, on ne répudie pas l'héritage révolutionnaire. L'Empire, c'est la Grande Nation consolidée à l'intérieur comme à l'extérieur.

LA FRANCE DES 122 DÉPARTEMENTS

La France compte, selon l'*Almanach* de 1808, 122 départements, dont 12, il est vrai (5 à Saint-Domingue, 2 aux Antilles, la Réunion, l'île de France et les Indes orientales), sont pratiquement perdus ou très menacés.

La centralisation politique, qui caractérisait déjà la France de 1803, se trouve encore renforcée par l'accroissement du pouvoir impérial. Tout part de Paris et tout aboutit à Paris, siège du gouvernement. Les décisions sont prises dans la capitale et nulle part ailleurs.

C'est à Paris que sont établis les ministères (Justice, Intérieur, Finances, Trésor public, Relations extérieures, Police générale, Guerre et Administration de la guerre, Marine et Colonies, un secrétariat d'État assurant la coordination) ainsi que les directions générales (Mines, Conscription, Enregistrement, Douanes, Forêts, etc.) qui les complètent ou les doublent.

Mollien évoque les fameux conseils d'administration où l'Empereur, entouré de techniciens, arrêtait les budgets et fixait les orientations : « Pour faire ce qu'il appelait ses grandes revues, Napoléon avait institué une série de conseils ministériels auxquels il consacrait cinq à six heures par jour et qui n'étaient suspendus ni par les félicitations d'étiquette qu'il supportait comme pour fournir des articles de journaux, ni par ses nombreuses audiences particulières, ni par les séances du Conseil d'État auxquelles il prenait part surtout lorsqu'il voulait faire circuler quelque idée nouvelle et pressentir l'opinion publique [1]. »

L'Empereur, en 1807, est au sommet de sa puissance. Le pouvoir accentue son caractère monarchique. « Mais, ajoute Mollien, il ne suffisait pas à Napoléon de retrouver le peuple français soumis tout entier à son pouvoir et fier même de son obéissance envers lui comme il l'était des victoires qu'il lui devait. Il ne pouvait pas craindre qu'un seul de ses ordres eût été négligé,

---

1. MOLLIEN, *Mémoires*, t. II, p. 138.

qu'un seul des ressorts de son gouvernement fût contrarié dans son effet, qu'une seule de ses lois rencontrât quelque résistance. Ce n'était pas assez pour lui, il voulait encore observer lui-même comment tous les rouages de cette administration, machine immense qui était son œuvre propre, concouraient au mouvement, s'assurer de la justesse et de la régularité de leurs rapports, vérifier enfin si chacun d'eux recevait l'impulsion qu'il lui avait destinée. »

Rien n'échappe à l'Empereur. S'il s'absente pour une campagne ou un voyage officiel, aucune suppléance n'est prévue dans la Constitution de l'an XII. Avant son départ, Napoléon organise le fonctionnement des institutions par des ordres en service. Cambacérès préside alors le Conseil d'État qu'il peut saisir de questions graves ; mais le Conseil d'État n'est qu'un organe consultatif dont les projets et les avis doivent être envoyés à l'Empereur. Si Cambacérès préside le Sénat, il n'est pas maître de l'ordre du jour. Quant aux Conseils des ministres, ils permettent la coordination des actions ministérielles, mais les participants à ces Conseils n'ont aucun pouvoir de décision sauf pour d'infimes détails matériels ou quelques mouvements de personnel. Napoléon le rappelle d'ailleurs à plusieurs reprises à Cambacérès : « Mon cousin, dans l'ordre général de service que j'ai arrêté pendant mon absence, je ne vous ai pas donné le droit de prendre des résolutions [1]. »

Ne parlons pas des assemblées qui siègent également dans la capitale, au cours de sessions législatives limitées dans le temps. Le Tribunat, qui fut, un court moment, un foyer d'opposition, disparaît sans gloire, supprimé par le sénatus-consulte du 19 août 1807. Les élections au Corps législatif se déroulent dans l'indifférence. « Les collèges électoraux étaient des assemblées restreintes. Leurs membres étaient des notables qui s'intéressaient à la politique et qui en avaient le loisir et les capacités. Mais il existait plusieurs causes d'absentéisme. Les membres des collèges devaient se rendre au chef-lieu de l'arrondissement ou du département, au prix d'un voyage souvent pénible : il leur fallait ensuite

---

1. Lettre du 7 mai 1807, *Correspondance*, n° 12 546.

demeurer plusieurs jours au chef-lieu, ce qui pouvait être coûteux. Le système lui-même ne donnait aux réunions des collèges qu'un intérêt bien mince : proposer des listes de candidats ne pouvait certainement pas susciter beaucoup d'enthousiasme [1]. »

Il n'existe pas de contrepoids politique à l'autorité impériale. La transmission des ordres s'effectue dans les départements par l'intermédiaire des préfets reliés à Paris par un système de courriers et d'estafettes. Eux-mêmes envoient leurs instructions aux sous-préfets qui les répercutent dans les communes par l'intermédiaire des « piétons » ou « savattes », sortes de facteurs officiels [2].

Le préfet est l'agent du pouvoir central dans les départements. Son indépendance varie en fonction de l'éloignement de son département. Certains départements sont de véritables royaumes. « Les préfets, grands protecteurs de ces petits royaumes, jouissent avec délices de leur puissance ; rien ne leur paraît préférable à une jolie préfecture, si ce n'est l'Empire français lui-même. Ils aiment à comparer leurs domaines aux anciens duchés ou provinces formant autrefois la circonscription de notre territoire et, pour les entretenir dans leurs illusions, leurs courtisans prétendent sans rire qu'il n'existe aucune différence entre un préfet et un duc de Bourgogne ou de Normandie [3]. »

En réalité, Napoléon a pris grand soin d'éviter ce genre d'implantation par un séjour trop long, sauf quelques cas exceptionnels (Bourgeois de Jessaint, Jean de Bry, etc.), dans une préfecture. Un préfet n'a rien d'un féodal ; une préfecture n'est ni une marche ni un fief. En dehors de nombreuses révocations dues à la médiocrité et à l'insuffisance de certains de ces hauts fonctionnaires, l'Empereur a imposé une grande mobilité au corps préfectoral. Pour un Bourgeois de Jessaint qui reste sans discontinuer dans la Marne de 1800 à 1815 et même au-delà, la moyenne se situe autour de quatre ans dans le même poste.

---

1. COPPOLANI, *Les Élections en France à l'époque napoléonienne*, p. 235.

2. P. LEJEUNE, « La poste aux documents officiels dans le district de Cany de 1789 et 1795 », *105ᵉ Congrès national des Sociétés savantes.*

3. *L'Art de devenir député ou même ministre*, 1846, p. 163.

Les notes administratives accordent un intérêt grandissant à la notoriété du préfet dans son département.

Au demeurant, dans une majorité de préfectures, Napoléon a pris grand soin d'éviter de recruter des notables locaux. L'Allemand Belderbusch, qui avait sollicité la Roër, se retrouve en 1802 dans l'Oise ; Tournon sera envoyé à Rome alors que l'Italien Cristiani de Ravaran sera chargé d'administrer le Loir-et-Cher. Toutefois, dans plusieurs départements du Piémont, en raison des problèmes linguistiques, seront désignés d'anciens dignitaires de la cour de Sardaigne.

Dans les départements annexés en effet, le gouvernement français n'a pas tenté d'extirper la langue locale, l'italien ou l'allemand. Sur la rive gauche du Rhin, les préfets Lezay-Marnesia ou Jean Bon Saint-André affichent un grand respect pour la langue maternelle de leurs administrés [1]. Documents officiels comme almanachs ou livres de prières sont généralement bilingues. Dans l'enseignement, on note le succès remporté par les cours privés donnés en allemand au détriment des établissements publics, sans que l'administration ait réagi. De même cette administration française laisse-t-elle les sociétés savantes qui se créent dans la plupart des grandes villes se tourner vers l'histoire et la littérature locales. « Politiquement nous sommes français, mais, pour ce qui est de la langue, nous sommes allemands », observe un notable. La remarque vaut également pour le Piémont.

L'ÉCONOMIE

Entre 1803 et 1805, l'économie de la France et des pays annexés a connu un incontestable essor dû à la reprise de la guerre, à la proclamation de l'Empire qui entraîne fêtes et cérémonies diverses favorables à l'industrie de luxe, au protectionnisme qui a suivi la rupture avec l'Angleterre.

Économie au demeurant fragile : le krach des Négociants-

---

1. DUFRAISSE, dans *Les Pays sous domination française*, p. 62.

réunis, à la fin de 1805, énorme spéculation montée par Ouvrard et où se trouve compromis le Trésor, en provoquant la dépréciation des billets de la Banque de France, non seulement sur la place de Paris, mais sur celles de Bâle et de Hambourg, montre que le régime napoléonien, malgré le sacre, n'est pas aussi solide qu'on pourrait le croire.

Les faillites qui suivent la brutale disparition du numéraire née de la méfiance devant les billets de la Banque de France, puis l'annonce de mauvaises affaires à la foire de Leipzig, centre habituel d'échanges entre l'ouest et l'est de l'Europe, ont accru le pessimisme. Car la crise de 1805-1806 fut avant tout une crise de confiance. Napoléon a dû réagir brutalement pour la surmonter. Mais, alors qu'elle a pesé également sur les pays alliés ou vassaux de la France, Napoléon ne s'est soucié que de l'industrie nationale. Le décret du 22 février 1806, en prélude au Blocus décidé le 21 novembre de la même année à Berlin, ferme déjà la France aux produits anglais[1]. Plus significative encore est la politique des marchés réservés : ainsi l'interdiction, le 28 décembre 1807, de laisser entrer dans le royaume d'Italie des cotonnades qui ne seraient pas d'origine française, ce qui excluait les produits, pourtant réputés du grand-duché de Berg, État vassal de l'Empire.

Il vaut mieux être annexé que vassal. C'est ce que constatent les habitants de la rive gauche du Rhin, de la Belgique ou même du Piémont qui bénéficie d'une conjoncture de hauts prix à partir de 1805.

Années décisives en Rhénanie où la sidérurgie a l'avantage d'une tradition ancienne. Ses forges, dont Eversmann dans ses *Voyages métallurgiques* nous a laissé de saisissantes descriptions, sont largement tournées vers l'exportation grâce au Rhin. La navigation du fleuve est en effet améliorée par la convention pour l'octroi de navigation du Rhin mise en application le 1er octobre

---

1. CHABERT, *L'Activité économique en France de 1798 à 1820*, p. 368. Pour cette économie de guerre, cf. aussi, P. LÉON, *Histoire économique et sociale du monde*, t. III, pp. 347-385.

1805 et qui restera en vigueur jusqu'en 1831 (suppression des péages et clauses favorables à la rive gauche, Mayence et Cologne conservant leur droit d'étape). L'axe rhénan prend une importance essentielle dans l'économie impériale comme l'atteste la prospérité de Strasbourg qui devient le grand entrepôt entre la France, l'Allemagne et la Suisse. Les arrivages de marchandises atteignent 112 000 quintaux en 1806, 134 000 en 1807, 190 000 en 1808. Les maisons de commerce voient décupler leur chiffre d'affaires. Par Strasbourg, passent le coton, le sucre, le poivre, le café ou le cacao, avant le Blocus, à l'importation, les vins et eaux-de-vie, huiles et tabacs, fruits secs et garance, ainsi que les produits métallurgiques à l'exportation. Les produits des départements annexés de la rive gauche gagnent par le Rhin Francfort et, de là, l'Autriche et l'Italie ; d'Amsterdam et de Hambourg, ils partent pour la France du sud ou l'Espagne, les États-Unis et même la Russie. L'activité textile n'est pas moins importante.

À la base de cet essor rhénan : les houillères. Cependant que l'ingénieur Héron de Villefosse soulignait l'importance des gisements du grand-duché de Berg [1], dans le département de la Sarre la présence du charbon, formant un gisement peu profond, de 300 à 600 m, était reconnue par le corps impérial des Mines. La production était localisée dans le périmètre Sarrebruck, Neunkirchen, Soulzbach. Les houillères alors en exploitation étaient celles d'Illing, Friedrichstahl, Saint-Ingbert, Neudorff et Wiesweiller. Des recherches étaient menées avec succès du côté de Lichtenberg et Schlosslohe. En fait la législation minière semble avoir freiné des découvertes plus importantes. La loi prévoyait que « les mines tant minières que non métalliques sont à la disposition de la nation. Les propriétaires de la surface auront toujours la préférence et la liberté d'exploiter les mines qui pourraient se trouver dans leurs fonds, et la permission ne pourra leur être refusée lorsqu'ils le demanderont ». De là, deux sortes d'inconvénients : d'une part, l'indemnisation des propriétaires

---

1. G. THUILLIER, « La métallurgie rhénane », *Annales*, sept. 1961, p. 877.

du sous-sol par les exploitants souleva de nombreuses difficultés ; d'autre part, c'est la petite exploitation, de structure artisanale, qui se trouvait ainsi favorisée. Tel était le cas par exemple de la mine d'Am-Sauerberg, sur le territoire de la commune d'Offenbach, dans l'arrondissement de Birkenfeld. Appartenant à un certain Keller qui la faisait exploiter par huit ouvriers, elle était située sur une couche de houille schisteuse, mince encore que de bonne qualité « dans ses parties profondes ». Selon le rapport de l'ingénieur Calmelet, « les travaux étaient mal dirigés et trop rapprochés, les galeries étaient insuffisantes et l'écoulement se faisait mal ». La mine produit 2 500 quintaux de charbon par an, soit un revenu annuel de 2 450 F.

À côté des mines de charbon, sont exploitées systématiquement, à partir de 1803, les carrières de porphyre, granité, marbre, plâtre, albâtre et plomb. Dans les villages, forges et moulins à foulons retrouvent leur activité ainsi que les tuileries, briquetteries et tanneries. Partout où le sous-sol était de sable et de grès, se trouvaient des verreries : parmi les plus importantes, celle de Furstenhausen dont l'essor date de 1804.

Exemple du développement de l'industrie textile en Rhénanie : Crefeld, dans le département de la Roër, qui rivalise pour la soierie avec Lyon et Nîmes : 20 pour 100 des métiers y sont concentrés. Là encore, l'annexion a stimulé la production en supprimant les corporations et les monopoles familiaux dans une ville autrefois soumise à la domination prussienne. La qualité de ses produits est récompensée lors de l'exposition parisienne de 1806. Van der Legen, l'un des principaux fabricants, devient maire de Crefeld et député au Corps législatif en 1806.

Drapiers et métallurgistes d'Aix-la-Chapelle comme tisseurs de lin de Gladbach connaissent dans la période antérieure au Blocus, qui interdira les exportations lointaines, une grande prospérité.

C'est sous Napoléon qu'est né le complexe économique rhénan. La Belgique participe, pour les mêmes raisons, à cet essor. « Le premier palier du démarrage de son économie industrielle coïncide avec la période du Consulat et de l'Empire », note

Devleeshouwer [1]. La suppression des douanes intérieures et l'ouverture du marché français, la disparition des corporations et les encouragements des préfets ont donné le coup de fouet nécessaire à ce départ.

Le charbon belge avait souffert sous le régime autrichien de la concurrence anglaise, la domination française l'en libère tandis que sont abrogés les droits des seigneurs en matière de concessions. La production de charbon passe de 800 000 tonnes en 1795 à 1 232 000 tonnes en 1811 pour les départements de Jemmapes et de l'Ourthe. Entre 1803 et 1808, la progression dépasse les 20 pour 100. Elle est de 50 pour 100 pour le fer et la fonte. On a déjà montré comment la laine à Verviers et le coton à Gand, bénéficiant tout à la fois du débouché français et de la protection du Blocus, accroissent le nombre des métiers et celui des ouvriers.

Dans le Piémont, l'industrie lainière connaît, semble-t-il, une phase favorable entre 1803 et 1808. Les manufactures de Turin retrouvent une importance un moment perdue, grâce notamment aux rénovations techniques introduites par le Français Jean-Paul Laclaire.

Mais les progrès sont encore plus spectaculaires dans le domaine minier. La nationalisation du sous-sol et l'établissement d'une économie de guerre ont été des facteurs déterminants. En 1808, on compte dans le département de la Doire 21 mines et 58 hauts fourneaux, employant 1 400 ouvriers et livrant au commerce pour plus d'1,5 million de substances minérales.

La métallurgie suit, malgré le manque d'énergie dû aux difficultés à se procurer le charbon de bois nécessaire. La découverte de gisements houillers à Cadibona se heurte à des réticences, car « les Italiens, dit un rapport, ne s'habituent pas à l'odeur du charbon [2] ».

Un exemple de l'essor de l'économie dans les départements

---

1. « Le Consulat et l'Empire, période de *take-off* pour l'économie belge », *Revue d'Histoire moderne*, 1970, p. 610.
2. TRÉNARD, *Lyon, de l'Encyclopédie au préromantisme*, p. 586.

italiens : Savone, débouché du Piémont qui y exporte le riz et le chanvre et s'y approvisionne en huile, en fer et en laine. La statistique de l'ancien département de Montenotte, établie par le préfet Chabrol et publiée en 1824, met en lumière ces progrès, ainsi que le développement des forges autour de Savone[1].

En France proprement dite, après Strasbourg, c'est Lyon qui connaît l'essor le plus spectaculaire, retrouvant une importance perdue sous la Révolution.

En 1800 encore, la moitié des métiers avait disparu et 5 000 seulement continuaient à battre. Dans la chapellerie, le chiffre des ouvriers était tombé de 8 000 à 1 500. Même effondrement dans la bonneterie. À partir du Consulat « le redressement économique devint un des thèmes de la pensée lyonnaise[2] ». En réalité, la Fabrique croyait dans les vertus des corporations ; celles-ci ne furent pas rétablies, mais la prospérité lyonnaise ressuscita grâce à l'intérêt que l'Empereur portait, selon Chaptal, à la Fabrique. « Restaurée sous le Consulat, la prospérité gagna le textile comme le négoce. Les manufactures rhénanes, suisses et lyonnaises furent soumises au même régime pour l'approvisionnement en matières premières. Le marché s'accrut avec l'extension du Grand Empire et le Blocus orienta les axes de circulation de façon favorable à Lyon. Les riches étoffes se vendirent dans les colonies espagnoles, en Russie, en Allemagne. L'Europe centrale constitua le débouché fondamental. Les foires de Leipzig, Francfort et Hambourg permirent le contact entre négociants lyonnais et courtiers allemands, russes, polonais[3]. »

En 1805, cette prospérité parut un moment devoir être remise en cause. Tilsit marque un nouveau départ pour la Fabrique. Les châles de soie deviennent une spécialité recherchée, une activité importante à laquelle participent également Tarare, Saint-Étienne et Saint-Chamond. La foire de Beaucaire envoie la

---

1. DAVICO, « Mines et usines en Piémont », *Annales historiques de la Révolution française*, 1977, p. 622.
2. Cf. les recherches de P. BOUDARD sur Savone publiées dans la *Revue de l'Institut Napoléon.*
3. TRÉNARD, *op. cit.*, p. 594.

matière première ; les liens avec l'Italie du Nord se renforcent. Signe de ce renouveau : une succursale de la Banque de France est établie en 1808. De la reprise lyonnaise, profitent la Bourgogne et ses vins (Dijon, Beaune, Autun), la Savoie et ses routes vers l'Italie.

Autre secteur de grande activité économique : le nord de la France grâce aux mines d'Anzin, prés de Valenciennes, qui emploient 460 mineurs et aux grands centres textiles de Lille, Armentières, Tournai, Saint-Quentin, sans oublier les tapisseries de Beauvais. À Lille, la production va du drap grossier à la dentelle, de la filature de coton « à l'anglaise » au fil « retors ». Tant que l'approvisionnement en laines espagnoles sera assuré, la draperie lilloise se portera bien. Pourtant, indice alarmant, le recul du lin laisse percevoir des menaces sur cette région.

C'est Paris qui est le plus grand régulateur de l'économie impériale. « En ce qui concerne presque tous les articles de luxe et en partie ceux de première nécessité, Paris est la métropole industrielle de tout l'Empire français », note l'Allemand Nemnich en 1809. Suprématie que traduisent les bronzes de Thomire, l'orfèvrerie de Biennais, les horloges de Breguet, les meubles de Jacob-Desmalter. Leur réputation est européenne. Notons d'ailleurs que, dans le meuble comme dans la porcelaine, une partie de la main-d'œuvre est allemande. Industries de prestige également : les verreries de la rue de Reuilly, les tapisseries des Gobelins et les vases de Sèvres. Deux activités en plein essor : l'industrie chimique à Javel et aux Ternes, le textile avec un spectaculaire accroissement du nombre des filatures de coton (Paris dépasse le Nord et la Seine-Inférieure) où s'illustre Richard-Lenoir.

Le rôle de Paris comme place financière et commerciale en fait la métropole économique de l'Empire. La haute banque protestante (Mallet, Delessert, Perrégaux) domine ; Paris est le siège de la Banque de France[1] et de la Bourse, le centre des grandes spéculations. Au départ, les achats de biens nationaux en France et en Belgique, et le commerce maritime, Saint-Domingue

---

1. SZRAMKIEWICZ, *Les Régents de la Banque de France, passim*.

puis l'océan Indien, ensuite, après 1803, l'armement en aventure. En fait, à partir de 1807, « le négoce et la banque de la capitale se replient, bon gré mal gré, sur le jeu spéculatif en denrées coloniales, matières premières industrielles, secondairement en produits nationaux. Cette spéculation est conditionnée par la rareté, l'irrégularité dans les temps et les lieux d'arrivée, l'incertitude sur les réactions du marché, l'instabilité des cours. Paris y joue le rôle d'arbitre national des risques [1] ».

En revanche, le déclin des façades méditerranéenne et atlantique se précise.

À Marseille, sous l'impulsion du maire, Anthoine, auteur d'un *Essai sur le commerce et la navigation de la mer Noire*, des liaisons ont été établies, au détriment de la Baltique, avec les ports de la mer Noire. Les liens subsistent avec Gênes pour les céréales, avec Livourne pour le chanvre d'Ancône et de Livourne, Civitavecchia pour l'alun romain et Naples pour la soie et le coton, mais de plus en plus ces produits doivent emprunter les routes terrestres car la flotte anglaise contrôle étroitement la Méditerranée.

Bordeaux a mieux résisté, au moins jusqu'en 1807. Le pavillon des neutres a permis de maintenir une incontestable activité, contrairement aux ports de la Manche où la surveillance anglaise, de Fécamp à Ostende, a été plus rigoureuse. Le trafic étranger qui ne représentait en 1802 que 21 pour 100 des entrées à Bordeaux, atteint 50 pour 100 en 1805. « L'importance des Américains vient du rôle de relais joué par leurs ports sur la route des colonies, surtout dans les relations avec les îles de l'océan Indien. Les marchandises embarquées dans les ports coloniaux subissent la neutralisation dans les ports américains, le voyage discontinu étant toujours admis par les Anglais [2]. » Aussi, jusqu'en 1807, par l'intermédiaire de neutres, américains, danois ou portugais, le port de Bordeaux se trouve alimenté en produits coloniaux. Toutefois, la mise en application du décret de Berlin, la tension

---

1. BERGERON, *Banquiers, négociants et manufacturiers parisiens*, p. 287.
2. BUTEL, « Le commerce maritime de la France sous le Consulat et l'Empire », *Information historique*, 1968, pp. 211-215.

anglo-américaine née de l'affaire de la Chesapeake en juin 1807, le bombardement de Copenhague puis l'intervention française au Portugal, vont remettre en cause ce nouveau trafic triangulaire né de la fiction de la neutralisation américaine, danoise ou portugaise. Dès lors, va prendre fin la semi-prospérité bordelaise et l'arrêt du trafic devient général.

Cet arrêt semble s'être situé plus tôt pour La Rochelle où les corsaires eux-mêmes ont considérablement diminué leurs activités. Mais c'est le port de Nantes qui semble le plus frappé. « Actuellement, note Nemnich dans sa relation de voyage, le trafic de Nantes est presque exclusivement limité à la consommation intérieure. Le sel est le principal article, presque tout ce qui en est produit au Croisic, près de Vannes et se consomme en France, passe par Nantes. » Là aussi, on observe le déclin de la course : sur seize corsaires en mer, en 1808, il n'en revint que trois.

En 1807, exception faite des côtes de la Manche où seuls le cabotage et la pêche subsistent tant bien que mal, et de la façade atlantique qui, après une reprise en 1803, replonge dans le marasme, un marasme partagé par les ports méditerranéens, la prospérité de la France est réelle. L'exposition de 1806 confirme le renouveau de l'industrie. Dans la laine, triomphent Ternaux et Décretot ; dans la soierie, c'est la consécration pour huit Lyonnais, quatre Nîmois et trois Allemands (deux de Crefeld, un de Cologne). Pour la dentelle, un Bruxellois vient rivaliser avec les manufacturiers de Chantilly et du Puy. Les basins et les piqués consacrent Richard-Lenoir, mais à égalité avec les frères Tiberghien du département de la Dyle. Au palmarès des toiles peintes : Oberkampf, Dollfus-Mieg et Augustin Perier. Si Paris exerce une incontestable suprématie dans l'industrie de luxe (porcelaine, orfèvrerie ou bronzes ciselés), la province l'emporte largement dans le domaine de la métallurgie (Charleroi, la Sarre et la Sesia figurant en bonne place). « Aucun spectacle n'a attiré, pendant une aussi longue durée de temps, un aussi nombreux concours, n'a paru exciter un intérêt et une curiosité plus soutenus et plus universels que l'exposition des produits industriels », note l'*Exposé de la situation de l'Empire*.

Bilan triomphal : « Il y a vingt mois, nos filatures étaient menacées d'une inaction entière [...]. Le moment est arrivé où l'industrie française, secondée par les succès de la guerre a remplacé les étoffes que nos goûts empruntaient à l'industrie étrangère, et pendant la saison la plus difficile de l'année, un grand nombre d'ateliers se ranimant ont offert le spectacle du travail succédant à celui de la misère. » Industrialisation encore fort peu urbanisante, où la fabrique de village l'emporte sur la manufacture. Les historiens de l'économie parlent « d'un renforcement temporaire de la proto-industrialisation à l'âge de la révolution industrielle ». Reste que, pour les contemporains, en 1807, on eut l'impression d'un démarrage industriel décisif.

Dans cette prospérité, on l'a vu, les départements annexés, de Bruxelles à Crefeld, occupent l'une des premières places car ils bénéficient de l'abri du système douanier français, ce qui n'est pas le cas des royaumes alliés ou vassaux qui voient se fermer le débouché français en période de crise et doivent subir le contrecoup du Blocus qui leur interdit tout échange avec l'Angleterre. De là un esprit public différent entre l'Allemagne annexée et l'Allemagne vassale, la première favorable à la France, l'autre plus circonspecte.

LES TRANSFORMATIONS SOCIALES

L'Empire consacre le retour à l'ordre et le triomphe des notables sur le plan social comme dans le domaine politique.

La terre demeure la base essentielle de la richesse. Elle assure prestige et sécurité. La dévaluation des assignats a montré que la fortune immobilière était la seule à laquelle on pouvait se fier, et, en dépit de la disparition des droits féodaux, un domaine demeure une source incontestable de considération. On voit la richesse marchande ou manufacturière ancienne ou issue de la Révolution s'engloutir, en Mayenne par exemple, dans l'acquisition de terres. C'est une génération nouvelle qui relance souvent l'activité économique. Le Code civil est conçu, au demeurant, pour les propriétaires. De là ses longs développements sur les successions et les régimes matrimoniaux.

La vente des biens nationaux a créé – dans une proportion encore difficile à déterminer – une nouvelle classe de possédants dont le modèle littéraire demeure le Père Grandet.

Mais la fortune mobilière n'est pas pour autant négligée : fondation de la Banque de France, réglementation de la Bourse, Code de commerce en 1807, loi de 1810 sur les concessions minières. Le conseil des fabriques et des manufactures comme les chambres de commerce sont des organismes dont le poids n'est nullement négligeable.

Remarquons néanmoins que banquiers, commerçants, manufacturiers investissent dans la terre.

L'intérêt se porte d'ailleurs au-delà de la province d'origine. La spéculation sur les biens nationaux en Belgique et dans les pays rhénans cède peu à peu le pas aux investissements dans les industries des pays annexés. Investissements facilités par la nouvelle législation introduite dans ces pays.

En affirmant l'égalité devant la loi et devant l'impôt, l'institution du jury comme la séparation de la justice et de l'administration, l'œuvre civile de la France dans les pays annexés a été accueillie très favorablement. L'application du Concordat mettait fin au malaise religieux dans des régions restées profondément catholiques.

Mais il est une conséquence que l'on a souvent négligée : l'avènement en Belgique, sur la rive gauche du Rhin et au Piémont, en liaison avec la nouvelle législation et le développement économique, d'une nouvelle catégorie de notables. Hommes d'affaires, entrepreneurs ou fonctionnaires se substituent à l'ancienne bourgeoisie ruinée par la suppression de la vénalité des charges, l'abolition des corporations et la circulation des assignats au cours de la période révolutionnaire.

Les listes de notabilité et celles des six cents plus imposés nous offrent une foule de renseignements sur ces notables qui ne diffèrent guère des notables français proprement dits. Au Piémont, ce sont de gros propriétaires, des fermiers, des médecins, des capitalistes qui ont investi dans les mines. Même situation en Belgique, où l'on peut aussi relever la présence d'officiers comme Dumonceau [1].

Sur le Rhin, voici, à titre d'exemple, Jean-François Kolb dans la Roër, négociant et fabricant de draps qui devient en l'an VIII maire d'Aix-la-Chapelle et conseiller de préfecture. Sa fortune est évaluée vers 1808 à 300 000 F. Elle doit tout à l'annexion à la France [2].

C'est sur cette récente bourgeoisie que comptait Napoléon pour franciser les nouveaux départements.

LES ROYAUMES VASSAUX

L'évolution politique de la France, passée du modèle républicain au système monarchique, a eu sa répercussion dans les Républiques-sœurs appelées à devenir des royautés-sœurs. Partout l'autorité d'un souverain se substitue aux formes collégiales du pouvoir. Républiques ou royautés, le lien de dépendance à l'égard de la France ne se relâche pas pour autant. Les nouveaux rois ne sont que les vassaux de l'Empereur. Dans une lettre du 1er avril 1809, Murat parlera de « rois d'Empire ». Berthier résumera les instructions de Napoléon aux souverains désignés par ses soins : « Pour vos sujets soyez roi, pour l'Empereur soyez vice-roi [3]. »

La Hollande

Louis, devenu roi de Hollande, sera probablement, parmi les vassaux de Napoléon, le plus dépendant de l'Empereur. Celui-ci qui l'avait élevé à Auxerre le considérait pratiquement comme un fils plutôt que comme un frère et continuera à le morigéner de cette manière quand Louis sera monté sur le trône de Hollande. Quelques exemples : « Vous allez comme un étourdi, sans envisa-

---

1. Les *Mémoires* de ce général sont très éclairants sur ce type de ralliement.
2. DUFRAISSE dans *Grands Notables du Premier Empire*, t. III, p. 138.
3. Cité par GARNIER, *Murat, roi de Naples*, p. 27.

ger les conséquences des choses (29 juillet 1806) » ; « Vous mettez dans tout cela beaucoup trop de précipitation ; marchez donc plus doucement (30 juillet) » ; « Votre royaume ne me rend aucun service, aujourd'hui moins que jamais (6 novembre) », etc.

Louis ne dispose d'aucune autonomie. Il n'est, en réalité, que le représentant de l'Empereur, un simple lieutenant, un séide : « Régnez, lui déclare Napoléon à son avènement, sur ces peuples ; leurs pères n'acquirent leur indépendance que par le secours de la France. Depuis, la Hollande fut l'alliée de l'Angleterre. Elle fut conquise. Elle dut encore à la France son existence. Qu'elle lui doive donc les rois qui protègent ses libertés, ses lois, sa religion. *Mais ne cessez jamais d'être Français.* La dignité de connétable de l'Empire sera conservée par vous et par vos descendants. Elle vous retracera les devoirs que vous avez à remplir envers moi et l'importance que j'attache à la garde des places fortes [1]. »

Si la Hollande demeure indépendante en théorie, Louis doit veiller dans la pratique à ce qu'elle reste un satellite de la France, solution qui paraît à l'Empereur plus commode, à cette époque, que l'annexion.

Louis a cru, de bonne foi, que les Hollandais avaient souhaité sa venue sur le trône. L'accueil réservé qu'il reçoit, en juin 1806, de ses sujets le détrompe rapidement. Il entend pourtant être roi de Hollande et seulement roi de Hollande. D'emblée, il remanie son ministère d'où Schimmelpenninck disparaîtra dès juillet. Ministres et conseillers d'État sont hollandais et, dans les grands emplois, les Hollandais vont progressivement supplanter les Français. Reste à s'attaquer aux problèmes urgents.

Le plus grave est le rétablissement des finances. Or ce rétablissement passe par le redressement du commerce anéanti par la guerre maritime et la perte de la majeure partie des colonies à l'exception de Java.

Le 24 juin 1806, Louis s'adresse à son frère : « Il est impossible que le pays aille plus longtemps de cette manière. Je viens demander à Votre Majesté de permettre que l'on s'occupe d'un

---

1. L'ensemble de la correspondance a été publié par F. ROCQUAIN, en 1875.

traité de commerce avec la France, que l'on rende à ce pays ce qui a été avancé dans les Indes aux agents de Votre Majesté et d'ordonner, en considération de la malheureuse situation des finances du royaume, que l'armée française soit payée sur le trésor impérial [1]. »

Refus de Napoléon, le 30, quant à une aide financière ; réponse dilatoire en ce qui concerne un traité de commerce. À défaut d'éponger les dettes anciennes, Louis s'efforce de rétablir l'équilibre budgétaire en procédant à d'utiles réformes militaires : réduction des effectifs, diminution des bâtiments de guerre, décision de raser certaines places fortes. Riposte de Napoléon, le 29 juillet : « J'espère que vous ne ferez rien là-dessus sans me consulter. Déjà vous avez dérangé tous mes plans de campagne. »

À la recherche d'une légitimité, Louis espérait être solennellement couronné. Il souhaitait également créer un ordre national pour s'attacher ses sujets. « N'ayant point d'argent à donner et très peu de places, il m'aurait été agréable et surtout bien utile de pouvoir donner les décorations d'un ordre du pays. Il en existe partout et cette mesure est peut-être la seule mesure qui puisse avoir une grande influence sur l'esprit national et ramener les idées républicaines des vieux et froids Hollandais à la monarchie. » Nouveau refus de Napoléon.

La guerre fait passer au second plan les problèmes particuliers de la Hollande.

Mais l'Empereur continue à harceler son frère. « Vous attachez trop de prix à la popularité en Hollande. Il faut, avant d'être bon, être le maître.

Vous devriez me fournir autant de troupes que le roi de Bavière qui a 36 000 hommes, mais cela ne s'obtient pas avec des idées mesquines, des sentiments faibles et les petites économies d'un boutiquier d'Amsterdam. Dans le traité général du partage des États continentaux, je traiterai la Hollande comme elle m'aura servi. »

---

1. *Op. cit.*, p. 3.

De la campagne contre la Prusse où le roi n'a été traité qu'en simple divisionnaire, la Hollande a retiré seulement l'Ost-Frise et le pays de Jever.

Louis ne se décourage pas et ordonne un certain nombre de réformes administratives (dont l'institution du landrost à la tête du département) tandis qu'il s'efforce, sur les conseils du poète Bilderjick, de ranimer la vie intellectuelle et artistique. Autant de mesures qui suscitent en fait la méfiance de Napoléon. Le malaise va se trouver encore aggravé par le décret de Berlin qui frappe d'un coup funeste l'économie hollandaise. Avant même toute application de la décision impériale, Louis avait mesuré l'étendue du désastre : la ruine de Rotterdam et d'Amsterdam en un moment où la dette publique ne cessait de s'amplifier par suite de la nécessité de maintenir sur le pied de guerre une armée de 30 000 hommes.

Le royaume de Naples

À Naples, la situation de Joseph était moins favorable encore que celle de Louis, ainsi que le prouvent les papiers saisis par Wellington à la bataille de Vitoria, alors que Joseph avait quitté Naples pour l'Espagne depuis plusieurs années.

Il lui fallut d'abord conquérir son royaume. Naples prise, le reste suivit, malgré la résistance héroïque de Gaète. Joseph entrait dans sa capitale le 15 février 1806.

Mais les Bourbons s'étaient réfugiés à Palerme d'où, protégés par la flotte anglaise, ils narguaient les Français. De plus, véritable prélude à l'insurrection espagnole, des bandes de partisans hostiles à Joseph se constituèrent sous l'impulsion de nobles comme Rodio, de prêtres ou de brigands de grand chemin à l'instar de Fra Diavolo. Tout se mêlait : une réaction nationale, l'attachement à l'ancienne dynastie, l'or anglais et le pillage. Trop vite oubliée par l'opinion française, la guerre prit rapidement un caractère atroce. Le général Hugo a raconté dans ses *Mémoires* quelles péripéties furent nécessaires avant la destruction de la bande de Fra Diavolo ; il décrit les dangers occasionnés par « la petite guerre » que menaient ses hommes contre les Français. La correspondance de Paul-Louis Courier[1] comprend également de nombreuses indications sur ces combats : ne fut-il pas lui-même attaqué par les brigands à Nicastro, le 20 juin 1806 ?

Enfin, la menace anglaise demeurait précise. Maîtres de Capri et de l'archipel de Pouza, les Britanniques, sous la conduite de Stuart, tentèrent un débarquement dans le golfe de Santa-Eufemia, le 1er juillet 1806. Le général Reynier crut pouvoir aisément les contenir ; il découvrit, le premier, la nouvelle tactique anglaise des feux de salve que Wellington allait adopter en Espagne. Avant Baylen, les troupes françaises essuyèrent sur une plage perdue de la Calabre leur premier revers. Le retentissement de cette défaite fut considérable en Italie du Sud. Partout les villages se soulevèrent, des soldats français furent massacrés. Une lettre de Courier, du 16 octobre 1806, décrit les tristes suites de ce désastre. La guérilla prend de l'ampleur. « Nul pays ne se prêtait mieux à la guerre de partisans : massifs montagneux très âpres, d'accès difficile encore maintenant, alors totalement privés de routes, des ravins abrupts, le maquis plus touffu, les forêts plus épaisses et plus sauvages qu'à présent. Les villes accrochées comme des nids d'aigle étaient des forteresses naturelles qu'un peu de courage pouvait rendre inaccessibles à un ennemi souvent dans l'impossibilité de manœuvrer et de se servir d'artillerie[2]. » C'est déjà l'Espagne.

La répression fut féroce. Sur une population de 6 millions d'habitants, plus de 10 000 personnes auraient été envoyées aux galères. Le royaume de surcroît offrait une structure particulière : 1 habitant sur 14 résidait à Naples qui, avec ses 340 000 sujets, était l'une des villes les plus peuplées d'Europe. D'autre part, sur 6 millions d'habitants on comptait 60 000 prêtres et religieux. Naples renfermait 331 églises et 161 couvents.

---

1. Publiée par G. VIOLLET-LE-DUC, t. I, 1976 ; sur les réformes militaires qui suivront cf. la thèse restée inédite de P. CARIES.
2. RAMBAUD, *Naples sous Joseph Bonarparte*, p. 99. Arch. nat. 381 AP 2.

Non seulement il fallait compter avec le poids de l'Église, mais avec les grands propriétaires. Le système économique était le latifundium, démesuré et géré par des intendants que haïssaient les paysans.

C'est dire dans quelles conditions Joseph montait sur le trône. Non seulement il devait tenir compte de l'hostilité d'une partie de la population, mais il ne pouvait espérer mener une politique indépendante.

Napoléon attachait une grande importance aux problèmes méditerranéens ; de là, l'intérêt particulier porté à Naples. Joseph est constamment humilié, rabroué, rappelé à l'ordre : « Vous pouvez bien être roi de Naples, mais j'ai le droit de commander un peu où j'ai 40 000 hommes. Attendez que vous n'ayez plus de troupes françaises dans votre royaume pour donner des ordres contradictoires aux miens et je ne vous conseille pas de le faire souvent. »

L'Empereur entend que l'armée française soit défrayée par le royaume de Naples ; il pèse également sur le choix des ministres. Joseph est entouré d'excellents conseillers, divisés en modérés (Miot de Melito, Girardin, Dumas) et partisans de mesures radicales (Saliceti, Masséna, César Berthier). « Dès le premier moment, le prince, désireux de conquérir l'affection du pays qu'il était destiné à gouverner, crut que le meilleur moyen d'y parvenir était de choisir ses ministres et les principaux agents de l'administration publique parmi les Napolitains », notera Miot de Melito. Il laissa en place l'ancien personnel et évita un renouvellement trop profond des structures, sauf dans l'organisation provinciale où des intendants et des sous-intendants furent installés. Comme ministres, Joseph choisit Gallo aux Affaires étrangères, Cianciulli à la Justice, Mathieu Dumas à la Guerre, Roederer aux Finances, Saliceti à la Police, Miot de Melito à l'Intérieur et Ferri-Pisani, gendre de Jourdan, à la secrétairerie d'État. Un conseil d'État formé de quatre sections le 15 mai 1806 avait mission d'examiner les projets de loi. Il fut fréquemment présidé par Joseph. On sait aujourd'hui que le roi préparait et annotait lui-même ses budgets.

Le nouveau souverain réserva ses efforts aux transformations sociales [1].

Après un voyage dans une partie de ses États, au cours duquel il recueillit les doléances des paysans, il décidait, sous l'impulsion de Roederer et avec l'aide des philosophes napolitains, d'abolir le régime féodal. Celui-ci avait déjà été supprimé par la république Parthénopéenne, mais les décisions des libéraux étaient restées sans effet, en raison de la restauration de Ferdinand IV.

La loi du 2 août 1806 décidait la disparition des charges féodales ; les impôts royaux étaient toutefois conservés. Toutes les juridictions seigneuriales disparaissaient ; il n'y avait plus que des tribunaux royaux.

Mais les réformes n'allèrent pas aussi loin qu'on l'avait cru. Les droits seigneuriaux réels furent déclarés rachetables et les titres nobiliaires conservés. Comment en aurait-il été autrement alors que l'on s'acheminait vers leur rétablissement en France ? D'autre part, les droits personnels n'étaient pas précisés et pas davantage les conditions du rachat des droits réels. Un coup sérieux n'en était pas moins porté à l'aristocratie foncière ramenée au rang de sujet et dépourvue de ses privilèges. Beaucoup de nobles durent vendre leurs terres incultes ou mal cultivées et dont le seul revenu n'avait été jusqu'alors constitué que par les droits féodaux. Ces terres furent rachetées par des intendants ou des bourgeois qui formèrent une nouvelle classe de propriétaires, les *galantuomini*. C'est sur cette classe que Joseph entendait fonder l'avenir de sa dynastie.

L'agriculture se trouvait dans un état lamentable, aggravé par l'hiver rigoureux de 1807, les éruptions du Vésuve et une épizootie. Le gouvernement encouragea certaines cultures comme le coton et la canne à sucre auxquelles le Blocus devait donner une importance accrue sur le plan commercial, mais la soie, victime d'une taxe ruineuse, au moins jusqu'en 1808, ne fit aucun progrès. Quant au blé, il fut victime d'une conjoncture de bas prix, et,

---

1. VILLANI, *La Vendita dei beni dello Stato nel regno di Napoli 1806-1815*, 1964 ; *Feudalita, riforme, capitalismo agrario*, 1968.

au début de 1807, il était tombé en Pouille à la moitié de sa valeur.

L'industrie en revanche connut un nouvel essor : la porcelaine, le corail, les soieries, en dépit du maintien, sous Joseph, des corps de métier, avec leurs taxes et leur juridiction.

Joseph se préoccupa aussi d'améliorer les routes dans un but stratégique évident, surtout en Calabre [1]. Miot de Melito eut le souci particulier de développer celle de Barletta à Bénévent, principauté attribuée à Talleyrand et administrée par Louis de Beer [2]. D'importants travaux contribuèrent à l'embellissement de Naples ravagée par un tremblement de terre en 1805 ; ils ne commencèrent qu'au printemps de 1807 ; de cette époque date notamment le *corso Napoleone.*

Comment le commerce maritime n'aurait-il pas souffert de la guerre ? Joseph s'en inquiète, mais que faire ?

L'opinion lui était-elle hostile ? Mettons à part les religieux des couvents supprimés et certains nobles ; dans l'ensemble la réaction eût été favorable, mais l'on ne croyait pas à l'avenir de la nouvelle dynastie. Les Bourbons étaient en effet de l'autre côté du détroit ; de là la prudence des notables comme du petit peuple. Joseph le reconnaissait dans une lettre à Napoléon, le 10 août 1807 : « Il n'est pas vrai que les gens de ce pays soient plus traîtres qu'ailleurs ; ils sont plus faciles à enflammer, à entraîner, mais presque toujours ils sont de bonne foi dans le parti qu'ils ont embrassé aujourd'hui et qu'ils peuvent, avec la même bonne foi, quitter demain. »

La Westphalie

Même dépendance pour Jérôme en Westphalie, État créé au centre de l'Allemagne pour servir de base de départ à l'influence française dans les pays germaniques. Comme il existait « une France allemande » sur la rive gauche du Rhin annexée à

---

1. RAMBAUD, *op. cit.*, met en lumière ce tracé des routes. À compléter par Arch. nat. 381 AP 4.

2. INGOLD, *Bénévent sous la domination de Talleyrand.*

l'Empire, la Westphalie était appelée à devenir « une Allemagne française », le grand-duché de Berg, créé en 1806 et confié à Murat, devant servir de trait d'union entre ces deux aspects de la politique allemande de Napoléon [1]. Un littoral faisait défaut à la Westphalie : son complément géographique normal eût été le Hanovre ; sauf pendant une courte période. Napoléon l'en priva. Volontairement sans doute, pour mieux maintenir son autorité sur sa création. Conseiller du nouveau roi, Malchus a bien résumé la situation : « Dans un royaume comme le nôtre, fondé sur la victoire, il n'y a pas de passé ; c'est une création où, comme dans la création du monde, tout ce qui existe n'est qu'une matière première dans la main du créateur. »

Il y avait en réalité un passé mais il condamnait à priori l'expérience tentée par Napoléon. Le choix fait par lui des éléments constitutifs du royaume de Westphalie était un mauvais choix. Il concernait des pays où les traditions de la vieille Allemagne restaient particulièrement vivaces. Les structures sociales – le régime de la grande propriété en particulier, sur lequel nous sommes mal renseignés – étaient totalement différentes de l'Allemagne du Sud. Y implanter les institutions et la législation françaises prenait l'allure d'un défi. Napoléon en a-t-il eu conscience ? Il connaissait mal les traditions germaniques, ayant lu peu d'ouvrages sur l'Allemagne en dehors de l'histoire de Frédéric II. Mais ce sont surtout les circonstances militaires qui ont dicté son choix : la chute des maisons de Hesse et de Brunswick et le démembrement de la Prusse en 1807 ont fourni à Napoléon l'occasion cherchée. « Un nouveau royaume a été fondé », annonçait l'Empereur au Corps législatif, le 24 août 1807 : « Il donnera l'existence à un peuple qui, divisé entre un si grand nombre de souverains, n'avait pas même un nom. Les habitants de tant de petits États auront enfin une patrie ; ils seront gouvernés par un prince français. »

C'est à son jeune frère Jérôme que Napoléon fit appel après

---

1. Nous reprenons ici certains exposés parus dans *Francia*, t. I, 1972 : *Siméon et l'organisation du royaume de Westphalie.*

lui avoir fait épouser la fille du roi de Wurtemberg. Né en 1784, Jérôme manquait d'expérience. D'emblée, l'Empereur lui imposa une constitution rédigée par Cambacérès et Regnault de Saint-Jean-d'Angély. « Mon intention », écrivait Napoléon à son frère, le 7 juillet 1807, « est de vous donner une constitution qui efface dans toutes les classes de nos peuples les vaines et ridicules distinctions ». Et de préciser sa pensée : « Ce que désirent avec impatience les peuples d'Allemagne, c'est que les individus qui ne sont point nobles et qui ont des talents aient un égal droit à votre considération et aux emplois ; c'est que toute espèce de servage et de liens intermédiaires entre le souverain et la dernière classe du peuple soit entièrement abolie. Les bienfaits du code Napoléon, la publicité des procédures, l'établissement des jurys seront autant de caractères distinctifs de votre monarchie [...]. Soyez roi constitutionnel. Quand la raison et les lumières de votre siècle ne suffiraient pas, dans votre position la bonne politique vous l'ordonnerait. Vous vous trouverez avoir une force d'opinion et un ascendant naturel sur vos voisins qui sont rois absolus [1]. »

Non content de rédiger une constitution, Napoléon désigna lui-même les principaux conseillers du futur roi. Dés le 1er septembre 1807, un conseil de régence était établi. Il comprenait quatre membres : trois conseillers d'État, Beugnot, Jollivet, Siméon et un général, Lagrange. Le 7 décembre, Jérôme arrivait dans sa capitale. Le même jour, un décret transformait les membres du conseil de régence en ministres provisoires : Lagrange à la Guerre, Beugnot aux Finances, Jollivet au Trésor, Siméon à la Justice et à l'Intérieur. Jérôme réclama le départ de Jollivet et de Lagrange qu'il détestait. Placé entre les exigences de Napoléon qui s'attribuait sans scrupule la direction des finances de la Westphalie et les plaintes de Jérôme qui ne pouvait tolérer que ses conseillers servissent à la fois son frère et lui-même, Beugnot préféra quitter la Westphalie. Seul, en définitive, Siméon se maintint à la cour de Cassel comme ministre. Jérôme tenait beaucoup à conserver ce collaborateur âgé mais probe. Au milieu

---

1. *Correspondance de Napoléon*, n° 13 361.

d'un personnel corrompu (Bercagny, Lecamus), Siméon fut vite isolé. Son ignorance de la langue contribua encore à aggraver son isolement. Ses liens avec la France furent également rompus : il disparut de la liste des conseillers d'État. C'est pourtant sur cet homme solitaire que devait reposer le sort des réformes que Napoléon souhaitait introduire en Westphalie.

Le royaume de Westphalie avait été divisé en huit départements d'environ 250 000 habitants chacun. À la tête de chaque préfecture, Siméon fit désigner des Allemands : différence sensible avec la rive gauche du Rhin. Il en fut de même pour l'administration locale : sous-préfets et maires, conseils généraux des départements (de 16 à 20 membres), conseils de district, conseils municipaux (de 8 à 20 membres). Siméon installa la hiérarchie judiciaire française, introduisant sur la rive droite du Rhin la séparation des fonctions judiciaires et administratives : justice de paix dans chaque canton, tribunaux de première instance, tribunaux criminels, cour d'appel de 16 juges à Cassel et Cour de cassation se confondant avec le Conseil d'État. Là encore les Allemands furent appelés à siéger. Les nouvelles cours de justice furent mises en place le 1er mars 1808. Pour lutter contre le brigandage, Siméon avait fait créer le 3 février 1808 des commissions militaires.

Le nouveau ministre eut également à mettre en place les collèges électoraux. Le système imaginé par Napoléon s'inspirait de la Constitution de l'an VIII. Mais c'est le roi qui nommait les électeurs des collèges départementaux et ce sont les électeurs qui désignaient directement les cent députés des États, assemblée qui votait les projets de loi après avoir entendu un orateur du Conseil d'État et un orateur d'une commission des États. Signalons qu'aucune chambre haute n'était prévue et que dans les collèges départementaux, la constitution stipulait à côté de la représentation des intérêts fonciers, celle des intérêts commerciaux et industriels et celle des talents et des mérites. Les États se réunirent le 2 juillet 1808 ; ils entendirent, le 3, l'exposé de la situation du royaume par Siméon. Celui-ci le prononça en français et le texte fut traduit par Jean de Müller. La session suivante n'eut lieu qu'en 1810.

Une circulaire de Siméon en date du 26 janvier 1808 expliquait aux habitants les avantages du système préfectoral par rapport à l'administration collégiale et rappelait en revanche la nécessité de tribunaux composés de plusieurs juges. Il n'y eut d'ailleurs aucune résistance et le choix des nouveaux fonctionnaires fut facile, aidé dans certains cas par les liens maçonniques qui existaient entre Siméon et les Allemands qui acceptèrent de collaborer avec lui. Collaboration indispensable car il convient de rappeler que les Français furent peu nombreux à se rendre en Westphalie pour y occuper de hautes fonctions. Citons Norvins, Pichon, Lefebvre-Desnouettes, Duviquet, et négligeons les fripouilles du type de De Lecamus. Parmi les Allemands qui consentirent à travailler avec Siméon, un nom s'impose, celui de Jean de Müller. Dans les collaborateurs de Siméon on reconnaît surtout des Hanovriens et des Brunswickois ; en Hesse et dans les territoires prussiens, la résistance fut plus vive. L'aristocratie a fourni plusieurs fonctionnaires mais c'est surtout parmi les professeurs, les intellectuels, particulièrement influents en Westphalie où l'on comptait déjà avant la formation du royaume cinq grandes universités, que les recrues de Siméon ont été les plus nombreuses : Leist, professeur de droit à Göttingen ; Martens, autre professeur, auteur de recueils diplomatiques d'un grand intérêt ; Dohm, célèbre pour son *Histoire de la Révolution de Liège*, Jacob Grimm, etc. Que tous ces hommes aient accepté de collaborer avec Siméon montrait le progrès des idées nouvelles en Allemagne. Siméon a donc pu croire que l'expérience avait des chances de réussir. En juillet 1808, Jean de Müller n'écrivait-il pas à son frère : « Dans les institutions on aperçoit les germes d'une transformation complète, d'un développement nouveau du caractère allemand et vraiment, pourquoi tout cela ne deviendrait-il pas plus grand et plus vivant ? »

La clef du succès résidait dans les réformes sociales et religieuses. Siméon, conformément aux vues de Napoléon exposées plus haut, les souhaitait hardies. Mais il fit des projets de Napoléon une application peut-être trop systématique, sans nuances.

Partout, excepté dans le Brunswick, on avait connu jusqu'alors le régime de la religion d'État : protestantisme dans la Hesse, catholicisme dans les anciens évêchés. Siméon fit proclamer l'égalité des cultes. De cette égalité profitèrent les juifs, particulièrement soutenus par Siméon. Le 27 janvier 1808, par un décret paru dans le *Bulletin des lois*, les taxes qui pesaient sur eux étaient abolies. Ils pouvaient désormais se marier sans permission, pourvoir à l'éducation et à l'établissement de leurs enfants, leur céder leurs biens. Ils étaient libres de s'établir dans la ville qui leur convenait et d'y installer le commerce de leur choix. Un décret du 31 mars prévoyait l'établissement d'un consistoire à Cassel et de syndics pour assurer la surveillance du culte hébraïque. « Les juifs, déclarait le décret, doivent cesser de faire un corps à part, et à l'exemple de tous les autres sujets, de quelque croyance qu'ils soient, se fondre dans la nation dont ils sont membres. »

La Constitution avait proclamé la suppression de la féodalité ; le décret du 23 janvier 1808, œuvre de Siméon, en précisa les applications pratiques. Étaient réputées actes de servage et supprimées comme telles, les corvées personnelles, *Personal-Frohnen*, imposées aux personnes par la seule raison qu'elles étaient vassales ou habitaient certaines localités. L'obligation des colons de servir comme domestiques dans la maison du maître et le droit dit *Gesinde-Zwang-Recht* qui forçait leurs enfants à ne pas avoir d'autres maîtres disparaissaient.

Si les corvées étaient abolies (à l'exception des corvées communales et des corvées publiques), il n'en allait pas de même de toutes les redevances. Et là résidait le point faible de la réforme. Les redevances qui formaient « le prix de la concession du domaine utile » (cens, rentes, prestations en argent) étaient simplement déclarées rachetables. Le tarif fut fixé en 1809, mais ce rachat n'eut pas de succès car les paysans manquaient d'argent. De surcroît, les préfets, en provoquant le partage des biens communaux et l'abolition de la vaine pâture, afin de hâter la disparition de l'assolement obligatoire, avaient ébranlé la commune rurale. Les réformes de Siméon se trouvèrent confrontées avec un malaise paysan qui en atténua l'effet psychologique. Enfin, même limitée, l'abolition du régime féodal donna lieu à de véritables batailles entre les aristocrates ralliés au régime, défenseurs des droits seigneuriaux et Siméon qui prit le parti des paysans. Il y eut des contestations et des procès qui paralysèrent l'application du décret. De nouvelles mesures durent être prises en 1811.

Alors que les populations allemandes de la rive gauche du Rhin avaient été totalement libérées, avant l'Empire, des servitudes féodales, la Westphalie, comme le grand-duché de Berg, ne le fut qu'en partie, après bien des tâtonnements. La responsabilité de ce retard n'incombe pas à Siméon mais aux conseillers allemands de Jérôme (Wolfradt et Bulow), soucieux de ménager les intérêts de la noblesse. C'est Siméon qui dut imposer par une circulaire adressée aux préfets, le 5 janvier 1809, la suppression des corvées de chasse, « l'un des actes les plus serviles qui puisse exister ».

Le grand-duché de Berg

Avant même la Westphalie, avait été constitué dans l'intention d'asseoir l'influence française en Allemagne le grand-duché de Berg, confié par Napoléon à son beau-frère Murat, époux de Caroline, le 15 mars 1806. Moins important que les royaumes évoqués plus haut, Berg n'en avait pas moins une importance stratégique considérable. Le statut d'investiture est accompagné au *Bulletin des lois* du 30 mars des actes créant Joseph Bonaparte roi de Naples, Pauline et son époux princes-ducs de Guastalla et Berthier prince-duc de Neuchâtel ainsi que de l'érection en duchés grands fiefs de douze provinces situées en Italie.

« Vous remarquerez, déclarait Napoléon aux sénateurs, que nous ne nous sommes pas uniquement abandonné aux sentiments affectueux dont nous étions pénétré et au bonheur de faire du bien à ceux qui nous ont si bien servi. Nous avons été principalement guidé par la grande pensée de consolider l'ordre social et notre trône qui en est le fondement et la base, et donner des centres de correspondance et d'appui à ce grand empire. »

Pour la première fois, le Rhin était franchi. Il s'agissait de consolider la frontière naturelle et de lutter contre la fraude particulièrement active à Düsseldorf.

« Le 16 mars, le duché de Clèves avait été remis par un conseiller de Frédéric-Guillaume III au général Beaumont, aide de camp de Murat, au cours d'une brève cérémonie à Wesel où les Français s'emparèrent de l'arsenal et décrochèrent les aigles prussiennes sans que les habitants de la place sachent qui allait régner sur eux. De même, le 21 mars, les Bergois apprenaient par une proclamation affichée à l'hôtel de ville de Düsseldorf que Maximilien-Joseph, souverain de Bavière, les déliait de leur serment de fidélité et les confiait à Napoléon qui déciderait de leur sort. Deux jours après, Murat, nanti du décret du 15 mars, le faisait afficher dans les deux duchés. Le 24, il entrait à Düsseldorf avec toute la pompe dont il sut toujours entourer ses apparitions en public [1]. »

Il s'empressa de promettre le maintien en place de l'ancienne administration et s'engagea « à maintenir et même accroître la prospérité de son nouvel État ».

En fait, le problème le plus urgent pour Murat, assisté de son compatriote Agar dont il fit un comte de Mosbourg, était de remettre de l'ordre dans une administration particulièrement embrouillée. Le 20 mars 1806, Murat écrivait à l'Empereur : « Il ne fut jamais d'organisation régulière que celle qui existait ici. Une portion des revenus appartenait au roi de Bavière. Une portion était censée appartenir au pays même et affectée à un certain genre de dépenses. Mais tout cela était géré sans ordre. »

Il importait de fondre en un État les deux duchés de Clèves et de Berg puis d'assimiler sur la frontière nord-est le comté de La Marck, traversé par la Ruhr et particulièrement riche en combustible et ateliers, donné par Napoléon à Murat le 21 janvier 1808 en échange de la forteresse de Wesel.

---

1. Dunan, *L'Allemagne de la Révolution et de l'Empire*, t. II, p. 14.

Murat gouverna son duché assisté de trois ministres, l'un avait la Justice et les Affaires étrangères, l'autre les Finances et le troisième l'Économie et l'Instruction. De remaniement en remaniement, Agar, secrétaire d'État, finit par concentrer finances et diplomatie tandis que le comte de Nesselrode s'occupait des problèmes intérieurs.

Le grand-duché fut divisé en huit arrondissements dirigés par des conseillers provinciaux pris dans le pays : Spée à Düsseldorf, Borcke à Dillenbourg, Theremin, d'origine française et auteur d'une importante étude, *Des intérêts des puissances continentales relativement à l'Angleterre*, à Elberfeld avant d'être appelé par Gaudin au ministère des Finances à Paris.

À la tête des villes, Agar substitua aux conseils de 24 membres un *stadtdirektor*, assisté d'une assemblée de notables.

Si le servage ne fut définitivement aboli qu'après le départ de Murat, le 12 décembre 1808, l'industrie avait déjà pris son essor [1]. Ne s'agissait-il pas « de la région même que la nature a élue pour en faire le principal foyer industriel du continent » ? Tissus de fil, étoffes de fil et de coton ou de pur coton, laines et passementeries à Elberfeld qui compte alors 40 000 habitants, rubanerie et dentelles de Barmen, métallurgie de Remscheid, à proximité de la houille et du fer, « dans un paysage quasi désertique de montagnes dénudées », coutellerie de Solingen où se fabriquent les lames destinées à la Garde impériale.

Au total, on compte vers 1808 : 27 hauts fourneaux pour le fer et l'acier, 6 pour l'acier fondu, 77 forges avec 88 foyers d'affinerie, 95 forges pour l'acier en barres, 52 pour les faux et faucilles, 18 pour les enclumes. Il y a 600 ateliers pour le fil de fer ; 6 000 ouvriers travaillent dans la quincaillerie, 500 pour la fabrication des aiguilles.

Ainsi, fondée sur la présence de la houille, la métallurgie rhénane tend-elle à prendre la première place dans l'économie du continent et donne au duché de Berg une importance grandissante. En fait Napoléon entendait surtout faire du duché

---

1. SCHMIDT, *Le Grand-Duché de Berg*, p. 342.

une tête de pont militaire sur la rive droite du Rhin, grâce à la citadelle de Wesel qu'il allait d'ailleurs en détacher et un centre d'attraction pour le reste de l'Allemagne. Il écrivait, le 4 avril 1806 à Murat : « Pour bien constituer le pays de Berg et de Clèves, il faut se donner le temps d'observer et de voir. Faites recueillir tous les renseignements. Après quoi, il sera possible d'arriver à une organisation qui convienne aux habitants et à vous et qui *rende vos voisins envieux* de faire partie de votre domination. C'est là surtout le but qu'il faut se proposer. »

En dépit de sa prospérité, Berg se trouvait exclu de l'ensemble douanier français. Murat s'efforça de défendre ses sujets en invoquant l'appartenance au système fédératif de l'Empire. On put espérer que Napoléon abrogerait les lois prohibitives pour la rive droite du Rhin. Il n'en fut rien. Bien au contraire, l'industrie du grand-duché vit se fermer le débouché italien [1].

Le décret du 10 juin 1806 prohiba l'introduction dans le royaume d'Italie des marchandises anglaises ainsi que des velours de coton, étoffes et draps de laine, produits manufacturés que la Rhénanie exportait dans la péninsule. Seules les marchandises *françaises* pouvaient pénétrer en Italie. Pressé par une délégation bergoise, Napoléon assouplit sa décision. Le décret de Varsovie, le 12 janvier 1807, exceptait des mesures du décret du 10 juin 1806 les produits du grand-duché de Berg. Mais, le 28 décembre 1807, Napoléon revenait sur sa concession, en dépit d'une nouvelle intervention de Murat.

Berg était exclu de l'Empire *français.*

L'Étrurie

On peut ranger parmi les États vassaux, mais avec un statut très ambigu, l'Étrurie confiée à Élisa.

Bourbon de cœur et de naissance, Marie-Louise, depuis son veuvage, n'offrait aucune garantie pour la France. On ne pouvait compter sur l'Étrurie. Toujours animé par l'idée de fonder un système européen reposant sur des liens familiaux, Napoléon

---

1. Schmidt, *Le Grand-Duché de Berg*, p. 342.

avait songé à marier Lucien à Marie-Louise. Le projet n'eut pas de suite. L'Empereur entendait néanmoins reprendre le royaume étrusque pour asseoir sa domination sur le centre de l'Italie. Il fallait toutefois compter avec l'Espagne qui soutenait Marie-Louise. Labrador, représentant de Madrid en Étrurie, prêchait l'indépendance à l'égard de la France et cette politique recevait l'appui des 6 000 soldats espagnols stationnés sur le territoire, à la demande même de Napoléon.

Celui-ci se trouvait embarrassé. C'est Godoy, en lui proposant une intervention au Portugal, qui lui fournit la solution. Le 5 juin 1806, l'Empereur répondait au ministre espagnol par un plan qui prévoyait le partage du Portugal : le Sud pour Godoy, le Nord pour Marie-Louise qui abandonnerait ses États italiens à la France. Godoy accepta ; l'obstacle espagnol se trouvait levé.

Le 28 novembre 1807, Marie-Louise d'Étrurie était invitée à quitter Florence. L'administration de la Toscane fut d'abord confiée à Dauchy, conseiller d'État. Puis, le 24 mai, un sénatus-consulte réunissait la Toscane à la France. Quatre départements étaient constitués : Arno (Florence), Méditerranée (Livourne), Ombrone (Sienne) et Taro [1].

Élisa trouvait l'attribution qui lui avait été faite du duché de Lucques trop modeste pour une sœur de l'Empereur. Elle regardait vers l'Étrurie et sut trouver les mots pour convaincre Napoléon. Le 2 mars 1809 un sénatus-consulte érigeait les départements toscans en un grand-duché attribué le lendemain à Élisa.

En fait celle-ci dut rapidement déchanter. Son rôle fut limité à la surveillance des autorités civiles tandis que son mari Félix Bacciochi recevait le commandement théorique des troupes. Élisa n'avait même pas le pouvoir de remettre en cause une décision d'un ministre français et devait obéir aux ordres de son frère [2]. En fait la Toscane était rattachée à la France.

---

1. FUGIER, *Napoléon et l'Italie*, p. 216.

2. « Vous avez le droit d'en appeler à moi des décisions de mes ministres ; mais vous n'avez pas le droit d'en arrêter en aucune manière l'exécution. Les ministres parlent en mon nom, personne n'a le droit de paralyser, d'arrêter l'exécution des ordres qu'ils transmettent. » (Lettre de Napoléon du 17 août 1809.)

Comme on le voit, la situation des royaumes vassaux était loin d'être enviable. Écartelés entre le régime autarcique des cent vingt départements à l'abri de leur cordon douanier et la zone de libre échange contrôlée par l'Angleterre qui maintenait une ligne de blocus appuyée sur des bases et des entrepôts importants (le Sund, Heligoland, les îles anglo-normandes, les Glénans, les Baléares, la Sicile et Malte), les royaumes vassaux se voyaient rayés de la carte économique de l'Europe, traités peu à peu comme les îles au temps du pacte colonial.

Avant même que pèsent les effets du Blocus continental, ces États ont été exclus de la communauté française.

Naples, bloqué par la flotte anglaise, ne bénéficiait pas d'un libre commerce avec la France. Les objets manufacturés napolitains étaient lourdement taxés, parfois arrêtés aux douanes du royaume d'Italie. Ce que voulait Napoléon, c'était que Naples fournît à la France le coton brut, qu'elle devînt sa plus riche colonie. « Dans l'organisme continental qui devait pouvoir se suffire à lui-même, Naples constituerait l'élément tropical. Puissance industrielle, elle eût été forcément une rivale redoutable[1]. »

Même politique à l'égard du grand-duché de Berg. L'industrie de la rive droite du Rhin se trouva frappée par « la loi fondamentale de l'Empire en matière commerciale, le tarif du 30 avril 1806 prohibant les mousselines, les toiles de coton blanches ou peintes, les toiles de fil de coton, les couvertures de coton, les cotons filés pour mèche, quelle que fût leur origine[2] ». Ce fut un désastre pour Berg.

En Hollande, Louis s'affolait et envisageait une union douanière avec la France pour soulager l'économie de son royaume. Napoléon ne donna pas suite.

Bien que membres de la famille impériale, les nouveaux rois n'étaient ni plus ni moins considérés que des préfets dans leurs départements. Aucune indépendance, dans la réalité, mais la

1. Rambaud, *op. cit.*, p. 437.
2. Schmidt, *op. cit.*, p. 334.

nécessité pour eux de se comporter, vis-à-vis de leurs sujets, en monarques autonomes.

Louis, Joseph, Jérôme, Murat sont rabroués, humiliés, tancés par un Napoléon de plus en plus autoritaire, de plus en plus sourd aux suggestions d'autrui, de plus en plus muré dans l'orgueil que lui inspire son éclatante réussite. Cette absence de ménagement à l'égard de sa famille a pesé d'un grand poids dans l'effondrement moral d'un Louis ou dans la défection finale d'un Murat. Faute de pouvoir se faire entendre, il ne restera aux Bonaparte que l'abdication ou la « trahison ». Au demeurant, Napoléon avait tort : les réformes suggérées par Louis ou Murat pour faire face aux difficultés économiques de leurs États étaient indispensables. Faute de les faire aboutir, on risquait de courir à la catastrophe. Mais, en 1807, à l'apogée de la puissance napoléonienne, c'était prêcher dans le désert.

LES ÉTATS DÉPENDANTS

La situation n'était guère meilleure dans les États, en apparence indépendants de la France mais placés sous l'autorité directe de l'Empereur qui en dirigeait la diplomatie et les forces armées sous le titre de roi ou de médiateur.

Le royaume d'Italie

Devenu empereur, Napoléon ne pouvait continuer à présider la République italienne. Au début de mai 1804, le général Pino, commandant l'une des divisions italiennes stationnées au camp de Boulogne, envoyait à Napoléon l'adresse suivante : « Que l'Empereur des Français soit roi d'Italie ! » Charlemagne n'avait-il pas été empereur des Francs et roi des Lombards ?

Mais Napoléon entendait se conformer, pour une telle transformation, au vœu des Italiens. Du moins en apparence. La République était trop faible pour rester indépendante, trop forte pour être annexée.

La consulte d'État dut se résigner à formuler le souhait que la République italienne soit transformée en une monarchie héréditaire au profit de Napoléon. Là-dessus, elle établit un projet de Constitution en 204 articles et suggéra un ensemble impressionnant de garanties allant de la séparation des couronnes à la reconnaissance par l'Autriche du nouveau royaume.

Melzi vint à Paris en novembre et assista au sacre. Le 30 décembre, il était reçu par l'Empereur. Celui-ci lui fit connaître ses intentions qui n'étaient pas opposées aux suggestions de la consulte.

Le 17 mars 1805, le royaume d'Italie était solennellement proclamé. Napoléon, dans le discours prononcé à cette occasion, fit allusion au désir qu'il avait « de rendre libre et indépendante la nation italienne ». Il espérait ainsi désarmer les préventions des jacobins italiens.

Le 26 mai, à Milan, il se couronnait lui-même. Mais, pour maintenir la fiction d'une séparation, il désignait un vice-roi, Eugène de Beauharnais, son beau-fils, assisté d'un secrétaire d'État, Aldini, qui devenait l'homme fort du régime, cependant que Melzi devait se contenter du poste honorifique de chancelier.

Le choix d'Eugène, qui ne vint s'installer que le 12 février 1806, était-il heureux ? Napoléon avait d'abord songé à Lucien, mais celui-ci refusait de se séparer de Mme Jouberthon épousée en secondes noces. Eugène semblait un peu jeune. De là les conseils que Napoléon n'a cessé de lui prodiguer comme à ses frères. « Si vous tenez à mon estime et à mon amitié, vous ne devez sous aucun prétexte, la lune menaçât-elle de tomber sur Milan, rien faire de ce qui est hors de votre autorité. Si un ministre vient vous dire : il y a urgence, le royaume est perdu, Milan va brûler, que sais-je encore, vous répondrez : je n'ai pas qualité pour décider, j'attendrai les instructions du roi. Et si Milan était en feu, que vous aviez écrit pour demander l'ordre de l'éteindre, il faudrait laisser brûler Milan, mais attendre la réponse[1]. » C'est

---

1. À ce texte reproduit par A. FUGIER, p. 167, joindre la lettre de Napoléon du 7 juin 1805.

dire que Eugène n'a pas plus de pouvoirs que Louis ou Jérôme. Ses erreurs sont donc excusables. Injustement, Stendhal dira qu'il s'est toujours comporté « en petit maître français ». Il eut tort de privilégier, contrairement à Louis, son entourage français (Étienne Méjean, secrétaire des commandements, le général d'Anthouard, La Bédoyère) au détriment des Italiens (le duc de Litta, l'une des premières fortunes de Milan, Marescalchi, Aldini, Pino, Prina dont Stendhal parlera avec éloge).

Plusieurs réformes constitutionnelles, notamment les statuts du 20 décembre 1807 et du 21 mars 1808, entraînèrent l'institution d'un Sénat, en fait l'ancienne consulte d'État, formé de membres de droit et de membres nommés. Ce Sénat examinait les projets de loi sous l'angle constitutionnel. Il avait pour mission de protéger la liberté individuelle et il possédait le droit d'enregistrer les titres nobiliaires rétablis par le statut du 31 septembre 1808.

Sur le plan judiciaire, les juges étaient nommés et les jurys, initialement prévus dans la Constitution, ne furent pas établis. Dans une lettre du 24 juin 1808, Napoléon s'en expliquait : « Je n'ai pas établi le jury en Italie parce que je n'y ai vu aucun objet politique et que les Italiens sont trop passionnés. » La pyramide judiciaire s'inspirait pourtant de la France : justice de paix, tribunal de première instance, cour d'appel et Cour de cassation. On s'oriente vers une unification juridique qui paraît ouvrir la voie à une incorporation plus étroite.

De ce royaume Napoléon entend faire un réservoir de soldats grâce à la conscription et aux levées de vélites.

Mais on en attend aussi les matières premières nécessaires, la soie surtout, et l'on veut en faire un débouché exclusif pour les produits manufacturés de l'Empire. Sur le plan économique, la situation du royaume d'Italie n'est guère supérieure à celle des États vassaux.

Les cantons suisses

Le 10 mars 1803, est installé à Fribourg le premier landamman de la Confédération helvétique, le comte Louis d'Affry. Quelques mois plus tard, le 27 septembre, l'acte de médiation se doublait d'un traité d'alliance défensive. Assuré désormais de l'alliance suisse, Bonaparte rappelait ses troupes.

Dans la politique napoléonienne, les cantons doivent rester fidèles à leur rôle de pourvoyeurs de régiments. La Suisse doit fournir à la France un contingent de 16 000 hommes, mais elle ne doit pas elle-même avoir de force militaire organisée de façon à rester docile aux volontés françaises. « Point d'état-major général permanent, point d'armée helvétique, point d'impositions. Voilà la base de votre organisation, écrivait Napoléon le 20 octobre 1804. Votre armée est composée des 19 armées des 19 cantons suisses, organisées, soldées et commandées par des officiers nommés par chaque canton ; et le commandement général, lorsqu'il en faut un, est temporaire. Tout autre système est destructif de l'acte de médiation [1]. »

Autre raison de l'intérêt porté par Napoléon aux cantons : fermer la frontière française aux produits anglais venus de Bâle, grand centre de la contrebande britannique ainsi qu'aux toiles blanches, aux mousselines brodées et aux cotonnades fabriquées en Suisse. La décision du 22 février 1806, évoquée plus haut, plongea dans le désespoir les manufacturiers helvétiques. Au début de 1807, le malaise est général : « L'attitude de Napoléon envers un pays allié, dont les seules ressources reposaient sur son industrie, était tellement inouïe, tellement menaçante qu'elle justifiait toutes les appréhensions. La crainte d'une prochaine annexion s'imposait [2]. » Déjà la principauté de Neuchâtel ne venait-elle pas d'être cédée par la Prusse à Napoléon qui la confiait à Berthier et y confisquait pour plus d'un million de marchandises [3].

---

1. *Correspondance de Napoléon*, n° 8 131.
2. CÉRENVILLE, *Le Système continental et la Suisse*, p. 32.
3. Sur le mode de gouvernement de la principauté : COURVOISIER, *Berthier et sa principauté de Neuchâtel*, ch. V. Prince souverain en principe, Berthier se contente de transmettre les ordres du ministre français à son principal conseiller Victor-Jean de Lespérut, ancien député au Corps législatif. Le Conseil d'État n'était, malgré l'absence de Berthier, qu'un « tout-puissant agent d'exécution » (p. 189).

Parlant de la Suisse, l'Empereur s'exclamait : « Cette contrée n'est en ce moment pas autre chose que l'entrepôt des fabriques anglaises. » Le nouveau landamman, Merian, comprit l'avertissement. Le règlement général voté par la Diète, le 5 juillet 1806, prohibait tous les produits manufacturés anglais sur le territoire suisse. Pour faciliter le contrôle, seuls treize lieux de passage étaient désormais autorisés pour le commerce helvétique. Là encore, Napoléon pliait un État à sa volonté.

La Confédération du Rhin

La Confédération du Rhin s'était trouvée agrandie par les défaites de la Prusse en 1806. La Westphalie, la Saxe devenue royauté et par contrecoup le nouveau duché de Varsovie y avaient fait leur entrée. Elle regroupait désormais la quasi-totalité de l'Allemagne à l'exception de la Prusse et de l'Autriche. L'idée lancée jadis par Mazarin et reprise par Sieyès, sous le Directoire, avait pris corps.

Un de ses principaux artisans n'avait-il pas été l'ambitieux Charles de Dalberg, prince-évêque de Mayence en 1802, devenu archevêque de Ratisbonne en 1803, puis président de la Diète de la Confédération germanique. Dalberg avait habilement joué la carte française. Dès 1804, il affirmait qu'il « fallait que les voisins de la France considérassent son chef actuel comme ami et protecteur ». Le 19 avril 1806, il précisait : « La nation allemande a besoin d'une régénération de sa Constitution. La plus grande partie de ses lois ne se compose que de mots vides de sens puisque les tribunaux d'Empire, les cercles et le Reichstag n'ont plus les moyens d'assurer la sécurité des biens et des personnes contre les attaques de la violence et de la convoitise [1]. »

Comment la création de la Confédération du Rhin n'aurait-elle pas comblé ses vœux, d'autant qu'elle lui donnait le titre de prince-primat ?

Prince libéral, ayant eu des faiblesses pour l'illuminisme, Dalberg a cru en une confédération de souverains indépendants

---

1. A. RAMBAUD, *L'Allemagne sous Napoléon Ier*, p. 142.

chargés d'assurer le maintien de la paix extérieure et intérieure. Mais il a constaté très vite que l'Empereur n'avait pas les mêmes vues que lui sur l'Allemagne. Napoléon n'entendait nullement en faire cette alliée libre et pacifiée dont rêvait Dalberg, mais une simple vassale de l'empire d'Occident.

En 1808, Dalberg n'en reste pas moins fasciné, comme Goethe, Hegel et bien d'autres, par Napoléon. « L'Allemagne, note Beugnot, où le merveilleux occupe toujours une si grande place, a mis beaucoup de temps à se débarrasser de son admiration pour l'Empereur. » Au demeurant, les princes du Rheinbund ne pouvaient qu'être dévoués à Napoléon : n'empêchait-il pas sur le plan politique sinon social, la diffusion des idées révolutionnaires qui auraient renversé leurs trônes ? Il les protégeait également des convoitises autrichiennes, surtout la Bavière particulièrement menacée par l'impérialisme viennois. Napoléon servait de bouclier à ses alliés ; il leur permettait également de s'agrandir, « d'abord avec les biens d'Église et les villes libres, puis avec les dépouilles de l'Autriche, enfin avec les possessions des petits princes et de la chevalerie [1] ».

Si la domination napoléonienne paraît encore supportable en 1808, malgré l'exclusion de l'Allemagne du bloc douanier français, c'est non seulement parce qu'à la différence de Berg, la plupart des États, la Saxe exceptée, n'ont pas accompli leur révolution industrielle, mais aussi en raison du caractère particulier du protectorat napoléonien. En 1807 encore, l'Empereur ne prétend pas jouer au suzerain, comme son prédécesseur allemand. Il se soucie de nouer avec les princes des liens matrimoniaux : une nièce de l'impératrice, Stéphanie de Beauharnais, épouse le prince héréditaire de Bade en février 1806 ; à la fin d'octobre 1805, Napoléon avait demandé pour son beau-fils Eugène la main de la princesse Augusta de Bavière. En août 1807, Jérôme, divorcé de Miss Patterson, épouse Catherine de Wurtemberg.

En fait comment les princes allemands ne souscriraient-ils pas aux vues exposées par Napoléon dans sa lettre du 11 septembre

---

1. *Ibid.*, p. 27.

1806 : « Lorsque nous avons accepté le titre de protecteur de la Confédération du Rhin, nous n'avons eu en vue que d'établir en droit ce qui existe de fait depuis plusieurs siècles. En l'acceptant, nous avons contracté la double obligation de garantir le territoire de la Confédération contre les troupes étrangères et le territoire de chaque confédéré contre les entreprises des autres. Ces obligations, toutes conservatrices, plaisent à notre cœur ; elles sont conformes à ces sentiments de bienveillance et d'amitié dont nous n'avons cessé, dans toutes les circonstances, de donner des preuves aux membres de la Confédération. Mais là se bornent nos devoirs envers elle. Nous n'entendons en rien nous arroger la portion de souveraineté qu'exerçait l'empereur d'Allemagne comme suzerain [...]. Ce ne sont point des rapports de suzeraineté qui nous lient à la Confédération du Rhin, mais des rapports de simple protection. Plus puissant que les princes confédérés, nous voulons user de la supériorité de notre puissance, non pour restreindre leurs droits de souveraineté, mais pour en garantir la plénitude [1]. » Beau programme mais que remettront en cause les contraintes du Blocus et les exigences incessantes en soldats de l'Empereur.

Déjà, en 1807, malheur aux princes allemands qui ne défé-reraient pas à ses ordres. Du programme napoléonien, ceux-ci retinrent surtout la suppression des libertés gênant leur autorité. C'était la contrepartie de leur affranchissement de la suzeraineté autrichienne.

Au demeurant, les diètes qui disparurent n'étaient constituées que de privilégiés et l'alibi invoqué était celui de la nécessaire unification de royaumes ou États formés le plus souvent de territoires profondément différents concédés lors du recès de 1803.

Certains princes se comportèrent en despotes éclairés : dans les États de Hesse-Darmstadt, le régime féodal fut progressive-ment supprimé ; Frédéric de Wurtemberg, plus brutal, abolit les exemptions d'impôts, accorda à ses sujets la liberté personnelle

---

1. *Correspondance de Napoléon*, n° 10 762.

et la libre disposition de leurs biens, mais se garda de toute diminution de sa propre autorité.

En Bavière, Maximilien-Louis, sous l'impulsion du ministre Montgelas, tenta des réformes synthétisées dans la Constitution du 1er mai 1808 : « Elle donne, dit un document de l'époque, tous les droits que les citoyens d'un État peuvent raisonnablement désirer, l'abolition de tous les privilèges, dignités héréditaires, corporations d'État des provinces particulières, la réunion de tout le royaume en un seul et unique corps pour être jugé d'après les mêmes lois, régi d'après les mêmes principes, imposé d'après les mêmes bases [...]. Le servage est aboli là où il existe encore. La noblesse perd ses franchises et exemptions pécuniaires et contribue aux charges publiques dans la même proportion que tous les citoyens [...]. La loi garantit à tous la sûreté des personnes et des propriétés, la liberté de conscience, celle de la presse d'après les lois établies pour en réprimer les abus, l'admission égale à toutes les charges, dignités, bénéfices, un Code civil et criminel commun à tous[1]. » La représentation nationale devait être confiée à une seule Chambre ; elle était convoquée, ajournée ou dissoute par le souverain qui nommait les juges à vie. Ceux-ci ne pouvaient être destitués sans un attendu motivé.

Le modèle westphalien a sans doute influencé la Constitution bavaroise, mais il existe d'importantes différences notamment en ce qui concerne les liens avec la France[2].

Partisan de l'illuminisme, Montgelas définit les nouveaux rapports avec le catholicisme : « L'Église dans l'État et non pas l'État dans l'Église. »

En revanche le grand-duc Charles-Frédéric de Bade, malgré quelques proclamations que lui inspirèrent ses conseillers Iung-stilling et Brauer, n'osa s'engager très loin.

Quand on cherche à résumer les résultats de la domination française en Allemagne, ce serait beaucoup trop dire que de

---

1. DUNAN, *Les Débuts du royaume de Bavière*, p. 101.
2. *Ibid.*, p. 104.

prétendre que le régime féodal a disparu alors. La noblesse conserve presque partout une influence sociale prépondérante. Mais l'œuvre accomplie, pour être incomplète et contestée, n'en est pas moins importante. La révolution est amorcée et l'ancien régime ébranlé : sécularisation des domaines ecclésiastiques, suppression de nombreux couvents, abolition des dîmes, réduction des corvées, progrès de l'instruction, disparition des anciennes douanes et des péages...

Si le sud accepte, avec des nuances, les idées venues de France, il n'en va pas de même au nord. La Saxe a résisté. Tout avait été trop vite en effet depuis que le traité de Posen en avait fait un royaume et un membre de la Confédération du Rhin. D'emblée le problème de la liberté de conscience et la mise sur un même pied des catholiques et des luthériens avaient suscité des difficultés. « Pour un pays habitué à l'effacement et à l'immobilité, la transition qui s'opérait en Saxe était un peu brusque. Après avoir été à l'abri des changements accomplis par les victoires de Napoléon, voici que les circonstances la contraignent à accepter son alliance et à s'associer à ses projets [1]. »

De là les réticences, les réserves quant aux réformes. Réticences et réserves d'autant plus inattendues que ces réformes s'accomplissaient, par la volonté de Napoléon, dans le duché de Varsovie.

À ce duché, Napoléon octroyait en effet, le 22 juillet 1807, une Constitution qui devait servir de modèle à la Westphalie et à la Bavière.

Le territoire était divisé en départements, districts et communes confiés à des préfets, sous-préfets et maires. Dans chaque circonscription, un conseil était nommé par le duc. Le système fiscal comme l'organisation judiciaire s'inspiraient de l'exemple français.

Le duc gouvernait avec une Diète, formée du Sénat et de la Chambre.

---

1. BONNEFONS, *Frédéric-Auguste, premier roi de Saxe et grand-duc de Varsovie*, p. 198.

Il semble que le Code civil ait été introduit en Pologne le 1ᵉʳ mai 1808. Il consacrait la disparition du servage, mais droits féodaux, redevances foncières et dîmes persistèrent malgré les promesses. Il fallait ménager l'aristocratie. Le développement économique ne prit pas un essor comparable à celui d'autres pays : destructions causées par la guerre, famines, dette de l'État, faiblesse des exportations de blé par suite de la rupture avec l'Angleterre. Toutefois l'industrie drapière et l'extraction minière amorcèrent un nouveau départ [1].

La convention passée entre la France et la Saxe, le 22 juillet 1807, donnait à la première « le droit d'entretenir à Varsovie un résident pour des contacts directs entre Napoléon et le duché, et cela indépendamment des relations diplomatiques normales qui passaient par Dresde [2] ».

C'est dire que Napoléon exerçait un contrôle direct sur le duché. Nulle part on n'échappait à l'emprise de l'Empereur.

LE RESTE DE L'EUROPE

Cependant que les vaincues de la troisième et de la quatrième coalition, l'Autriche et la Prusse, se trouvaient, la première confrontée au mouvement naissant de ses nationalités, notamment en Hongrie [3], la seconde écrasée sous l'énorme contribution de guerre que lui avait imposée Napoléon [4], le reste de l'Europe entrait, par le jeu des alliances, dans la mouvance napoléonienne.

---

1. B. GROCHULSKA, « L'économie polonaise et le renversement de la conjoncture », *Revue d'Histoire moderne*, 1970.

2. W. SOBOCINSKI, « Le Duché de Varsovie et le Grand Empire », *Annales historiques de la Révolution française*, 1964, p. 369.

3. D. KOSARY, *Napoléon et la Hongrie*, montre que dès 1806 Stadion et Sumeraw, ministre de la Police, dénonçaient les menées d'émissaires français en Hongrie, notamment François Andréossy. L'idée était en l'air, développée par Montgaillard, mais, malgré quelques tentatives de Lacuée et Lezay-Marnésia entre 1802 et 1805, Napoléon semble n'avoir pas donné suite, alors, au projet de soulever les Hongrois.

4. Sur ces sommes : LESAGE, *Napoléon Iᵉʳ créancier de la Prusse*.

La Russie avait ouvert la voie à Tilsit ; l'Espagne était une alliée traditionnelle encore que peu sûre ; après le bombardement de Copenhague par les Anglais, le Danemark avait rejoint le camp français.

En Suède, l'opinion, ulcérée par la perte de la Finlande, abandonnait l'adversaire de la France Gustave IV Adolphe, qui devait être renversé le 13 mars 1809.

Enfin, à Rome, le pape, soumis aux pressions françaises, ne maintenait qu'avec les plus grandes difficultés une périlleuse neutralité.

L'Angleterre se trouvait donc isolée. Les élections d'octobre 1806 avaient pourtant confirmé sa volonté de continuer la lutte. Le cabinet Portland, renforcé par Canning, Castlereagh, Hawkesbury et Eldon devait néanmoins compter avec une crise financière et économique grave, conséquence des vaines largesses de la cavalerie de Saint-Georges pour contenir l'envahisseur français, crise que la fermeture du continent aux marchandises britanniques allait encore aggraver.

Deuxième partie

Le Grand Empire

Que l'Angleterre ait consenti à négocier après Tilsit, et l'avenir eût été assuré pour l'empire napoléonien fondé sur un glacis d'États satellites protégeant les frontières naturelles de la France. Il n'en fut rien. Les Anglais demeurèrent intransigeants. Tous les historiens, d'Albert Sorel à Georges Lefebvre, ont noté la brusque évolution vers 1808 de l'Empire du style fédératif hérité de la Grande Nation vers un système dynastique. Napoléon abandonne le modèle carolingien pour l'exemple romain, il répudie l'héritage républicain pour fonder une dynastie qu'il veut durable.

Trois raisons sont à l'origine de ce changement de conception.

La faillite du Blocus continental destiné à ruiner l'économie britannique en en prohibant les produits en Europe en est la cause essentielle. Le Blocus n'a pas eu raison des Anglais. Ceux-ci ont utilisé tous les points faibles du dispositif : ils ont leurs entrepôts sur le continent, au Portugal comme à Trieste. La contrebande prend un fabuleux essor en raison des énormes bénéfices : la livre de sucre est vendue cent fois le prix auquel l'avaient cédée les planteurs de la Trinité. Les denrées prohibées par Napoléon sur le continent s'introduisent partout. Les bases des contrebandiers sont à l'entrée de la Baltique, Göteborg et l'îlot d'Anholt, en mer du Nord Heligoland, dans la Manche Jersey et Guernesey, en Méditerranée Malte, Gibraltar et les Baléares, dans l'Adriatique Lissa. Une fois débarqués, les ballots prennent de Dantzig, à travers la Silésie, la route de Vienne, ou bifurquent via la Saxe pour atteindre le Rhin. De Strasbourg et de Baie, ils tentent de passer en France. Amsterdam est une autre plaque tournante vers le Rhin et la frontière du Nord. Guernesey et Jersey assurent des débarquements

L'Empire français en 1812

ROYAUME-UNI

D'IRLANDE ET DE GRANDE-BRETAGNE

Dublin o

Londres o

MER DU NORD

MANCHE

OCÉAN

ATLANTIQUE

Cherbourg o
Le Havre
Brest o
Nantes o
Bordeaux o
Bayonne

Paris o
Rouen
Orléans
Tours o
Toulouse o

Amsterdam
Bruxelles o
Berne o
Genève o
Lyon o
Marseille o
Nice o

EMPIRE RUSSE

MER BALTIQUE

Copenhague o
Hambourg
Brême o
Berlin o
Dantzig
Kœnigsberg
Memel o
Tilsit o
Vilna o
Varsovie o

ROYAUME DE PRUSSE

GRAND DUCHÉ DE VARSOVIE

ROYAUME DE WESTPHALIE

ROYAUME DE SAXE

Dresde o
Prague o
BOHÊME

ROYAUME DE BAVIÈRE
Munich o

ROYAUME DE WÜRTEMBERG

EMPIRE D'AUTRICHE

AUTRICHE
Vienne o
STYRIE CARINTHIE

Cracovie o
GALICIE

HONGRIE
Buda-Pest o

TRANSYLVANIE

MOLDAVE
VALACHIE
Bucarest o
BULGARIE

SLAVONIE
Belgrade o
SERBIE
BOSNIE

PROVINCES ILLYRIENNES

Trieste o
Venise o
ROYAUME D'ITALIE
Milan o
Florence o
Turin o
Gênes o
LUCQUES
ÎLE D'ELBE

ROYAUME DE SARDAIGNE

ROYAUME DE NAPLES
Naples o
ROYAUME DE SICILE
Palerme o

MER ADRIATIQUE

ALBANIE
Raguse o
P. de Monténégro
Corfou o
Îles Ioniennes
MORÉE
Athènes o

EMPIRE OTTOMAN

MÉDITERRANÉE

MER ÉGÉE

Andrinople o

ROYAUME D'ESPAGNE
Madrid o
Saragosse o
Barcelone o
Valence o
Grenade o
Séville o
Cadix o
Gibraltar o
Tanger o

ROYAUME DE PORTUGAL

Îles Baléares
Minorque
Mayorque

MER

États indépendants théoriquement alliés

Empire français

États vassaux de l'Empire français

0 100 200 300 km

très risqués sur la façade atlantique de l'Empire. L'axe Baléares-Barcelone-Pyrénées est plus sûr, moins toutefois que la grande voie Salonique-Trieste-Vienne ou Munich. Les points faibles du dispositif sont à l'évidence Hambourg, Amsterdam, Trieste et le Valais.

Pour assurer dans ces pays davantage d'étanchéité au Blocus continental décidé par le décret de Berlin et dont l'importance ne va cesser de croître dans la diplomatie française, Napoléon se voit donc contraint d'y renforcer la présence des douaniers, c'est-à-dire de procéder à leur annexion. On passe ainsi du Blocus à ce que Marcel Dunan a proposé d'appeler « le système continental ». Mais, d'annexion en annexion, selon la logique même de ce système continental, l'Empire doit renoncer à l'homogénéité que lui assuraient les frontières naturelles. Il devient dès lors nécessaire d'unifier les territoires divers qui le composent : pour cette œuvre d'unification, c'est vers l'exemple romain que se tourne l'Empereur.

Force lui est en effet de constater que le système fédératif a fait faillite. Si Napoléon se trouve contraint de renoncer aux limites naturelles et d'annexer les États satellites, n'est-ce pas parce que ses frères et sœurs comme jadis les administrations des Républiques n'ont pas répondu aux espoirs placés en eux ! Très vite, d'Amsterdam à Naples, les parents de Napoléon ont compris que le système continental ruinait, surtout en Hollande, l'économie des pays dont ils avaient la charge. Les royaumes vassaux ou alliés se révèlent donc les chaînons les plus faibles du dispositif douanier qui ferme le continent aux marchandises anglaises. De là une série d'annexions destinées à achever cette fermeture.

Mais il faut également faire intervenir une autre raison : les idéaux de la Grande Nation sont de plus en plus oubliés par Napoléon. À partir de son mariage en 1810 avec Marie-Louise de Habsbourg, nièce de Louis XVI et de Marie-Antoinette, et plus encore après la naissance de son fils, le 20 mars 1811, Napoléon se prend à croire en l'avenir de sa dynastie. Dès le 17 février 1810, un sénatus-consulte avait attribué au futur héritier de l'Empire, le titre significatif de Roi de Rome. Désormais l'idée héritée de la Révolution d'un grand empire fédératif est abandonnée au profit d'un empire français unifié, intégrant peu à peu les monarchies satellites et s'étendant de l'Atlantique à la Vistule.

I.

Le Blocus continental

De la réussite de Tilsit, dépendait l'issue de la lutte contre l'Angleterre.

LA GUERRE ÉCONOMIQUE

L'Angleterre : dernier adversaire à vaincre pour Napoléon. L'Histoire se répétait ; c'était la situation qu'avait connue le Directoire après Campo-Formio.

Du Directoire, Napoléon reprit l'idée d'une fermeture du continent européen aux marchandises anglaises. Dès 1803, le projet était agité par le Premier Consul. Trafalgar avait provisoirement sonné le glas des projets de débarquement en Angleterre. La reconstitution de la flotte s'annonçait lente et Napoléon était pressé. Pourquoi ne pas utiliser l'arme économique ? L'idée était dans l'air, les économistes, de Lassale à Monbrion, l'avaient développée.

En 1805, Sabatier, dans ses tableaux comparatifs des dépenses et des contributions de la France et de l'Angleterre, mettait en lumière les difficultés financières de Londres dues à la guerre. « La somme des dépenses de l'Angleterre, notait-il, est énorme, et représente plus de deux fois la valeur de tout le numéraire possédé par la Grande-Bretagne ; tandis qu'au contraire la totalité de notre dépense ne s'élève pas au tiers de notre richesse métallique. Dans la totalité du compte du ministre anglais, on ne voit pas figurer l'intérêt de la dette publique ; elle s'élève aujourd'hui au moins à 20 000 000 sterlings [1]. »

---

1. SABATIER, *Tableaux comparatifs des dépenses et des contributions de la France et de l'Angleterre*, p. 4.

Le cabinet britannique, poursuit Sabatier, est acculé à l'emprunt : « L'Angleterre, pour obtenir la somme de 10 000 000 de livres sterling qui lui manque pour acquitter ses dépenses, dans lesquelles n'est pas compris l'intérêt de la dette publique, est obligée, malgré ses impôts extraordinaires, de recourir à un emprunt de 250 millions tournois, dont l'intérêt ajoute annuellement à ses charges. La France n'augmente les siennes que de l'intérêt des 21 000 000 F servant de cautionnement à ses agents dans la perception de l'impôt. » Le commerce de la Grande-Bretagne lui rapporte 12 000 000 de livres sterling. Une part de sa richesse, observe Sabatier, vient de son négoce avec l'Orient. Et de rappeler la fragilité de la puissance de la Compagnie des Indes qui eut à compter avec sa rivale française. « On réfléchira, ajoute-t-il, sur la nature de ce commerce qui ne peut se faire en très grande partie qu'avec du numéraire ; sur celui de la Chine qui ne peut absolument avoir lieu qu'avec des valeurs métalliques, puisque ce pays n'a besoin d'aucune des productions de l'Europe. On calculera les conséquences des billets à intérêt et des lettres de change sur la cour des directeurs de Londres, que le gouvernement de l'Inde est obligé d'émettre pour suppléer à l'insuffisance des recettes ordinaires, le crédit qui n'a lieu qu'auprès des Européens [1]. »

Intouchable sur le plan maritime, l'Angleterre apparaît aux contemporains de Napoléon vulnérable sur le plan économique alors que c'est l'inverse qui est vrai. La reconstitution d'une marine française pose moins de problèmes qu'il n'y paraît [2]. En revanche, face aux menaces françaises, le cabinet britannique, plus expérimenté que Paris en matière de crédit, peut laisser flotter la livre, même en baisse, sans trop de dommages.

Mais, sur le plan psychologique, l'arme du Blocus n'est pas sans efficacité. Faire de la mer la prison de la flotte anglaise, lui fermer l'accès des ports continentaux, peut à la longue briser le flegme pourtant légendaire des Britanniques. Napoléon n'a

---

1. *Ibid.*, p. 454.
2. Cf. les observations de MURACCIOLE et MASSON dans *Napoléon et la marine*, et V. MARTEL, « L'amiral duc Decrès, d'après sa correspondance », *Le Correspondant*, nov.-déc. 1911, pp. 508-530, 956-986.

pas négligé cet aspect. Decrès ne cessait de le lui rappeler depuis 1804 : « L'ennemi bat la mer sans rien prendre, par la bonne raison que nous n'avons rien dehors ; s'il y a quelque chose capable de tuer le génie de la marine anglaise, c'est cette situation. »

BLOCUS OU SYSTÈME CONTINENTAL ?

Le terme de *Blocus continental* est en réalité impropre pour désigner la politique suivie par Napoléon, puisque c'est l'Angleterre elle-même qui, par un ordre en conseil du 16 mai 1806, avait déclaré les côtes françaises, de Brest à l'Elbe, en état de blocus, prétexte commode pour permettre à ses croiseurs de visiter les navires neutres, surtout américains, qui commerçaient avec la France.

La riposte de Napoléon s'inspira de cette violation du droit des gens. L'Empereur, estimant qu'un blocus maritime ne pouvait s'appliquer qu'aux ports de guerre et non à ceux faisant du commerce, « considérant que cet abus monstrueux n'a d'autre but que d'empêcher les communications entre les peuples et d'élever le commerce et l'industrie de l'Angleterre sur la ruine du commerce et de l'industrie du continent, qu'il est de droit naturel d'opposer à l'ennemi les armes dont il se sert, nous avons résolu, poursuivait Napoléon, dans le décret signé à Berlin le 21 novembre 1806, d'appliquer à l'Angleterre les usages qu'elle a consacrés dans sa législation maritime et décrété en conséquence :

Article 1er. Les îles Britanniques sont en état de blocus ».

C'est donc la Grande-Bretagne qui doit subir à son tour le blocus de ses côtes.

Mais comme Napoléon, faute de marine, ne peut paralyser les ports anglais, c'est le continent qu'il ferme aux navires britanniques.

« Tout commerce et toute correspondance avec les îles Britanniques sont interdits ; tout individu, sujet de l'Angleterre, qui sera trouvé dans les pays occupés par les troupes françaises ou alliées, sera fait prisonnier de guerre ; tout magasin, toute

marchandise, toute propriété de quelque nature qu'elle puisse
être, appartenant à un sujet de l'Angleterre, sera déclaré de bonne
prise. Le commerce des marchandises anglaises est défendu et
toute marchandise appartenant à l'Angleterre et provenant de ses
fabriques et de ses colonies est déclarée de bonne prise. »

Le décret est communiqué aux alliés de l'Empereur : l'Espagne, Naples, la Hollande et l'Étrurie.

Au blocus maritime, l'Empereur répond par un blocus
terrestre que désignerait mieux le terme de « système continental »
employé d'ailleurs par la suite. « Je veux conquérir la mer par la
puissance de la terre », affirme Napoléon.

C'est coup par coup qu'il riposte aux mesures anglaises
de représailles. L'Angleterre exige-t-elle que tout navire vienne
mouiller dans un port anglais pour y payer des droits de transit, le
premier décret de Milan, le 23 novembre 1807, ordonne la saisie
des bâtiments ayant touché un port britannique, et le second, le
17 décembre, celle de tout bateau ayant accepté de se soumettre
à la législation britannique.

LES SUITES DE TILSIT

Tilsit permettait enfin une application stricte du Blocus
puisque, aux alliés de Napoléon, devaient s'ajouter la Suède, le
Danemark, le Portugal et l'Autriche sur lesquels le tsar s'engageait
à faire pression.

Il s'agissait d'abord de fermer les mers septentrionales.
Annexion de Wesel et de Kehl, corps d'armée établi à proximité des villes hanséatiques, prise de Stralsund par Brune, au
détriment de la Suède, en juillet 1807, sont les premières étapes
de cette offensive dans le Nord. Le 31 juillet, c'est au tour du
Danemark. Bernadotte massait un corps de troupe aux frontières.

L'Angleterre prit les devants. Elle ignorait l'étendue des
accords de Tilsit et croyait seulement à la reconstitution d'une
ligue de neutralité armée regroupant sous la houlette russe les
autres États de la Baltique. Il fallait frapper vite et fort, en

brisant le Danemark qui aurait pu, grâce à sa marine, être l'un des membres actifs de cette ligue. Le port de Copenhague fut bombardé du 2 au 5 septembre. Les Anglais débarquèrent, saisirent les navires jusqu'aux cordages et agrès, puis, laissant la ville à moitié détruite et la flotte danoise anéantie, ils s'éloignèrent avec « une précipitation de malfaiteurs [1] ».

À dire vrai, Napoléon s'apprêtait lui aussi à intervenir au Danemark, mais il comprit très vite que l'Angleterre lui laissait le beau rôle. Non seulement le Danemark sollicitait maintenant l'alliance française (elle fut acquise par le traité de Fontainebleau, le 31 octobre 1807) mais encore l'Autriche se vit contrainte de rompre, officiellement du moins (tout en rassurant en sous-main le cabinet britannique), avec l'Angleterre.

Plus grave pour cette dernière, le tsar avait durement ressenti l'injure faite à un pays ami. Le colonel Wilson envoyé à Saint-Pétersbourg par Canning, nouveau ministre des Affaires étrangères, fut fraîchement éconduit bien que porteur de promesses de compensations en Orient.

Le 7 novembre, Alexandre protestait solennellement contre le bombardement de Copenhague et se déclarait en état de guerre avec la Grande-Bretagne.

Pour fermer la Baltique au négoce anglais, l'appui de la Russie était nécessaire. En se l'assurant, Napoléon remportait un succès prometteur.

En Méditerranée, il renforçait ses positions. C'est ainsi qu'il se fit livrer par la Russie conformément au traité de Tilsit les Bouches de Cattaro et Corfou qu'il s'empressa de fortifier [2]. De là il pouvait peser sur la Turquie.

Des instructions de fermeté sont données à Eugène, vice-roi d'Italie et à Joseph qui règne à Naples.

---

1. LAVISSE et RAMBAUD, *Histoire générale*, t. IX, p. 128. Sur les relations franco-danoises, cf. la thèse de D. HEILS, *Les Rapports économiques franco-danois*, 1958.

2. Sur la réoccupation de ces îles, faite dans le plus grand secret pour éviter une interception anglaise et en dépit des réticences de l'occupant russe : RODOCANACHI, *Bonaparte et les îles Ioniennes*, p. 191.

Deux États dans la péninsule semblent peu sûrs : Rome et la Toscane. Invité à entrer dans le système continental, le pape refuse. Or ses États, « baignés par deux mers », sont perméables aux marchandises anglaises. Napoléon devant l'obstination de Pie VII, qui n'entend pas prendre parti dans le conflit franco-anglais, établit des garnisons à Ancône, Pesaro et Civitavecchia. La menace d'une annexion de Rome se précise. Il en va de même en Toscane où Miollis avec 4 000 hommes vient occuper Livourne, entrepôt réputé en Italie des marchandises anglaises. Le royaume d'Étrurie se trouve par la même occasion placé « sous séquestre ». Il importe aussi de fermer la péninsule Ibérique. Et là encore la logique du Blocus impose à Napoléon une politique d'intervention.

Dès le 19 juillet, le Portugal a été sommé d'entrer dans le système continental. La maison de Bragance avait jusqu'alors cherché à tirer profit d'une neutralité qui faisait de Lisbonne l'un des principaux entrepôts de l'Angleterre en Europe. Chaque année, le Tage accueillait 140 000 balles de coton, sans compter le sucre et le café.

Pour assurer le maintien de cette neutralité, le Régent combattait sur deux fronts. D'un côté, il s'efforçait de fermer son pays aux idées jacobines grâce à la police de l'intendant Pina Manrique ; de l'autre, il essayait d'acheter la paix auprès de la France : en 1801 d'abord pour vingt millions, puis par le traité du 19 mars 1804 sur promesse d'un subside mensuel. Artisan de cette politique, le comte de Barca[1] l'appliquait avec fermeté malgré l'impopularité qu'elle lui valait. En octobre 1806, il priait l'amiral anglais Jervis de quitter le port de Lisbonne. L'impôt de neutralité exigé par l'Empereur ne mettait pas les finances portugaises en danger. En effet le commerce portugais avait fait, depuis la rupture de la paix d'Amiens, un bond formidable du fait que la plupart des denrées importées auparavant de Saint-Domingue et des Antilles (sucre, café, cacao) transitaient désormais par le Portugal[2]. D'autre

---

1. J. DE PINS, « Le comte de Barca », *Revue de l'Institut Napoléon*, 1976, éclaire d'un jour nouveau les contradictions de la diplomatie portugaise.

2. MACEDO, *O Bloqueio Continental*, tableaux.

part, le Blocus français n'était guère gênant : 220 navires partent en 1807 de Porto vers l'Angleterre contre 103 en 1806. Les entrées anglaises se maintenaient à un haut niveau.

Aussi les décisions françaises de juillet 1807 invitant le Portugal à fermer ses ports aux Anglais et à confisquer leurs biens, ont-elles plongé Barca dans la consternation. C'est la fin d'un équilibre précaire. Il faut essayer de gagner du temps, mais Napoléon est pressé. L'attitude ambiguë de Lisbonne le décide à intervenir. Mais, pour cette intervention, il a besoin de l'Espagne qui, par décret du 19 février 1807, a décidé d'appliquer le Blocus. Le 27 octobre, le traité de Fontainebleau signé avec le gouvernement espagnol prévoit le partage du Portugal en trois tronçons : le Nord donné à la reine d'Étrurie en échange de la Toscane ; le Sud laissé à Godoy sous la forme d'une principauté ; le Centre restant à la disposition de Napoléon.

Celui-ci a déjà réuni une armée de 40 000 hommes à Bayonne sous le commandement de Junot. Elle reçoit l'ordre de franchir les Pyrénées et de marcher sur Lisbonne, l'Espagne s'engageant à fournir un contingent.

En novembre 1807, les troupes françaises entrent au Portugal. En vain Barca envoie-t-il auprès de Junot son fidèle Barreto qui fut son informateur à Paris, pour sonder les intentions des Français et les menacer de voir le Brésil basculer du côté anglais [1]. Le 29 novembre, la cour et le gouvernement s'embarquent pour le continent américain ; le soir même, les premiers détachements français occupent Lisbonne.

Pour renforcer l'armée du Portugal, Napoléon continue à introduire de nouvelles troupes en Espagne ; elles se répandent en Navarre et en Catalogne. Formidable moyen de pression sur Madrid. Napoléon songeait-il à utiliser ce qui restait de la flotte espagnole pour ses projets contre l'Angleterre ? Ou, plus simplement, après l'alerte de 1806, voulait-il asseoir sur des bases plus solides une alliance qui ne lui avait été jusqu'ici que d'une médiocre utilité ? Entendait-il l'ancrer solidement dans son

---

1. J. DE PINS, *op. cit.*, p. 129.

système de blocus grâce à la présence de troupes françaises sur son territoire ? Songeait-il à prendre les provinces septentrionales du royaume, en échange du morceau de Portugal qu'il s'était réservé, afin de créer une marche pyrénéenne, de consolider cette frontière des Pyrénées dont il contrôlerait désormais tous les accès à l'exemple des Alpes ? En tout cas, les visées françaises sur la Péninsule deviennent évidentes.

LES INQUIÉTUDES RUSSES

C'est encore la logique du blocus qui semble guider Napoléon en Espagne. Un blocus qui se révèle particulièrement efficace puisque, à l'exception de la Suède, tous les États européens ont maintenant rompu avec la Grande-Bretagne. Mais le Blocus ne peut réussir que si l'économie anglaise s'effondre rapidement et si Napoléon sait résister à la tentation de nouvelles conquêtes.

Alexandre s'inquiète en effet de la brusque expansion française au-delà des Pyrénées. Pour calmer ses soupçons, Napoléon le détourne vers la Finlande qui appartient à la Suède, rebelle au Blocus continental. Le tsar, cédant à cette invitation, occupe la Finlande sans coup férir en février 1808. Dès lors, Napoléon peut considérer qu'il a les mains libres en Espagne. « J'ai vendu la Finlande pour l'Espagne », dira-t-il plus tard.

Mais la Finlande ne peut servir que d'acompte. Poussé par Roumiantsof, qui a remplacé Budberg aux Affaires étrangères, le tsar regarde de plus en plus vers l'Empire ottoman. Conformément aux accords de Tilsit, un armistice avait été conclu, grâce à la médiation française, à Slobodzei. Mais les Russes refusaient d'évacuer les principautés de Moldavie et de Valachie. Napoléon n'était nullement hostile à cette expansion mais à condition d'obtenir des compensations. Il eût pu songer à la Bosnie ou à l'Albanie, mais il redoutait un démembrement de l'Empire turc à la suite duquel l'Angleterre ne manquerait pas de s'emparer de l'Égypte. Il préférait, pour briser toute possibilité de relèvement de la Prusse, lui enlever la Silésie.

Ainsi s'orientait-on vers une double spoliation : une portion de la Turquie au tsar, un morceau de Prusse à l'Empereur. L'ambassadeur de Russie à Paris, francophobe et prussophile acharné, fit échouer la combinaison.

Alexandre n'en continua pas moins à rappeler les promesses de Napoléon à Tilsit quant à un éventuel partage de l'Orient. L'idée de frapper l'Inde anglaise avec le concours de la Russie et de la Perse pouvait offrir une variante au Blocus en cas d'échec de celui-ci. Le 2 février 1808, Napoléon écrivait au tsar une lettre fameuse : « Une armée de 50 000 hommes, russe, française, peut-être même un peu autrichienne, qui se dirigerait par Constantinople sur l'Asie, ne serait pas arrivée sur l'Euphrate qu'elle ferait trembler l'Angleterre et la mettrait aux genoux du continent. Je suis en mesure en Dalmatie, Votre Majesté l'est sur le Danube. Un mois après que nous en serions convenus, l'armée pourrait être sur le Bosphore. Le coup en retentirait aux Indes et l'Angleterre serait soumise [1]. »

Napoléon est-il sincère, son projet réaliste ?

« Tout peut être décidé avant le 15 mars. Au 1er mai, nos troupes peuvent être en Asie et à la même époque les troupes de Votre Majesté à Stockholm. Alors les Anglais, menacés dans les Indes, chassés du Levant, seront écrasés sous le poids des événements dont l'atmosphère sera chargée. »

Suit un curieux développement : « Votre Majesté et moi-même aurions préféré la douceur de la paix et passer notre vie au milieu de nos vastes empires, occupés de les vivifier et de les rendre heureux par les arts et les bienfaits de l'administration. Les ennemis du monde ne le veulent pas. Il faut être plus grands malgré nous. » Et de rappeler « l'esprit de Tilsit » : il réglera les destinées du monde.

Malgré les efforts de Caulaincourt, nommé ambassadeur à Saint-Pétersbourg, Alexandre reste méfiant. Il veut Constantinople et les Dardanelles ; en échange, la Russie abandonnerait à la France l'Égypte et les échelles d'Asie Mineure et offrirait

---

1. VANDAL, *Napoléon et Alexandre Ier*, t. I, p. 242.

aux navires français une route militaire à travers les Détroits. « Que Votre Majesté, écrit Caulaincourt à Napoléon, le 16 mars 1808, réunisse l'Italie à la France, peut-être même l'Espagne, qu'elle change les dynasties, fonde des royaumes, qu'elle exige la coopération de la flotte de la mer Noire et d'une armée de terre pour conquérir l'Égypte, qu'elle demande les garanties qu'elle voudra, qu'elle fasse avec l'Autriche les échanges qui lui conviendront, en un mot, que le monde change de place, si la Russie obtient Constantinople et les Dardanelles, on pourra, je crois, lui faire tout envisager [1]. »

En fait, de plus en plus engagé dans les affaires espagnoles, Napoléon entend remettre à plus tard tout engagement avec la Russie du côté de l'Orient. Ce faisant, il éveille la méfiance du tsar. Napoléon ne souhaite-t-il pas se réserver l'autre capitale, après Rome, qu'est Constantinople ? Les anciens agents des coalitions européennes contre la France, tel Pozzo di Borgo, reparaissent. Adam Czartoryski faisait transmettre au tsar un mémoire rédigé dans le sens le plus pessimiste pour les intérêts russes. Rien n'était pourtant compromis encore pour Napoléon : le tsar demeurait hésitant, comme à l'habitude.

La menace d'une crise restait sérieuse pour l'Angleterre. Déjà les effets de la fermeture du continent se faisaient sentir : chute des exportations, marasme commercial, crise industrielle et troubles sociaux secouent alors le pays. L'arrogance anglaise irritait les États-Unis dont les navires étaient soumis à des visites humiliantes. L'un d'eux devait même, à Chesapeake, en juin 1807, essuyer le feu de la flotte britannique pour n'avoir pas obéi assez vite. En représailles, Jefferson, jusqu'alors passif, faisait voter par le Congrès une proposition d'embargo. Le coton américain cessa d'arriver en Angleterre. En août 1808, on observait un net fléchissement de la livre, source de toutes les coalitions contre la France [2].

Napoléon parut tout près de la victoire.

---

1. *Ibid.*, p. 307.
2. Cf. pour la description de la crise, la thèse de Fr. CROUZET, *L'Économie britannique et le Blocus continental.*

II.

L'intervention en Espagne
et ses conséquences

En 1808, cesse la période des guerres défensives : l'affaire d'Espagne marque un changement profond dans la conception de la politique napoléonienne. Peut-on encore parler d'héritage révolutionnaire, même s'il s'agit de détrôner un Bourbon ? En réalité, c'est à un changement de dynastie qu'assiste l'Europe stupéfaite.

LES CAUSES

Pourquoi Napoléon est-il intervenu en Espagne ? Apparemment pour fermer au commerce anglais, non seulement le Portugal, opération impossible sans une base espagnole, mais également les ports de Barcelone et de Cadix. Du moins est-ce ainsi que l'affaire fut présentée, en sous-main, au tsar, car, si l'occupation éventuelle du Portugal, en cas de continuation de la guerre avec l'Angleterre, avait été envisagée à Tilsit, il n'en était pas de même pour l'Espagne, et l'on pouvait craindre qu'Alexandre ne se souvînt que Charles IV avait été tout près d'entrer dans la quatrième coalition.

Rien ne permet d'affirmer que Napoléon ait eu, au début, d'autres projets. Il n'a jamais manifesté, avant 1807, l'intention de s'emparer de la couronne d'Espagne. Toutefois, à l'épreuve du temps, l'alliance de Madrid lui avait paru de moins en moins sûre. En 1801, lorsque Bonaparte avait demandé à Madrid d'occuper le Portugal pour affaiblir les positions anglaises, le Premier ministre, Godoy, s'était dérobé ; en 1803, après la rupture de la paix d'Amiens, l'Espagne avait promis un subside qu'elle se garda de verser ; en 1805, lancée dans la guerre maritime, elle brilla surtout par sa prudence à Trafalgar ; en octobre 1806, elle était sur le point de rejoindre la Russie et la Prusse. Pouvait-on compter sur elle en 1808 ?

Tous les torts n'étaient pas, au demeurant, du côté espagnol. De son alliée, Napoléon exigeait beaucoup, et sur-le-champ, dans un certain sens, puis davantage, toujours sur-le-champ, dans un sens opposé [1]. L'effort de guerre espagnol avait dû porter d'abord sur la marine, puis sur l'armée de terre, en vue d'une invasion du Portugal ; en 1805, c'était de nouveau la marine que l'Espagne était invitée à développer, avant de revenir, après Trafalgar, à la préparation d'une expédition contre Lisbonne.

L'alliance française se révélait à la longue désastreuse pour Madrid : perte de La Trinité en 1802, de Buenos Aires en 1806 sans parler de lourds sacrifices financiers que le Trésor n'était, depuis longtemps, plus capable de supporter. Mais Napoléon ne s'embarrassait pas de telles considérations et il était de surcroît convaincu – à tort – que l'Espagne regorgeait d'argent. Son irritation n'a cessé de grandir contre cette alliée infidèle, au point de songer à détrôner les Bourbons.

À quelle date ce dessein mûrit-il chez l'Empereur ? Certainement pas encore au moment de la signature du traité de Fontainebleau qui prévoyait, en octobre 1807, le partage du Portugal. L'un de ses articles laissait à la disposition de Napoléon le centre de ce pays ; l'Empereur a, semble-t-il, songé à l'échanger contre la rive gauche de l'Ebre, pour renforcer la barrière pyrénéenne, en établissant la France dans le nord-ouest du royaume, des provinces basques à l'Estrémadure [2].

Dans le même temps, une intrigue était conduite pour amener le prince des Asturies, Ferdinand, héritier du trône et devenu veuf, à solliciter la main d'une princesse de la famille de Napoléon. Ainsi transformée en protectorat, l'Espagne serait solidement ancrée dans le camp français.

1. FUGIER, *Napoléon et l'Espagne*, pp. 449-451.
2. CONARD, *Napoléon et la Catalogne*, p. 34.

Il ne s'agissait donc pas encore de renverser les Bourbons. Ce sont les querelles de famille au sein de la maison régnante qui ont précipité l'intervention de Napoléon.

À dire vrai, les maladresses de l'ambassadeur de France à Madrid à propos du mariage de l'Infant ont joué un rôle déterminant dans ces déchirements familiaux : François de Beauharnais, beau-frère de l'Impératrice, ne s'était-il pas mis dans la tête de remarier Ferdinand avec Marie-Stéphanie Tascher de La Pagerie (19 ans, une jolie figure, et surtout cousine de l'Impératrice !), ce qui eût affermi la position désormais chancelante de Joséphine. Il s'agissait aussi, au moment où Charles IV mourrait, d'écarter Godoy qui songeait quant à lui à favoriser un changement de dynastie en sa faveur.

Ainsi, à Madrid, s'embrouillaient les fils d'intrigues opposées où Talleyrand semble avoir voulu rester à l'écart, laissant Beauharnais s'emmêler dans cet écheveau. Le nouveau ministre, Champagny, exigeait, dès le 9 septembre, des explications sur ce qui se passait à la cour. De là l'envoi par l'ambassadeur d'une lettre datée du 11 octobre et signée par Ferdinand dans laquelle l'Infant exprimait son désir d'épouser une princesse de la maison impériale et acceptait d'avance la mise à l'écart de Godoy.

Celui-ci ne restait pas inactif. Il rassurait dans la coulisse le Portugal et ralentissait les préparatifs militaires espagnols, allant jusqu'à écrire à Napoléon : « Le Portugal dit qu'il fera tout ce qu'on désire, ainsi nul motif pour la guerre [1]. » Donc Godoy changeait carrément de politique : il comprenait que la présence des troupes françaises en Espagne visait à conforter Ferdinand et à l'écarter du pouvoir. Il s'efforça de prendre de vitesse Napoléon. Le 27 octobre 1807, Charles IV faisait arrêter son fils sous l'accusation d'avoir voulu l'empoisonner. Terrifié, Ferdinand fit des aveux complets ; ses confidents furent emprisonnés. Le 29, le roi avertit l'Empereur, mais ne fit pas mention des intrigues françaises. Ce n'est que le 3 novembre qu'il se décida à mettre

---

1. FUGIER, *op. cit.*, p. 283.

en cause Beauharnais et les projets matrimoniaux ourdis par l'ambassadeur à l'insu du monarque.

Napoléon pouvait-il désavouer son ambassadeur et laisser éclabousser la famille de l'Impératrice ? Il entra dans une colère, probablement feinte, à la réception de la lettre du 3 novembre : « Jamais le prince des Asturies ne m'a écrit et mon ambassadeur n'est entré dans aucune intrigue. Je prends le prince des Asturies sous ma protection. Si on le touche si peu que ce soit, ou si l'on insulte mon ambassadeur, ou si l'armée réunie ne part pas immédiatement pour le Portugal conformément à nos conventions, je déclarerai la guerre à l'Espagne, je me mettrai à la tête de mon armée pour l'envahir. »

Le 5 novembre, parvenait la nouvelle que Charles IV pardonnait à son fils après avoir reçu de lui deux lettres fort humbles. Par ailleurs le gouvernement espagnol ratifiait le traité de Fontainebleau.

Tout semblait s'apaiser.

Mais Napoléon renonçait-il pour autant à ses visées sur l'Espagne ?

La cour madrilène ne sortait pas grandie de l'affaire. Bien plus, le royaume apparaissait comme une proie particulièrement vulnérable. Militaires et diplomates, trompés par l'ancienne richesse du pays, y voyaient « un mât de cocagne où tous ont le droit de décrocher le morceau qu'ils peuvent attraper ».

De là les rumeurs relatives à une intervention en Espagne pour détrôner les Bourbons. Quel fut le rôle de Murat que l'on disait lié à Godoy par l'intermédiaire du banquier Michel jeune ? Caroline était ambitieuse mais rien ne prouve que le ménage ait songé alors à la couronne d'Espagne ou à celle de Westphalie au cas où Jérôme aurait été placé sur l'un des deux trônes de la Péninsule. Reste que Napoléon avait éveillé les appétits de sa famille.

Et Talleyrand ? Bien qu'ayant quitté les Affaires étrangères, il demeurait influent. On sait qu'il avait été acheté par le Portugal. Napoléon affirmera à Sainte-Hélène [1] : « Talleyrand poursuivit

---

1. MONTHOLON, *Récits*, t. II, p. 441.

avec persévérance le projet du détrônement de la dynastie espagnole des Bourbons [...]. Il ne manquait jamais une occasion de me rappeler la conduite plus qu'équivoque du cabinet de Madrid en 1806. Le moment est venu, disait-il, de déclarer que la dernière branche de la maison de Bourbon a cessé de régner. » Méneval confirme dans ses souvenirs [1] que Talleyrand, à la faveur de conversations confidentielles avec l'Empereur, « conseillait de profiter des mésintelligences qui divisaient la cour d'Espagne ». Le prince de Bénévent se défend dans ses *Mémoires* d'avoir suggéré une aventure qu'il jugeait sans issue, mais il est peu crédible.

L'antipathie de Napoléon pour les Bourbons (il venait de renverser ceux de Naples) le rendait de toute façon ouvert aux conseils d'intervention que lui donnaient également Fouché et Champagny. Quant à l'exemple de Louis XIV, il n'est pas sûr que l'Empereur y ait vraiment fait référence. C'est Champagny qui l'invoque, le 24 avril 1808 : « La puissance de Louis XIV ne commença à s'élever que lorsqu'après avoir vaincu l'Espagne, il forma avec la maison alors régnante dans ce royaume une alliance qui par la suite fit passer la couronne par la tête de son petit-fils [...]. C'est l'ouvrage de Louis XIV qu'il faut recommencer. »

L'INTERVENTION AU PORTUGAL

Il demeure que le Blocus continental imposait, on l'a vu, une expédition contre Lisbonne pour laquelle l'appui espagnol était essentiel. Or cet appui se dérobait.

Le 5 décembre 1807, Napoléon apprenait que les Portugais venaient d'entrer en relation avec l'Espagne pour essayer d'arrêter l'invasion de leur pays.

Le prince Jean, sur le conseil de son ministre, Barca [2], multipliait les concessions depuis qu'il avait appris l'entrée des troupes

---

1. *Mémoires*, t. II, p. 135.
2. J. DE PINS, « Le comte de Barca », *Revue de l'Institut Napoléon*, 1976, pp. 103-140.

françaises en Espagne : il s'engageait à arrêter les Anglais et à confisquer leurs biens et laissait entendre qu'il entrerait dans le système du blocus. Mais Napoléon n'était pas dupe : « Je ne me presse en rien [...]. C'est le grand art que de savoir attendre », écrivit-il un peu plus tard à Murat [1].

Il attendait pour l'instant la chute de Lisbonne. En fait, l'expédition était hasardeuse : plan médiocre, contrairement aux habitudes impériales, troupes inexpérimentées, coopération espagnole incertaine, terrain montagneux, débarquement anglais menaçant. Pourtant, le 30 novembre 1908, Junot entrait à Lisbonne ; le 27, la famille royale avait fui au Brésil.

Les instructions envoyées par Napoléon à Junot étaient fermes ; elles montrent combien le blocus des côtes était essentiel à ses yeux [2]. Junot devait confisquer les marchandises anglaises et fermer les ports à la flotte britannique. Mais Napoléon regardait aussi vers l'Espagne. « Il faut que votre armée soit dans une situation telle qu'elle puisse se porter ailleurs et faire demi-tour à droite, sinon tout entière, du moins en partie [3]. » Il faut observer aussi que, depuis le milieu de novembre, les Espagnols qui avaient accueilli favorablement les Français commençaient à déchanter : réquisitions et pillages se succédaient, exaspérant la population. Des rumeurs hostiles circulaient. Godoy s'inquiétait de l'accroissement incessant des troupes impériales et de l'envoi de missions d'observation. C'est que Napoléon évolue. Devant Las Cases, il affirmera que, face aux deux partis qui divisaient la cour de Madrid, celui de Charles IV, aveuglément gouverné par Godoy et celui du prince héritier, il fut étranger aux intrigues qui se développèrent. En réalité, s'il ne les a pas toujours provoquées, l'Empereur les a suivies avec attention, découvrant, à la fin de 1807, que le discrédit dans lequel tombaient progressivement les Bourbons offrait une occasion exceptionnelle de les remplacer sur le trône madrilène.

1. *Correspondance de Napoléon Ier*, n° 13 936.
2. *Correspondance*, n° 13 409-13 412.
3. *Correspondance*, n° 13 406.

De plus il hésitait désormais à appliquer le traité de Fontainebleau en partageant le Portugal. Des négociations avec l'Angleterre s'étaient engagées par l'intermédiaire de l'Autriche, entre novembre 1807 et janvier 1808, qui montraient que le Portugal pourrait être une monnaie d'échange dans un futur traité. De son côté, Junot déconseillait ce partage en soulignant l'antipathie violente des Portugais contre les Espagnols.

L'ENTREVUE DE BAYONNE

Godoy, de plus en plus inquiet, songeait, pour échapper à l'emprise française, à gagner l'Andalousie puis l'Amérique. Mais cette idée rencontrait l'hostilité des partisans de Ferdinand, favorables à l'arrivée des troupes de Napoléon. Au demeurant, l'opinion madrilène ne voulait pas d'un tel départ. Une émeute éclata dans la nuit du 17 au 18 mars. Le palais de Godoy fut saccagé et Charles IV, abandonnant son favori, le destitua de toutes ses dignités. Le 19, le roi abdiquait en faveur de son fils.

Les plans de Napoléon se trouvaient compromis. Il fallait faire vite, en déclarant cette abdication nulle et le trône vacant. La presse française fut invitée à lancer une campagne contre Ferdinand accusé d'avoir provoqué par une sombre machination le départ de son père. Dans le même temps, le 27 mars, Napoléon proposait le trône d'Espagne à son frère Louis : « Le roi vient d'abdiquer [...]. Jusqu'à cette heure le peuple m'appelle à grands cris. Certain que je n'aurai de paix solide avec l'Angleterre qu'en donnant un grand mouvement au continent, j'ai résolu de mettre un prince français sur le trône d'Espagne. Le climat de la Hollande ne vous convient pas. D'ailleurs la Hollande ne saurait sortir de ses ruines. Dans cette situation de choses, je pense à vous pour le trône d'Espagne [...]. Répondez-moi catégoriquement. Si je vous nomme roi d'Espagne, l'agréez-vous ? Puis-je compter sur vous [1] ? » Cette fois, Napoléon a franchi le pas. Il confond les intérêts de la nation avec ses intérêts dynastiques.

---

1. FUGIER, *op. cit.*, p. 446.

Louis refusa, laissant même percer son indignation : « Je ne suis pas un gouverneur de province. Il n'y a d'autre promotion pour un roi que celle du ciel ; ils sont tous égaux. »

En attendant, le nouveau roi Ferdinand entrait le 24 mars à Madrid, sous les acclamations. Dans le même temps, Charles IV protestait que son abdication lui avait été arrachée par la force.

Sur le terrain, l'arbitre était Murat, lieutenant de l'Empereur en Espagne depuis le 20 février[1]. Son rôle a été diversement jugé : il était loin d'être facile et, s'il a songé à lui-même pour la couronne d'Espagne, on ne saurait le lui reprocher.

En réalité la décision appartient à Napoléon. Écartons une fois pour toutes la fameuse lettre du 29 mars 1808 qui est un faux[2]. Napoléon croit encore que sa conquête sera aisée ; il se grise : « Je rencontrerai en Espagne les colonnes d'Hercule ; je ne trouverai pas de limites à ma puissance. »

Cependant que Ferdinand commence à gouverner, aidé par le chanoine Escoïquitz et le duc de l'Infantado, Napoléon remplace son ambassadeur, premier indice de sa volonté d'intervenir. Le ridicule Beauharnais cède la place à un homme expérimenté, M. de Laforest[3]. D'autre part, l'homme de main de l'Empereur, Savary, prend lui aussi la route de Madrid, chargé des intentions de Napoléon : faire sortir les Bourbons d'Espagne, puis Napoléon franchira les Pyrénées pour donner la couronne à l'un de ses frères, Joseph.

Alors que, de Barcelone à Madrid, la population continue d'acclamer et la chute de Godoy et l'avènement de Ferdinand, attribués à la France, Napoléon remet tout en cause. « C'est en mars 1808 que les Français ont perdu la guerre d'Espagne ; en jouant Godoy contre Ferdinand, ils s'aliènent la sympathie des Espagnols ; d'alliés secourables, ils se muent en tyrans ; l'immixtion, tolérable si elle avait coïncidé avec le vœu des Espagnols, devient ignominieuse. »

---

1. Comte Murat, *Murat, lieutenant de l'Empereur en Espagne*, p. 110.

2. M. Dunan, *Le Mémorial de Sainte-Hélène*, t. I, p. 898.

3. Sa correspondance a été publiée par Geoffroy de Grandmaison, 1905-1907.

Le piège tendu à Ferdinand consiste, sous prétexte de s'assurer l'appui de Napoléon qui ne l'a pas encore reconnu, à l'attirer hors des frontières, à Bayonne précisément, où doit se rendre Napoléon, en sorte qu'il se trouve à la merci de l'Empereur. À Bayonne, Napoléon arrive le 15 avril. Trois jours plus tard il écrit à Joseph pour le prévenir. Ferdinand, trop confiant, le suit, le 19 ; puis c'est le tour, le 1er mai, de Charles IV et Marie-Louise ainsi que Godoy, extrait de sa prison. Tout est alors en place pour la déposition des Bourbons.

Le 2 mai, scène violente entre le père et le fils : le 5, Charles IV cède à Napoléon ses droits au trône, sous la condition que soit respectée l'intégrité territoriale du royaume et que ne soit reconnu que le culte catholique. Le 6, Ferdinand rend sa couronne ; le 10, Napoléon invite Joseph à venir régner sur l'Espagne, cependant que la famille royale prend le chemin de l'exil. Le 25 mai, l'Empereur convoque une junte à Bayonne et proclame, le 4 juin, Joseph roi d'Espagne [1]. Du 15 juin au 7 juillet, la junte de Bayonne qui comprend des personnalités aussi diverses que Llorente [2], Cevallos ou le duc de l'Infantado ainsi que des représentants des colonies choisis parmi les colons présents en Espagne, rédige une Constitution de 146 articles où l'on s'efforce de concilier les idées libérales avec les traditions : la religion catholique reste seule religion d'État ; la couronne espagnole appartient à Napoléon et à sa famille ; neuf ministères sont prévus, mais le roi peut, quand il le juge utile, réunir le ministre des Affaires ecclésiastiques et de la Justice, ainsi que celui de la Police et de l'Intérieur. Il y a un Sénat, gardien de la Constitution et de la liberté, un Conseil d'État et des Cortès où seront représentés par tiers le clergé (25 archevêques ou évêques), la noblesse (25 nobles) et le peuple (un élu pour 300 000 habitants, 62 députés de province, 30 des principales villes, 15 négociants et 15 savants). Les séances des Cortès seront secrètes. Un texte au total disparate, qui n'éveilla aucun écho

---

1. L'ensemble des pièces, sous forme de copies, figure dans Arch. nat. 381 A P.
2. Cf. la thèse de M. Dufour, encore inédite : *Llorente en France, 1813-1822*, 1979.

dans l'opinion. Napoléon avouera plus tard qu'il en avait dicté les grandes lignes.

Arrivé le 8 juin à Bayonne, après avoir quitté ses États de Naples, Joseph part sans enthousiasme, le 6 juillet, pour Madrid. C'est un royaume en pleine insurrection qui l'attend.

L'INSURRECTION ESPAGNOLE

Le 2 mai, à l'annonce du départ de l'infant Antonio, Madrid se soulève. Insurrection immortalisée par Goya, où la prédominance de l'élément populaire (paysan surtout) ne doit pas dissimuler le rôle de l'aristocratie. Deux éléments retiennent surtout l'attention : les combattants pratiquent déjà la guérilla urbaine et semblent encadrés par des soldats qui ont abandonné l'uniforme. On peut donc s'interroger sur la spontanéité de l'émeute du 2 mai [1]. Pour les Afrancesados, elle fut l'œuvre du peuple « dans sa partie la moins instruite ».

Mais l'insurrection va rapidement se généraliser. Elle s'étend des Castilles à la Catalogne. Cadix, Séville et Valence sont l'objet de scènes d'horreur. En Galice, Caraffa lève une armée de 15 000 hommes ; dans les Asturies, c'est à la voix de leur évêque que se soulèvent les montagnards ; à Valence, c'est une force militaire imposante que commande Llamas. En Catalogne, si Barcelone ne bouge pas, les environs ne sont pas sûrs. À côté des bandes, il y a des troupes mieux organisées. Blake en commande une partie en Galice, Castanos une autre en Andalousie. Des juntes insurrectionnelles se constituent au nom de Ferdinand VII. Elles prennent – notamment celle des Asturies – des contacts avec l'Angleterre, seule puissance européenne alors encore en guerre avec Napoléon. Un peu partout, des notables francophiles sont égorgés ou maltraités.

Réaction nationale certes, mais aussi sentimentale. L'attachement à Ferdinand joue un rôle important : on plaint son infortune,

---

1. AYMES, *La Guerre d'indépendance espagnole*, p. 19.

en oubliant ses erreurs ; sa captivité en un pays étranger excite l'imagination : « L'excès de ses épreuves lui tient lieu de mérite [1]. » Enfin, l'Église s'en mêle, elle dénonce dans les soldats français des athées nourris de Voltaire que l'on confond en Espagne avec l'Antéchrist. Dieu, le roi et la patrie : tels sont les mots d'ordre mobilisateurs.

La route de l'Espagne est ouverte à Joseph par la victoire de Bessières à Médina de Rio Seco, le 14 juillet 1808. L'entrée dans Madrid fut sinistre : « Le carrosse de Joseph pénétra par la porte d'Alcala pour traverser la ville dans toute sa longueur entre des fenêtres closes et des balcons déserts. L'ordre avait été donné de tapisser sur le parcours du cortège ; beaucoup, par dérision, avaient pendu des haillons. » Joseph fut proclamé roi, en grande pompe, le 25 juillet, mais le cœur n'y était pas, face à une population qui manifestait une réserve faite de prudence et d'hostilité. Représentant personnel de Napoléon à Madrid, Savary se plaint du manque de détermination de Joseph : « Dans un conseil où le roi était avec plusieurs officiers généraux et ministres, il s'expliqua ainsi : je ne puis pas faire la guerre à chaque village d'Espagne ou je dois renoncer à y régner ; il faut donc que j'emploie la persuasion et un peu de cajolerie [...]. À la suite de ce conseil, il me fit entrer avec le général Belliard et nous parla ainsi : l'Empereur croit tout ceci en bien meilleur état et je vois qu'il n'y a même pas un neutre en Espagne, que tout y est contre nous [...]. Ici je ne trouve rien pour moi que l'armée française [2]. »

De cette armée elle-même, Joseph va découvrir soudain qu'il ne peut espérer une aide suffisante. Invité à aller rétablir l'ordre en Andalousie, le général Dupont prend Cordoue le 7 juin 1808, puis doit l'évacuer, mais reçoit l'ordre de se maintenir à Andujar.

La situation se dégrade rapidement pour les Français : le 15 juillet, ils doivent affronter l'armée espagnole de Castanos qui les surprend et les encercle. C'est la capitulation de Baylen. Blessé,

---

1. *Ibid.*, p. 23.
2. Cité par Geoffroy DE GRANDMAISON, *L'Espagne et Napoléon*, t. I, p. 287.

Dupont a cru pouvoir la faire signer par Marescot et Chabert, le 22 juillet. Une convention qui inclut la division Vedel encore indemne.

Cette défaite n'a rien de tragique ; il s'agit de jeunes conscrits encore mal formés, vaincus par les troupes régulières de Castanos et non par de simples partisans, mais Madrid se trouve soudain sans défense. Le 30 juillet, Joseph doit quitter sa capitale. La victoire espagnole rencontre un énorme retentissement. Retentissement accru par la nouvelle de la capitulation de Junot au Portugal. Le 30 juillet, un corps expéditionnaire commandé par Wellesley, le futur Wellington, débarquait à Porto. Junot, en état d'infériorité numérique et menacé d'être encerclé, fut battu le 21 août près du village de Vinciro. Le 31, il capitulait à Cintra. Le Portugal était perdu.

ERFURT

Baylen fut un coup très dur porté à Napoléon. Tous ses projets se trouvaient remis en cause et, de surcroît, il se trouvait transformé en solliciteur vis-à-vis d'Alexandre.

Désormais il lui faut se rendre sans tarder en Espagne pour y conforter son frère. L'effet moral est désastreux : pour la première fois, il s'agit d'une conquête et non plus de prétendus appels spontanés des peuples asservis par leurs souverains. De plus, Napoléon a besoin de forces importantes. Il doit vider ses garnisons allemandes et il devine facilement que l'Autriche mettra à son profit cet affaiblissement des positions françaises pour prendre une revanche qu'elle juge indispensable. Caulaincourt en effet prévient l'Empereur : Vienne voit dans la destitution des Bourbons d'Espagne une attaque contre les dynasties anciennes qui ne manquera pas d'atteindre ensuite les Habsbourgs. Pour neutraliser l'Autriche, Napoléon a besoin d'Alexandre. La simple annonce d'un accord entre les deux puissances suffirait, selon lui, à en imposer à la Hofburg. Au pire les troupes russes pourraient tenir tête aux Autrichiens.

« Nous allons à Erfurt », écrit Napoléon à Talleyrand qu'il s'est décidé à emmener après l'avoir écarté du ministère des Relations extérieures. « Je veux en revenir libre de faire en Espagne ce que je voudrai. Je veux être sûr que l'Autriche sera inquiète et contenue et je ne veux pas être engagé d'une manière précise avec la Russie pour ce qui concerne les affaires du Levant. Préparez-moi une convention qui contente l'empereur Alexandre, qui soit surtout dirigée contre l'Angleterre et dans laquelle je sois bien à mon aise sur le reste : je vous aiderai ; le prestige ne manquera pas [1]. »

De son côté, le tsar n'est pas hostile à une rencontre avec l'Empereur.

Il souhaite prolonger les délais d'évacuation de ses troupes en Roumélie et Valachie, d'autant que l'assassinat du sultan Sélim laisse présager de nouveaux bouleversements à Constantinople. Il envisage aussi de demander des allégements à l'occupation de son ancienne alliée, la Prusse, et peut-être une révision rapide d'un blocus désastreux pour l'économie russe.

Une ville est choisie pour cette entrevue : Erfurt, enclave française au cœur de la Confédération. Elle accueille, à la fin de l'été 1808, souverains et ambassadeurs allemands, ministres et généraux, comédiens et tapissiers, sans compter une armée de chambellans.

Napoléon arrive à Erfurt le 27 septembre pour y accueillir Alexandre. Les entretiens, coupés de fêtes et de spectacles, de chasses et de réceptions, durèrent jusqu'au 14 octobre. Gestes symboliques : la Légion d'honneur donnée par Napoléon à Goethe ou le mouvement expressif du tsar au moment où, lors de la représentation de l'*Œdipe* de Voltaire, l'acteur lança le vers fameux : « L'amitié d'un grand homme est un bienfait des Dieux. »

Les dispositions du tsar avaient en réalité beaucoup évolué depuis Tilsit. Talleyrand, d'après les *Mémoires* de Metternich, aurait accueilli Alexandre à Erfurt, lors d'une réception de la princesse de Tour et Taxis, par ces mots : « Sire, que venez-vous

---

faire ici ? C'est à vous de sauver et vous n'y parviendrez qu'en tenant tête à Napoléon. » Il aurait, par la suite, précisé sa pensée : « Le Rhin, les Alpes, les Pyrénées sont la conquête de la France ; le reste est la conquête de l'Empereur ; la France n'y tient pas. » On ne pouvait mieux résumer l'évolution de l'Empire napoléonien passé des frontières naturelles aux marches et aux royaumes vassaux, de plus en plus nombreux, prélude à une annexion de la majeure partie de l'Europe.

Une chose est sûre : Talleyrand a renseigné Vienne sur la marche des négociations par l'intermédiaire du baron Vincent, un Lorrain au service de l'Autriche.

Au projet de convention rédigé par Talleyrand, Napoléon avait ajouté deux articles : le premier le faisait juge des motifs déterminant une intervention de la Russie contre l'Autriche ; le second prévoyait l'envoi immédiat d'un corps russe aux frontières autrichiennes. L'Empereur espérait ainsi avoir les mains libres en Espagne.

Pour obtenir l'accord du tsar, il était prêt à un nombre élevé de concessions : allégement du fardeau de la Prusse, autorisation pour les Russes de se maintenir en Moldavie et Valachie, rappel des forces françaises massées en Pologne. Alexandre le prit au mot, tandis que, conseillé par Talleyrand, il repoussait les deux articles auxquels tenait Napoléon. Celui-ci, note Caulaincourt, « ne trouvait plus son allié aussi facile qu'à Tilsit [1] ». Il devinait derrière cette méfiance une trahison mais ne soupçonna jamais Talleyrand. Le même Talleyrand fit échouer le projet caressé par Napoléon d'un mariage avec une sœur d'Alexandre [2].

Il fut aussi question de la Suède dont l'entrée dans le système continental devenait indispensable. Enfin, le jour de la signature, pour donner aux entretiens « une couleur prononcée contre l'Angleterre », les deux souverains, dans une lettre commune au roi George III, l'invitèrent « à écouter la voix de l'humanité ».

---

1. *Mémoires*, t. I, p. 258.
2. *Ibid.*, p. 261. Sur le problème : E. DARD, *Napoléon et Talleyrand*, chapitre XI.

Sur le plan du prestige, Erfurt fut une incontestable réussite pour Napoléon (tous les princes allemands s'empressaient autour de lui), mais l'alliance franco-russe, indispensable pour assurer l'avenir de l'Empire, apparut aux observateurs comme déjà fortement ébranlée par rapport à l'année précédente.

Napoléon en Espagne

En passant en Espagne avec la Grande Armée pour y restaurer son frère Joseph, Napoléon semble tenir pour quantité négligeable le sentiment national qui dresse la Péninsule contre sa domination. Déjà il n'a pas su utiliser ce sentiment en Pologne quand il jouait en sa faveur. Homme du XVIIIᵉ siècle, comme Talleyrand au demeurant, il ne comprend rien à ces aspirations nationales déclenchées par la Révolution française et que les bouleversements dynastiques ont exacerbées. Le problème espagnol se résume pour lui en un mot : « Il faut que j'y sois. »

Six corps d'armée sont organisés : Victor avec 28 000 hommes, Bessières 26 000, Moncey 21 000, Lefebvre 25 000, Gouvion Saint-Cyr 36 000, Ney 32 000.

Pour contenir l'Autriche, restent 100 000 soldats en Allemagne, 100 000 en Italie avec le prince Eugène et 20 000 en Dalmatie sous le commandement de Marmont.

En Espagne, une junte centrale réunie à Aranjuez s'est proclamée l'autorité suprême du pays et a déclaré la guerre à la France.

Le 3 novembre, l'Empereur est à Bayonne, le 4 à Tolosa, le 5 à Vitoria où il prend le commandement de l'armée. « Son arrivée excita un enthousiasme général », écrit Boulard dans ses *Mémoires*. D'autres témoignages soulignent que cet enthousiasme est vite tombé.

Le 30, le défilé de Somo-Sierra est forcé ; le 2 décembre, l'Empereur est devant Madrid qui capitule. Dès lors, commence la poursuite des forces anglaises débarquées en Espagne à la demande de la junte.

Mais la malchance s'en mêle. Les Anglais s'échappent à

Sahagún, à Astorga, à Villada, se contentant de quelques contacts de cavalerie, comme le combat de Benavente où Lefebvre-Desnouettes est capturé. Le temps est détestable, rendant les manœuvres difficiles. « Les Anglais doivent de la reconnaissance aux obstacles qu'a opposés la montagne de Guadarrama et aux infâmes boues que nous avons rencontrées », écrit Napoléon à Joseph, le 31 décembre. Le 1er janvier, il est averti que l'Autriche poursuit ses armements. Sa décision est prise. Il est résolu à retourner en France. D'autant que, la retraite anglaise se précisant, il peut abandonner la poursuite à ses généraux.

Mais la question espagnole est loin d'être résolue. D'une part en réussissant à échapper à Soult, les forces du général Moore, lui-même tué au combat, montrent que la maîtrise des mers leur permet de débarquer et de rembarquer impunément où il leur plaît.

D'autre part, la résistance nationale, malgré la réinstallation de Joseph à Madrid, ne désarme pas.

En vain Napoléon a-t-il pris des mesures qu'il croit devoir lui gagner les populations : suppression des deux tiers des couvents, abolition de l'Inquisition, disparition des droits féodaux, des douanes intérieures et des justices seigneuriales.

En fait, il s'aliénait définitivement le clergé sans s'assurer la sympathie des habitants : au poids des droits féodaux ne substituait-il pas celui, plus lourd, des contributions de guerre ?

L'appel du 7 décembre avait-il des chances d'être entendu ? « Espagnols, vous avez été égarés par des hommes perfides. La défaite de vos armées a été l'affaire de quelques marches. Je suis entré dans Madrid. Aux droits qui m'ont été cédés par les princes de la dernière dynastie, vous avez voulu que j'ajoutasse le droit de conquête. » Premier aveu, lourd de conséquences. C'est la première fois que Napoléon se peint en conquérant. « Tout ce qui s'opposait à votre prospérité et à votre grandeur, je l'ai détruit. Une Constitution libérale vous donne, au lieu d'une monarchie absolue, une monarchie tempérée et constitutionnelle. » La conquête se trouve rapidement masquée par les principes libéraux qui justifient l'entreprise. Mais la menace finale est maladroite : « Si mes efforts sont inutiles, si vous ne répondez pas à ma confiance, il ne me restera qu'à vous traiter en provinces conquises. Je mettrai alors la couronne d'Espagne sur ma tête et je saurai la faire respecter des méchants car Dieu m'a donné la force et la volonté nécessaires pour surmonter tous les obstacles [1]. »

Napoléon a beau faire, multiplier estampes et chansons exaltant la générosité des Français, organiser de somptueuses parades militaires, faire exécuter les pillards, l'esprit public lui échappe.

Les Espagnols le boudent. Qu'il y ait eu ou non complot le 2 mai, rôle dirigeant du clergé ou révoltes en chaîne à la manière de la Grande Peur de 1789 en France, désormais le résultat est là.

C'est une résistance nationale – à l'exception d'une petite élite sociale, celle des Afrancesados – que doit affronter « Pepe Botellas », « Pepe Barajas », autrement dit Joseph Ier que l'on caricature ainsi parce que ses premiers décrets avaient concerné les boissons alcooliques et les jeux de cartes. « Les honnêtes gens ne me sont pas plus fidèles que la canaille », reconnaît Joseph.

Face à la guérilla que mènent les opposants, les Français sont désarmés. Il y a autant de foyers d'insurrection à réduire que de bandes, de l'Empecinado à Espoz y Mina. Les particularismes régionaux renaissent avec la disparition de l'autorité royale, seul ciment de l'unité espagnole. On ne peut négocier avec les notables car ceux-ci sont dépassés ou massacrés, tout mouvement populaire se méfiant d'eux. Habitué à faire la guerre aux rois, Napoléon ne trouve en Espagne aucun interlocuteur valable avec lequel il pourrait traiter. La religion soutient le moral des combattants qui ne redoutent nullement une mort qui doit leur assurer leur part de paradis.

D'alliée médiocre, retenue par la peur dans le camp napoléonien, l'Espagne s'est transformée en un adversaire protéiforme impossible à vaincre. Cette partie de l'Empire devient brusquement vulnérable : les troupes anglaises vont s'y engouffrer, suivies par les marchandises.

---

1. Reproduit dans GRANDMAISON, *op. cit.*, p. 402.

La révolte des colonies espagnoles contre le roi usurpateur est un autre coup porté au Blocus continental. Les possessions d'Amérique reconnurent Ferdinand VII comme souverain légitime avant de déclarer qu'elles lui appartenaient à titre personnel et devenaient maîtresses d'elles-mêmes durant sa captivité [1]. Déjà les Anglais avaient pris Buenos Aires, le 27 juin 1806, puis perdu la ville grâce à l'action du Français Jacques de Liniers, gouverneur par intérim des pays de missions [2]. Liniers les repoussa une nouvelle fois en juillet 1807. Mais sa position devint précaire lorsque les troupes françaises entrèrent à Lisbonne et que le Prince-Régent et la famille royale s'enfuirent à Rio. Les difficultés apparurent très vite avec le Brésil. Le Prince-Régent ouvrit en effet les ports du Brésil aux « nations amies », entendons l'Angleterre, et offrait, le 3 mars 1808, son protectorat aux Argentins. Proposition repoussée par Liniers. Mais, avec l'invasion de l'Espagne, les milieux commerçants de Buenos Aires, poussés par Rodriguez Pena qui touchait des subsides de l'ambassade britannique de Rio, commencèrent à lancer l'idée d'un regroupement de tous les pays d'Amérique latine. D'un coup la guerre d'Espagne fut transportée de l'autre côté de l'Atlantique. Napoléon qui n'ignorait pas les exploits de Liniers lui envoya un émissaire, le marquis de Sassenay, un ancien émigré. De son côté la junte insurrectionnelle envoyait le sien. En fait Liniers perdit rapidement sa popularité devant les difficultés économiques qui ne cessaient de grandir : manque de numéraire, crise alimentaire. Pour sortir de l'impasse, le commerce redevint libre, le 6 novembre 1809 : les Anglais vinrent alors prendre l'ancienne place des commerçants espagnols. Un moment asphyxiée, l'économie britannique s'assurait de nouveaux débouchés au moment où se fermait l'Europe.

Napoléon devait peu à peu renoncer à son projet de rallier à Joseph les colonies américaines. Il joua alors la carte de leur indépendance, à condition que leurs ports soient fermés aux

---

1. B. MOSES, *Spain's declining Power in South America, 1730-1806*, 1919 ; J. MANCINI, *Bolivar et l'émancipation des colonies espagnoles des origines à 1815*, 1912.

2. P. HILLEMAND, « Jacques de Liniers », *Revue de l'Institut Napoléon*, 1978.

Anglais. L'espoir d'une tête de pont française à Buenos Aires était perdu.

L'Empereur le reconnaîtra à Sainte-Hélène : l'intervention française en Espagne fut une énorme erreur qui remit en cause l'avenir de l'Empire napoléonien.

III.

1809 : le renversement des alliances

Les pressentiments de Napoléon étaient justifiés – tous les rapports le lui confirmaient d'ailleurs : l'Autriche forgeait les armes de la revanche. Une nouvelle guerre était inévitable ; elle devait déboucher sur un renversement inattendu des alliances, néfaste en définitive à l'Empire napoléonien.

LES CAUSES DU CONFLIT

Depuis Richelieu, et sauf lors du rapprochement amorcé par Choiseul, l'Autriche n'a cessé d'apparaître comme l'adversaire principal de la France. La Révolution française exacerbe les haines. Comment François II aurait-il pu accepter l'exécution de Marie-Antoinette ? « Quand ses défaites militaires lui faisaient pour un temps poser les armes, la cour de Vienne servait *la cause commune*, selon le mot cher à Gentz, en assistant de sa complicité passive ou active l'Angleterre dans sa guerre maritime et marchande [1]. »

Contrainte d'entrer, sous la pression de son vainqueur, dans le Blocus continental, l'Autriche, par l'intermédiaire du comte de Starhemberg, rassurait le cabinet de Londres.

Bignon puis Bonnal de Ganges ont insisté sur la haine que portait l'aristocratie autrichienne à Napoléon, qualifié d'usurpateur et d'aventurier, dont on dénonçait « l'origine révolutionnaire ». Le Blocus excitait de surcroît l'hostilité de Vienne

---

1. DUNAN, *Napoléon et l'Allemagne*, p. 304.

pour Napoléon. « Bien que le gouvernement autrichien fasse valoir avec emphase ses relations amicales avec la France, il ne saurait cacher ses réticences et ses regrets de devoir coopérer aux mesures générales du continent [1]. »

En fait, l'Empire autrichien ne pouvait se passer du commerce étranger. Trieste était, en 1809, l'une des plaques tournantes de la contrebande anglaise, la bourse de toutes les spéculations internationales sur les cotons coloniaux. L'Autriche devenait la voie de passage obligée pour tout le commerce des produits levantins : « Le gouvernement autrichien continue à maintenir des communications dans l'Adriatique par le canal des vaisseaux américains », rapportait l'observateur bavarois cité plus haut. « En partant de Trieste, les bâtiments autrichiens se disent destinés pour la côte d'Afrique et, en revenant de Malte, chargés de denrées coloniales, ils se font escorter jusqu'à une certaine hauteur par des vaisseaux anglais », note un autre témoin [2].

« S'il a existé un pays en Europe où l'introduction du système continental ne fût pas chimérique, elle était du moins impossible dans l'Empire autrichien qui ne peut se passer du commerce étranger », écrit le comte Garden, dès février 1808. L'état catastrophique des finances autrichiennes rongées par l'inflation du papier-monnaie rendait insupportables pour l'empire des Habsbourgs les mesures prises par Napoléon. La nécessité d'une nouvelle guerre austro-française est née du Blocus continental.

À ces considérations économiques, vint s'ajouter un réveil patriotique inconnu avant 1805. La propagande anti-française se déchaîna. Metternich en fut le chef d'orchestre, le salon de Caroline Pichler la caisse de résonance et le baron tyrolien Hormayr le compositeur [3]. Gentz avait ouvert la voie. Toute la littérature se mobilisait, de Kleist à Collin, auteur de médiocres tragédies. En 1808, Armbruster publiait les *Vaterlandische Blätter*, puis, sous la direction de Schlegel, l'*Österreichische Zeitung*. Le

---

1. *Ibid.*, p. 309.

2. *Ibid.*, p. 315.

3. A. ROBERT, *L'Idée nationale autrichienne, passim.*

Plutarque autrichien d'Hormayr fut bientôt empli de tirades patriotiques. On traduisit à la hâte sous l'instigation de l'archiduc Jean, des pamphlets espagnols. Le 1er janvier 1807, la représentation d'*Iphigénie en Tauride* de Glück s'affirmait déjà comme une manifestation contre la musique italienne abusivement qualifiée de napoléonienne. Une idée nationale autrichienne appuyée sur l'Histoire et le sentiment que le pays devait être la sentinelle avancée de la chrétienté parut prendre corps. Elle faisait, il est vrai, bon marché des Hongrois et des diverses minorités qui constituaient l'Empire. On songeait à mobiliser les masses en mettant sur pied une *Landmiliz* puis une *Landwehr.*

C'est d'ailleurs l'ensemble de l'Allemagne qui se trouvait secoué par des courants où se mêlaient le pré-romantisme, l'illuminisme et le patriotisme. Intéressante à cet égard était la brochure de 144 pages publiée par le libraire Palm, de Nuremberg, *Deutschland in seiner tiefen Erniedrigung (L'Allemagne dans son profond abaissement).* Arrêté le 19 août 1806, malgré les conseils de prudence, le malheureux libraire fut condamné à mort et exécuté pour propagande anti-française, le 26. L'émotion fut considérable. Palm devint un martyr.

Kleist lance en 1809 son *Catéchisme des Allemands* établi d'après celui des Espagnols :

« Q. : Qui sont tes ennemis, mon fils ?

« R. : Napoléon et, aussi longtemps qu'il sera leur empereur, les Français...

« Q. : Lorsqu'un conquérant étranger démembre un empire, est-ce que quelqu'un, quel qu'il soit, a le droit de le restaurer ?

« R. : Oui, je le pense.

« Q. : Qui a actuellement en Allemagne le pouvoir, l'intention et partant aussi le droit de restaurer la patrie ?

« R. : François II, le vieil empereur des Allemands. »

À l'écoute de l'Allemagne, le Hofburg n'ignorait pas que, dans les anciens territoires de la Prusse, l'occupation française, par suite des charges qu'elle entraînait pour les habitants et des multiples vexations provoquées par la présence des troupes, était de plus en plus mal supportée. Conséquences du Blocus et de la lutte contre la fraude, les perquisitions contribuaient à aggraver les impatiences.

D'Arndt, donnant en 1809 une suite à la première partie de son *Esprit du Temps*, à Jahn qui allait fonder un réseau de sociétés de gymnastique, se forgeait un esprit résolument hostile à la France accusée de dépecer l'Allemagne [1].

Du 13 décembre 1807 au 20 mars 1808, Fichte prononce à l'université de Berlin les quatorze conférences qui seront publiées sous le titre de *Discours à la nation allemande*, discours dont le retentissement fut alors médiocre puisque *Le Moniteur* n'y vit qu'« un moyen d'améliorer l'éducation ». L'Allemagne que Fichte appelle aux armes, c'est le peuple en soi, le peuple, « incarnation d'une humanité que la France avait représentée et qu'elle avait semblé servir [2] ».

Le renversement des Bourbons d'Espagne suivant de peu la chute de ceux de Naples suscita l'indignation générale. On dénonçait l'impudence du parvenu qui se permettait de remettre en cause un équilibre dont l'Autriche était le garant. Bénéficiant aux yeux des Allemands du prestige que lui conférait la dignité impériale, même revue et corrigée après Austerlitz, l'Autriche recevait la mission d'assurer en des heures tragiques le destin des peuples allemands.

L'heure semblait venue de reprendre la guerre ; Stadion en était convaincu à Vienne. Il tablait sur l'alliance anglaise, négociée par le beau-frère de Stein, le général von Walmoden et conclue le 24 avril 1809. Londres promettait des subsides et une manœuvre de diversion. En réalité la subvention anglaise ne parvint qu'en partie dans les caisses autrichiennes et les manœuvres furent trop tardives et inefficaces.

Du côté de Berlin, le baron Binder, ministre d'Autriche, avait nourri des illusions. La Prusse se déroba, invoquant « son épuisement ».

De Saint-Pétersbourg, vinrent de bonnes paroles, mais rien

---

1. MISTLER, *Napoléon et l'Empire*, t. II, p. 143.
2. BOUCHER, *Le Sentiment national en Allemagne*, p. 80.

de plus. Le tsar ne s'engageait pas aux côtés de François Ier.
Finalement l'Autriche dut aller seule au combat.

LA GUERRE

Le moment choisi par Vienne était excellent. Napoléon se voyait contraint de combattre sur deux fronts puisque l'affaire espagnole n'était pas réglée. Avantage supplémentaire : l'ancienne Grande Armée n'existait plus, dispersée en Espagne ou en Dalmatie.

Napoléon dut reconstituer une armée au plus vite en rappelant la Garde de la Péninsule, en renforçant l'armée du Rhin et en confiant à Oudinot le soin de réunir en Allemagne des compagnies d'élite de différents régiments de l'Empire. Grâce à la rapidité d'exécution de ses ordres, Napoléon put disposer de 200 000 hommes et d'une réserve constituée par la classe de 1810.

L'Empereur s'attendait à une attaque autrichienne vers le 15 ; elle intervint le 9, sous la forme d'une triple offensive : les archiducs Charles en Bavière, Jean en Italie et Ferdinand en Pologne. Dans le même temps, le Tyrol, sous l'impulsion d'Andreas Hofer et du capucin Haspinger, se soulevait contre la domination de la Bavière à laquelle il avait été attribué par le traité de Presbourg.

Débordé, Berthier qui assurait le commandement par intérim, appelait Napoléon à l'aide.

Le 17, l'Empereur est à Donauwoerth. Il prévoit une concentration de ses forces en arrière et loin de l'ennemi : c'est la manœuvre de Landshut, du 19 au 23 avril. L'archiduc Charles, trop lent, ne parvient pas, à Tengen, à empêcher Davout sorti de Ratisbonne et Lefebvre avec ses Bavarois d'opérer leur jonction.

Le dispositif français comprend au centre les Wurtembergeois de Vandamme, à droite les Bavarois de Lefebvre, à gauche Davout.

La bataille d'Abensberg, le 20, celle de Landshut le 21, Eckmühl, enfin, le 22, contraignent l'archiduc Charles à la retraite, une retraite sans désordre car Ratisbonne est tombée laissant aux forces de Charles un passage vers la Bohême et Napoléon, malgré les instances de Lannes, a suspendu la poursuite. De toute manière, Ratisbonne est reprise par les Français, le 23. La route de Vienne est ouverte.

En Italie, le général Grenier arrête les Autrichiens à Soave ; l'archiduc Jean bat en retraite. C'est la contre-offensive : le 8 mai, Eugène et Macdonald bousculent l'adversaire autrichien sur la Piave et tentent de rejoindre Napoléon.

La situation est, au début, moins favorable en Pologne où Poniatowski est battu par Ferdinand à Fallenti, le 19 avril. Mais, le 3 mai, après avoir laissé Ferdinand entrer dans Varsovie, Poniatowski contre-attaque en direction de Cracovie et de la partie polonaise encore soumise à l'Autriche. Il l'emporte à Gora. La déception autrichienne est grande. Son offensive a fait long feu et Vienne se retrouve isolée. En vain, Charles a lancé une proclamation rédigée par Schlegel « à la nation allemande » où il affirme : « Nous combattons pour rendre à l'Allemagne son indépendance et son honneur national. » Aux soldats, il déclare : « La liberté de l'Europe s'est réfugiée sous nos drapeaux. Vos victoires briseront ses chaînes et vos frères allemands encore dans les rangs ennemis attendent de vous leur délivrance. » En réalité aucun État allemand n'ose se prononcer contre Napoléon. Il n'y eut que des tentatives individuelles.

Encore la chevauchée du major prussien Schill, ancien défenseur de Kolberg, ne dépasse-t-elle pas Stralsund. L'occupation de Dresde puis de Leipzig par le duc de Brunswick ne dure que quelques jours ; la marche de Katt sur Magdebourg et celle de Dornberg sur Cassel, mal coordonnées, n'entraînent pas l'insurrection attendue même si elles révèlent la faiblesse du royaume de Westphalie. On ne compte pas quelques mouvements sporadiques vite réprimés par le général Michaud. La légende s'en emparera, mais ils demeurèrent sans effet sur le cours des opérations [1].

---

1. Outre la thèse de R. Fonville sur le général Michaud, 1978, cf. HEITZER,

Le 13 mai, Vienne capitule. Napoléon invite son armée à épargner la population : « Soyons bons pour les pauvres paysans et pour ce peuple qui a tant de droit à notre estime. Ne conservons aucun orgueil de nos succès. » L'accueil qui lui est réservé est beaucoup plus froid qu'en 1805. Nous sommes entrés dans l'ère des guerres nationales. Napoléon le comprend-il soudain ? Il s'adresse aux Hongrois dans une proclamation que rédige l'ancien jacobin Bacranyi. Il s'agit de détacher la Hongrie de l'Autriche en lui offrant l'indépendance : « Vous avez des mœurs nationales, une langue nationale, reprenez votre existence comme nation. » Napoléon y croit-il vraiment ? La liquidation des partisans de Martinovics en 1794 [1] rendait cet appel illusoire. Les magnats redoutaient trop les principes révolutionnaires pour écouter Napoléon. L'arme au demeurant était à double tranchant.

Pour assaillir l'archiduc Charles et remporter la victoire décisive qui mettra fin à une campagne dont la prolongation pourrait être dangereuse pour l'avenir de l'Empire, Napoléon doit traverser le Danube. Le 19 mai, les troupes de Lannes et de Masséna franchissent le gros du fleuve. Le 20, par le petit pont édifié à partir de l'île de Lobau, Boudet est à Essling et Molitor à Aspern sur la rive gauche du Danube ; Lannes et Masséna suivent. Mais une crue subite du fleuve emporte, le 21, le grand pont qui relie la rive droite à Lobau et, le 22, il se rompt à nouveau, empêchant Davout de passer sur l'île. Charles contre-attaque aussitôt. Dépourvus de munitions, les Français doivent se retirer dans l'île. Lannes est mortellement blessé, Saint-Hilaire tué lors de l'abandon de la rive droite. Napoléon n'a pas été vaincu par les Autrichiens, mais par les éléments. Son invincibilité est pourtant mise en doute.

Si, du côté de la cinquième coalition, les Anglais se montrent peu actifs, exception faite d'Arthur Wellesley qui débarque au Portugal le 22 avril, prend Porto et chasse Soult dont l'armée

---

Insurrektionen zwischen Weser und Elbe, 1954, KLEIST, *Anecdotes et petits écrits*, trad. Ruffet, 1981.

1. « Les Jacobins hongrois », *Annales historiques de la Révolution française*, 1973, p. 230.

aurait été démoralisée par les rêves absurdes du maréchal de devenir roi du Portugal, du moins, s'il faut en croire Thiébault, dans le camp napoléonien, l'allié russe demeure-t-il tout aussi inactif. Napoléon s'en irrite. Les forces du tsar, engagées en Galicie, évitent soigneusement tout contact avec les Autrichiens et se gardent de paraître sur le Danube.

Cependant l'Empereur, renforcé par l'arrivée de l'armée d'Italie commandée par Macdonald, concentre ses forces dans l'île de Lobau. Le 4 juillet, Oudinot passe sur la rive gauche ; le 5, Masséna et Davout se déploient à leur tour, puis Macdonald et Bernadotte. Un incident : les hommes de Macdonald, trompés par l'uniforme, tirent sur les Saxons de Bernadotte qui se débandent.

Le 6 juillet, après une préparation d'artillerie de plus de cent canons, les forces de Macdonald se lancent à l'assaut du centre autrichien cependant que Masséna reprend l'offensive (c'est alors que Lasalle est tué) et Davout de son côté enlève, avec l'appui d'Oudinot, les hauteurs de Wagram. L'archiduc est vaincu. Mais à quel prix : 27 000 tués du côté français [1] !

La nouvelle défaite essuyée à Znaïm écarte toute possibilité de revanche pour Vienne.

D'autant que la manœuvre anglaise de diversion se développe trop tard. Les forces de Lord Chatham ne débarquent dans l'île de Walcheren pour menacer Anvers que le 29 juillet. Fouché qui assure à Paris l'intérim de l'Intérieur, lève les gardes nationales et confie à Bernadotte, qui vient d'être destitué par Napoléon de son commandement en raison d'un ordre du jour qui attribuait la victoire de Wagram à ses Saxons, les forces armées destinées à contenir le débarquement anglais. En fait c'est l'inefficacité du commandement anglais et les ravages de l'épidémie qui contraignent les forces britanniques à évacuer Walcheren sans avoir attaqué Anvers. Avant même le départ des troupes anglaises, Napoléon a relevé Bernadotte et l'a remplacé par Bessières.

Un armistice avec l'Autriche est finalement signé à Znaïm.

---

1. Dernière mise au point sur la campagne : TRANIÉ et CARMIGNIANI, *Napoléon et l'Autriche, la campagne de 1809*, 1979.

Il permet à Napoléon d'avoir les mains libres au Tyrol où il se heurte à une guerre voisine de celle d'Espagne. Les instructions envoyées à Lefebvre sont énergiques. Face à un mouvement où le fanatisme religieux dû à la sécularisation de plusieurs abbayes se mêle au refus des réformes entreprises par le ministre bavarois Montgelas, Napoléon ordonne : « Mon intention est que vous exigiez qu'on vous livre 150 otages pris dans tous les cantons du Tyrol, que vous fassiez piller et brûler au moins six gros villages et les maisons des chefs et que vous déclariez que je mettrai le pays à feu et à sang si l'on ne me rapporte pas tous les fusils... Faites la loi que toute maison dans laquelle un fusil sera trouvé sera rasée, tout Tyrolien sur lequel un fusil sera trouvé sera passé par les armes... Soyez terrible [1]. » La répression fut en effet terrible. Les insurgés avaient pris Innsbruck au mois d'avril et contraint une colonne française de renfort commandée par Bisson à capituler en rase campagne. Ils tenaient solidement la montagne. Lefebvre échoua contre eux, rejetant la responsabilité de l'échec sur les Bavarois et s'en prenant même au prince héritier Louis. Maladresse qui irrita la Bavière et devait se payer très cher. Drouet d'Erlon prit la relève de Lefebvre. Hofer fut finalement trahi et capturé à la fin de 1809 ; il était fusillé le 20 février 1810.

LE TRAITÉ DE VIENNE

À Vienne, Metternich avait remplacé Stadion. L'ancien ambassadeur à Paris définissait ainsi sa politique : « Louvoyer et composer avec le vainqueur jusqu'au jour de la délivrance commune. » Que faire d'autre ? Les subsides anglais n'arrivaient pas. La Prusse hésitait. Le tsar, rassuré sur les intentions polonaises de l'Empereur qui l'assurait qu'il ne reconstituerait pas l'ancien royaume, prenait un ton menaçant à l'égard de Vienne. De surcroît, à Znaïm, Napoléon avait parlé d'un démembrement de l'empire rival et d'un renversement de la dynastie.

---

1. DUNAN, *op. cit.*, p. 254.

À Schönbrunn, il formula, le 15 septembre, des propositions plus modérées : cession de 1 600 000 âmes sur les frontières de l'Inn et de l'Italie, et de 2 000 000 en Galicie à partager entre la Saxe et la Russie. « Je ne désire rien de l'Autriche. La Galicie est hors de ma position. Trieste n'est bon pour moi que pour l'anéantir puisque j'ai Venise. Il m'est indifférent que la Bavière ait un million de population de plus ou de moins. Mon véritable intérêt est de séparer les trois couronnes, Autriche, Bohême, Hongrie, ou de faire une alliance intime avec la maison régnante [1]. »

François Ier sut éviter toute solution trop tranchée. Il fut servi par la tentative d'assassinat contre Napoléon, de Staps, lors de la parade de Schönbrunn, le 12 octobre 1809. Cet acte patriotique ou interprété comme tel fit impression sur Napoléon et l'obligea à composer. « Le poignard levé sur lui ne l'effrayait pas, mais il lui révélait les dispositions des peuples de l'Allemagne, leur besoin de paix et leur disposition à faire, pour l'obtenir, tous les sacrifices [2]. »

Le traité de paix conclu à Vienne, le 14 octobre 1809, entre l'Autriche et la France, voit l'empereur d'Autriche, roi de Hongrie et de Bohême, céder à l'empereur des Français, roi d'Italie, le comté de Gorz, le gouvernement et la ville de Trieste, le cercle de Willach en Carinthie, une partie de la Croatie provinciale, six districts de la Croatie militaire, Fiume et le littoral hongrois, l'Istrie autrichienne et les îles en dépendant. Ces provinces, dont la perte prive l'Autriche de son débouché maritime, vont former, avec la Dalmatie cédée en 1805, les Provinces illyriennes.

À la Bavière, revient Salzbourg ; à la Saxe, « pour être réunie au duché de Varsovie », toute la Galicie occidentale ou Nouvelle-Galacie ; à la Russie, « la partie la plus orientale » de l'ancienne Galicie.

L'Autriche perdait au total près de 4 millions de sujets, environ

---

1. *Ibid.*, p. 264.
2. *Ibid.*, p. 665.

le sixième de la population de ses États. Elle devait payer une indemnité de 85 millions tandis que l'archiduc Antoine était contraint de renoncer à la Grande Maîtrise de l'Ordre teutonique.

Épuisée financièrement, ses fortifications démantelées, ses débouchés maritimes perdus, réduite à 20 millions d'habitants, l'Autriche doit renoncer à ses ambitions européennes.

En revanche, la puissance française sort considérablement renforcée de la cinquième coalition.

En Suède, Gustave IV Adolphe, adversaire de la France, est renversé. Le duc de Sudermanie devient roi sous le nom de Charles XIII. Le prince héritier Charles-Auguste d'Augustenborg meurt subitement le 28 mai 1810. La Diète chargée d'élire un nouveau prince royal choisit Bernadotte, le 21 août 1810. Même si Napoléon a beaucoup hésité avant de donner son accord, l'influence française pénètre dans les États scandinaves.

Par ailleurs l'Allemagne, de par la volonté du maître, subit de nouvelles modifications.

Le 14 janvier 1810, un traité cède au royaume de Westphalie, moyennant une réserve de donations à perpétuité d'un revenu total de 4,5 millions et la possibilité pour les douaniers de contrôler aux frontières l'exécution des lois du Blocus, le Hanovre et la citadelle de Magdebourg [1].

Le 16 février, le prince-primat Dalberg se voit retirer Ratisbonne destinée à la Bavière, mais s'arrondit des principautés de Fulda et Hanau, l'ensemble de ses États constituant le grand-duché de Francfort qui doit revenir, à sa mort, au prince Eugène dépossédé à court terme de sa vice-royauté d'Italie réservée en principe à un descendant naturel de l'Empereur et de sa future épouse.

Avec les royaumes de Bavière et du Wurtemberg, les négociations sont particulièrement épineuses.

Le 28 février, la Bavière reçoit Bayreuth, Ratisbonne et les pays cédés par l'Autriche à la droite de l'Inn (Salzbourg, Berchtesgaden), mais elle perd 170 000 habitants en Souabe et en Franconie au profit du roi du Wurtemberg et du grand-duc

---

1. DUNAN, *L'Allemagne de la Révolution et de l'Empire*, p. 187.

de Wurzbourg, et surtout le Tyrol italien. De là les protestations du roi Max-Joseph. « Le fait est que j'ai besoin du Tyrol italien et crois que le Tyrol allemand sera toujours mal gouverné, ne sera jamais soumis et nous donnera des inquiétudes graves », réplique l'Empereur, affecté par les difficultés de pacification d'une province dont il impute le soulèvement aux brutalités bavaroises. En fait, à cause du Tyrol, s'amorce un refroidissement des relations entre la France et la Bavière, refroidissement bien noté par Montgelas dans ses *Mémoires.*

Frédéric de Wurtemberg, qui avait pourtant reçu Ulm de la Bavière et s'était agrandi de 93 000 hommes, trouva le butin final insuffisant. « L'allié le plus fidèle de l'empereur Napoléon, celui qui, sans contredit, a fait les efforts les plus considérables pendant les deux guerres de Prusse et d'Autriche, auquel il en coûte au-delà de 35 millions, se voit frustré en toutes ses justes attentes et réduit à cent mille âmes d'augmentations morcelées. »

Décidément, les alliés allemands de Napoléon se montraient tout aussi insatiables que ses parents. Mais ils se gardaient bien de bouger.

LE MARIAGE AUTRICHIEN

Dans l'absence de soutien de Napoléon à Bernadotte lors de sa candidature suédoise, tenait la crainte de mécontenter l'allié russe.

L'Empereur n'avait pourtant pas à se louer de cette alliance. Le tsar n'avait guère fait donner son armée dans la guerre austro-française. Une nouvelle victoire de la France risquait de le réduire en Europe à un rôle subalterne. En outre l'existence de l'Autriche lui semblait indispensable pour contre-balancer la puissance française : sa disparition eût mis la Russie à la discrétion de Napoléon. Aussi Alexandre allégua-t-il le mauvais état de ses finances et la guerre contre les Turcs pour ne pas intervenir. Les victoires de Poniatowski en Galicie accrurent ses inquiétudes : le tsar se mit à redouter le rétablissement du royaume de Pologne, malgré les assurances verbales de Napoléon. Talleyrand ne laissait-il pas entendre à Nesselrode, représentant de la Russie à Paris, que ce serait la prochaine étape de l'expansion française après la soumission de l'Espagne ? Il n'était pas jusqu'aux projets russes en Orient qui ne fussent compromis par la victoire de Wagram. Désormais l'Empire napoléonien devenait limitrophe de la péninsule des Balkans. Napoléon a-t-il suffisamment rassuré son allié ? Rien n'est moins certain.

Convaincu par l'annonce de la grossesse de sa maîtresse, Marie Walewska, qu'une paternité était possible, l'Empereur se déclarait résolu au divorce. Condamnée pour stérilité, Joséphine fut donc sacrifiée [1].

Soucieux de jouer la carte russe, Napoléon se tourna vers Saint-Pétersbourg. La cour y était de plus en plus hostile à Napoléon pour des motifs tout à la fois religieux et économiques. Elle fit échouer le projet de mariage. À la hâte, Catherine, sœur du tsar, épousa le duc Georges d'Oldenbourg. Quand Napoléon demanda la main de la plus jeune, Anna, on invoqua l'obstacle religieux et l'âge de la princesse, à peine sortie de l'enfance. La mollesse du représentant français Caulaincourt fit le reste.

Talleyrand, revenu en grâce, soutenait la solution d'un mariage autrichien. François Ier proposait en effet sa fille Marie-Louise. Pourquoi ? C'est que le Habsbourg tirait la leçon de sa défaite. « La meilleure armée jamais levée par Vienne était battue par Napoléon. Jamais plus, tant que Metternich est en place, Vienne ne fera cavalier ou ne jouera le sort de la patrie en faisant appel au sentiment national... Si, après 1805, déclare Metternich à son empereur, l'Autriche était encore assez forte pour travailler à la libération générale, la voici maintenant obligée de rechercher sa sécurité dans une adaptation au système français. Une seule issue nous reste : économiser notre force en prévision de jours meilleurs, travailler à nous préserver en employant des méthodes moins brutales et ne pas regarder en arrière [2]. »

---

1. Toutes les pièces dans GRÉGOIRE, *Le Divorce de Napoléon et de l'impératrice Joséphine*, 1957.
2. KISSINGER, *Le Chemin de la paix*, p. 33.

Tout se joua lors du conseil des Tuileries du 28 janvier 1810. Talleyrand soutint l'idée, développée par ses soins depuis 1805, que l'alliance autrichienne serait la garantie d'une paix durable et la promesse d'une réconciliation générale. Le mariage de Napoléon avec une nièce de Marie-Antoinette absoudrait la France aux yeux de l'Europe des crimes de la Révolution [1].

Le 2 avril 1810, le mariage de Napoléon et de Marie-Louise était célébré en grande pompe dans le Salon carré du Louvre.

Décision catastrophique. L'Autriche n'était nullement sincère et se contentait de sacrifier la belle génisse au minotaure en attendant des jours meilleurs. Alexandre conçut un grand dépit ; il se convainquit à tort que Napoléon n'avait cessé de le jouer. Ce renversement des alliances impliquait à terme une guerre franco-russe. Il faisait un ennemi de plus pour Napoléon sans lui gagner un ami.

Plus grave : alors que Napoléon en entrant dans la famille des rois se croyait accepté par eux, il perdait sa légitimité révolutionnaire et donnait l'impression, bientôt confirmée, de trahir son serment de 1804. La France des notables comme l'Europe éclairée se détachaient de lui.

Au début de 1810, Napoléon est plein de confiance dans l'avenir de son empire ; il ne se doute pas encore qu'il vient de le condamner. « L'Autrichienne porte malheur », dira-t-il simplement à Sainte-Hélène.

---

1. DARD, *Napoléon et Talleyrand*, p. 248.

IV.

La logique du blocus : les annexions

Les Anglais n'avaient nullement été découragés par la défaite de leur allié autrichien : leurs opérations à l'île d'Aix, le 11 avril 1809, puis à Walcheren, comme les complaisances hollandaises, leur révélaient les faiblesses du dispositif côtier de l'Empire dont le flanc sud se trouvait enfoncé par Wellesley au Portugal. À Talavera, en Espagne, le 28 juillet 1809, le général anglais avait livré une bataille indécise mais prometteuse contre Joseph et Jourdan. L'opinion britannique parlait de victoire, cependant que l'économie insulaire retrouvait son second souffle grâce à une contrebande de plus en plus active en Italie et en Allemagne, en Suisse et en Hollande.

Il devenait donc vital pour Napoléon de colmater les brèches du Blocus continental. À partir de 1809 on dénoncera de plus en plus son impérialisme, sa soif inextinguible de conquête, son désir d'annexer l'ensemble du continent. En réalité l'occupation de Rome, d'Amsterdam, des villes de la Hanse ou du Valais obéissent à une logique : celle du blocus et non au caprice d'un nouvel Attila.

LA CONTREBANDE

Le 17 juillet 1809, l'Empereur écrivait à son frère Louis : « La Hollande est une province anglaise. » Les ports hollandais continuaient à accueillir les marchandises de la « perfide Albion ». Loin d'être découragée, la contrebande prenait de l'ampleur. Sa pratique n'était nullement considérée comme déshonorante.

Un système d'assurance couvrait même les risques, les primes allant de 10 à 20 pour 100. Des bandes étaient organisées avec une hiérarchie dans le commandement. L'ingéniosité des contrebandiers était extrême comme d'ailleurs la corruption des douaniers [1]. En Italie, l'île de Lissa, dans l'Adriatique, occupée par les Anglais, permit de pallier la perte de Trieste. Un coup de main de l'escadre italienne en 1810, qui incendia les magasins, ne ralentit qu'à peine son activité.

Malte, la Sicile et les îles Ioniennes demeuraient les grands entrepôts qui déversaient leurs produits sur les côtes de Calabre ou de l'Illyrie. Les marchandises prohibées s'infiltraient par la frontière italo-suisse : la région de Bellinzona était la terre d'élection de la contrebande.

En Méditerranée, un autre champ d'action était offert à la fraude par Barcelone qui recevait les denrées prohibées en provenance des Baléares. Autre plaque tournante : Bayonne.

Une circulation terrestre non moins importante existait en provenance de Salonique, ravitaillée par les *smugglers.* Les marchandises traversaient le Monténégro, la Bosnie et gagnaient Vienne, Munich, Leipzig ou Bâle. Autre grand axe, celui d'Odessa à Vienne.

Mais c'est le Nord qui offrait les plus vastes possibilités à ce commerce interlope : Dantzig, Stettin, Stralsund, Kiel, Hambourg et Amsterdam sont ravitaillés à partir des bases anglaises de Göteborg et d'Anholt en Baltique, et Heligoland en mer du Nord. Notons le rôle d'Altona, presque le faubourg de Hambourg, tant que le Danemark a été neutre. À Hambourg, la corruption était générale et atteignait les plus hauts fonctionnaires : Brune, gouverneur général des villes hanséatiques, dut être rappelé en raison de complaisances excessives. Son successeur, Bernadotte, le dépassa en malhonnêteté. Et que dire de Bourrienne, ministre plénipotentiaire à Hambourg, qui accordait des passeports à

---

1. CLINQUART, *Histoire des douanes sous le Consulat et l'Empire*, p. 211 ; thèse dactylographiée de Roger Dufraisse, Hautes Études, IVe section, *La Contrebande sous l'Empire, passim.*

des commerçants spéculant sur les denrées coloniales, sucre, café, indigo, et dont la fortune était évaluée, d'après la police hambourgeoise, à quatre millions[1] ?

En Hollande, à Amsterdam surtout, les autorités fermaient les yeux ; Louis lui-même était complice. Sans ce trafic, l'économie hollandaise eût été ruinée.

Pour suspendre le commerce des produits coloniaux, Napoléon se trouva réduit à deux extrémités.

La première était d'ordre législatif. Puisqu'il était impossible de distinguer la marchandise légale de l'illégale, restait à établir une imposition extraordinaire établie indifféremment sur toutes les denrées de quelque provenance qu'elles fussent. Cette taxe, en provoquant un renchérissement général des denrées coloniales en Europe conduirait celle-ci à se passer des produits anglais.

Tel est le sens du décret de Trianon, signé le 5 août 1810. Désormais toutes les denrées dont le propriétaire ne prouverait pas la provenance légale seraient déclarées d'origine frauduleuse et confisquées. Tout dépôt établi dans un rayon de quatre jours de la frontière de l'Empire serait considéré comme clandestin. Enfin était institué sur les denrées un tarif de droits qui s'élevait jusqu'à 50 pour 100 de la valeur des marchandises[2]. Le décret fut étendu au continent le 4 octobre 1810.

Le 18 novembre, il était complété par celui de Fontainebleau qui créait une juridiction spéciale contre la fraude : 7 cours prévôtales et 34 tribunaux. Les marchandises reconnues anglaises devaient être brûlées.

Jusqu'alors, c'était sur la classe industrielle et commerçante qu'avait surtout porté le poids de la politique impériale. Maintenant les masses habituées à la consommation du sucre et du café se sentaient frappées à leur tour.

Pour permettre l'exécution des décrets, Napoléon se voyait acculé à une seconde extrémité : l'annexion des territoires où la

---

1. SERVIÈRES, *L'Allemagne napoléonienne*, p. 123-124.
2. 800 F par quintal pour les cotons de Géorgie, 400 F pour les cotons du Levant, 400 F également pour le café.

contrebande était le plus active grâce à la complicité des autorités locales. À ces autorités seraient substitués des douaniers français.

La politique brutale d'annexion de Napoléon : Rome, Hambourg, la Hollande, le Tessin, serait incompréhensible, séparée de ce contexte. Elle entre dans le cadre d'une lutte généralisée contre la fraude, elle vise à renforcer le Blocus ; mais, interprétée comme une soif de conquêtes inextinguible chez Napoléon, elle s'est retournée contre lui.

ROME FRANÇAISE

Le Blocus continental eut donc pour conséquence de précipiter l'occupation des États romains, parachevant la rupture, lourde de conséquences, entre le pape et l'Empereur.

Pie VII avait espéré retirer de sa participation au sacre de Napoléon un certain nombre d'avantages pour l'Église. La curie constatant qu'il revenait les mains vides ne manqua pas d'afficher une vive déception empreinte de critique à l'égard du souverain pontife. Sans doute, les cadeaux ne manquaient pas (tapisseries des Gobelins, tapis d'Aubusson, porcelaines de Sèvres, etc.). « Mais, au point de vue spirituel, qu'a-t-on gagné ? Rien ou presque rien [1]. »

Le pape, dans une allocution du 26 juin, tenta d'apaiser le mécontentement des cardinaux. Lui-même était conscient de l'échec de son voyage et se montrait résolu à ne plus faire la moindre concession à l'Empereur. La fermeté des doux est souvent la plus difficile à entamer, Napoléon n'allait pas tarder à s'en apercevoir.

Le couronnement de Napoléon à Milan avait été jugé, de Rome, comme un signe inquiétant de la volonté d'hégémonie de l'Empereur sur la péninsule. L'introduction du divorce dans le royaume, par suite de l'application du Code civil français, entraîna une protestation de Pie VII. La riposte ne tarda pas.

---

1. LEFLON, « La Crise révolutionnaire », t. XX de l'*Histoire de l'Église*, p. 241.

Rome s'obstinait, écrivait Napoléon, à suivre « une politique qui, bonne dans les siècles différents, n'est plus adaptée au siècle où nous vivons [1]. » Il refusait de revenir sur les mesures prises.

Un nouveau conflit éclata à propos du mariage de Jérôme avec Elisa Patterson. Le pape ne voulait pas suivre Napoléon et prononcer la nullité de cette union.

L'occupation d'Ancône, le 18 octobre 1805, par Gouvion Saint-Cyr, provoqua une nouvelle protestation du pape. Napoléon invoquait la nécessité de garantir la droite de son armée qui s'engageait en Allemagne contre l'Autriche. Pie VII n'en persista pas moins à parler de « cruel affront » et envoya un ultimatum à l'Empereur, l'invitant à évacuer le port dans les plus brefs délais. La brutalité du ton employé par le souverain pontife surprit l'Empereur. Il laissa passer l'orage, puis, après la signature de la paix de Presbourg, répondit avec hauteur qu'il n'avait occupé Ancône que pour protéger le pape des Anglais hérétiques et du « calife » de Constantinople.

Le conflit s'envenima lorsque fut connue l'attribution du royaume de Naples à Joseph Bonaparte. Rome entendait ressusciter son droit de suzeraineté exercé jadis sur l'État napolitain. Napoléon riposta par l'envoi de troupes à Civitavecchia.

En janvier 1806, l'Empereur faisait savoir au pape qu'il entendait que tous les ports de ses États fussent fermés au commerce britannique et qu'il fût procédé à l'expulsion des agents anglais qui se trouvaient encore à Rome. « Votre Sainteté est souveraine de Rome mais j'en suis l'Empereur. Tous mes ennemis doivent être les siens. » Napoléon voulait obtenir du Saint-Père son adhésion au système continental, mais Pie VII pouvait-il renoncer à toute neutralité même si l'Angleterre n'était qu'un pays hérétique ? Puissance spirituelle, l'Église ne pouvait prendre parti dans un conflit temporel. Il s'ensuivit le rappel de Fesch, ambassadeur de France à Rome, et son remplacement par un ancien conventionnel régicide, Alquier. À Rome, Consalvi dut se retirer de son poste de confiance auprès du pape ; Casoni,

---

1. *Ibid.*, p. 242.

appelé à le remplacer, était loin de le valoir[1]. Ce chassé-croisé accompli, Napoléon lançait un nouvel ultimatum. Pie VII resta sourd : « Notre parti est irrévocable ; rien ne pourra le changer. »

Occupé par la guerre contre la Prusse, Napoléon ne pouvait encore passer de la menace à l'exécution de celle-ci. Mais, au soir d'Iéna, il précisait ses intentions : ou le pape consentait à entrer dans le système continental contre l'Angleterre, et alors « il ne perdait rien », ou bien il refusait, et, confirmait Napoléon, « je lui ôterai ses États ».

Nouvelle tentative après Tilsit : « Si Pie VII, seul sur le continent, veut rester attaché aux Anglais, le devoir du chef de l'Empire ne serait-il pas de réunir immédiatement à cet empire cette partie de ses domaines qui s'en isole par la politique et d'annuler la donation de Charlemagne[2]. »

Premier temps : Napoléon fait occuper les trois provinces d'Urbino, Ancône et Macerata. Pie VII repoussant un ultime projet d'alliance militaire avec la France, Napoléon franchit le pas. Le 21 janvier 1808, il ordonnait au général Miollis d'occuper Rome et les États du Saint-Siège. C'est chose faite le 2 février. Napoléon ne songeait peut-être pour l'instant qu'à une occupation provisoire. Alquier, jugé trop mou, était rappelé ; il alertait pourtant le ministre des Relations extérieures, Champagny : « Vous ne connaissez pas cet homme. » Les cardinaux du Sacré Collège sujets du roi d'Italie et du roi de Naples furent invités à quitter Rome ; l'armée pontificale fut incorporée dans les forces napoléoniennes ; les relations diplomatiques furent interrompues après le rappel de Caprara de Paris en riposte à celui d'Alquier. Nouveau secrétaire d'État choisi par Pie VII, Pacca symbolisait la résistance à Napoléon. Ainsi toute solution de compromis se trouvait-elle écartée.

« Sûr de la victoire contre l'Autriche, l'Empereur se décide, le 16 mai 1809, à l'annexion pure et simple des États pontificaux à la France[3]. »

---

1. *Ibid.*, p. 246.
2. *Ibid.*, p. 247.
3. La protestation du pape, le 10 juin 1809, semble avoir eu un grand

Un général de gendarmerie trop zélé, Radet, dépassera peut-être les instructions impériales, en arrêtant le pape dans la nuit du 5 au 6 juillet 1809. De toute façon, Rome est désormais ville française.

Par conquête, non de cœur.

On connaît mal les réactions de l'Italie à l'annonce de l'annexion. Les partisans de l'unification voyaient la péninsule divisée seulement en trois États : les départements français, le royaume d'Italie et celui de Naples. La prochaine étape ne conduirait-elle pas à un État unique ? Mais ces libéraux ne représentaient qu'une minorité. En revanche, le choc fut sensible pour les catholiques, surtout lorsque fut connue la bulle d'excommunication de l'Empereur. La popularité de Napoléon fut ruinée à Rome.

La gêne occasionnée par le Blocus aggravait les mécontentements. Les denrées coloniales devenaient rares, malgré l'établissement d'entrepôts à Livourne, Ancône et Gênes. Le sucre et l'indigo nécessaire à l'industrie textile faisaient cruellement défaut. Les communications maritimes interdites, c'était pour les grands ports une lente asphyxie, comparable à celle de Marseille. Gênes vivotait ; Venise avait péri ; l'occupation française condamnait Trieste. On n'espérait plus rien des ports de la côte romaine. Le marasme s'installait.

Le banditisme reprit en 1810, il bénéficiait de la complicité de la population et contraignait Napoléon à immobiliser des forces importantes dans la péninsule.

LA HOLLANDE

Le Blocus continental vouait la Hollande à la ruine ; il était impossible à Louis d'adhérer de gaieté de cœur à un système qui précipitait le déclin de l'activité principale de son royaume : le commerce maritime. La Hollande se trouvait écartelée entre

retentissement puisqu'on en trouve une copie en italien dans les papiers de Joseph saisis à Vitoria par Wellington : A. N. 381 AP 29.

l'Angleterre dont elle dépendait économiquement et la France à l'égard de laquelle sa dépendance était politique.

À l'un de ses conseillers qui lui reprochait de laisser la contrebande se développer à Amsterdam dans des proportions sans cesse grandissantes le roi répondait : « Empêchez donc la peau de transpirer. » Louis ne cesse en effet d'alerter son frère sur la dégradation de l'économie hollandaise ; réponse de Napoléon : « Des finances, des troupes et de la sévérité à faire exécuter les lois, voilà les devoirs des princes. Laissez crier les marchands. Pensez-vous que ceux de Bordeaux ne crient pas [1] ? »

Malade et isolé, Louis se décourage. Il eut pourtant un sursaut au moment de l'affaire de Walcheren : afin de protéger le Brabant il se porta, avec 8 000 hommes, entre Zandvliet et Anvers. Comme il avait dégarni ainsi son royaume, Napoléon lui fit reproche de ce mouvement avec une si évidente mauvaise foi que tout montre que Napoléon était résolu à profiter de l'incident pour occuper militairement les côtes hollandaises. À Vienne, après Wagram, l'Empereur ne confiait-il pas : « Ici tout est fini ; il nous faut maintenant marcher contre l'Espagne et surtout contre la Hollande. » Fontanes recueille cette autre confidence : « C'est une colonie anglaise, plus ennemie de la France que de l'Angleterre. Je veux manger la Hollande [2]. »

Par le traité du 16 mars 1810, l'Empereur procède à une première amputation : Louis doit céder sans compensation le territoire situé au sud du Rhin (Brabant et Zélande) et la Gueldre. Un corps de 18 000 hommes (dont 6 000 Français) entretenu aux frais du gouvernement hollandais vient s'établir sur les côtes. Toute marchandise d'origine anglaise est prohibée ; le commerce avec les neutres quasi interdit. De plus, la Hollande doit s'engager à fournir à la marine française une escadre de 9 vaisseaux, 6 frégates et 100 chaloupes canonnières.

Louis, pour sauver son royaume, n'a plus d'espoir que dans la paix. Il se mêle à des négociations secrètes engagées par Fouché

1. J. MISTLER, *Napoléon et l'Empire*, t. II, p. 152.
2. *Ibid.*

grâce à l'intermédiaire du financier Ouvrard. Très actif, le ministre de la Police avait noué en effet des contacts avec Lord Wellesley à Londres, dans le même temps qu'il réconciliait provisoirement l'Empereur et son frère. Les bases de l'accord franco-anglais devaient porter sur l'abandon définitif de Malte aux Anglais, et sur une aide apportée par Napoléon à Londres pour reconquérir l'Amérique du Nord ; enfin, en attendant la conclusion définitive de la paix, les ports de l'Europe entière seraient ouverts pour un an au commerce britannique. Ce fut un homme d'affaires d'Amsterdam, Labouchère, gendre et associé du banquier anglais Baring, qui transmit secrètement le projet à Wellesley. Celui-ci fit savoir qu'il n'abandonnerait jamais les Bourbons de Naples ni ceux d'Espagne. Averti, Napoléon refusa : il ne négocierait que sur le Hanovre et les colonies espagnoles [1]. Pour sauver les négociations et gagner du temps, Fouché substitua de son propre mouvement une réponse différente : la France s'engageait à aider l'Angleterre en Amérique du Nord. Il utilisa Ouvrard pour ces tractations au point que l'imbroglio devint total.

Lorsque Napoléon apprit par hasard la poursuite des pourparlers, sa colère éclata. Fouché prétendait-il le remplacer ? Le ministre de la Police était disgracié le 2 juin. Louis fut englobé dans le courroux impérial, tenu à l'écart de toutes les décisions, bafoué dans la personne de son ambassadeur à Paris, l'amiral Verhuell, directement humilié par le rappel de l'ambassadeur français, le comte de La Rochefoucauld. « Tout le monde sait, lui écrivait son frère, que, hors de moi, vous n'êtes rien. C'est avec la raison et la politique que l'on gouverne les États, non avec une lymphe âcre et viciée [2]. » La lettre du 20 mai 1810 n'était en effet qu'un long réquisitoire. Napoléon y exposait la nécessité pour lui de contrôler le royaume tout en accablant son frère. « Ayant la navigation de la Meuse et du Rhin jusqu'à l'embouchure de ces fleuves, je puis me passer de la Hollande : la Hollande ne peut se passer de ma protection. Si, soumise à un de mes frères,

---

1. MADELIN, *Fouché*, t. II, p. 181.
2. ROCQUAIN, *Napoléon et le roi Louis*, p. 276.

attendant de moi seul son salut, elle ne trouve pas en lui mon image ; si, quand vous parlez, ce n'est pas moi qui parle, vous détruisez toute confiance dans votre administration ; vous brisez vous-même votre sceptre... Voulez-vous être dans la voie de la bonne politique ? Aimez la France, aimez ma gloire ; c'est l'unique manière de servir le roi de Hollande. Sous un roi, les Hollandais ont perdu les avantages d'un gouvernement libre ; vous étiez donc pour un port. Mais ce port, vous l'avez gâté de gaieté de cœur, vous l'avez parsemé de récifs. » Le 24 juin, l'Empereur donnait ordre de rassembler des troupes pour entrer en Hollande [1].

C'en était trop. Le 1er juillet [2] Louis faisait connaître à son frère son intention d'abdiquer en faveur de ses enfants et de se retirer dans un pays neutre. Le 2 juillet, laissant la reine Hortense comme régente, il passait en Bohême. La nouvelle parvint à Napoléon le 6 juillet. Le 8, il écrivait à Decrès, son ministre de la Marine : « Je viens de signer l'acte de réunion de la Hollande à la France. » Le même jour, il prévenait l'architrésorier Lebrun de se rendre dans les plus brefs délais à Amsterdam pour y exercer les fonctions de lieutenant général. « Mon intention, précisait-il dans ses instructions, est de gouverner moi-même le pays. Mon lieutenant général sera là pour tout voir, prendre des renseignements, m'instruire de tout, recevoir directement des ordres pour les faire exécuter. » Preuve que le Blocus n'était pas étranger à l'annexion, l'Empereur ajoutait : « Il faut prendre sur-le-champ des mesures pour que les déclarations des marchandises et denrées coloniales aient lieu, et désigner les employés des douanes françaises et les bureaux où se feront les déclarations. Tout l'argent qui se trouve dans les caisses des douanes hollandaises et tout ce qui proviendra des marchandises doit être versé dans la caisse des douanes françaises [3]. » Ce que confirmait Champagny dans un long rapport : « La réunion de la Hollande à la France complète l'Empire de Votre Majesté et l'exécution de son système de guerre,

---

1. *Ibid.*, p. 281.

2. Rocquain donne le 1er juillet comme date présumée de l'abdication (*Ibid.*, p. 282).

3. *Ibid.*, p. 286.

de politique et de commerce ; c'est un premier pas, mais un pas décisif vers la restauration de sa marine ; enfin c'est le coup le plus sensible que Votre Majesté puisse porter à l'Angleterre [1]. »

LES CONSÉQUENCES EN ALLEMAGNE

Le sénatus-consulte du 13 décembre qui réunit la Hollande, grossie de la principauté d'Ostfrise à la France, entraînait des bouleversements au sein de la Confédération du Rhin. Fut également annexée par Napoléon une partie importante du royaume de Westphalie (le duché d'Osnabrück, la principauté de Ravensberg). On y vit là le prélude à une incorporation totale. Napoléon justifiait ainsi ces empiétements dans une lettre à Champagny du 9 mars 1811 : « En cédant le Hanovre à la Westphalie (entendons le Hanovre méridional, mais on lui enlevait toute la partie septentrionale), je lui cède beaucoup plus que je ne lui prends, puisqu'elle me cède une population de 224 000 âmes et un territoire de 76 milles carrés et que ce que je lui donne comprend 300 et quelque mille âmes et 200 milles carrés. Cette différence compense en faveur de la Westphalie celle qu'il peut y avoir dans les revenus. Je ne dois rien à la Westphalie et c'est elle qui me devrait. Voilà l'exacte justice [2]. »

En réalité, si le procédé fut durement ressenti, c'est que le traité du 14 janvier 1810 avait paru abandonner à la Westphalie la quasi-totalité de l'électorat de Hanovre. « Maintenant, écrivait Jérôme à son frère, il ne me reste qu'à supplier Votre Majesté de me faire connaître ses projets entièrement et sans réserve. S'il convient à ses desseins de réunir la Westphalie à l'Empire, comme la Hollande, je ne forme qu'un désir, c'est d'en être prévenu de suite, pour n'être point exposé sans cesse à contrarier ses vues avec la meilleure volonté de m'y conformer toujours [3]. »

1. *Correspondance de Napoléon Ier*, n° 17 197.
2. SERVIÈRES, *op. cit.*, p. 225.
3. RAMBAUD, *L'Allemagne sous Napoléon*, p. 463.

Une partie du grand-duché de Berg fut également soustraite au fils aîné de Louis qui avait succédé, le 3 mars 1809, à Murat, et qui reçut en dédommagement le comté de Recklinghausen.

Les possessions des deux branches princières de Salm faisaient partie du lot annexé par l'Empereur. Mais l'annexion la plus spectaculaire fut celle des villes de la Hanse, Brême, Hambourg et Lübeck qui assuraient la majeure partie du commerce allemand et avaient pu préserver jusqu'alors une indépendance au moins théorique car non seulement elles étaient occupées militairement depuis 1807, mais encore Napoléon avait souhaité y introduire le Code Napoléon.

L'attention se porta plus particulièrement sur le duché d'Oldenbourg qui appartenait à un parent du tsar. Dans son message au Sénat, le 10 décembre 1810, où il expliquait l'ensemble de ses annexions, Napoléon avait annoncé des dédommagements pour les princes dépossédés. Il proposa au tsar Erfurt pour son parent, « à moins que le Duc ne préférât conserver ses domaines sous certaines restrictions qui seraient apportées à sa souveraineté pour l'établissement des douanes françaises [1] ». Toujours l'obsession du Blocus. Le duc refusa. Le tsar protesta auprès de Caulaincourt puis par son ambassadeur à Paris, Kourakine, et alerta tous les cabinets d'Europe. Il résulta de ces tergiversations diplomatiques que le domaine privé du duc échappa au séquestre. Davout, devenu gouverneur général des villes hanséatiques le 1er décembre 1810, utilisera des ménagements jusqu'à la guerre franco-russe.

Au total, avec la Hollande, c'étaient 13 départements qui venaient accroître la France proprement dite : Bouches-de-la-Meuse (La Haye), Bouches-de-l'Yssel (Zwoll), Ems occidental (Groningue), Ems oriental (Aurich), Frise (Leeuwarden), Yssel supérieur (Arnhem), Zuyderzée (Amsterdam), Lippe (Munster), Bouches-de-l'Elbe (Hambourg), Bouches-de-la-Weser (Brême), Ems supérieur (Osnabrück), Bouches-de-l'Escaut (Middelbourg) et Bouches-du-Rhin (Bois-le-Duc).

Accroissement considérable. Napoléon avait porté là un coup

---

1. SERVIÈRES, *op. cit.*, p. 216.

terrible, non seulement à la paix de l'Europe mais également à la solidité de son œuvre en Allemagne, à la dignité des rois qu'il avait créés, à la popularité de son frère Jérôme. Personne n'avait plus d'illusions ; le détrônement de Louis de Hollande et le sénatus-consulte de réunion avaient levé tous les voiles. On savait à quoi s'en tenir sur l'indépendance des alliés de Napoléon. « Je ne puis dissimuler à Votre Majesté, lui écrivait Jérôme, que la nouvelle d'aujourd'hui (l'abdication de Louis) a produit ici une impression terrible ; la crainte est entrée dans tous les cœurs ; on redoute d'éprouver le sort de la Hollande et cela détruira infailliblement le crédit public, qui ne peut s'allier avec l'incertitude [1]. »

TESSIN ET VALAIS

Du côté de la Suisse, la contrebande, après une brève éclipse, avait pris une importance grandissante, s'exerçant tout aussi bien sur les produits manufacturés suisses que sur les marchandises anglaises. Contrebande active dénoncée par Napoléon lors de l'application du décret de Trianon en Bade, Wurtemberg et Bavière. « Chaque fois, une clause spéciale exigeait une stricte surveillance sur la frontière helvétique [2]. » Aux premières mesures prises par l'Empereur, les marchandises menacées refluèrent sur la Suisse. Il fallait réagir.

Le 31 octobre 1810, sans avertissement, un corps de 3 000 hommes de troupes italiennes, sous le commandement du général Fontanelli, occupait Lugano puis Bellinzona. L'entrée des marchandises anglaises était formellement interdite dans le Tessin tandis que tous les produits manufacturés de coton et de laine qui n'auraient pas été fabriqués en France ou en Italie étaient prohibés. L'émotion fut considérable en Suisse, bien que le motif invoqué pour justifier l'intervention militaire n'ait concerné que la sécurité de la frontière italienne. Napoléon en laissa d'ailleurs

---

1. RAMBAUD, *op. cit.*, p. 464.
2. CÉRENVILLE, *Le Système continental et la Suisse*, p. 70.

la responsabilité au vice-roi d'Italie : « Le placement des douanes au débouché des montagnes, écrivait-il à Eugène, le 6 octobre, est devenu indispensable. Je ne veux point m'adresser directement à la Suisse. Il n'y a pas de mal que ce soit une querelle de vous à la Suisse. Après, on aura recours à moi, ce qui amortira le coup [1]. »

Dans un esprit voisin – contrôler la route du Simplon – Napoléon procédait, la même année, à l'annexion du Valais, « faisant fi des liens séculaires qui rattachaient la vallée du Rhône à la Confédération helvétique [2] ». Dans son message au Sénat, le 10 décembre 1810, Napoléon s'expliquait ainsi : « La réunion du Valais est une conséquence prévue d'immenses travaux que je fais faire depuis dix ans dans cette partie des Alpes. Lors de mon acte de médiation, je séparais le Valais de la Suisse, prévoyant dès lors une mesure si utile à la France et à l'Italie [3]. » Le Valais devint le département du Simplon avec pour premier préfet le résident français auprès de la République défunte, Derville-Maléchard.

La Valteline, Genève et Neuchâtel avaient précédemment connu un sort voisin. La Suisse entière n'allait-elle pas être annexée ? Le prince héritier de Bade, devenu parent de Napoléon par son mariage avec Stéphanie de Beauharnais, convoitait la Suisse pour l'adjoindre à son territoire et en faire un royaume. On parlait aussi d'un landamman héréditaire : Berthier, déjà établi à Neuchâtel, ou le prince Borghese, époux de Pauline Bonaparte [4]. L'inquiétude était grande dans les cantons où s'évanouissait la reconnaissance éprouvée à l'égard du rôle pacificateur joué auparavant par Napoléon.

Le tournant de 1810

Cette incessante politique d'annexions correspond à un renforcement du système continental. Champagny déclare, le

---

1. *Correspondance de Napoléon Ier*, n° 17 007.
2. *Napoléon et l'Europe*, p. 100.
3. *Correspondance de Napoléon Ier*, n° 17 200.
4. PFULG, « Napoléon et la Suisse », dans *Napoléon et l'Europe*, p. 101.

8 décembre 1810 : « Aussi longtemps que l'Angleterre persistera dans ses arrêts du Conseil, Votre Majesté persistera dans ses décrets, elle opposera au blocus des côtes le Blocus continental, et au pillage sur les mers les confiscations des marchandises anglaises sur le continent. »

1810 est l'année décisive, celle de l'effort désespéré de Napoléon pour englober effectivement, bon gré, mal gré, l'Europe entière dans son système. « Depuis Tilsit, l'alliance russe assure à Napoléon la maîtrise du continent où Wagram a brisé le seul empire qui lui résistait[1]. » Le mariage autrichien rapproche le vainqueur du vaincu. Napoléon n'a plus d'adversaires en dehors de l'Angleterre. Pour abattre cette dernière, sans l'appui de laquelle la révolte espagnole s'effondrerait, il faut aggraver le système de blocus. Mais l'application du décret de Trianon à l'Europe a accru le mécontentement. Les autodafés de marchandises, quand la pénurie s'installe, ont produit une impression désastreuse. Francfort, au mois de novembre 1810, fut le témoin de scènes qui alimentèrent l'hostilité des États allemands à l'égard de Napoléon.

Bien que Mgr de Dalberg ait reçu le titre de grand-duc, il n'en fermait pas moins les yeux sur la mauvaise application dans l'ex-ville impériale de la nouvelle législation. La cité regorgeait de produits coloniaux. Le décret de Fontainebleau du 14 octobre, considérant que Francfort était encombré de marchandises anglaises et coloniales, en ordonna le séquestre immédiat. L'intervention de deux régiments d'infanterie fit sensation.

Un second décret de Fontainebleau, le 19 octobre, décidant que toutes les marchandises anglaises prohibées seraient brûlées, fut appliqué sans restriction à Francfort les 17, 20, 23 et 27 novembre.

Mais, si l'indignation fut grande, l'effet n'en fut pas moins immédiat : 700 à 800 bâtiments anglais ou neutres alors au large des côtes du Danemark, de la Suède ou de l'Allemagne du Nord, auraient rebroussé chemin.

---

1. DUNAN, *Napoléon et le système continental en 1810*, t. à. p., p. 2.

Cette politique n'était pas moins impopulaire en Suisse où l'application du tarif de Trianon fut exigée par une note comminatoire du 5 octobre. Le landamman dut s'incliner. L'isolement helvétique par rapport à ses voisins allemands ou italiens fut encore accentué et le pays se trouva sinon entièrement ruiné, comme l'affirme Cérenville[1], du moins fortement touché. Le Midi, Trieste, le royaume d'Italie se trouvaient fermés à son commerce. Dans une lettre du 26 août 1810, Napoléon avait écrit au vice-roi Eugène : « L'Italie est inondée de marchandises suisses. Mon intention est que les toiles peintes d'Allemagne ou de Suisse ne soient point admises en Italie et ne puissent venir que de France. » En fait, les manufactures de Milan, privées de toiles et de filés suisses chômaient faute de matières premières. Eugène résumait ainsi la situation : « Tout souffre. » Napoléon avait répondu par avance le 26 août aux plaintes du vice-roi : « Si mes vœux n'étaient pas remplis, je n'aurais d'autre moyen que de couvrir l'Italie de mes douanes[2]. » Cette politique eût été supportée si elle se fût limitée à une conjoncture de crise et si les Français avaient connu la même condition que les Allemands, les Hollandais, les Italiens ou les Suisses. Tel n'était pas le cas. Dans sa fameuse lettre à Eugène du 23 août 1810, Napoléon définissait sa pensée profonde en matière d'économie : « Mon principe est la France avant tout. Vous ne devez jamais perdre de vue que, si le commerce anglais triomphe sur mer, c'est parce que les Anglais y sont les plus forts. Il est donc convenable puisque la France est la plus forte sur terre, qu'elle y fasse aussi triompher son commerce, sans quoi tout est perdu[3]… » Illustration de cette politique en contradiction avec les rigueurs du Blocus : en juillet 1810, l'Empereur instaure – secrètement il est vrai – un régime de licences françaises dites permis américains, autorisant l'importation directe des États-Unis des cotons et denrées coloniales nécessaires à l'industrie de l'Empire en échange de l'exportation

---

1. CÉRENVILLE, *Le Système continental et la Suisse*, conclusion.
2. *Correspondance de Napoléon Iᵉʳ*, n° 16 829.
3. *Ibid.*, n° 16 824.

de produits français d'une valeur égale et surtout d'un droit spécial. Le but de cette libéralisation du Blocus : soulager l'industrie française privée de matières premières indispensables (les manufacturiers ne reçoivent plus que le coton de Naples et celui du Levant) et remplir les caisses de l'État vidées par la guerre d'Espagne (une guerre chère parce que longue) et par la chute du revenu des douanes. L'énormité de la contribution imposée à l'Autriche vaincue ne suffit pas à combler ce vide.

Le décret du 3 juillet décide qu'il ne sera plus donné de licences qu'à des bâtiments français. Il autorise l'exportation de «toutes marchandises des fabriques françaises et denrées du sol français dont la sortie n'est pas prohibée», c'est-à-dire céréales et eaux-de-vie à destination de l'Angleterre.

Le 25 juillet, le décret de Saint-Cloud place tout le commerce maritime de l'Empire sous l'autorité de Napoléon : aucun navire ne peut sortir des ports à destination de l'étranger sans être muni d'une licence. La redistribution des denrées coloniales ainsi entrées par le nouveau système se fera par le commerce français contre une commission d'intermédiaire. Le 16 juillet, l'Empereur s'exclamait : « Vous voyez que ce vaste système tendra à alimenter mes ports, à faire de ce commerce un commerce d'exception et à me faire un revenu considérable. Système avantageux sous tous les points de vue. C'est répondre à la contribution maritime anglaise par une contribution continentale, c'est rendre injustice pour injustice, arbitraire pour arbitraire. » Napoléon avait prévu le secret : en réalité le système des licences fut aussitôt connu des chancelleries européennes ; il exaspéra le tsar et l'opinion allemande.

Napoléon eut bien conscience de l'injustice du système apparu d'ailleurs en 1809 mais encore très limité[1]. De Rambouillet, il écrivait le 16 juillet 1810, au ministre de l'Intérieur Montalivet : « Je suppose qu'aujourd'hui, dans les lieux où la sortie des blés est permise, aucun bâtiment ne peut sortir sans licence, et que, par mon décret, on ne les laisse plus sortir en

---

1. Il ne fut délivré entre avril et décembre 1809 que 150 licences.

aventurier. Je suppose que demain vous me présenterez à signer des licences pour Bordeaux, La Rochelle, et pour les ports où l'exportation est permise, afin que le commerce n'éprouve pas de retard. Ayant ainsi pourvu aux besoins les plus indispensables de l'exportation de l'Empire, il est convenable de pourvoir à l'exportation des pays alliés. Présentez-moi un projet de décret dans lequel vous discuterez les raisons pour et contre, pour donner des licences à Hambourg et à Brème [1]. » Trieste, Livourne et Gênes reçurent également des licences [2], d'abord chichement puis plus largement à partir de 1813. Mais il s'agit de ports *français*. De la Russie à Naples, le reste de l'Europe est exclu de ces faveurs.

Par cette politique tout à la fois cynique et brutale, Napoléon s'aliène le continent. Au moment où il croit entrer dans la famille des rois qui ne l'accueille que du bout des lèvres, il rompt avec la classe qui l'avait jusqu'alors assuré de son soutien. Car, « en dehors de la France, dans le reste de l'Europe, où nos armées avaient porté victorieusement les principes de 1789, c'est la bourgeoisie qui avait seule vraiment ou presque apprécié cette emprise française émancipatrice. C'est elle qui, bénéficiant de l'abolition de tous les privilèges, constituait, dans la Confédération du Rhin notamment, l'élément lié à la France par son hostilité à l'ancienne féodalité. Et voici que c'était cette classe sociale (et les classes populaires plus encore) que venaient frapper dans ses habitudes, dans son bien-être, dans ses biens souvent d'ancienne acquisition, les nouvelles formes du système. L'exaspération d'un Augsbourgeois à qui la police bavaroise avait confisqué, pour les destructions prescrites par le décret de Fontainebleau, des faïences anglaises, d'ailleurs achetées depuis 1781, lui faisait

---

1. LECESTRE, *Lettres inédites de Napoléon*, t. II, p. 53.

2. FUGIER, *Napoléon et l'Italie*, p. 269. Les autorisations et les refus de licences figurent dans AF IV 1341-1342 (principalement) aux Archives nationales. Des licences ont été accordées à Amsterdam et à Dantzig. Les résultats financiers des premières licences (1811) sont dans AF IV 1356 : ils étaient très appréciables. Notons que ce système entraîna une surveillance étroite des ports (rapports des ministres de la Marine et de la Police, par l'intermédiaire des commissaires généraux dans AF IV 1348 pour la période de juillet 1810 à juillet 1811).

annoncer dans une supplique en français, dès novembre 1810, "le réveil des peuples qui ne manquera pas de venir tôt ou tard". La privation de café, de cacao, de thé, de sucre ou d'épices, le renchérissement des cuirs, des étoffes de coton et de la quincaillerie, avec les violences spectaculaires des autodafés "peu glorieux dans nos annales" comme dit le même pétitionnaire, firent plus pour détacher l'opinion de nos sympathisants que tous les tracts de la coalition [1]. »

---

1. M. DUNAN, *L'Allemagne de la Révolution et de l'Empire*, t. II, p. 197.

V.

L'Empire en 1811

En 1811, lorsque naît le Roi de Rome, l'Empire napoléonien est dessiné : il s'articule autour des axes rhénan et alpin, englobant la France des frontières naturelles, débordant en Allemagne, en Hollande et en Italie où la majeure partie de la péninsule a été annexée.

Contrairement à ce que l'on a parfois écrit, Napoléon a toujours évité de briser les particularismes locaux, il a respecté la langue, la religion et les traditions des pays passés sous son influence ; il s'est efforcé de séduire les élites indigènes, il n'a souhaité porter atteinte en aucune manière à l'identité des peuples entrés dans la mouvance française. Nul génocide, nul impérialisme intellectuel, nul mépris pour les vaincus ne caractérisent la domination napoléonienne. Seules obligations : l'adoption des institutions et de la législation françaises, dont le Code civil, pour les territoires annexés.

Certes l'Empereur détrône parfois les anciennes maisons régnantes et retouche fréquemment les frontières de ses conquêtes, mais ces bouleversements dynastiques et ces remaniements territoriaux ne constituent en rien une innovation et vont le plus souvent dans le sens d'une simplification de la carte de l'Europe. Napoléon ne manquera pas de le rappeler à Sainte-Hélène.

On assiste pourtant en 1811 à un changement de conception de l'empire.

Tous les historiens l'ont noté : en 1809 Napoléon rêve encore de la domination carolingienne dont son empire retrouve l'axe Paris-Francfort-Milan. Albert Sorel écrit de cet ensemble : « C'est l'empire de Charlemagne pour l'étendue, les limites, les marches, la disparate des éléments, l'étrange chaos des nations et des tribus, la suzeraineté suprême de l'Empereur, la distribution des territoires à une hiérarchie de vassaux [1]. » C'est le précédent carolingien qu'invoque Napoléon dans son conflit avec Pie VII ; il explique que l'autorité consentie au pape sur Rome par Charlemagne « empereur des Français et notre auguste prédécesseur ne peut s'entendre que sous la forme d'un fief. La véritable souveraineté appartient au donateur et à ses héritiers » (entendons Napoléon).

Le lien qui rattache les pays non annexés mais dépendants à l'Empereur n'est ni fédératif ni fédéral – faux problème –, il est tout simplement vassalique : l'Empereur est le suzerain des rois de l'Europe. Le système familial s'intègre sans problème à cette conception carolingienne de l'empire.

En 1811, c'est à Rome que l'Empereur fait référence à travers le titre donné à son fils.

Si l'axe essentiel reste le Rhin, si Paris, Milan et Francfort sont toujours les principaux centres de cet empire, si la poussée espagnole n'est pas incompatible avec la tradition carolingienne (Roncevaux), cet empire qui englobe la moitié de l'Europe déborde les limites du domaine de Charlemagne. Le souci de l'unité anime désormais Napoléon. Le brusque accroissement de 1810 (Hollande, villes de la Hanse, etc.) rend nécessaire une unification. Les velléités d'indépendance d'un Louis, finalement dépossédé, d'un Murat ou même d'un Joseph exaspèrent l'Empereur. C'est « la banqueroute du système familial ». Napoléon entend reprendre, semble-t-il, les trônes cédés à sa famille. Notons que c'est au moment où s'affirme en Espagne et en Allemagne, sous forme de révoltes armées ou de pamphlets, un sentiment national, que Napoléon éprouve le besoin d'unifier davantage son empire. La référence historique sera romaine.

Citons encore Albert Sorel : « Désormais la conception du Grand Empire est romaine, comme la République d'où il sort.

---

1. Cité dans *Le Concept d'Empire*, p. 289.

Il rappelle l'Empire romain parce que les conditions en sont analogues, que le théâtre en est le même et que les combinaisons du gouvernement des hommes sont limitées. C'est l'Empire de Dioclétien pour l'administration, les codes, toute la mécanique du gouvernement, des auxiliaires étrangers, des barbares enrégimentés, des confins militaires et, encore au-delà pour l'inconnu des forêts et des plaines sans fin, des Scythes, des Sarmates et des Slaves. Charlemagne donne l'idéal légendaire ; Dioclétien les réalités, les instruments d'État [1]. »

Pour expliquer ce changement, on a invoqué le rêve d'un Empire universel qui aurait saisi Napoléon, grisé par ses victoires et la naissance du Roi de Rome [2]. Il n'est plus question en effet dans les propos et les lettres de l'Empereur de référence à la Révolution. Le rétablissement en 1808 d'une noblesse en France, le soin apporté à ménager celle des pays conquis ou annexés montrent un changement complet de politique ; il n'est pas jusqu'au Code civil pour lequel Napoléon se fait moins pressant. On le voit, les principes de 1789 sont en voie d'être abandonnés.

À Sainte-Hélène, Napoléon dira qu'il a simplement voulu donner une nouvelle impulsion à l'idée d'unité européenne. Mais on ne trouve aucune allusion à un tel projet dans les textes impériaux de 1810 à 1812.

L'unification impériale vise surtout en 1811 deux objectifs pratiques : améliorer les rentrées d'impôts et favoriser les levées d'hommes.

Mais comment ne pas faire intervenir en priorité la nécessité de renforcer le Blocus continental ? « Le blocus ou la mort [3]. » Comme Napoléon le notifie au Mecklembourg, ce n'est qu'à ce prix que ce dernier conservera son indépendance ; il en va de même pour la Suède et sa possession allemande de Poméranie. « La paix est à ce prix [4] », répète Napoléon.

---

1. A. SOREL, *L'Europe et la Révolution française*, t. VII, p. 462

2. L. GEOFFROY, *Napoléon apocryphe*, *passim* ; F. OLIVIER-MARTIN, *L'Inconnu, Napoléon Bonaparte*, pp. 75 et 173.

3. A. SOREL, *op. cit.*, t. VII, p. 529.

4. *Ibid.*

De là la forme, ou plutôt la déformation progressive de l'Empire, désormais tout en rivages et en ports, de Hambourg à Bayonne, de Gênes à Barcelone, de Trieste à Naples. Dépassée, la question des frontières naturelles ; périmée, la diffusion des principes révolutionnaires, à travers le Code civil, par les royaumes vassaux. Seule compte maintenant la fermeture du continent au commerce anglais. C'est l'ultime effort avant la victoire finale.

Quant à l'avenir, « les idées de l'Empereur, ici, comme ailleurs étaient en devenir [1] ». Napoléon était trop pragmatique pour s'embarrasser de théories sur l'unité européenne ou sur la domination universelle.

Notons toutefois l'efficacité de l'unification quand elle fut bien appliquée. Tel est le cas de l'Italie plus centralisée, plus marquée par les réformes, plus assimilée et qui résista jusqu'en 1814 à l'effondrement.

L'UNITÉ DOUANIÈRE

Arme de guerre contre l'Angleterre, le Blocus continental est aussi un puissant facteur d'unité douanière.

Depuis la loi du 29 floréal an X, c'est le Premier Consul, puis l'Empereur, qui définit la politique de la France dans ce domaine. Les Anglais baissant provisoirement leurs prix pour mieux atteindre le marché français, c'est surtout après la rupture de la paix d'Amiens que le système douanier se renforce dans le sens d'une prohibition presque totale qui vise tout à la fois à protéger l'industrie française et à frapper les exportations britanniques.

La France de 1804 était déjà enfermée dans un réseau protecteur étendu aux départements italiens. Partout où il y a annexion s'implante la douane française. C'est le cas du grand-duché de Toscane attribué à Élisa et intégré à l'Empire. Un décret du 22 octobre 1808 décide l'entrée du duché dans le système

---

1. BLUCHE, *Le Bonapartisme*, p. 81.

douanier français. La date est fixée au 1ᵉʳ janvier 1809. Boucher de Perthes nous a laissé un pittoresque récit de la mise en place des postes français à Livourne : « À six heures du matin, investi des fonctions de capitaine, on me donna un détachement de douaniers et de soldats français pour aller m'emparer d'une des portes de Livourne, porte bâtarde qui, probablement, avait d'abord été oubliée, car aucune mesure n'avait été prise pour éviter l'encombrement. Elle était fermée, et un ramassis de gens qui voulaient entrer ou sortir ou seulement crier, faisaient vacarme et jetaient des pierres. Les soldats toscans, embarrassés de leur position, s'empressèrent de me remettre les clefs, puis, détalant à toutes jambes, me laissèrent avec 50 hommes répondre à 3 ou 4 000 démons. D'après le traité, la ville était franche et la visite devait être faite à l'entrée et à la sortie. Fouiller une populace furieuse et quelques centaines de charrettes : telle était notre mission [1]. » Il fallut l'artillerie pour dégager les douaniers français, mais, le troisième jour, tout s'apaisa. En 1809, c'est une nouvelle ligne de douanes qui est installée le long de la frontière séparant le royaume de Hollande du grand-duché de Berg et du royaume de Westphalie ; elle va du Rhin à Hambourg. « Il s'agissait de renforcer la surveillance du trafic en provenance des ports néerlandais et d'une manière plus générale de resserrer le contrôle de la mer du Nord. Fermeture également de l'Illyrie : un directeur est nommé à Trieste. » Le 1ᵉʳ février 1810, deux directions des douanes sont établies dans les anciens États pontificaux.

Dès 1809, la frontière avec la Hollande avait été rectifiée. Lors de la réunion à la France, la douane passe sous autorité française et reçoit, par le décret du 18 octobre, une organisation identique à celle des autres départements. « La ligne des douanes existant sur la frontière de France ne sera conservée que jusqu'au 1ᵉʳ janvier 1811, époque à laquelle elle sera levée et la communication de la Hollande avec l'Empire sera libre », stipule le décret du 9 juillet 1810.

---

1. CLINQUART, *L'Administration des Douanes sous le Consulat et l'Empire*, p. 153.

La France des 130 départements en 1811.

En mars de la même année, on compte des directions de douanes à Bayonne, Bordeaux, La Rochelle, Nantes, Lorient, Brest, Saint-Malo, Cherbourg, Rouen, Abbeville, Boulogne, Dunkerque, Anvers, Clèves, Cologne, Mayence, Strasbourg, Besançon, Genève, Verceil, Voghere, Parme, Livourne, Gênes, Novi, Nice, Toulon, Marseille, Sète, Perpignan, Saint-Gaudens. Viennent s'y ajouter, avec les annexions : Rome, Foligno, Trieste, Lunebourg, Hambourg, Emden, Groningue, Amsterdam et Rotterdam.

Dans les territoires annexés, on choisit pour directeurs des gens jeunes, des inspecteurs, des hommes formés sur le terrain. L'environnement est hostile : non seulement il faut compter avec la résistance de la population mais aussi avec la jalousie des autorités civiles et militaires qui supportent mal l'autonomie des douanes. Il en est d'ailleurs de même en territoire français.

Les responsabilités des directeurs sont particulièrement lourdes. Ils commandent des troupes nombreuses, organisées militairement et formées d'inspecteurs, de contrôleurs aux visites et de préposés répartis en brigades.

Hâtivement recruté et insuffisamment encadré, le personnel ne donne pas toujours satisfaction. De plus les charges des directeurs s'accroissent même sur les côtes françaises. « Le calme n'y règne pas en permanence, les escadres anglaises s'efforçant d'en assurer le blocus, à tout le moins d'y opérer des raids. Aussi a-t-on mis les frontières maritimes de l'Empire en état de défense, en particulier face aux îles Britanniques. Des batteries y sont installées et la douane concourt à les servir à telle enseigne que le Conseil d'État doit donner un avis sur les droits des garnisons de port et batteries de terre et des préposés des douanes [1]. »

On tend, comme l'observe Boucher de Perthes, à recruter d'anciens militaires qui sont capables de faire face à un débarquement anglais ou contenir une « émotion » populaire.

Il y aura des situations difficiles comme celle des douaniers établis, à partir de 1812, dans les départements de Catalogne.

---

1. *Ibid.*, p. 193.

Reste que l'Empire se trouve ainsi enfermé dans un système malgré tout efficace mais qui exclut les royaumes vassaux non encore annexés, avec le plus grand dommage pour leur commerce comme on l'a vu.

LA ROUTE

La paralysie des liaisons maritimes que ne supplée pas un cabotage plus difficile à intercepter pour la course anglaise a eu pour conséquence le développement des routes.

Certes, Napoléon n'ignore pas l'importance des canaux : il donne ordre d'assurer la jonction entre la Baltique et la mer du Nord par un canal de Lübeck à Hambourg et la continuation de ce canal jusqu'au Rhin, mais il s'agit d'une vue à long terme[1]. Il prévoit un canal du Rhin au Rhône par le Doubs, unissant la mer du Nord à la Méditerranée. Un autre doit relier l'Escaut à la Somme, joignant Amsterdam à Paris. La jonction de la Rance à la Vilaine, donc de la Manche à l'Océan, est prévue dans *L'Exposé de la situation de la République* du 16 janvier 1804[2]. Napoléon ne cesse de penser à des projets grandioses : « J'ai fait dresser le plan d'un canal qui sera exécuté avant cinq ans et qui joindra la Baltique avec la Seine », écrit-il au Sénat, le 10 décembre 1810[3]. Le 5 mars 1806, il esquisse un bilan devant le Corps législatif : « Six grands canaux sont en exécution. Celui de Saint-Quentin, auquel plus de cinq millions de francs ont déjà été employés, peut être fini dans le courant de l'année prochaine. Les canaux du Blavet, de l'Ille-et-Rance qui établissent au sein de la Bretagne des communications intérieures entre le golfe de Gascogne et la Manche sont déjà conduits... Celui d'Arles qui doit donner au Rhône une issue navigable vers la mer est au quart. Les canaux d'embranchement qui accroissent la fertilité naturelle de la Belgique ont été réparés, continués, multipliés.

---

1. *Correspondance de Napoléon Ier*, n° 17 200.
2. *Ibid.*, n° 7 482.
3. *Ibid.*, n° 17 200.

« Quelques autres, non moins importants, sont commencés ou du moins tracés, tels sont celui de Saint-Valéry qui perfectionnera la navigation de la Somme à la mer ; celui de Beaucaire à Aiguës-Mortes qui abrégera la communication de ce grand rendez-vous commercial avec la Méditerranée, celui de Sedan qui unira la Haute à la Basse Meuse, mais surtout ceux de Niort à La Rochelle et de Nantes à Brest.

« Plusieurs autres enfin sont projetés comme celui de la Censée destiné à unir l'Escaut à la Scarpe ; celui de Charleroi à Bruxelles qui unira la Sambre à l'Escaut ; celui d'Ypres qui abrégera la communication de Lille à la mer ; ceux qui se développent le long de la Haisne, de la Vesle et de l'Aisne, et enfin le canal latéral de la Loire, allant de Digoin à Briare et rendant facile et praticable en tous temps la navigation de la plus belle et de la plus capricieuse de nos rivières [1]. » Programme ambitieux qui pose des problèmes techniques et financiers que Napoléon s'efforce de résoudre par la création d'une caisse des canaux [2].

Ainsi se trouverait confirmée la supériorité de la terre sur la mer, mais il s'agit d'entreprises coûteuses et de longue haleine.

En attendant, c'est à la route, conformément à l'exemple romain, qu'est confié le soin d'unifier l'Empire.

Napoléon en est convaincu. Le 17 août 1811, il rappelle à Gaudin, son ministre des Finances : « Ce qui importe dans ce moment, je le répète, ce sont les travaux des routes. La chaussée d'Amsterdam à Anvers rapprochera cette première ville de Paris de vingt-quatre heures ; et celle de Hambourg à Wesel rapprochera Hambourg de Paris de quatre jours ; cela assure et consolide la réunion de ces pays à l'Empire et c'est donc un objet de premier intérêt [3]. »

En 1807, dans l'esquisse d'un premier bilan de cette politique routière, Napoléon peut parler de 27 routes principales partant

---

1. *Ibid.*, n° 9 929.
2. *Ibid.*, n° 16 636.
3. *Ibid.*, n° 18 042.

en étoile de Paris. L'existence de ce réseau « centralisateur » est consacrée et renforcée par le décret du 16 décembre 1811.

L'obstacle des barrières physiques est franchi. Les Alpes sont traversées par la route du Simplon (Genève-Milan), celle du Cenis (Lyon, Turin, Gênes) et le passage du Genèvre, en attendant la voie de la corniche, en cours de construction et destinée à remplacer, l'hiver, les cols enneigés des Alpes. La ville de Lyon est ainsi solidement rattachée aux centres de production de la soie italienne sans que le port de Marseille soit entièrement coupé de la péninsule.

Le raccord se fait ensuite avec une diagonale qui, traversant des États sous domination française, descend vers Naples. Route politique et économique qu'empruntent les troupes de Napoléon et le coton napolitain. Une autre voie file vers Trieste pour y capter le commerce de Salonique.

Le tracé des routes alpines n'est pas allé sans bataille et c'est Cretet qui a fait pencher la balance, dès 1801, en faveur du Cenis, choix que Napoléon approuve à la suite de son voyage en Italie, en 1805. À son achèvement, le Cenis devient le passage de la diagonale Paris-Turin-Gênes, alors que le Genèvre, route d'Espagne en Italie, se trouve relégué au rôle d'axe militaire destiné à unir Briançon à Pignerol et à couvrir au sud la voie du Cenis.

En 1810, celui-ci donne passage à 2 911 voitures de voyageurs, 14 037 voitures de roulage et 37 255 mulets ou chevaux de charge.

Comment expliquer cette victoire sur le Simplon ? Sans doute parce qu'au départ le Cenis apparaît comme « une voie exclusivement française » mais aussi parce qu'il a dans sa desserte Lyon, en plein essor. En revanche le Simplon, pratiquement abandonné entre 1809 et 1810, rouvert en 1811, sous l'impulsion de Montalivet, est considéré comme une voie dangereuse par les douaniers, comme offrant des facilités à la contrebande ; il est aussi victime du déclin de Genève. L'annexion du Valais lui a toutefois rendu une partie de son importance. Le décret du 12 avril 1811 assimilait dans son article 7 le Simplon au Cenis « en ce qui touche les avantages faits à l'entrée en Italie aux marchandises françaises. C'est la mise sur un pied de complète égalité économique et douanière des deux grands passages des Alpes occidentales, la pleine assimilation des deux routes pour tout ce qui concernait le va-et-vient des voyageurs, le commerce franco-italien et le transit du Levant. La concurrence genevoise à l'égard de Lyon pouvait maintenant jouer [1] ».

Au nord, pas de problèmes : la voie Paris-Amsterdam est l'une des plus rapides. À l'est, la route qui suit le Rhin est coupée à Cologne par celle qui monte sur Hambourg et l'Allemagne du Nord ; elle l'est à Francfort par la voie du Main vers l'Allemagne du centre. Le grand axe auquel Napoléon consacre le plus d'argent (près de trois millions) est la route Paris-Soissons-Namur-Liège-Wesel-Münster et Hambourg.

L'intérêt se porte enfin, après 1808, sur les Pyrénées : la route de Paris en Espagne par Bordeaux suit dans l'un de ses tracés la voie romaine, celle des pèlerins de Saint-Jacques, Étampes, Orléans, Tours, Blois, mais la préférence va à la route impériale n° 11, Versailles, Trappes, Chartres et Tours. De là elle atteint Bordeaux puis Bayonne par la route des Petites Landes aménagée par l'inspecteur général des Ponts et Chaussées, Claude Deschamps. On allait aussi en Espagne par Pau, Oloron et Saragosse.

Le décret du 16 décembre 1811, qui assure un classement des routes en trois catégories, fixe les modalités de leur financement. Les routes impériales de première et deuxième classe – entendons les grands axes stratégiques – soit 14 routes de première classe et 13 de deuxième classe, sont entièrement construites, reconstruites et entretenues aux frais du Trésor impérial.

Pour les routes de troisième classe (202 au total) qui joignent les grandes villes, et dont la fonction est plus régionale que générale, leur entretien est supporté par le Trésor et les départements qu'elles traversent. « Les unes et les autres portent un numéro d'ordre qu'elles conservent respectivement d'une extrémité à l'autre de leur parcours, conformément à un tableau qui accompagne le décret [2]. »

---

1. BLANCHARD, *Les Routes des Alpes*, p. 387.
2. CAVAILLÈS, *La Route*, p. 197.

Au-dessous, sont les routes départementales à la charge uniquement du département mais celui-ci peut être aidé par des subventions. Ces routes rayonnent autour du chef-lieu comme le réseau impérial autour de la capitale.

L'entretien est assuré par l'administration des Ponts et Chaussées placée sous l'autorité d'un directeur général, Cretet jusqu'en 1806, Montalivet de cette date à 1809, puis Molé qui céda la place en 1813 à Costaz. Ce corps, réorganisé le 7 fructidor an XII, comprenait 5 inspecteurs généraux, 15 inspecteurs divisionnaires, 134 ingénieurs en chef, 306 ingénieurs ordinaires. Les 5 inspecteurs généraux réunis à 5 inspecteurs divisionnaires appelés alternativement à Paris formaient le conseil général des Ponts et Chaussées présidé par le directeur général [1].

Les traitements étaient importants, mais la discipline rigoureuse. Le port de l'uniforme souligne le prestige de la fonction. « L'ingénieur impérial nous donne le type pur du fonctionnaire qui n'existe que pour l'administration et par elle [2]. » Si les techniques ne progressent pas par rapport à l'Ancien Régime (pavages ou plus simplement empierrement) et si l'on doit utiliser comme main-d'œuvre les prisonniers de guerre qui ne montrent pas une grande ardeur au travail, il y eut néanmoins de remarquables ingénieurs comme Dausse, dans l'Isère, qui fut l'un des maîtres d'œuvre du Cenis.

LA POSTE

À la route se trouve attachée la fonction postale. Napoléon lui donne une grande extension et trouve en Lavalette, commissaire du gouvernement puis directeur général des Postes, un fidèle exécutant. L'État est maître de l'exploitation postale placée le 28 ventôse an XII sous l'autorité du ministre des Finances.

Chaque département possède un bureau principal, des

---

1. PETOT, *L'Administration des Ponts et Chaussées*, p. 424.
2. *Ibid.*, p. 427.

bureaux secondaires et des bureaux de distribution placés sous le contrôle d'inspecteurs.

Un personnel spécial est chargé d'assurer ce genre de liaison, du maître de poste à la « savatte », porteur de plis officiels. Dans les pays annexés, le recrutement des agents se fait parmi les indigènes (Piémont, Belgique, Rhénanie) conformément aux instructions de l'Empereur [1].

Une série de règlements fixe la liste des routes sur lesquelles les maîtres de poste exécutent le transport des malles, transport quotidien sur les unes, semi-quotidien sur les autres. Pour les courriers officiels, plis enfermés dans un portefeuille dont seuls l'expéditeur et le destinataire avaient la clef, un système d'estafettes fut établi. Selon Lavalette, « l'estafette partait et arrivait tous les jours de Paris et aux points les plus éloignés, Naples, Milan, les Bouches du Cattaro, Madrid, Lisbonne... L'Empereur recevait le huitième jour les réponses aux lettres écrites à Milan et le quinzième de Naples [2] ». Élément essentiel d'un pouvoir centralisé, le courrier se voit frappé de sévères sanctions en cas de retard mais les gratifications sont importantes. Les allocations attribuées aux maîtres de poste pour la fourniture des chevaux variait de 1,50 F par poste, dans l'ancienne France, à 3,10 F dans le royaume de Naples.

Quant aux tarifs postaux, une loi du 24 avril 1806 divisa le territoire de l'Empire en onze zones avec une échelle des prix adaptée à l'éloignement de Paris. La réglementation française fut appliquée progressivement à tous les pays annexés. Des traités postaux étaient passés avec les États restés indépendants, sauf l'Espagne où l'usage était de livrer gratuitement de part et d'autre les lettres échangées. Les tractations furent menées pour l'Allemagne avec le prince de Taxis, propriétaire à titre de fief des postes du Saint-Empire. En 1812, était institué un courrier direct avec Constantinople par l'Italie et l'Illyrie ; une autre ligne vers Saint-Pétersbourg avait été établie à travers la Westphalie

---

1. VAILLE, *Histoire des postes*, Que sais-je ?, t. II, p. 36.

2. LAVALETTE, *Mémoires*, p. 256.

et la Saxe. À lire les nombreuses lettres qu'il adresse au ministre des Finances ou à Lavalette, on constate que Napoléon s'est constamment préoccupé de la célérité et de l'efficacité du service des postes.

Il n'hésite pas d'ailleurs à violer cette correspondance grâce au fameux cabinet noir qui intercepte les dépêches diplomatiques et perce les secrets les mieux gardés des chiffres étrangers. Plus tard, à Sainte-Hélène, Napoléon minimisera le rôle du cabinet noir. Il écrit pourtant à Gaudin, le 16 janvier 1811, « qu'il est indispensable d'établir à Turin, à Gênes, à Florence, à Rome, à Amsterdam, à Hambourg et peut-être dans quelques autres villes de l'ancienne France des cabinets dont l'existence sera ignorée de tout le monde, hormis les directeurs de la poste qui en seraient les commissaires [1] ».

Observons enfin que si le télégraphe n'en est encore qu'à ses débuts et s'il reste réservé au gouvernement, le tracé des lignes complète celui des voies routières : Paris-Lille-Anvers-Amsterdam, et Paris-Metz-Strasbourg sont avec Paris-Lyon-Venise, par le Mont-Cenis, Turin et Milan, les grands axes de ce type de liaison qui oublie curieusement la façade méditerranéenne.

LES BRASSAGES D'HOMMES

Étendu à tous les départements de l'Empire, le système de la conscription favorise les brassages de population. Malgré l'obstacle des patois et des langues, la fraternité d'armes est toujours un ciment efficace.

C'est à partir de 1806 que la Grande Armée prend un caractère international. Le 20 septembre, est créée une légion polonaise confiée à Poniatowski [2] ; le régiment de La Tour d'Auvergne attire les mercenaires prussiens ; le régiment d'Isembourg recrute

---

1. LECESTRE, *Lettres inédites de Napoléon Ier*, t. II, p. 107.
2. MORVAN, *Le Soldat impérial*, t. I, p. 57.

Le télégraphe.

surtout au nord du Mein. Conscrits du royaume d'Italie, légion dalmate, soldats hollandais, contingents suisses et espagnols sont sollicités. Le Polonais Grabinski avec son régiment reçoit la défense de la Calabre, ce qui est inattendu, puis la mission avec la légion polono-italienne de pacifier la Basse-Silésie, ce qui provoque son irritation et celle des vétérans qui l'accompagnent. Ils eussent préféré former les cadres de la future armée polonaise. L'empereur s'en garde bien : toujours la nécessité des brassages. Les demandes de Napoléon à l'égard des pays annexés ou vassaux ne vont pas cesser.

En 1808, Napoléon lève les conscrits de deux années dans le royaume d'Italie ; il obtient 5 500 Polonais et 8 000 Saxons, 30 000 Bavarois, 15 000 Wurtembergeois, 6 000 Badois, etc.

Au commencement de 1809, on compte dans la péninsule Ibérique plus de 50 000 étrangers, soit le sixième des troupes impériales, et sur le champ de bataille de Wagram, Saxons, Wurtembergeois et autres composent le tiers de l'armée napoléonienne. Les Polonais – blanc et rouge – combattent en Espagne ; inversement, sur les rives de la Baltique, on trouve le régiment espagnol Joseph-Napoléon – sang et or.

L'armée, réunie pour envahir la Russie en 1812, regroupe des soldats de toute l'Europe soumise à la domination de Napoléon, Prusse et Autriche comprises. Il n'y a que 125 000 Français sur 400 000 hommes. Les autres sont Italiens, Napolitains, Suisses, Hollandais, Polonais, Allemands de la Confédération du Rhin, Croates, « une vraie tour de Babel en marche ». C'est au cours de cette campagne que l'on mesure le mieux les limites de l'amalgame. Les Prussiens et les Autrichiens restent à l'écart ; les Italiens traînent à l'arrière, attendant l'occasion de déserter. En fait chaque « nation » conserve sa langue et ses traditions de combat.

Il n'en demeure pas moins que les incessants déplacements de soldats à l'intérieur de l'Empire, des Espagnols en Danemark [1]

---

1. GODCHOT, *En Danemark, les Espagnols du marquis de la Romana 1807-1808, passim.*

aux Polonais à Somo-Sierra, en passant par la légion portugaise [1] avec ses trois régiments d'infanterie et son régiment de chasseurs à cheval sous le commandement du marquis d'Alorna, ont créé des solidarités qu'évoquera, à propos des contingents allemands, Niklas Müller, en 1837, dans son *Livre de chants pour les vétérans qui servirent dans la Grande Armée de Napoléon.*

L'UNITÉ LÉGISLATIVE

On a voulu voir dans le Code civil, plus connu alors sous le nom de Code Napoléon, un puissant facteur d'unification. Napoléon ne cesse d'en prôner les mérites. À Joseph, il écrit de Saint-Cloud, le 5 juin 1806 : « Établissez le code civil à Naples : tout ce qui ne vous est pas attaché va se détruire alors en peu d'années et ce que vous voudrez conserver, se consolidera. Voilà le grand avantage du code civil [2]. » Et il lui confirme, le 31 octobre, que « l'Allemagne l'adopte. L'Espagne ne tardera pas à l'adopter. Il y a beaucoup d'avantages à cela [3] ». Champagny est invité à écrire à Bourrienne à Hambourg pour que les villes de la Hanse adoptent le Code Napoléon : « Je désire que vous écriviez également à M. Otto, à Munich, à mes chargés d'affaires près le Prince Primat et les Grands-Ducs de Hesse-Darmstadt et de Bade pour leur prescrire de faire des insinuations légères et non écrites pour que le code Napoléon soit adopté comme loi civile de leurs États, en supprimant toutes les coutumes et en se bornant au seul code Napoléon. » À Junot enfin, cette question naïve, le 15 mai 1808 : « Y aurait-il de l'inconvénient à faire publier le Code Napoléon au Portugal ? »

En réalité, le Code civil n'a pas été appliqué systématiquement dans les pays annexés ou vassaux.

En Allemagne, il fut passionnément discuté. Tandis que Thibaut, juriste à Heidelberg, le défend, Karl von Savigny le

---

1. BOPPE, *La Légion portugaise*, *passim*.
2. *Correspondance*, n° 10 314.
3. LECESTRE, *op. cit.*, t. I, p. 77.

combat. On jugeait excellentes l'institution du mariage civil et du divorce, la suppression du servage et la condition faite aux enfants naturels. On opposait la belle unité du code français à la diversité des coutumes allemandes où se mêlaient droit romain, droit canonique et usages féodaux. Mais, inversement, d'autres jugeaient que la clarté française n'était pas compatible avec l'esprit germanique[1].

Sur la rive gauche du Rhin, pas de problèmes. On affirme que les paysans connaissent mieux le Code Napoléon que la Bible. En Westphalie, qui constitue un État modèle, Jérôme reçoit l'ordre d'y introduire le Code sans tarder. La Constitution avait déjà aboli la féodalité, mais non sans les nuances évoquées plus haut (cens et rentes déclarés rachetables). De surcroît, la formation d'un domaine extraordinaire pris sur les biens appartenant aux anciennes maisons et réservé à l'Empereur pour ses dotations se trouvait en contradiction avec la législation du code civil puisque les revenus étaient formés par des redevances féodales. Certains nobles en profitèrent aussitôt pour formuler des réserves tant ils craignaient que le Code n'amenât un morcellement de leurs biens.

Napoléon entendait pourtant que, dans le nouveau royaume, le Code fût appliqué sans modifications. Siméon lui donne raison sur ce point : « Le Code Napoléon est non seulement à la portée de tous, mais réunit l'assentiment général parce qu'il est fondé en quelque partie sur le droit romain, que l'on suit anciennement ici, et que, même dans les points où il s'en est écarté, il est d'une équité évidente et d'une sagesse qui subjuguent tous les esprits[2]. » On ne peut être plus flatteur ! Pour la traduction du Code en allemand, le juriste Leist[3] ne put donc procéder à aucune adaptation.

Le Code de procédure civile imité de celui de la France est publié entre août 1808 et mars 1810 ; le Code de procédure

---

1. R. CHABANNE, « Napoléon, son code et les Allemands », *Études à Jacques Lambert*, p. 397.
2. J. TULARD, « Siméon et l'organisation de la Westphalie », *Francia*, 1973, p. 557.
3. Sergiacomi DE AICARDI, *Justus Christoph Leist*, 1970.

criminelle qui reprend le projet français paraît en 1810. Seul le Code pénal ne fut jamais promulgué. La loi du 14 février 1810 prévit, dans l'attente de cette promulgation, que les anciennes coutumes resteraient en vigueur.

Même situation dans le grand-duché de Berg, bien que Beugnot, qui avait la charge de son administration, ait souhaité y procéder avec une sage lenteur, commençant par décréter, en décembre 1808, l'abolition du servage, et, en janvier 1809, la suppression de la féodalité, avant de s'occuper de l'introduction du Code Napoléon. Finalement ce Code n'entra en vigueur que le 1er janvier 1810.

Dans les royaumes de Bavière et de Wurtemberg, il se heurta à de vives résistances. Le Code fut défendu, à Munich, par Montgelas, partisan des réformes sur le modèle français, et par Feuerbach qui affirmait : « Le système fédératif napoléonien comporte des liens d'une nature telle que, pour son maintien, tous les États confédérés doivent dans leur forme extérieure, dans les principes fondamentaux de leur Constitution, de leur administration ou de leur législation, s'assimiler à l'État principal [1]. »

On retrouverait la même diversité en Italie.

Le Piémont, la Ligurie, l'Étrurie, les États pontificaux étaient entièrement assimilés à la France. Le Code Napoléon y fut donc appliqué sans restrictions, sauf à Rome où l'état civil ne vit pas le jour.

Dans le royaume d'Italie, son introduction avait été prévue par le statut constitutionnel de 1805. « Il n'y aura qu'un code civil pour tout le royaume d'Italie. Le code Napoléon sera mis en activité et aura force de loi à dater du 1er janvier prochain. » Il fut traduit en italien et en latin (pour les Provinces illyriennes) sans que l'on tînt compte de l'ancien projet de code italien préparé depuis 1800. Notons qu'en Italie aussi le code suscita de vives réticences de la part de la noblesse en ce qui touchait aux successions et de celle du clergé quant au divorce. Napoléon l'imposa pourtant sans modifications. Il en fut de même pour le

---

1. DUNAN, *Napoléon et l'Allemagne*, p. 121.

Code de procédure civile et le Code pénal (malgré un projet italien inspiré de Filangeri et de Beccaria). Seul, le Code de procédure pénale se démarqua du modèle français.

À Naples en revanche, où la féodalité avait été abolie le 2 août 1806, le Code civil ne fut introduit que sous Murat, en 1809, et avec suspension des décisions relatives au divorce. Il fallut attendre 1810 pour que son application devînt intégrale. En vain Ricciardi avait-il demandé des aménagements pour la partie relative aux successions. Quant aux Codes de commerce et de procédure, ils furent calqués sur le modèle français.

Le cas du grand-duché de Varsovie est plus complexe. Le Code Napoléon n'y eut que des effets réduits. L'état civil ne fut pas laïcisé ; l'Église conserva sa juridiction sur les affaires matrimoniales et il fut interdit aux juifs d'acquérir de la terre sans autorisation. La condition paysanne resta « contraire au code civil [1] » dans le souci de ménager les propriétaires.

Il s'esquissait pourtant une unité législative de l'Europe vers 1810, avant que Napoléon ne se désintéressât de son Code jugé, après le rétablissement de la noblesse et le mariage « autrichien » trop révolutionnaire. S'il ne l'abandonne pas, l'Empereur met moins d'ardeur à en étendre l'application intégrale à l'ensemble du continent.

Au-delà des codes, c'est le modèle institutionnel français qui est proposé aux pays annexés ou vassaux. La supériorité de l'administration impériale est éclatante face aux constructions féodales ou ecclésiastiques de la vieille Europe. Simplification et unification sont les nouveaux mots d'ordre. Au départ, pour les pays qui viennent d'être annexés, avant même l'incorporation, comme l'a montré M. Jean Imbert, est souvent créé un échelon intermédiaire entre le territoire annexé et les ministères parisiens : junte de Toscane, consulte extraordinaire pour les États romains ou encore commission de gouvernement présidée par le comte de Chaban et le chevalier Faure, lors de l'annexion des villes hanséatiques. Ces conseils reçoivent mission « d'assurer la promulgation

---

1. SOBOUL, *Les Pays sous domination française*, p. 176.

des lois françaises et de créer les organes susceptibles de veiller à leur exécution. Une fois l'appareil administratif mis en place, ces commissions extraordinaires sont supprimées et les départements annexés, italiens, hollandais ou allemands, soumis au même régime que les départements français [1] ».

L'on ne saurait s'étonner que ces nouveaux départements aient reçu des préfets et des sous-préfets, mais plus surprenant est de constater que le système fut adopté dans les royaumes vassaux où la division en préfectures, sous-préfectures et municipalités s'inspirait, parfois sous des noms différents, de l'exemple français.

Ainsi, en Pologne, la Constitution du 22 juillet 1807 imposait au duché de Varsovie le modèle administratif français avec division en départements et districts. Un décret du 7 février 1809 définit les fonctions du préfet polonais : ce sont celles de son homologue français. Des conseils de préfecture aux commissaires de police, c'est encore la France qui est la source d'inspiration [2].

Modèle français également à Berg et en Westphalie. Dans le royaume de Naples, l'intendant placé à la tête de chaque province reçoit les pouvoirs d'un préfet impérial ; le sous-intendant ceux d'un sous-préfet. On crée des conseils provinciaux et des conseils de district. Les institutions judiciaires sont assimilées au système français : Cour de cassation, cours d'appel, tribunaux de première instance et justices de paix.

À peine installé sur le trône de Madrid, après avoir quitté celui de Naples, Joseph s'inspire pour son nouveau domaine des institutions françaises. Notons que c'est l'ensemble des institutions napoléoniennes qui est étendu à l'Europe. Le rapport sur « les établissements d'instruction publique des départements au-delà des Alpes » rédigé, à propos de la Toscane par Cuvier, Coiffier et Balbe, insiste sur la nécessité d'introduire les principes de l'Université napoléonienne tout en respectant l'originalité d'un enseignement qui a donné Dante, Pétrarque, Machiavel et Guichardin.

---

1. J. IMBERT, *Le Droit hospitalier de la Révolution et de l'Empire*, p. 339.
2. M. KALLAS, « L'administration territoriale du Grand-Duché de Varsovie », *Rev. Hist. Droit fr. et étranger*, 1977, p. 35.

Mais cette application aux royaumes vassaux de l'organisation napoléonienne ne va pas sans heurter les traditions locales, en dépit des simplifications qu'elle introduit dans la vie courante ; elle apparaît aussi très souvent comme une étape vers l'annexion à l'Empire.

LA CENTRALISATION ARTISTIQUE

De cette volonté d'unification, quelle meilleure preuve que le transfert des archives de la plupart des pays d'Europe à Paris sous le contrôle de Daunou, devenu archiviste de l'Empire[1].

Les archives espagnoles ont été dirigées les premières sur Paris : 500 voitures les transportèrent de Simancas dans la capitale. Ce fut ensuite le tour des archives autrichiennes concernant Venise et les Pays-Bas, soit 3 000 caisses. Arrivèrent enfin, en 1810, les archives pontificales.

Devant cette avalanche de cartons et de liasses, Daunou ne disposait que du palais Soubise et de locaux du couvent des Minimes de la place des Vosges. Aussi Napoléon décidait-il, en mars 1812, la construction d'un palais des Archives, entre le pont de la Concorde et le pont d'Iéna, dont le plan était approuvé le 14 août. Pour éviter tout risque d'incendie, les seuls matériaux choisis furent la pierre et le fer. À Fontaine revint le soin de la construction. Les murs ne dépassaient pas 2 mètres lorsque la construction fut abandonnée.

Les œuvres d'art avaient précédé les archives.

Tout avait commencé sous la Révolution, en Belgique (les Rubens d'Anvers, Van Eyck à Gand), s'était poursuivi en Hollande avec les collections du Stathouder, puis en Italie grâce aux victoires de Bonaparte[2].

Sous l'Empire, c'est Vivant Denon, assisté de Visconti pour

---

1. SAMARAN, « Un rêve de Napoléon : les archives de l'Empire », *Institut de France, Deuxième centenaire Napoléon*, 1969.

2. BOYER, « Les responsabilités de Napoléon dans le transfert à Paris des œuvres d'art de l'étranger », *Revue d'Histoire moderne*, 1964, p. 241.

les Antiques, qui reçoit la charge d'enrichir le musée Napoléon, constitué des collections royales, des confiscations révolutionnaires et des premiers « enlèvements » à l'étranger.

Après Iéna, Berlin donne 54 tableaux, Custrin 56, Postdam 52. À Cassel, dont la réputation est considérable, Denon procède au prélèvement de 299 tableaux dont les fameux Rembrandt. Du 31 décembre 1806 au 28 février 1807, il choisit à Brunswick 9 bustes, 74 petits bronzes, 83 ivoires, 70 objets sculptés, 243 dessins et gravures, 278 peintures de la galerie Saltzdahlen.

De Vienne, sont déjà venus des Véronèse et des Titien, des Van Dyck et des Holbein.

L'Espagne, malgré l'hostilité de Joseph qui souhaite créer un Musée national à Madrid [1], permettra de nouveaux enrichissements.

En 1810, le musée Napoléon, au Louvre, possède la plupart des grands chefs-d'œuvre européens. Tous ne peuvent d'ailleurs prendre place dans les galeries et certains servent à décorer les palais impériaux. On assiste à une redistribution dans les musées : ainsi Dijon, jusqu'alors riche en peintres flamands, s'enrichit de toiles italiennes [2].

Si les envois espagnols ont été finalement décevants, c'est en effet l'Italie qui a fourni le gros des peintures. Le 8 décembre 1813 encore, Denon faisait ordonnancer les frais de transport de 5 caisses de « la primitive école d'Italie » expédiées de Florence.

Dans le même temps où il prive l'Europe de ses œuvres d'art au profit de la capitale, il impose partout ce qu'on appellera le style Empire.

Avec la Révolution, la France avait cessé d'être un modèle pour les cours étrangères. Elle le redevient sous Napoléon. L'exportation des produits des industries d'art à destination des capitales des royaumes vassaux, de Cassel à Naples, ou des États alliés, notamment ceux de la Confédération du Rhin, retrouve

---

1. Arch. nat. Papiers de Joseph Bonaparte.

2. Alain ROY, *Les Envois de l'État au musée des Beaux-Arts de Dijon (1803-1815).*

son importance. Toutefois, si « les ateliers de Paris, de Lyon et Mulhouse ont fourni les étoffes, les meubles, les pendules et les bronzes du Vatican et du Quirinal, de Florence et de Naples, de Madrid, Anvers, Amsterdam, Utrecht, Haarlem, Zoesdyck, Het Loo, Mayence, Laeken, Turin [1] », les résistances ont été vives. Comment comprendre autrement le renforcement en Italie du néo-palladianisme dont la ville sainte est Vicence et dont les *quattro libri dell'Architettura* constituent les évangiles, ou encore le renouveau des fouilles à Rome ou Pompéi après la tourmente révolutionnaire. Même sous une administration française, ne faut-il pas y voir un sursaut de fierté nationale qu'appelle de ses vœux le Napolitain Vicenzo Cuoco dans son roman, *Platone in Italia* : « Mon livre est destiné à former la morale publique des Italiens, à faire naître en eux cet esprit d'union, cet amour de la patrie, cet amour de la guerre qui jusqu'à présent leur avaient manqué [2]. » Le débat autour de la langue française, qui n'est pourtant imposée que modérément par l'administration napoléonienne, traduit en Allemagne comme en Italie (« Ils ont voulu corrompre entièrement notre très doux langage », s'exclama Angeloni) un malaise.

Au demeurant, « la société et les industries locales n'ont pas eu le temps de prendre comme modèles les cours satellites de l'Empire français. L'exportation massive des objets mobiliers n'a eu que des conséquences économiques, aucun retentissement artistique [3] ».

C'est en 1814 et 1815, avec le séjour des troupes alliées à Paris, que le style Empire va connaître une grande diffusion en Europe.

Mais l'influence française a néanmoins été grande dans le domaine de l'urbanisme : travaux dans le port d'Anvers ; ensemble de boulevards à Düsseldorf ; création du Forum Napoléon à Milan, grande place circulaire dont on trouve l'équivalent à Naples devant le Palais royal ; dégagements d'édifices anciens à

---

1. Francastel, *Le Style Empire*, p. 91.
2. Fugier, *Napoléon et l'Italie*, p. 288.
3. Francastel, *op. cit.*, p. 91.

Rome dont Saint-Pierre et la fontaine de Trévi, et aménagement du Forum et du Palatin par le préfet Camille de Tournon. Ces réalisations artistiques relèvent avant tout de la propagande. « Plusieurs villes ont demandé que l'Empereur veuille bien donner soit son buste, soit son portrait... l'empereur ne désapprouve pas que les villes mettent de l'empressement à se procurer son image », indique une note du 20 août 1810.

LES FRANÇAIS À L'ÉTRANGER

Le meilleur ciment de l'Empire réside dans l'immédiat, en attendant que porte ses fruits l'unification législative et administrative, dans la présence de ministres, de fonctionnaires et de garnisons françaises dans les pays récemment annexés et dans les États vassaux.

Dans le même temps où il ouvre l'administration préfectorale aux Italiens, aux Allemands et aux Belges, puis aux Hollandais, et accueille les plus notables d'entre eux au Sénat (le comte Mérode de Westerloo, Fossombroni, Spada et Venturi, Schimmelpenninck, Van Dedem, Van Gelder, etc.) Napoléon accroît la présence française non seulement dans les nouveaux départements mais dans les royaumes vassaux.

L'entourage de Jérôme à Cassel comme celui de Joseph à Madrid sont formés de Français. Il en va de même à Berg ou en Italie. On peut faire carrière ainsi à l'étranger (il n'est pas nécessaire de connaître la langue) soit au service des frères de l'Empereur, soit au service de l'Empereur lui-même. Exemplaire est le général Michaud que l'on retrouve en Hollande puis en Westphalie [1].

Une émigration d'administrateurs et de cadres militaires se développe à partir de 1806. Leur mission ? Servir les monarques désignés par l'Empereur dans les États satellites.

---

1. FONVILLE, *Un général jacobin, Michaud*, ch. IX et XII ; Six, *Dictionnaire des généraux.*

Pour Napoléon, ce sont avant tout des Français au service de la France ; pour les nouveaux rois, bientôt jaloux de leur indépendance, ce sont *d'anciens* Français passés à leur service. De là une certaine confusion : les Français qui accompagnent Joseph à Naples sont-ils les conseillers de Joseph Ier roi de Naples, ou de Joseph Bonaparte, commandant en chef de l'armée impériale dans l'État napolitain ? Napoléon tend à distinguer les civils des militaires[1]. Les techniciens sont destinés au rôle d'organisateurs ; ils doivent, les institutions mises en place, retourner en France. Quant aux officiers généraux et hauts dignitaires, ils sont attachés définitivement à la nouvelle monarchie dont ils reçoivent des fiefs. En réalité, ils demeurent les vassaux de l'Empereur et, très vite, en Hollande notamment, on voit un monarque s'appuyer sur la noblesse autochtone contre ses compatriotes. Un décret du 6 avril 1809 avait visé à réintégrer les Français servant dans les armées étrangères *contre* la France, par exemple dans les rangs autrichiens. Le décret du 26 août 1811 offre un cas d'« impérialisme juridique » : il pose le problème d'allégeance perpétuelle à la France des Français à l'étranger. C'est en cela que le décret est important et nous éclaire sur la manière dont Napoléon voit alors son empire. Le décret de 1811 marque un changement complet d'orientation. Il ne s'agit plus d'une réintégration mais d'un « impérialisme économique et politique s'appuyant sur la présence et l'activité des Français d'origine dans les pays étrangers soumis à la mouvance impériale[2] ».

Aucun Français ne peut désormais être naturalisé à l'étranger sans autorisation impériale ; il ne peut porter les armes contre la France ; s'il se fait naturaliser sans l'accord de l'Empereur, ses biens sont confisqués. Le décret a un effet rétroactif. Quant à l'autorisation de passer au service d'une puissance étrangère, elle est consentie seulement sous la forme de lettres patentes. Grâce à

---

1. Goasquen, *Les Français au service de l'étranger sous le Premier Empire*, p. 349.
2. *Ibid.*, p. 351.

ces lettres patentes, nous pouvons savoir quels sont les Français qui passent au service de l'étranger[1].

PUISSANCES OÙ SERVENT LES FRANÇAIS AUTORISÉS	1812		1813	
	MILITAIRE	CIVILS	MILITAIRES	CIVILS
Royaume de Naples	360	52	166	288
Royaume de Westphalie	9	23	72	131
Royaume d'Espagne	100	7	231	36
Royaume de Bavière	7	2	14	9
États allemands	10	7	14	9
Divers (Pologne, Suisse)	5			2

Intéressante à cet égard est l'origine géographique de ces Français : 100 viennent de l'Ile-de-France, 93 de Corse, 79 du Languedoc, 57 d'Alsace, 56 de Provence, 40 de Guyenne, 43 de Lorraine, 38 de Franche-Comté, 33 du Lyonnais, 28 de Bourgogne, etc.

On remarque que, mis à part la région parisienne, en raison du rôle joué par la capitale, c'est la partie méditerranéenne et frontalière de la France qui a donné naissance à ce type d'émigrés ; elle s'oppose à la France continentale et atlantique, peu portée à s'expatrier.

Ces Français, les oubliés de l'épopée, pourrait-on dire, ont eu pourtant une importance considérable dans le maintien de l'influence française. De Duviquet à Puymaigre, leurs Mémoires nous montrent les difficultés éprouvées ; l'écroulement final de l'Empire napoléonien ne saurait entièrement leur être imputé.

L'ORDRE DE LA RÉUNION

Un symbole de cette volonté d'unification : l'ordre impérial de la Réunion institué le 18 octobre 1811. Le décret qui ne fut

---

1. *Ibid.*, p. 351.

inséré au *Moniteur* que le 22 janvier 1812 [1] explique les raisons d'une telle création, décidée d'ailleurs à Amsterdam : « Nous avons senti l'utilité de créer un nouvel ordre... en considérant que l'extension de Notre Empire a fait croître le nombre de nos sujets qui se distinguent dans l'exercice des fonctions judiciaires, dans l'administration, dans les armes ; qu'ainsi les services de tous genres que nous nous plaisons à récompenser se sont multipliés au point que les limites de la Légion d'honneur ont été dépassées. » L'ordre comprenait 200 grand-croix, 1 000 commandeurs et 10 000 chevaliers. Il se substituait aux décorations supprimées dans les États rattachés à la France. Son caractère européen fut souligné par les premières promotions qui allèrent en priorité aux Hollandais et aux Italiens.

PARIS

Paris demeure la capitale du Grand Empire. Un moment, lors du procès de Moreau, en 1804, Bonaparte a songé à établir son gouvernement à Lyon. À mi-chemin entre la France du Nord et l'Italie, au carrefour de plusieurs routes stratégiques et commerciales, Lyon offrait l'avantage d'une position supérieure à celle de Paris. Toutefois un tel changement aurait impliqué le désaveu de la Révolution, désaveu qui n'aurait pas été pardonné au Premier Consul. Plus tard il songera à Aix-la-Chapelle et fera restaurer Versailles, mais son gouvernement restera à Paris.

En 1811, la capitale compte 622 000 habitants. La ville s'accroît de 160 000 personnes entre l'avènement de Bonaparte et les débuts de la Restauration.

Développement démographique qui s'explique non par le mouvement naturel d'excédent des naissances sur les décès mais par une forte immigration de travailleurs saisonniers et de fonctionnaires.

Paris est avant tout une capitale administrative mais aussi la

---

1. STALINS, *L'Ordre de la Réunion*, intr. ; Arch. nat. AF IV 1306.

place financière la plus importante du continent par suite du repli des capitaux qui s'étaient auparavant investis dans le commerce maritime.

La mode vient de Paris ; de là l'importance de l'industrie de luxe (les orfèvres Biennais et Thomire, la Savonnerie, Sèvres et les meubles du faubourg Saint-Antoine), secteur en expansion avec le bâtiment. La mode, c'est également la littérature, les sciences et les arts. L'Institut de France est établi à Paris et c'est à Paris qu'il est prévu de décerner les prix décennaux récompensant les « illustrations » de l'Empire. Par opposition, la petite ville que raille Picard dans une comédie célèbre est toujours en retard d'un auteur et d'une toilette. À Paris se tiennent les expositions industrielles qui attirent les meilleurs fabricants et les inventeurs les plus ingénieux. L'attrait de la capitale est particulièrement fort sur les étrangers qui viennent la visiter, tels Charles de Clay et Aldringen dont la relation est parmi les meilleurs témoignages sur le Paris napoléonien, ses monuments, ses musées, ses théâtres, ses salons et ses plaisirs. Et c'est Paris que l'on craint, d'où le souci d'assurer à sa population un pain à bon marché et du travail :

« Je veux achever ce qui est ébauché, aurait déclaré l'Empereur ; il faut que je fasse de tous les peuples d'Europe un même peuple. Il nous faut un Code européen, une Cour de cassation européenne, une même monnaie... » Après avoir remis de l'ordre en France sous le Consulat, Napoléon ordonne maintenant l'Europe selon sa volonté.

VI.

Les problèmes religieux

Une menace pour l'Empire napoléonien : la diversité des religions dans les pays sous domination française. Si les catholiques y sont majoritaires à cause de la France, de l'Italie, de l'Espagne, du sud de l'Allemagne et de la Pologne, comment oublier que luthériens et calvinistes dominent en Hollande, dans les cantons suisses et au cœur de la vieille Germanie, qu'un million de juifs sont disséminés sur le territoire européen et que des orthodoxes vivent aux franges de l'Empire.

Un seul lien possible : la tolérance. Tolérance des autorités et tolérance des fidèles. Napoléon, bien que sacré par le pape et se réclamant du catholicisme, se prête volontiers à cette tolérance : assurément les préoccupations métaphysiques n'aveuglent en rien ce froid réaliste. Pourtant il commet des fautes : l'enlèvement du pape, des brimades à l'égard des juifs alsaciens, quelques maladresses vis-à-vis des protestants. N'importe, l'Empire tombera, éclaté sous la pression des nationalismes, lâché par les notables, emporté par les défaites ; le facteur religieux n'y aura, sauf en Espagne, qu'une faible part. Déjà, sous l'influence des Lumières, le scepticisme ronge la vieille Europe.

LES CATHOLIQUES

On ne saurait chiffrer le nombre des catholiques qui vivent sous la houlette impériale. Le pape en est le chef spirituel et Napoléon rêve de l'installer à Paris dans l'île de la Cité[1]. Formidable

---

1. BINDEL, *Le Vatican à Paris*, ch. II.

levier sur l'Europe, confiera-t-il à Las Cases. Peut-être surestime-t-il son importance. Les réactions qui suivent l'arrestation de Pie VII et sa captivité à Savone demeurent modérées. Si les cardinaux italiens dont Consalvi laissent percevoir leur hostilité en s'abstenant de paraître lors des cérémonies du mariage de Napoléon et de Marie-Louise, les évêques français restent étrangement silencieux. Vieux réflexe gallican sans doute. On a l'habitude depuis Philippe le Bel et Louis XIV de ces conflits entre le spirituel et le temporel. Peut-être redoute-t-on aussi une nouvelle campagne de déchristianisation qui remettrait en cause le Concordat. Il faut tenir compte également de l'absence de publicité donnée à la bulle d'excommunication lancée par le pape[1].

Dans les campagnes, les curés ne comprendront que tardivement et encourageront alors la résistance à la conscription. Mais, en 1811, leur embarras est encore grand.

La préoccupation dominante est celle de la fusion entre catholiques et protestants que semble appeler la vie commune sous un même maître. C'est ce que met en lumière Tabaraud, un oratorien tenant des philosophes, dans une étude sur la *Réunion des communions chrétiennes* publiée en 1808 et rééditée en 1824[2].

La rumeur se développe déjà à l'occasion du sacre où Napoléon montre un souci œcuménique remarquable pour son époque[3]. Une religion concordataire parut pouvoir naître d'une profession de foi générale autour des articles fondamentaux de la religion chrétienne.

La captivité du pape remit tout en cause sans que l'on puisse savoir jusqu'où serait allé Napoléon. Que penser des propos que lui prête l'abbé de Quelen : « Après avoir parlé de Charlemagne, puis de son désir de porter partout la gloire du nom français, il

---

1. Dans *F. de Bertier et l'énigme de la congrégation*, le P. de Bertier a mis en lumière le rôle des chevaliers de la foi dans la diffusion de la bulle. Mais leur action fut limitée à la France.

2. PLONGERON, « Les projets de réunion des communions chrétiennes du Directoire à l'Empire », *Revue d'histoire de l'Église de France*, janvier 1980, p. 29.

3. D. ROBERT, *Les Églises réformées en France*, pp. 176 et 192.

se plaignit de la résistance qu'il éprouvait de la part du Souverain Pontife, vanta l'organisation politique et religieuse de l'Angleterre et de la Russie, où les deux pouvoirs étaient réunis dans la même main, et déclara que son intention était de rompre avec Rome et de se mettre, lui aussi, à la tête d'une Église nationale [1]. »

LES ÉGLISES PROTESTANTES

Avant de se lancer dans le schisme, Napoléon avait été tenté, sous l'impulsion de son entourage, par le protestantisme. François Ier aurait pu choisir Luther, déclarait l'Empereur à Las Cases ; désormais, continuait-il, cela était impossible sans déclencher de nouvelles guerres de religion et sans affaiblir la France. De toute manière, le protestantisme avait été aussi affaibli que le catholicisme par la politique de déchristianisation menée au temps de la Terreur, et un axe Paris-Berlin présentait moins d'intérêt que celui unissant Paris, Francfort et Milan.

L'application des articles organiques ne rencontra pas de difficultés dans les territoires annexés qui reçurent pasteurs, consistoires locaux, inspections et consistoires généraux. Les problèmes apparurent dans les royaumes vassaux. C'est en Westphalie qu'ils prirent un tour aigu. Un roi catholique s'installait sur des territoires où, sauf au Brunswick, on avait vécu sous le régime des religions d'État. Le protestantisme continuait à dominer dans la Hesse. Or ce sont les catholiques qui se plaignirent. Jérôme, en effet, activa la sécularisation des biens du clergé régulier. De là des plaintes. Mais, en Saxe, Napoléon intervint en leur faveur.

Dans le grand-duché de Berg où les deux communautés s'équilibraient, Beugnot s'était engagé dans la voie des suppressions des fêtes et des processions chères aux catholiques comme aux protestants [2], mais dut maintenir le statu quo.

La vie spirituelle des communautés protestantes ne fut pas touchée par la domination française. Dans les 130 départements,

1. Limouzin-Lamothe, *Monseigneur de Quelen*, p. 106.
2. Schmidt, *Le Grand-Duché de Berg*, p. 277.

elle put se développer sans sérieuses difficultés, même si Napoléon ne dissimula jamais, pour des raisons purement politiques, sa préférence pour les luthériens par rapport aux calvinistes jugés trop républicains.

LE PROBLÈME JUIF

En 1806, l'Empereur était saisi par les préfets des départements de l'Est des plaintes de leurs administrés concernant les usuriers juifs. À Sarreguemines, à la faveur de la crise économique, leurs créances seraient montées à plus de 2 millions. On dénonçait « leur cupidité scandaleuse ». Fouché alertait l'Empereur sur la menace de massacres en Haute-Alsace. Une polémique se développait entre *Le Publiciste* favorable à leur émancipation et *Le Mercure* qui prônait, par la plume de Bonald, des positions hostiles. Aussi Napoléon eut-il le sentiment que l'usure juive menaçait le maintien de l'ordre. De là le décret du 30 mai 1806 qui accordait un sursis exceptionnel d'un an aux débiteurs des juifs, dans les campagnes de huit départements. Mesure provisoire. Soucieux de s'informer avant de prendre des décisions définitives, Napoléon convoqua à Paris une assemblée de notables juifs destinée à l'éclairer. À cette assemblée qui se tint à partir de juillet 1806 furent posées, par trois maîtres des requêtes au Conseil d'État, Mole, Pasquier et Portalis fils, douze questions concernant la polygamie, les mariages mixtes, le divorce, la nomination des rabbins, les professions défendues par la loi juive, le problème de l'usure, l'attitude devant le service militaire.

Ces questions dépassaient la compétence de l'assemblée qui réclama la réunion d'un grand sanhédrin où l'élément rabbinique pourrait apporter des réponses conformes à la foi juive[1]. La tenue de ce sanhédrin fit sensation en Europe et valut même aux juifs d'Autriche de nouvelles persécutions.

---

1. BLUMENKRANZ et SOBOUL, *Le Grand Sanhédrin de Napoléon*, 1979 ; S. SCHWARZFUCHS, *Napoléon, the jews and the Sanhedrin*, 1979.

Les réponses apportées furent positives. En conséquence, un décret du 17 mars 1808 prévoit dans chaque département ou groupe de départements où résident plus de 2 000 juifs l'établissement d'une synagogue et d'un consistoire. À Paris, siègent le consistoire central et le grand rabbin. Un deuxième décret impose le serment civique, mais un troisième décret, à la même date, semble remettre tout en cause en introduisant des discriminations : toute immigration en Alsace est interdite. Les juifs ne peuvent se faire remplacer, à l'inverse des autres citoyens, dans le système de la conscription. Tous les commerçants juifs doivent se faire délivrer par les préfets une patente annuelle et révocable.

Mais il ne faut pas oublier que ces dispositions étaient limitées à dix ans et qu'en étaient exemptés les juifs de la Gironde et des Landes que rejoignirent ceux de Paris (sur une intervention de Cambacérès), de Livourne, puis des Basses-Pyrénées.

Napoléon n'agit ainsi que pour assurer le maintien de l'ordre. Les dispositions qui étaient prises visaient à assurer une assimilation par étapes des juifs à la nation [1].

On en trouverait la preuve dans la politique menée dans les royaumes vassaux. En Westphalie, un décret du 27 janvier 1808 les libérait des taxes spéciales qui leur étaient imposées et leur donnait de la sorte l'égalité civile. Le 8 février, les vingt-deux délégués des juifs des 8 départements westphaliens se présentaient à Cassel pour remercier Jérôme et son ministre.

En janvier 1809, sur la demande de la France, le roi de Saxe accordait aux israélites de Westphalie le droit de s'établir librement aux foires de Leipzig et de Nauenburg. Les juifs français bénéficiaient de ces facilités depuis mars 1806.

À Magdebourg, occupée le 10 novembre 1806, Ney apprend

---

1. Cf. le curieux texte cité par N. TOMICHE, *Napoléon écrivain*, p. 305. Napoléon, justifiant sa politique, écrit : « De grandes richesses entrèrent en France, bien plus encore y eussent été apportées sans les événements de 1814 parce que tous les juifs seraient venus successivement s'établir dans un pays où l'égalité des droits leur était assurée et où la porte des honneurs leur était ouverte. »

que « la ville jouit du privilège de ne pas avoir de juifs parmi ses habitants ». Réplique du maréchal, qui résume la politique napoléonienne : « Là où domine la France, il n'y a pas de privilèges et, à partir de ce moment, l'égalité des cultes est à Magdebourg l'unique principe admis. »

En Pologne toutefois, Napoléon recula devant l'opposition tout à la fois populaire et aristocratique.

Mais l'émancipation se déroula sans problème dans le grand-duché de Berg. Parmi les 4 000 à 5 000 juifs établis dans cet État, l'un d'eux, Heinrich Heine, allait exalter dans ses *Reisebilder* « le souvenir de la France bienfaisante [1] ».

LA FRANC-MAÇONNERIE

Tout autant que les cultes catholique et protestant, la franc-maçonnerie française avait été éprouvée par la Terreur et son grand-maître guillotiné. Elle se reconstitue péniblement au sortir de la tourmente, grâce à l'action des militaires, qui ont alors multiplié les loges dans un esprit d'hostilité à la politique concordataire.

Les francs-maçons français ont été en contact avec la franc-maçonnerie européenne sur les champs de bataille puis dans les pays conquis [2]. En Italie, en Espagne, en Suisse, en Pologne, dans toute l'Allemagne, on trouve des loges dont la liste est publiée officiellement dans les calendriers maçonniques édités annuellement par le Grand Orient de France. C'est dans ces loges que s'opère le rapprochement entre l'administration française et les notables locaux et que sont posées les bases de la « collaboration ». C'est à travers les loges que les idées nouvelles venues de France, et notamment le Code civil, sont diffusées, au moins dans une élite.

---

1. SCHMIDT, *op. cit.*, p. 277.
2. QUOY-BODIN, *La Franc-Maçonnerie et l'armée*, thèse de doctorat inédite.

VII.

Les ressources de l'Empire
et le financement de la guerre

De cet Empire, Napoléon entendait tirer avant tout d'énormes profits financiers. Il s'est peu soucié des conquêtes artistiques et s'est progressivement désintéressé de l'application du Code civil. Il reste vigilant sur deux points : les contingents de soldats et les ressources financières. C'est dans cette optique qu'il crée le domaine extraordinaire, véritable enclave française dans les pays vassaux et que viennent alimenter les contributions de guerre des États vaincus [1]. Le domaine extraordinaire répond à un double objectif : permettre le financement des opérations militaires [2] et assurer des donations aux membres de la noblesse impériale dont la fortune se trouve ainsi liée au destin de l'Empire.

LE PRIX DES GUERRES NAPOLÉONIENNES

À combien revient une campagne au temps de Napoléon ? La réponse n'est pas facile.

Examinant les budgets officiels, M. Muracciole, dans une communication à la Société d'histoire moderne, en janvier 1978, a dégagé des comptes rendus d'exécution du budget, les dépenses

---

1. Ce chapitre reprend un texte paru en allemand dans *Geschichte und Gesellschaft*, 1980, pp. 490-498.

2. Cf. à ce sujet : Sabatier, *Tableaux comparatifs des dépenses et contributions de la France et de l'Angleterre*, 1805 ; réfutation de l'*Essai sur l'état actuel de l'administration des finances et de la richesse nationale de la Grande-Bretagne*, et surtout les pamphlets de F. d'Ivernois.

militaires proprement dites [1]. Sur un total de 700 à 800 millions de francs dépensés annuellement, au moins jusqu'en 1811, car, après cette date, le milliard est dépassé, on note que la guerre revient à :

585	millions pour l'an XIV-1806
462	millions en 1807
473	millions en 1808
483	millions en 1809
503	millions en 1810
640	millions en 1811
710	millions en 1812
817	millions en 1813
427	millions en 1814
6 360	millions

N'entre pas dans ce calcul la campagne de Belgique en 1815 ; ne figure pas non plus la période qui a suivi la rupture de la paix d'Amiens.

De toute façon, ces chiffres appellent des réserves : ils sont officiels, donc peu sûrs, probablement en dessous de la vérité. M. Muracciole signale que des dépenses sont rajoutées après coup au budget de l'année précédente ; d'autres ont été affectées sur des crédits différents. On sait le soin apporté par Napoléon à tout ce qui touche à la propagande.

En fait, c'est au niveau de l'intendance que l'on mesure le mieux les difficultés rencontrées pour chiffrer le coût des dépenses militaires. À cet égard, les papiers de Daru sont révélateurs [2]. Pour la période du 1er octobre 1806 au 15 octobre 1808, il a dû fournir 142 342 habits, 206 957 vestes et gilets, 247 623 culottes et pantalons, 245 536 capotes et manteaux, 173 068 gibernes, 347 068 chemises, 48 897 paires de guêtres,

---

1. Muracciole, « Le Tournant de l'Empire (1808-1812) », *Bull. Soc. d'Histoire moderne*, 1978, pp. 12-18.

2. Nous empruntons les chiffres donnés par Daru à la thèse que vient de lui consacrer M. Bergerot en 1979.

19 875 paires de bottes, 1 257 518 paires de souliers, sans compter 1 076 768 aunes de drap, 431 507 d'étoffe et 982 868 de toiles, sans compter l'armement. Pour nourrir la Grande Armée, Daru a fourni 215 767 rations quotidiennes de pain, 89 168 de liquides, 53 487 de riz et légumes, 126 787 de viande, 30 378 d'avoine et d'orge. Pour la campagne d'Ulm et d'Austerlitz, les dépenses ont atteint 62 382 872 F (non compris les équipements initiaux). Les opérations de Prusse et de Pologne, toujours d'après les comptes de Daru, reviennent à 212 879 335 F.

De son côté, Mollien fixe à 70 millions par an le prix de la guerre d'Espagne.

De telles dépenses apparaissent bien faibles face à celles de l'expédition de Russie. Citons Mollien, la meilleure source sur ces problèmes : « Les dépenses de la guerre et de la marine s'étaient élevées, pour 1812 à plus de 730 millions ; mais près d'une année entière avait été employée aux préparatifs de la campagne de Russie [1]. » On connaît par la même source le plan de comptabilité établi pour l'expédition et qui donne une idée de son ampleur : « Le service du Trésor public était organisé pour chacun des six corps d'armée y compris celui qui venait d'Italie ; il n'était question que de concentrer ce service dans les mains d'un payeur général capable d'en saisir l'ensemble et les détails, et qui pût les maintenir dans un tel ordre, qu'à toute heure il pût répondre aux questions de Napoléon, et transmettre au moins chaque mois au ministère du Trésor ses états de situation. Mais il ne fallait pas moins de cinquante-cinq caissons et de trois cent cinquante-cinq chevaux pour former les équipages de la trésorerie à l'armée ; le personnel devait être d'environ soixante-dix-huit agents, outre le payeur général ; la dépense réduite au strict nécessaire devait être d'environ 800 000 francs [2]. »

Or, force est de constater qu'il reste dans la caisse de Daru, à l'issue de la campagne de 1805, 3 247 575 F. Pour la campagne suivante, dont le coût, on s'en souvient, s'élevait à 212 879 335 F,

---

1. MOLLIEN, *Mémoires*, t. III, p. 186.
2. *Ibid.*, p. 132.

Daru se trouve avec un solde positif de près de 36 millions. Ces campagnes n'ont donc rien coûté aux contribuables français. De là la popularité de la guerre, au moins jusqu'en 1812.

Comment expliquer un tel phénomène ?

LE DOMAINE EXTRAORDINAIRE

La guerre nourrit la guerre : la formule n'est pas de Napoléon, mais il l'a érigée en principe de sa politique extérieure en établissant ce qu'il appelait le domaine extraordinaire.

L'apparition du domaine extraordinaire date de 1805. Désormais, mettant fin à l'anarchie qui avait régné sous le Directoire, les subsides levés sur les pays vaincus ne seront plus versés au Trésor public : une caisse particulière, le Trésor de l'armée, caisse distincte du Domaine de la couronne, les reçoit. Cette caisse est confiée à La Bouillerie, ancien trésorier des dépenses de la guerre sous Louis XVI, puis payeur aux armées d'Italie, du Rhin et d'Angleterre, à l'époque du Directoire. Il recevait le 6 brumaire an XIV (28 octobre 1805) une commission de receveur général pour la levée des contributions dans les pays conquis. « Le règlement relatif à la prise de possession des États de la maison d'Autriche lui prescrivait d'établir un rapport sur les revenus des États de l'Autriche conquis par l'armée française et un projet de contribution [1]. »

Par ailleurs, tout ce qui touche aux contributions en nature relève de l'intendant général de la Grande Armée. Le 24 brumaire an XIV, le conseiller d'État Daru reçoit, avec ce titre, l'administration de l'Autriche. Il a sous ses ordres des intendants choisis parmi les inspecteurs aux revues.

Le domaine extraordinaire échappe aux budgets, comme l'explique Gaudin dans ses Mémoires. Les fonds manipulés n'en

---

1. GRIMOÜARD, « Les Origines du domaine extraordinaire », *Revue des questions historiques*, 1908, pp. 160-192. Les éléments essentiels concernant le domaine figurent aux Archives nationales dans 02 1228-1301 et AF IV 1040.

sont pas moins considérables. Le 31 janvier 1806, La Bouillerie indique la rentrée de 58 635 427 F en numéraire, lettres de change et billets de banque en provenance de la Haute-Autriche et de la Basse-Autriche, de Moravie, de Styrie, de l'électorat de Salzbourg et de Souabe.

De son côté, Daru n'est pas inactif. L'Autriche doit livrer 200 000 paires de souliers et 2 000 paires de bottes, 6 000 chevaux équipés de selles et en assurer la nourriture. Les ventes de sel, tabac, bois et matériel divers, produisent près de 7 millions.

Le total général des recettes monte en définitive à 65 630 447 F. Les convois chargés d'espèces font route vers Strasbourg en février, tandis que reflue la Grande Armée. Un décret du 22 septembre 1806 en règle le versement. En octobre, tous les comptes sont apurés.

C'est alors que la guerre reprend en Allemagne du Nord. On en connaît l'issue. Par décret du 30 octobre 1806, Daru, intendant général de l'armée, eut sous ses ordres : un administrateur général des finances et domaines, Estève, chargé de la perception des revenus publics et des impositions ; un directeur général des contributions, Villemanzy, auquel était confiée la rentrée des contributions extraordinaires et des réquisitions ; un receveur général, La Bouillerie, qui s'occupait des impositions ordinaires, des produits des domaines et de certains tributs ; dans chaque arrondissement enfin, un intendant[1]. Cette administration dura deux ans, d'octobre 1806 à octobre 1808. D'après les chiffres donnés par Henri de Grimoüard, elle recouvra 477 500 440 F ; 212 millions furent employés à l'armée et 260 325 000 F versés à la caisse d'amortissement ; 1 350 000 F environ auraient été, par ailleurs, versés aux donataires ayant reçu des domaines.

Les archives de Daru nous permettent de saisir l'ampleur de la saignée prussienne : elles indiquent que les contributions extraordinaires s'élevèrent à 311 662 000 F, les impositions des domaines à 79 677 000 F, les saisies de caisses à 16 172 000 F et les ventes à 66 842 000 F. Il convient d'y ajouter les prises directes

---

1. *Ibid.*, p. 185 (je n'ai pas trouvé le décret dans le recueil de Duvergier).

sur l'ennemi (subsistances, chevaux, etc.) que Daru chiffre aux alentours de 90 millions.

En 1809, La Bouillerie tirera de l'Autriche, une nouvelle fois vaincue, une contribution de 30 millions en or et 50 en lettres de change.

On ne reviendra pas ici sur les problèmes posés par ces contributions de guerre et les polémiques auxquelles elles ont donné naissance.

Ne retenons que le domaine extraordinaire. À l'apogée de l'Empire, son importance est connue par une lettre de Napoléon à La Bouillerie, le 26 juin 1811 : « Le trésor du domaine extraordinaire est de 346 507 000 francs, qui sont dans votre portefeuille, dans les valeurs suivantes, savoir : 85 millions argent comptant ; 84 millions placés au Trésor ; 38 200 000 francs de valeurs, telles qu'effets de la Banque, de la caisse d'amortissement, effets sur particuliers, valant de l'argent comptant ; 61 480 000 francs de bons de Westphalie, de Bavière, de Saxe et de Dantzig ; 71 154 000 francs de bons de Vienne et de Prusse... L'avoir du domaine extraordinaire se trouve être de 328 347 000 francs, valant de l'argent comptant. Voyez le comte Defermon pour savoir si ce fonds est susceptible d'être augmenté dans l'année, soit par résultat de traités faits avec les différents débiteurs de Hesse-Cassel, soit par la vente de domaines de la rive gauche du Rhin qui se montent à des sommes plus considérables que vous ne les portez, soit par quelque autre objet que ce soit. »

On le voit, alimenté à la fois par les contributions de guerre et les biens domaniaux confisqués, ce trésor, une fois payées les dépenses militaires, demeurait très important. Une note établie en 1814, au moment de la liquidation et reproduite par Grimoüard, indique que le domaine extraordinaire est ainsi composé :

À l'extérieur : de domaines, cens, rentes d'un revenu de 25 millions, d'obligations de princes, villes ou particuliers, d'un capital d'environ 149 millions.

À l'intérieur : de rentes et d'actions de canaux d'un revenu de plus de 3 millions d'obligations du Trésor, de la caisse d'amortissement, des salines de l'Est et de la Banque de France, s'élevant en capital au chiffre de 182 millions.

De tels fonds nécessitaient pour leur gestion une organisation minutieuse.

Celle-ci est réglée par le sénatus-consulte relatif à la dotation de la couronne, du 30 janvier 1810. Il concerne la dotation proprement dite de la couronne, le domaine privé, les apanages et, au titre II, le domaine extraordinaire. Celui-ci se compose, d'après l'article 20, de domaines et biens mobiliers et immobiliers que l'Empereur, « exerçant le droit de paix et de guerre, acquiert par des conquêtes ou des traités, soit patents, soit secrets ». Ces biens sont assujettis à toutes les charges de la propriété, à toutes les contributions, comme les biens des particuliers. Ils sont administrés par un intendant général et un trésorier dont la comptabilité est vérifiée chaque année par une commission du Conseil d'État. L'intendant général est déjà Defermon, et le trésorier La Bouillerie. Le sénatus-consulte reprend ici des dispositions prévues dans les décrets des 31 mars et 14 juin 1809. Mais très vite une rivalité s'est instaurée entre les deux hommes, rivalité probablement voulue par Napoléon ; un modus vivendi fut finalement établi, le 26 février 1810. « L'intendant conserve la surveillance sur toutes les parties du Domaine extra-ordinaire, notamment les recettes et les dépenses. Il ordonnance les dépenses faites d'après les crédits ouverts par l'Empereur, dirige toutes les opérations, arrête les plans généraux du service, organise le régime du travail et nomme les administrateurs. À côté de lui, le trésorier du domaine extraordinaire, ayant le titre de trésorier général, est officier de la maison de l'Empereur ; il veille à ce qu'aucun crédit ne soit dépassé et rend compte directement à l'Empereur ; il a sous ses ordres le caissier et nomme les receveurs généraux et particuliers. » L'Empereur dispose de son domaine par décrets ou décisions émanés de lui.

RÔLE DU DOMAINE EXTRAORDINAIRE

L'article 21 du sénatus-consulte du 30 janvier 1811 prévoyait : « L'Empereur dispose du domaine extraordinaire : 1°) pour subvenir aux dépenses de ses armées ; 2°) pour récompenser ses soldats et les grands services civils ou militaires rendus à l'État ; 3°) pour élever des monuments, faire faire des travaux publics, encourager les arts et ajouter à la splendeur de l'Empire. »

Liste d'objectifs nullement exhaustive puisque nous savons que les fonds ont été également employés sous forme de prêts destinés à stimuler la vie économique : 1,5 million à 5 % prêtés à Bordeaux, 3 millions à 2 % pour divers propriétaires de vignobles. Le domaine extraordinaire a permis aussi de remettre en équilibre les budgets officiels du moins en 1808. Équilibre qui entrait dans les soucis de propagande du régime. Pas d'emprunts, pas d'inflation comme en Grande-Bretagne, grâce au domaine extraordinaire. C'est là, peut-être, et méconnu par les contemporains, l'un des premiers objectifs – non avoués – du domaine extraordinaire, pièce maîtresse dans l'édifice financier de l'Empire.

L'objectif volontiers avoué, c'est celui des embellissements de l'Empire. Napoléon en parlera volontiers devant Bertrand à Sainte-Hélène. Dans la lettre à La Bouillerie du 26 juin 1811, Napoléon fait allusion aux 8 millions dégagés pour l'achèvement du Louvre.

Rôle essentiel du domaine extraordinaire aux yeux de Francis d'Ivernois dans *Napoléon, administrateur et financier* (1812) : subventionner la guerre. Idée force : l'équilibre budgétaire de l'Empire ne se maintient que par la guerre. C'est la guerre qui permet à Napoléon d'entasser des richesses qui l'autorisent ensuite à relancer son action. Pour l'économiste genevois, le déficit annuel des finances, depuis le Consulat, serait de 300 à 400 millions. Il a été couvert à l'intérieur par une banqueroute de 5 milliards (Marion a fait justice de ce chiffre dans son *Histoire financière*), des emprunts déguisés et des impôts nouveaux. Autre expédient : les tributs de guerre, soit 500 millions entre 1806 et 1810, selon d'Ivernois. Depuis l'affaire d'Espagne, la perspective se modifie : « Jusqu'en 1809, Napoléon n'avait poursuivi sa carrière triomphante qu'en se servant des dépouilles d'un ennemi vaincu pour en attaquer d'autres, afin de les dépouiller à leur tour. Si l'on excepte son incursion dans la péninsule espagnole, toutes les précédentes furent si courtes et tellement productives qu'après s'y être remboursé par la victoire des frais de chaque campagne, il en était toujours revenu avec un trésor qui l'avait aidé à équiper l'année suivante ses conscrits et à les entretenir en France jusqu'à leur arrivée sur territoire étranger. »

Analyse fort juste, nous l'avons vu. Jusqu'en 1809, les guerres napoléoniennes n'ont rien coûté.

Le tournant se situe avec l'affaire d'Espagne. « En jetant ses conscrits au-delà des Pyrénées, Napoléon s'est jeté dans une entreprise tellement coûteuse qu'au lieu d'en tirer comme à chaque campagne 250 millions de francs, il se voit condamné à y débourser des sommes aussi fortes ; ce qui, tout à coup change l'événement du gain à la perte, des recettes à la dépense. Pour vaincre Napoléon : une seule tactique, celle de la terre brûlée, y compris la destruction des propriétés nobiliaires qui deviennent sans cela la proie des généraux français. »

Écrivant en 1812, Francis d'Ivernois observe qu'il met « encore moins de prix à tant d'affronts que viennent d'éprouver coup sur coup les armées de Napoléon, qu'à l'échec porté à ses finances par la simple privation du butin ; car, en Portugal ainsi qu'en Espagne, c'est sur cet allié, jusqu'alors toujours fidèle qu'il avait surtout compté. Reste à savoir comment le déficit couvert jusqu'ici par des succès, se couvrira par des revers, et si les armées que cet heureux soldat de fortune avait réussi à retenir sous ses étendards, en hypothéquant leur solde sur la victoire, lui demeureront également fidèles dans l'adversité.

« Ses recettes extérieures lui échappent et se changent en dépenses, lorsque les premiers frais de l'entreprise destinée à recruter des finances ont absorbé tout ce qui lui restait des derniers pillages de l'Allemagne. »

Francis d'Ivernois suggère au passage que la guerre d'Espagne ne fut entreprise que pour mettre la main sur les richesses supposées de l'Espagne : c'est en effet un des arguments qu'aurait avancés Talleyrand, mais ce ne fut pas le motif déterminant. Reste qu'après 1810, la guerre dans la péninsule Ibérique se mit à coûter fort cher et que l'on peut mettre en rapport ce déficit avec l'assouplissement du Blocus continental et le système des licences. Désormais le domaine extraordinaire aurait cessé d'être à lui seul le moteur de la conquête. C'est dans cette optique que l'on peut aussi considérer l'annexion de la Hollande qui fut, en définitive, peu favorable aux finances napoléoniennes.

On trouverait une confirmation nuancée toutefois, du point de vue de Francis d'Ivernois dans les Mémoires de Mollien. Celui-ci remarque que « pendant que le domaine extraordinaire appelait à lui tous les profits de la guerre, le trésor public supportait presque toutes les charges : en effet, quoique Napoléon eût déclaré que la première destination de ce domaine était de pourvoir aux besoins extraordinaires de l'État, il regardait les tributs du dehors qui en composaient principalement le fond, comme la conquête, le patrimoine de l'armée [1] ».

Surtout, il note bien le changement produit dans les finances impériales par le poids de la péninsule Ibérique : « Il m'arriva de dire un jour à Napoléon que dans cette année (1811), sans la guerre d'Espagne, il aurait 71 millions de plus dans les caisses publiques, il ne répondit rien et me quitta brusquement. À la vérité, le lendemain 24 novembre 1811, il m'écrivit que, dans les dispositions de finances pour 1812, il fallait pourvoir aux besoins de la trésorerie ; qu'il emploierait d'abord quelque ressource extraordinaire pour couvrir les diverses avances que le trésor public avait faites en dépenses non prévues par les budgets. Ces avances s'élevaient, à la fin de 1811, à près de 40 millions. Napoléon devait avoir alors dans les caisses de son domaine extraordinaire près de 200 millions en espèces ou placements, indépendamment des obligations de la Prusse et de l'Autriche à long terme, qui devaient s'élever à une somme à peu près égale. On eût dit que l'esprit de thésaurisation agissait sur lui comme

---

1. MOLLIEN, *Mémoires*, t. II, p. 573.

sur les autres hommes. C'était ce même conquérant, dont les armées n'avaient si souvent reçu leur solde que des mains de la victoire, qui semblait mettre alors sa principale confiance dans un *trésor* auquel il ne touchait pas ; il le gardait si bien qu'il parvint à éluder longtemps et à ne remplir que très imparfaitement la promesse que m'avait apportée sa lettre [1]. »

Si Mollien est suspect, dans la mesure où le domaine extraordinaire échappait à sa compétence, il met toutefois en lumière la séparation entre ce domaine et les fonds publics. Sur ce point, Francis d'Ivernois n'a pas vu entièrement juste. Il n'en demeure pas moins que l'une des finalités du domaine extraordinaire était de récompenser les services militaires et civils.

L'étude des donations a été renouvelée par les travaux de Mme Senkowska-Gluck pour la Pologne et du professeur Berding pour la Westphalie [2]. N'en exagérons pas l'importance globale. Il y eut environ 5 860 bénéficiaires. De nombreuses donations étaient de 500 F sur le mont Napoléon, le canal du Loing, l'octroi du Rhin ou le canal du Midi. Les maréchaux et les grands dignitaires furent, il est vrai, mieux servis.

Ney par exemple reçut le 30 juin 1807 un revenu de 28 326 F sur la Pologne, une inscription de 17 647 F sur le grand livre, le 30 septembre 1807, ainsi qu'un capital de 300 000 F pour l'achat d'un hôtel. S'y ajoutent un revenu de 100 000 F sur la Westphalie le 10 mars 1808 et 83 000 F sur le Hanovre : le 8 février 1813, il touche à nouveau 124 000 sur la Westphalie, 100 000 sur le Hanovre, 100 000 sur le Trasimène, 100 000 sur le mont Napoléon, 76 000 sur l'octroi du Rhin, soit 728 973 F. Pour Davout, les sommes sont non moins considérables : 200 000 F sur la Pologne, le 30 juin 1807 : 40 000 sur la Westphalie, le 10 mars 1808 ainsi que 60 000 sur le Hanovre ; 300 000 sur les salines de Mannheim le 13 février 1810 avec 200 000 sur le mont Napoléon,

---

1. *Ibid.*, t. III, p. 95.
2. SENKOWSKA-GLUCK, « Les Donataires de Napoléon », *Revue d'histoire moderne*, 1970, pp. 680-693 ; BERDING, « Les Dotations impériales dans le royaume de Westphalie », *Revue de l'Institut Napoléon*, 1976, pp. 91-101.

puis 17 647 sur le grand livre le 10 mai de la même année, soit 817 647 F.

En fait, ces sommes ainsi distribuées aux grands dignitaires et aux meilleurs soldats de la Grande Armée ne représentent pas la moitié des revenus du domaine extraordinaire ; les récompenses n'entament que très rarement le capital (distribution de 11 millions, le 23 septembre 1807, aux maréchaux et généraux pour leur permettre d'acquérir des hôtels particuliers. Ces 11 millions furent prélevés sur la caisse d'amortissement où ils avaient été déposés en tant que butin de guerre). Il s'agit de rentes et non de propriétés dont on dispose à son gré. Rentes inaliénables, sauf autorisation de l'Empereur. Le domaine extraordinaire forme un tout apparemment indissociable.

En réalité [1], ces rentes ont été inégalement perçues. Seules les gratifications en argent ont joué un rôle déterminant dans la formation de la richesse de la nouvelle noblesse. L'apport des donations étrangères a été relativement décevant. D'abord, parce que limité dans le temps, ensuite parce que les rentrées ont été difficiles : mauvaise volonté des autorités locales, surtout en Pologne et en Westphalie ; imprécision des baux, source de contestations avec les fermiers ; baisse du prix des denrées ; problèmes posés par le change (de 4 à 10 % de perte) : troubles politiques. Les retards se manifestent dès 1810 ; en Allemagne, à peine la moitié des revenus sera-t-elle perçue en 1812 ; rien en 1813. Situation voisine pour la Pologne ; elle est à peine meilleure en Italie.

Si Napoléon avait cru attacher au sort du Grand Empire son aristocratie par ses donations dans les pays conquis, il s'est trompé. Les pertes ont été trop fortes, par rapport aux résultats promis, pour que les nouveaux nobles aient durement ressenti l'abandon des territoires étrangers annexés au domaine extraordinaire.

---

1. J. TULARD, *Napoléon et la noblesse d'Empire*, 1979.

TROISIÈME PARTIE

L'ÉCROULEMENT DU GRAND EMPIRE

La Révolution française avait éveillé ou réveillé en Europe le sentiment national.

Les traités conclus sous l'Ancien Régime s'embarrassaient peu du droit des peuples à disposer d'eux-mêmes. La dynastie tenait lieu de patrie. De véritables mosaïques ethniques constituaient les Empires russe et autrichien. C'est ainsi que sous l'autorité des Habsbourgs cohabitaient Italiens du Tyrol, Slovènes de Carniole, Allemands de Bohême, Croates, Roumains et Serbes. En 1794 encore, les souverains de Russie, Prusse et Autriche n'hésitaient pas à rayer de la carte le royaume de Pologne et à s'en partager les dépouilles.

L'exemple de la France, proclamant qu'elle n'emploierait jamais ses forces contre la liberté d'aucun peuple et annonçant un nouveau droit international fondé sur la libération des populations asservies, fit sensation. Les représentants français parlaient au nom de la Nation, mot qui, dans le vocabulaire révolutionnaire, se chargeait d'une signification mystique ; les armées françaises luttaient pour la défense de la Patrie, autre mot chargé d'émotion.

Que la France ait finalement déçu en substituant, en Italie, en Hollande, en Suisse ou sur la rive gauche du Rhin, sa propre domination à celle des anciennes monarchies, n'a pas affaibli pour autant la force des notions nouvelles. N'exagérons toutefois pas en 1799 l'amour de la patrie (le terme de patriote désigne d'ailleurs en Italie et en Allemagne un partisan de la France) et la puissance des nationalismes (le mot lui-même n'est pratiquement pas employé sauf par l'abbé Barruel).

Napoléon reprend avec un manque de conviction de plus en plus évident le vocabulaire de la Révolution, mais demeure indifférent, *en homme du XVIIIe siècle, aux aspirations nationales. L'empire qu'il constitue possède néanmoins plus d'homogénéité que ses équivalents russe ou autrichien. La théorie des frontières naturelles s'est complétée de celle des royaumes vassaux, au moins jusqu'en 1810, qui préserve fictivement l'autonomie des peuples : en réalité il y a des départements belges, allemands, italiens qui ne sont pas vraiment assimilés, mais les particularismes n'y sont guère ombrageux. Très vite les idées révolutionnaires s'assoupissent. Seuls les Polonais sont aux aguets. La formation du duché de Varsovie éveille des espérances que Napoléon semble peu pressé de transformer en réalités.*

C'est l'intervention française en Espagne qui, d'un coup, réveille les vieux démons, et cette fois le sentiment national se retourne contre la France. L'universalisme de ses principes, de la Déclaration des droits de l'homme au Code civil, engendre en réaction le nationalisme. À partir de 1808, un vent de révolte souffle contre la domination napoléonienne en Europe. De l'Espagne où elle balaiera Joseph à l'Italie où Murat tentera de l'exploiter à son profit, de l'Allemagne qui vibrera aux discours de Fichte à la Russie qui se soudera devant l'invasion, partout l'idée nationale et patriotique va se dresser contre Napoléon au moment précis où celui-ci se décide à annexer Rome, Amsterdam et les villes de la Hanse, après avoir jeté son dévolu sur Lisbonne et Madrid.

Condamné à appliquer strictement son système de blocus pour vaincre l'Angleterre, et donc contraint à d'incessantes annexions après Tilsit, obligé de tirer plus des pays conquis à mesure que ses conquêtes s'étendent, Napoléon se heurte à ces mouvements nationaux que récupèrent contre la France les monarques de la vieille Europe. Ce sont eux qui ont provoqué la chute du Grand Empire.

I.

Les secteurs névralgiques de l'Empire

En dépit de sa masse imposante, l'Empire napoléonien n'est pas sans faiblesses. Il doit compter avec deux puissants rivaux : à l'est, la Russie à laquelle il touche par le duché de Varsovie, objet de discorde entre le tsar et l'Empereur ; sur mer, l'Angleterre qui exploite sa supériorité maritime à Corfou, dans les Provinces illyriennes, en Sicile ou sur les côtes d'Espagne et du Portugal, partout où la domination française semble vulnérable.

En 1811, les causes de conflit avec la Russie se précisent, mais le choc ne paraît pas encore inéluctable. En revanche, l'Angleterre demeure irréductible ; plus que jamais, c'est de son duel avec la Grande-Bretagne que dépend, aux yeux des contemporains, l'avenir de l'Empire.

LA PÉNINSULE IBÉRIQUE

Le débarquement anglais à Walcheren ne s'étant accompagné d'aucun soulèvement et les Français étant désormais solidement installés à Amsterdam, le cabinet de Londres se décida à concentrer son effort sur la péninsule Ibérique.

Sir Arthur Wellesley disposait d'une base d'opérations contre l'Espagne grâce au Portugal d'où il avait repoussé Soult. Jamais les Français n'avaient pu s'implanter à Lisbonne. La Terreur blanche leur enleva leurs derniers partisans, dont l'industriel Ratton et certains francs-maçons [1].

---

1. Daupias D'ALCOCHETE, « La Terreur blanche à Lisbonne », *Annales historiques de la Révolution française*, 1965, p. 299.

Autres atouts pour Wellesley : les divisions des maréchaux de Napoléon, l'absence de coordination de leurs mouvements et l'hostilité des habitants à l'égard de l'occupant.

Objectif : s'emparer de Madrid [1].

Le 27 juin, le général anglais quitte Abrantès et remonte la vallée du Tage ; lorsqu'il pénètre en Espagne, il a avec lui 30 000 hommes, puis 100 000 grâce à l'appoint des forces espagnoles insurgées. De Madrid, où Belliard assure le maintien de l'ordre, Jourdan et Joseph se portent à sa rencontre. Sans attendre le renfort de Soult, les Français, sur la suggestion de Victor, attaquent l'armée de Wellesley à Talavera. C'est une bataille pour rien. L'Anglais n'a pu s'emparer de Madrid, mais il s'est replié en bon ordre et sans trop de dommages au Portugal où il est ravitaillé par la flotte britannique.

Du moins les Français profitent-ils de cette retraite et de la démoralisation qu'elle provoque dans les rangs des insurgés, pour redresser la situation en Espagne. Succès de Gouvion Saint-Cyr en Catalogne, de Soult, Mortier et Sébastiani en Andalousie, à Ocana, prise de Salamanque par Kellermann.

Joseph, à Madrid, peut souffler un moment. Mais il n'a pas d'argent et doit recourir à des expédients. Le 29 décembre 1809, il ordonne la vente des biens nationaux pour 400 millions de réaux. Plus grave est son isolement. Les *afrancesados* ou *josefinos* qui l'entourent se recrutent dans l'armée ou parmi les notables libéraux. Notons aussi quelques artistes comme Goya (avec prudence, il est vrai) ou des écrivains comme Moratin. La sincérité de ces afrancesados paraît – opportunistes et carriéristes mis à part – évidente. Ils souhaitent réformer l'Espagne et l'engager dans la voie ouverte sous Charles III. L'avènement de Joseph Ier ne les choque pas, l'essentiel pour eux reste que le souverain soit *éclairé :* or le nouveau roi est issu de la Révolution française. Une Révolution désormais ordonnée grâce à Napoléon, tandis que, dans le camp d'en face, règne l'anarchie de la canaille, du *vulgo* qui a intronisé Ferdinand. L'évêque Suarez de Santander

---

1. Tranié et Carmigniani, *Napoléon et la campagne d'Espagne*, p. 103.

explique son ralliement aux Français par un souci d'ordre :
« Durant cette époque ténébreuse, le désordre gagnait toutes
les populations et l'on commettait impunément les pires atrocités.
Tout le monde se mettant à commander, personne ne s'astreignait
à obéir et, sous le prétexte spécieux de défendre la patrie, on
saccageait les maisons, on injuriait et volait les propriétaires, on
arrachait les jeunes des bras de leurs père et épouse, on imposait
d'énormes et arbitraires contributions dans les villages et on
lâchait la bride aux appétits les plus désordonnés [1]. »

Il faut toutefois observer que *tous* les libéraux ne sont pas,
pour cette raison, dans le camp de Joseph. Si Meléndez Valdés,
Cabarrùs et Moratin deviennent *colaboracionistas*, Jovellanos et
Quintana se rangent du côté des *patriotas.* Pour un Blanco-White,
dans le *Semanario Patriotico*, « l'expulsion de l'envahisseur et
la régénération politique doivent aller de pair ; ce champion
des réformes attend du combat engagé contre les Français qu'il
débouche sur l'instauration d'un nouveau régime [2] ».

Ni les uns ni les autres n'ont d'ailleurs d'influence sur l'opinion ; ils sont coupés du monde rural et du clergé, principaux
bastions de la résistance à Joseph.

Celui-ci a conscience de son isolement : il doit essuyer tout à
la fois le mépris de ses sujets, de ses généraux et de Napoléon lui-
même. Que faire ? Napoléon préconise, à juste titre, d'attaquer le
Portugal : tant que l'Anglais tient Lisbonne, le pouvoir de Joseph
demeure précaire. L'entourage du roi le pousse au contraire à
intervenir en Andalousie, cette province continuant à échapper
à l'emprise française. Il faut d'abord, estime Joseph, s'assurer le
contrôle de la Péninsule. Soult est chargé de coordonner l'action
des trois corps d'armée qui s'enfoncent dans la Sierra Morena.
Jaen et Cordoue capitulent ; Grenade tombe, puis Malaga. La
concentration s'opère devant Séville qui se rend le 1er février.
Toute l'Espagne est occupée par les troupes françaises sauf
Valence et Cadix où vient se réfugier la junte insurrectionnelle.

---

1. Aymes, *La Guerre d'indépendance espagnole*, p. 29.
2. *Ibid.*, p. 76.

Partout Joseph est reçu avec sympathie par les libéraux des villes, mais continue à être boudé par les campagnes. De plus, Soult, maître de l'Andalousie, s'y comporte en monarque et, comme au Portugal, les calomnies à son égard vont bon train. L'irritation de Napoléon s'accroît : il a difficilement admis la désobéissance à ses ordres. « Vous ferez connaître au roi d'Espagne, écrit-il à Berthier, que mes finances se dérangent et que je ne puis suffire aux énormes dépenses que me coûte l'Espagne [1]. » Suit un décret, le 8 février 1810, qui établit quatre gouvernements militaires au nord de l'Èbre : Macdonald reçoit le commandement de la Catalogne, Suchet celui de l'Aragon ; à Dufour revient la Navarre et à Thouvenot la Biscaye. Soult jouit d'une incontestable autonomie en Andalousie ; Masséna, dont Napoléon attend des miracles, est chargé du commandement de l'armée du Portugal. Joseph n'a plus guère d'autorité que sur Madrid et le centre de son royaume.

Nul ne s'y trompe : le démembrement de l'Espagne est commencé. Napoléon n'écrit-il pas à Champagny : « Mon intention est de réunir la rive gauche de l'Èbre à la France, peut-être même le pays jusqu'au Douro [2]. »

Les proclamations des généraux montraient cette volonté de démembrement avec un cynisme stupéfiant. Thouvenot, en Biscaye, multipliait les références à l'Empereur et ne faisait aucune allusion à l'autorité de Joseph [3].

Lorsque celui-ci entra dans Séville, le 14 avril, « il y fut reçu froidement. La résistance de Cadix, les bruits qui circulaient sur les projets de l'Empereur à l'égard de l'Espagne, avaient détruit toute illusion... [4] ».

Miot conseillait à Joseph de quitter le trône ; le roi s'y refusa. Pour tenter de reprendre un pouvoir perdu, il signait le décret du 17 avril 1810 divisant l'Espagne, y compris les provinces sur

---

1. G. DE GRANDMAISON, *L'Espagne et Napoléon*, t. II, p. 207.
2. *Lettres inédites de Napoléon*, Lecestre, t. II, p. 13.
3. GRANDMAISON, *op. cit.*, p. 210.
4. Miot DE MÉLITO, *Mémoires*, t. III, p. 174.

lesquelles Napoléon venait de mettre la main en 38 préfectures avec sous-préfectures et cantons. Peine perdue.

L'objectif essentiel de Napoléon demeure le Portugal. Ordre est donné à Masséna de chasser Wellesley, devenu Wellington, de Lisbonne. Or Wellington, qui a deviné les intentions de l'Empereur, s'est installé derrière le formidable dispositif de Torres-Vedras qui couvre au nord du Tage les approches de Lisbonne. La route du Nord, à partir de Salamanque, est défendue par les forteresses de Ciudad Rodrigo en Espagne et d'Almeida au Portugal, la route du Sud partant de Merida par celles de Badajoz en Espagne et d'Elvas au Portugal. Ces forteresses vont permettre de ralentir l'offensive des Français et d'achever les travaux défensifs de Torres-Vedras. Wellington dispose de 35 000 hommes et de forces portugaises importantes.

Masséna choisit d'attaquer par le nord. Le 6 juillet, Ciudad Rodrigo est prise par Ney. La place d'Almeida est investie le 15 août ; elle tombe à son tour. Masséna entre au Portugal, se heurte aux Anglais à Bussaco, contourne l'obstacle et entre à Coimbra, mais, face à Lisbonne, il vient buter contre les lignes anglaises. Ne pouvant les enfoncer, il préfère se replier sur Santarem et y attendre le renfort de Soult. Celui-ci se fait d'abord tirer l'oreille puis se hâte lentement. De son côté, Masséna s'entend mal avec Ney et manque de plus en plus de munitions et de vivres.

Dans la nuit du 5 au 6 mars 1811, Masséna se retire. Wellington s'en aperçoit tardivement et n'ose entamer la poursuite craignant un piège. Masséna aurait pu le tourner par le sud, lorsque Wellington se décide enfin à s'engager, mais Ney refuse d'exécuter le mouvement. Une nouvelle désobéissance du maréchal provoque l'abandon de Coimbra par Junot et le retrait des forces françaises en Espagne. Le Portugal est abandonné. Napoléon ne peut s'y résigner. « Sa Majesté, transmet Berthier, espère que vous aurez bientôt l'occasion de reprendre une revanche éclatante [1]. »

Le 2 mai, Masséna lance une nouvelle offensive. Il se heurte

1. TRANIÉ et CARMIGNIANI, *op. cit.*, p. 149.

à Wellington adossé au village de Fuentes de Onoro. Faute de l'appui de Bessières, il ne peut remporter la victoire décisive escomptée. Le 10, il est remplacé par Marmont. Il a été sans cesse contrarié par la mésintelligence des maréchaux. Cette fois, le Portugal peut être considéré comme perdu. C'est une brèche importante dans le dispositif côtier de l'Empire. En Espagne même, les rappels de troupes en vue de l'expédition de Russie vont conduire Napoléon à limiter sa stratégie à l'axe Bayonne-Madrid.

NAPLES

L'Italie n'est pas encore entièrement passée sous la domination de Napoléon. Naples conserve une relative indépendance. Or le royaume apparaît comme l'un des points les plus vulnérables de l'Empire avec l'Espagne. De même que les Anglais possèdent dans la péninsule Ibérique une excellente base d'opérations grâce au Portugal, la Sicile leur fournit pour une éventuelle attaque de l'Italie une autre plate-forme de combat. Ils avaient concentré à Palerme une importante flotte et ils exerçaient une incontestable influence sur la cour de Ferdinand.

À Joseph appelé à Madrid, Napoléon a substitué Murat. Le choix était-il heureux ? Murat est un militaire, contrairement à Joseph ; mais il espérait mieux. Berg ne lui suffisait pas. Lors de l'entrée des troupes françaises à Varsovie, il avait imaginé qu'il allait ceindre la couronne de Jean Sobieski. C'est du moins ce que l'on affirma [1]. Il avait cru travailler pour lui en Espagne. Le 2 mai 1808 une lettre de Napoléon lui donnait le choix entre Naples et le Portugal. Missive sans réplique et qui montre de quelle manière Napoléon disposait des couronnes en Europe : « Je destine le roi de Naples à régner en Espagne. Je vous donnerai le royaume de Naples ou de Portugal. Répondez-moi sur-le-champ ce que vous en pensez, car il faut que ce soit fait en un jour... Vous

---

1. GARNIER, *Murat, roi de Naples*, p. 5.

me direz que vous préféreriez rester auprès de moi. Cela est impossible, vous avez de nombreux enfants. D'ailleurs, avec une femme comme la vôtre, vous pouvez vous absenter, si la guerre vous rappelait près de moi ; elle est fort dans le cas d'être à la tête d'une régence. Naples est au reste plus beau que l'Espagne car la Sicile y sera jointe et vous auriez là six millions d'habitants[1]. »

Murat fait contre mauvaise fortune bon cœur : « Usant de la permission que vous me donnez de choisir entre le Portugal et Naples, je ne saurais hésiter ; je donne ma préférence à une contrée où j'ai déjà commandé, où je pourrai plus utilement servir Votre Majesté ; je préfère Naples et je dois faire savoir à Votre Majesté qu'à aucun prix je n'accepterai la couronne du Portugal. »

En réalité le royaume n'exalte guère le beau-frère de l'Empereur. Joseph, avant de partir, a vidé les caisses de l'État napolitain[2] et donné à celui-ci une Constitution qui établit la loi salique, fait de la religion catholique le culte officiel, règle les conditions de la régence et définit le rôle du Parlement formé de cent membres répartis en cinq catégories : clergé, noblesse, propriétaires, savants et marchands. Tout cela a été engagé sans en référer au successeur auquel il incombe d'appliquer les réformes sans les avoir décidées. Autre blessure d'amour-propre pour Murat : la dévolution de la couronne stipule dans un article spécial que « si Son Altesse Impériale et Royale la Princesse Caroline survit à son époux, elle restera reine des Deux-Siciles, ayant seule le titre et les pouvoirs de la souveraineté qu'elle exercera dans leur plénitude ». C'est réduire Murat au rôle de prince consort. De plus les possibilités d'action de Joachim sur son nouveau trône sont réduites.

Nommé « par décret » du 15 juillet 1808 roi de Naples et de Sicile, Murat doit non seulement renoncer au grand-duché de Berg mais accepter une alliance offensive et défensive avec la France. Les stipulations financières sont particulièrement désobligeantes : le souverain doit continuer à entretenir ses

---

1. *Correspondance de Napoléon*, n° 13 801.
2. GARNIER, *op. cit.*, p. 16.

troupes, même lorsqu'elles sont stationnées hors d'Italie ; en revanche, la charge des troupes françaises occupant son royaume lui incombe sans restriction. Enfin le Blocus continental continue à s'appliquer aux ports du royaume ; grave handicap pour un État tourné essentiellement vers la mer.

Les conditions d'un tel avènement ne doivent pas être perdues de vue et autorisent à nuancer l'accusation de « trahison » que Napoléon portera plus tard à l'égard de son beau-frère. En réalité, il n'a rien fait pour s'assurer de la fidélité du roi de Naples. Il n'a au contraire cessé de l'humilier : le couple royal ne pourra garder aucune des propriétés qu'il possédait à Paris, l'Élysée, Neuilly, Villiers et La Motte Saint-Héraye. Ne s'agit-il pas d'empêcher Murat et Caroline de revenir à Paris pour y intriguer ? Ils doivent renoncer à toutes les œuvres d'art qu'ils avaient amassées et dont la valeur est estimée alors à plus de quinze millions. Caroline ne dissimule pas son mécontentement. Blessures d'amour-propre que l'on ne pardonne guère.

De surcroît, Murat est conquis par son royaume. Cet éblouissement se devine à travers sa correspondance, lors du voyage qui le conduit des Alpes à sa capitale. L'enthousiasme qu'il rencontre en Romagne, à Gaète ou à Capoue le trompe sur les sentiments réels des habitants. Mais il faut aussi reconnaître que Murat, par son sens du panache, son goût du faste, ses apparitions théâtrales dans les rues de Naples ne pouvait que séduire les *lazzaroni* et de façon plus générale les Napolitains.

Dans la conduite des affaires, y a-t-il eu conflit entre Murat et son épouse ? C'est ce que révèlent les rapports de l'ambassadeur de Napoléon, le comte d'Aubusson-La Feuillade. Caroline se serait opposée à la politique d'indépendance du roi, non par fidélité à son frère mais dans le souci de se réserver le gouvernement en cas d'annexion du royaume à l'Empire. Ce qui paraît vraisemblable, c'est que Murat s'efforçait de tenir Caroline à l'écart et que celle-ci ne l'entendait pas ainsi. N'écrivait-elle pas à Hortense : « Je suis plus malheureuse que toi. Louis ne peut avoir plus de jalousie et de mauvais procédés que Murat. S'il arrive une nouvelle, on me l'envoie aussitôt, et la crainte que le roi inspire est si grande que le ministre, lorsqu'il me revoit, est pâle et tremblant, et me demande avec empressement si j'ai brûlé le papier qui pourrait le perdre [1]. »

Des divisions ébranlent aussi le ministère constitué par Murat. À la Guerre, Reynier n'ignore pas que le roi eût préféré Belliard. Zurlo, le grand réformateur, qui occupe d'abord le ministère de la Justice avant de passer à l'Intérieur, s'oppose à Saliceti qui, malgré les réserves de Napoléon, obtient le portefeuille de la Police. Protégé de Caroline, Daure, ordonnateur disgracié après l'échec de Saint-Domingue, se substitue bientôt à Saliceti et concentre d'importants pouvoirs. Les Finances reviennent à Agar, l'homme de confiance depuis Berg ; il remplace Pignatelli. Aux Affaires étrangères, le marquis de Gallo sert tour à tour avec une courtoisie indifférente Ferdinand IV, Joseph et Murat. Le Gênois Maghella, placé à la tête de la Préfecture de police, n'est pas sûr ; son double jeu lui vaudra d'être rappelé en France, le 20 mars 1812. Autres personnalités de la cour : Colletta, directeur des Ponts et Chaussées, l'historien Vincenzo Cuoco, l'avocat Galbi auteur en 1796 d'un traité sur la nécessité d'établir une république en Italie.

Le problème le plus urgent est celui de la réorganisation des troupes car les meilleurs soldats sont en Espagne. Il faut améliorer l'ordinaire, relever les soldes, trouver de nouveaux régiments, retenir les meilleurs officiers (Manhès, Cavaignac, Lamarque, Campredon plus décidés que Pérignon qui a succédé à Jourdan à la tête des troupes des Deux-Siciles).

Tâche capitale : la menace anglaise se fait pressante.

Certes Murat a réussi, le 16 octobre 1808, à s'emparer de Capri d'où Lamarque chasse Hudson Lowe et son régiment corse, mais la Sicile n'est pas le rocher de Tibère. Le 26 juin 1809, alors que Napoléon est engagé en Autriche, une flotte anglo-sicilienne de 40 navires se présente devant Naples. À son bord, 18 000 hommes. À Naples, c'est la panique. Saliceti, aidé du général Pamphile Lacroix, chef d'état-major de l'armée, sauve

---

1. *Ibid.*, p. 66.

la situation en profitant de l'indécision du général Stuart. Celui-ci avait placé tous ses espoirs dans une sédition populaire qui n'éclate pas. À la nouvelle de la victoire de Wagram, les Anglais se retirent, abandonnant à leur sort quelques détachements débarqués en Calabre.

Cet échec conforte Murat qui songe à la contre-offensive : s'emparer de la Sicile, refuge de Ferdinand IV et de Marie-Caroline. Mais le roi de Naples doit compter avec l'Empereur.

On ne sait s'il y eut des tractations secrètes entre Napoléon et la cour de Palerme. Le mariage autrichien aurait pu favoriser un rapprochement puisque Marie-Caroline était la grand-mère de Marie-Louise. La lumière n'a jamais été faite sur la mission du capitaine sicilien Amitia, un aventurier, qui avait pris contact avec Marmont à Trieste, au nom de Marie-Caroline. Napoléon qui le fit enfermer à Vincennes affirmera plus tard à O'Meara : « Je n'ai pas voulu qu'on sache qu'un personnage si proche parent pût proposer un acte aussi atroce que celui qui m'a été proposé par Caroline. C'était faire de nouvelles vêpres siciliennes, massacrer toute l'armée anglaise et les Anglais en Sicile. J'ai jeté en prison l'agent qui me portait ce projet [1]. »

On ne sait pas grand-chose non plus sur l'envoi par Murat d'une lettre portée par le capitaine napolitain Don Guiseppe Cassetti, au printemps de 1810, et de la réponse de Marie-Caroline.

Si Murat semble décidé à débarquer, Napoléon ne l'entend pas de cette oreille et souhaite simplement maintenir en alerte la flotte anglaise dans le détroit de Sicile. « Il est impossible, écrit l'Empereur, que le roi de Naples puisse trouver l'occasion de passer en Sicile de tout le mois. Faites-lui connaître que mon intention est qu'il reste campé et avec ses canonnières prêt à passer parce qu'en tenant ainsi en échec l'ennemi, il l'empêchera de se dégarnir pour se porter ailleurs et l'obligera à tenir à ses chaloupes et marins en même temps qu'il aura la crainte que mon escadre de Toulon ne fasse un mouvement pour opérer une

---

1. 2 avril 1817.

diversion d'un autre côté ou que je rassemble à Toulon un camp assez considérable. Il se trouvera par là tout à fait en échec [1]. » Ainsi Murat doit-il se limiter à des manœuvres de diversion.

N'écoutant pas les ordres de Napoléon, Murat tente un débarquement le 17 septembre 1810, à la faveur d'un coup de vent particulièrement fort qui a obligé la flotte anglaise à se réfugier dans Messine. Le calme qui suit, en fin de soirée, rend la traversée libre de tout danger. Cavaignac débarque avec 2 000 hommes de troupe napolitains et corses. Il doit affronter la cavalerie du général Stuart et les paysans siciliens qui chantent :

> *Qu'ils sont laids ces visages maudits,*
> *Sans souliers, faux cols ni chemises,*
> *Quand vous les voyez, tirez-leur dans le ventre.*
> *Vivent les Anglais, mort à la France.*

Faute de renforts, Cavaignac est contraint de se replier. Plus grave : les bateaux font défaut et une partie des troupes, abandonnée, doit se rendre aux Anglais.

Quelles sont les raisons d'un tel désastre ? Le refus du général Grenier, invoquant les ordres formels de l'Empereur, d'apporter l'appui des forces françaises au roi de Naples. Murat tente de sauver la face en publiant un ordre du jour expliquant qu'il ne s'agissait nullement d'une expédition militaire mais plus modestement d'une reconnaissance en vue d'une future descente : « Vous avez résolu un grand problème. Vous avez prouvé que les flottilles ennemies ne peuvent empêcher le passage du détroit à de simples parancelles et que la Sicile sera conquise quand on voudra sérieusement la conquérir. » Humiliation suprême : Napoléon désavoue cet ordre du jour : « Témoignez mon mécontentement au roi de Naples sur son ordre du jour où il fait connaître que l'expédition de Sicile est ajournée. » En effet, précise l'Empereur, quelques jours plus tard, « toutes les troupes que les Anglais avaient destinées à la Sicile viennent d'être envoyées au Portugal aussitôt qu'on a connu l'ordre du jour que vous venez de faire

---

1. Dans le même ton, la lettre du 13 mars 1810.

paraître. Si vous vouliez revenir à Naples, qui vous obligeait de déclarer que vous mettiez fin à l'expédition ? Je vous ai fait connaître que mon intention était que mes troupes restassent en position de menacer la Sicile jusqu'au 1er janvier. Mais vous agissez sans aucune espèce de prudence [1] ». Murat a beau se disculper en remarquant que son ordre du jour est du 23 décembre alors que l'envoi des troupes anglaises en Portugal était déjà signalé dans *Le Moniteur* du 19, la colère de Napoléon ne tombe pas.

Caroline apaise son mari à défaut de son frère : « Quel est ton but ? C'est de te maintenir où nous sommes et de conserver le royaume ; il faut faire ce qu'il désire et ne pas le fâcher car il est plus fort que nous et tu ne peux rien contre lui. Toute l'Europe est écrasée sous le joug de la France. Tous les autres États sont également tourmentés. Aussi tu vois que tu es encore le moins maltraité. Nous pouvons être heureux, mais pour cela il faut nous contenter de ce que nous avons ; il faut que tu calmes un peu ta tête qui s'échauffe si facilement et que tu attendes le moment où nous serons plus tranquilles et plus indépendants. » Lettre pleine de rancœur et de sous-entendus. Les Murat n'ont pas pardonné à l'Empereur l'humiliation de cette expédition manquée en Sicile. Elle pèsera lourd dans l'avenir.

En fait Napoléon multiplie les avanies depuis qu'il a eu vent d'une conspiration de Talleyrand et de Fouché visant, au cas où l'Empereur ne serait pas revenu d'Espagne, à le remplacer par Murat. Aucune preuve formelle d'une participation active du roi de Naples au complot n'a été découverte, mais la mauvaise humeur de Napoléon à l'égard de son beau-frère n'a cessé de croître. L'Empereur ménage pourtant le roi de Naples dont il a besoin lors de la réunion de Rome à l'Empire. Puis, très vite, les brimades reprennent : interdiction pour le royaume de Naples d'avoir des ambassadeurs à Vienne et à Saint-Pétersbourg, marques de mépris pour les troupes napolitaines, puis, grave incident qui suit le décret pris par Murat, le 14 juin 1811, prévoyant que tous les étrangers occupant un emploi civil dans

---

1. *Correspondance*, n° 17 079.

le royaume seront tenus de se faire naturaliser avant le 1er août prochain. Riposte foudroyante de Napoléon par un décret du 6 juillet : « Considérant que le prince qui gouverne cet État est français et grand dignitaire et qu'il n'a été mis sur le trône que par les efforts de nos peuples, nous avons décrété et décrétons : article I. Tous les citoyens français sont citoyens des Deux-Siciles ; article II. Le décret du 14 juin du roi de ce pays ne leur est pas applicable. » C'était l'annonce d'une prochaine annexion du royaume de Naples, déjà présenté dans le décret comme « partie intégrante de l'Empire ».

Murat dut s'incliner. « L'incident laissait au cœur du vaincu une nouvelle plaie et la défiance et l'irritation du vainqueur n'en restaient pas moins vives [1]. »

LES ÎLES IONIENNES

Dès le 20 août 1807, les bouches du Cattaro et les sept îles Ioniennes étaient redevenues françaises. Le général Berthier avait repris possession de Corfou : « La république des îles septinsulaires, annonçait-il le 1er septembre, devient l'un des gouvernements qui dépendent de l'empire français. Les habitants deviennent les sujets de l'Empereur et Roi. Ils conservent leur gouvernement ; les membres du Sénat conservent leurs fonctions [2]. »

L'importance stratégique de Corfou était considérable. « Corfou est tellement important pour moi, écrivait Napoléon au roi de Naples, que sa perte porterait un coup funeste à mes projets. L'Adriatique serait fermée et votre royaume aurait sur son flanc gauche un port où l'ennemi recruterait des Albanais et d'autres troupes pour vous attaquer [3]. » Et peu après : « Dans la situation actuelle de l'Europe, le plus grand malheur qui puisse m'arriver

---

1. CHAVANON et SAINT-YVES, *Murat*, p. 204.
2. RODOCANACHI, *Bonaparte et les îles Ioniennes*, p. 195.
3. *Ibid.*, p. 197.

est la perte de Corfou.» Le 6 octobre 1810, Napoléon revient à la charge auprès de Murat : «Vous sentez l'importance pour votre propre royaume de mettre Corfou à l'abri de tout événement. J'y fais faire des travaux si considérables et j'en renforce tellement la garnison qu'elle sera imprenable autrement que par le blocus. Je prends des mesures pour y avoir 400 jours de vivres [1].» C'est que Corfou devait compter avec les intrigues du pacha de Janina, Ali, solidement établi en Albanie, et que les maladresses de Berthier avaient indisposé.

Berthier remplacé en janvier 1808 par Donzelot, c'est la menace anglaise qui devient cette fois redoutable. Zante tombe le 1er octobre 1809, puis Ithaque et Cérigo. L'île de Sainte-Maure que commandait le général Camus capitulait le 16 avril 1810.

La situation devint difficile à Corfou même. Donzelot fut placé sous les ordres du roi de Naples, «non comme roi mais comme commandant de l'armée française en Italie». Les travaux de fortifications furent accélérés en sorte qu'il eût coûté trop cher aux Anglais, maîtres du reste de l'archipel, de chercher à s'emparer de Corfou. Ils se contentèrent de bloquer l'île jusqu'en 1814 [2].

LES PROVINCES ILLYRIENNES

Autre secteur vulnérable : la marche slave des Provinces illyriennes créées par le décret du 14 octobre 1809. Il s'agissait en fait d'un «conglomérat hétérogène» composé de la Dalmatie, occupée dès 1806, de la majeure partie de la Croatie, de la Carniole, de la Carinthie, ainsi que d'un bout du Tyrol, où vivaient Croates, Serbes, Slovènes, Allemands et Italiens. Un gouverneur général, assisté d'un intendant général des finances, était chargé de l'administration du pays, divisé en dix puis six provinces confiées à des intendants, équivalents des préfets français. Ces

---

1. *Correspondance*, n° 17 008.
2. BAEYENS, *Les Français à Corfou*.

provinces se divisaient à leur tour en districts avec, à leur tête, des subdélégués aux compétences voisines de celles des sous-préfets.

À l'hétérogénéité de l'ensemble, d'une longueur excessive pour une très faible largeur, s'ajoutait sa pauvreté économique. L'intendant de Dalmatie insistait sur la misère des paysans qui ignoraient jusqu'à l'usage du fer dans la fabrication des instruments agricoles.

Pourquoi avoir annexé les Provinces illyriennes ? Leur occupation répondait à un triple objectif. Objectif militaire : affaiblir l'Autriche ; l'Illyrie couvre l'Italie et la France, et monte la garde aux portes de Vienne. Objectif économique : en incorporant Trieste, Napoléon fermait au commerce anglais tous les ports de la côte orientale de l'Adriatique et s'assurait un chemin par terre pour le commerce du Levant et plus particulièrement pour les importations de coton nécessaires à l'industrie française. Objectif politique : disposer contre le tsar d'un État national des Slaves méridionaux. Telle est du moins l'intention que prête à Napoléon la *Minerva* de Hambourg[1].

À peine installée, la domination française se heurta à de vives réticences : lourdeur des contributions (le principe de l'égalité devant l'impôt étant mal accueilli par des populations habituées à de nombreuses exemptions sous la domination autrichienne), poids de la conscription introduite le 15 avril 1811 et entraînant un système de responsabilité collective qui suscita l'irritation. De nombreux rapports signalent qu'à l'annonce d'une levée prochaine, les jeunes gens fuient avec leur famille en Autriche ou se réfugient dans les îles de Quarnero. Des émeutes secouent la Croatie en 1811.

Les problèmes religieux ont joué également un rôle dans les désordres : le clergé catholique dominait avec 1 312 955 fidèles et 4 652 membres du clergé ; le rite orthodoxe venait ensuite avec seulement 224 418 pratiquants et 513 prêtres ou moines. Aux rivalités qui les opposaient et dans lesquelles le gouverneur fut

1. PIVEC-STELLÉ, *La Vie économique des Provinces illyriennes*, ch. 1 ; cf. aussi *Mémorial de Sainte-Hélène*, 20 juillet 1816 ; Arch. nat. AF IV 1293.

invité à prendre parti, il faut ajouter le sentiment général de haine pour les administrateurs français réputés athées. Sentiment excité par le clergé catholique qui ne supportait pas la suppression des dîmes que ne parvint pas à compenser l'établissement d'une pension versée trop irrégulièrement à cause du déficit permanent du Trésor public.

La politique française dans les Provinces illyriennes a oscillé entre deux tentations : Marmont eut tendance, dès son arrivée, à conserver les institutions existantes. Il souhaitait jouer la carte d'un État autonome avec des arrière-pensées plus personnelles. Sa position serait d'autant plus forte que les différences entre l'Illyrie et l'Empire seraient plus marquées.

Après avoir hésité (« J'ai eu plus d'un projet sur cette Illyrie, car j'en changeais souvent », devait-il confier à Las Cases), Napoléon choisit l'unification par le décret du 15 avril 1811. L'intendant général Chabrol avait pourtant montré l'impossibilité d'introduire le Code civil dans un pays aussi éloigné des coutumes de la France.

Pour réussir cette francisation, les autorités cherchèrent à gagner la sympathie des élites. On distribua légions d'honneur et titres nobiliaires (le comte Giorgi, le baron Lichtenberg, etc.). La franc-maçonnerie fut utilisée comme un moyen de rapprochement : Français et indigènes se retrouvaient à Laybach dans la loge des Amis du Roi de Rome, créée au début de 1812.

Une propagande active fut déployée dans *Le Télégraphe officiel*, journal dont la rédaction avait été confiée à Charles Nodier ; mais, écrit en français, il voyait son rayonnement singulièrement limité. On envisagea de publier la feuille en italien, en allemand puis en illyrien, sans que ces projets aient finalement abouti.

En fait, comme dans les autres parties de l'Empire, les autorités eurent le mérite de respecter la langue du pays et de s'efforcer de l'apprendre, même s'il fallut quelque temps avant que l'on ait compris qu'il y avait en Illyrie deux langues slaves bien distinctes : le croate et le slovène.

C'est sur l'enseignement que reposa la politique d'assimilation. Un prêtre italien, l'abbé Raphaël Zelli, reçut mission de présenter un projet qui devint l'arrêté du 4 juillet 1810 : établissement dans chaque commune d'une école primaire pour les garçons ; pour les filles une école par canton. Cette partie de l'arrêté ne fut d'ailleurs pas appliquée. On avait prévu des lycées à Laybach, Trieste, Fiume, Zara, Raguse, Capo d'Istria et Gorizia où la langue d'enseignement serait le français, à défaut le latin ou l'italien. Il n'y en eut en définitive que deux : Laybach et Raguse. Une école supérieure fut installée à Laybach pour éviter une hémorragie d'étudiants vers l'Autriche. De jeunes Illyriens furent envoyés dans des écoles françaises, notamment si l'on en croit *Le Télégraphe officiel*, des élus croates furent accueillis à l'école des Arts et Métiers de Châlons-sur-Marne et au Prytanée de La Flèche[1].

Deux dangers menaçaient les possessions françaises. L'attrait de l'Autriche restait grand, d'autant que Vienne n'avait pu se résigner qu'avec peine à la perte de son débouché sur Trieste. Une attaque anglaise demeurait toujours possible. Conscient du péril, Napoléon a nommé comme gouverneur général des officiers de grande valeur : Marmont, Bertrand, du 25 mars 1811 au 2 décembre 1812, Junot que devait remplacer, en 1813, Fouché.

L'autre danger résidait dans l'insubordination des populations. Marmont puis Bertrand ont posé des limites à une politique de francisation qui heurtait les indigènes. Ils ont défendu le principe de l'enseignement du dialecte ragusain dans l'enseignement.

Certes une poignée d'intellectuels, une élite libérale, un peu comme en Espagne, avait rejoint le camp français : Vodnik, fondateur du premier journal en slovène ; le slavisant Kopitar, spécialiste de la grammaire Slovène ou le maire de Raguse, Sorgo-Sorkocevic. Mais ils étaient peu nombreux tandis que la tension persistait dans les campagnes. Prêtres et anciens nobles prêchaient ouvertement l'insubordination aux ordres de Napoléon incapable de donner consistance au rêve, quelque peu chimérique alors, de créer un vaste État des Slaves méridionaux.

---

1. M. SENKOWSKA-GLUCK, « L'Illyrie à l'époque napoléonienne », *Revue de l'Institut Napoléon*, 1980.

LA PERTE DES COLONIES

Depuis Trafalgar, en dépit de quelques belles sorties de corsaires, dont la dernière expédition de Surcouf dans l'océan Indien, Napoléon avait paru abandonner la suprématie maritime à l'Angleterre. C'est Decrès qui en porte la responsabilité. Il s'est opposé à l'envoi par Napoléon de grandes croisières aux Antilles. Il fallait, selon lui, reconstituer fortement une marine avant de l'engager à fond et limiter à l'action de frégates isolées les secours à adresser aux colonies. Conséquence de cet abandon, la France n'a pratiquement plus de colonies à l'apogée de sa domination sur l'Europe.

L'Empire napoléonien n'est plus en effet que continental. Les rêves coloniaux caressés au début du Consulat ont dû être abandonnés. La mainmise sur les colonies hollandaises grâce à l'avènement de Louis sur le trône de Hollande, puis l'alliance franco-russe ressuscitent les illusions, malgré Trafalgar. On compte sur Java, en Asie du Sud-Est. Daendels est nommé par Louis gouverneur général aux Grandes Indes par décret du 28 janvier 1807. Son autorité s'étend à toutes les possessions hollandaises, soit la plus grande partie de l'Indonésie, à l'exception de Bali et des territoires javanais semi-indépendants comme les principautés de Surakarta et de Jogjakarta. Il s'y comporte non seulement en représentant du roi de Hollande mais de Napoléon, invoquant l'autorité de l'Empereur face au Sultan de Jogjakarta [1]. Le territoire fut divisé en neuf préfectures divisées à leur tour en districts confiés à des chefs javanais. Trois Cours de justice furent établies ; prêtres et pasteurs devinrent des fonctionnaires ; on construisit des hôpitaux et des écoles. Si l'esclavage, sauf celui pour dettes, fut maintenu, Daendels adoucit la condition des esclaves. Le contrôle de l'État fut étendu à toutes les cultures, mais c'est surtout l'amélioration du réseau routier qui reste la plus belle réussite de Daendels.

---

1. J. EYMERET, « Java sous Daendels », *Archipel*, 1972, p. 151.

Tout en s'appuyant sur Java, Napoléon songe, en 1807, à aller aider Decaen aux Mascareignes : il se prépare à lui apporter l'appui de vingt vaisseaux pour une grande expédition contre l'Inde, mais il est arrêté par les affaires d'Espagne. Les Anglais en profitent pour renforcer leurs garnisons et pacifier provisoirement les Mahrattes au prix de plusieurs campagnes.

À défaut d'une conquête de l'Inde qu'il jugeait relativement facile, Decaen essaie d'imposer l'influence française aux Mascareignes et envoie Sylvain Roux fonder à Tamatave, sur la côte malgache, un établissement qui devient rapidement prospère.

Cette base des Mascareignes qui permet à nos corsaires, particulièrement actifs dans l'océan Indien, de se ravitailler, attire l'attention des Anglais qui dirigent contre ce « nid de pirates » des forces considérables sous le commandement de Lord Minto.

En 1809, l'île Rodrigues tombe ; puis l'île Bonaparte, ex-Bourbon, où Sainte-Suzanne capitule le 8 juillet 1810 ; enfin, c'est le tour de l'île de France (qui deviendra l'île Maurice), le 3 décembre 1811.

Aux Seychelles, dont Quéau de Quinssy assurait le commandement depuis 1793 et qui avaient accueilli les déportés jacobins après l'explosion de la machine infernale sous le Consulat, l'essor économique avait bénéficié de l'établissement de l'administration napoléonienne. Le recensement de 1810 donnait 317 colons blancs, 135 noirs libres, 3 015 esclaves ; les cultures vivrières représentent alors 2 502 arpents, le coton 2 757, la canne à sucre 154 [1]. Les Anglais s'en assurent officiellement la possession le 10 juillet 1811.

Dernier bastion, Java, devenue colonie française depuis l'annexion de la Hollande, et défendue par Janssens, qui avait succédé à Daendels, succombe le 2 septembre 1811. Ainsi les Anglais ont-ils, à la fin de 1811, la maîtrise absolue de l'océan Indien.

Il en va de même, les Américains mis à part, dans les Antilles.

---

1. EYMERET, *Revue de l'Institut Napoléon*, 1980.

Dès la rupture de la paix d'Amiens, les Anglais s'emparent de Sainte-Lucie, de Tabago, sans oublier Saint-Pierre et Miquelon.

À la Martinique, Villaret-Joyeuse, qui ne dispose que d'environ 2 000 hommes, ne peut résister à un débarquement anglais et capitule le 24 février 1809. La Guadeloupe succombe l'année suivante, malgré les efforts du général Ernouf. Capitulation d'autre part de la Guyane, attaquée par une escadre anglaise et une armée venue du Brésil.

Après l'Amérique, c'est le tour de l'Afrique : le comptoir français du Sénégal est occupé en 1809.

Il ne reste plus à la France, vers la fin de 1811, de possessions coloniales. Les Anglais avaient également mis la main sur les colonies hollandaises, Le Cap, Curaçao, les Antilles danoises (Saint-Thomas et Sainte-Croix), Madère et le domaine portugais, cependant que l'Empire espagnol s'ouvre à leur commerce.

Napoléon feint de n'en être pas affecté. Il affirme dans un article du *Moniteur*, le 16 juillet 1811, que les petites colonies coûtent plus de vingt millions chaque année au Trésor sans le moindre profit. Reconstituer cet empire perdu paraît chose facile à Napoléon : « Dans quatre ans, déclare-t-il devant le conseil des Manufactures, j'aurai une marine. Je puis bâtir vingt-cinq vaisseaux par an. »

LA CRISE ANGLAISE

Les Anglais peuvent-ils pour autant croire en une proche victoire ?

Ils n'ont en rien entamé la puissance napoléonienne : les colonies étaient perdues depuis la Révolution ; l'Espagne n'est vraiment tombée dans la mouvance française qu'en 1808 et l'implantation anglaise dans la péninsule Ibérique demeure, en 1811, aléatoire. Murat, enfin, tient solidement son royaume napolitain.

Face à l'adversaire, l'Angleterre n'offre pas un front politique uni. L'opposition entre whigs et tories recoupe en réalité un jeu plus complexe de conflits entre clientèles. À la mort de Pitt, le ministère de tous les talents avait suscité de grands espoirs : aux whigs confirmés comme Fox et Grey, ou flottants comme Windham, s'ajoutaient des tories modérés dont Lord Ellenborough ou Lord Sidmouth. Quant au premier lord de la Trésorerie, Grenville, il était impossible à classer. Dans les faits, ce ministère semblait moins tourné vers la guerre qu'acharné à obtenir l'émancipation des catholiques. Après la mort de Fox, il sombra, en mars 1807, devant le refus du roi de toute concession.

Le torysme sortit victorieux, mais toujours sans chef, des élections. Il préconisait la fermeté face à Napoléon : de là la brutalité des ordres en conseil ou le bombardement de Copenhague. Mais le ministère Portland qui fut constitué réunissait surtout de brillantes individualités qui se jalousaient : le chancelier de l'Échiquier Spencer Perceval, Castlereagh à la Guerre, Canning aux Affaires étrangères, Lord Eldon, Lord Hawkesbury qui deviendra l'une des figures les plus marquantes, etc. Les divergences éclatent. Canning appuie l'intervention anglaise en Espagne, Castlereagh préconise un affrontement plus direct et inspire l'expédition de Walcheren. Les deux hommes finirent par se battre en duel. Portland mourut peu après et Perceval prit dans le courant de 1809 la direction des affaires.

Si le problème catholique avait paru l'éclipser un moment, la guerre vint se rappeler aux préoccupations des hommes politiques anglais sous la forme d'une crise économique dont la gravité mit en danger la livre sterling et les fondements mêmes du pays.

Jusqu'en 1810, la production industrielle, grâce à une abondante main-d'œuvre (il y avait peu de soldats anglais dans l'armée royale composée essentiellement d'Irlandais et de mercenaires), avait maintenu son rythme. L'alerte de 1807 avait pu être surmontée grâce à l'ouverture du marché de l'Amérique du Sud, après l'intervention française en Espagne.

Les propriétaires terriens et les gros fermiers, débarrassés de la concurrence du continent, vendent leur blé deux fois plus cher que pendant la brève période de la paix d'Amiens.

Mais le renforcement du système continental fait durement sentir ses effets sur le commerce des denrées coloniales. Les docks de Londres regorgent de sucre, de café et de tabac. Les récoltes de 1808, 1809 et 1811 sont fortement déficitaires et la peur de la famine se répand.

La rupture avec les États-Unis vient aggraver le manque de matières premières de l'industrie, notamment en coton au moment où l'arrêt des importations de minerai de fer du continent ébranle la sidérurgie.

Les banqueroutes se succèdent, malgré les secours votés par le Parlement. La dépréciation des bank-notes devient inquiétante. Trop d'or a été drainé sur le continent pour soutenir les coalitions contre la France. Un *bill* doit établir le cours forcé des billets à leur valeur nominale.

En 1811, l'Angleterre est secouée par des troubles luddistes et des émeutes de subsistances. La crise sociale s'ajoute au malaise économique. Faut-il en exagérer la gravité ? Napoléon a-t-il eu tort d'autoriser, dans un but purement mercantiliste, les exportations de blé à destination de l'Angleterre ? Certains historiens [1] ne le pensent pas, d'autant que l'Angleterre pouvait en faire venir de Russie. Mais les émeutes renforçaient la tendance whig plus encline aux négociations avec la France.

Comble d'infortune : la folie du roi George III devient sans remède. Le 15 janvier 1811, la régence est confiée au futur George IV. Le 11 mai 1812, le Premier ministre Perceval est assassiné dans le vestibule de la Chambre des communes. Une suite de scandales aggrave le mécontentement politique, tandis que se précisent les conditions d'un affrontement militaire avec les États-Unis qui éclatera le 18 juin 1812. Le témoignage d'un prisonnier de guerre, celui du maréchal de camp Pillet, dans *L'Angleterre vue de Londres et dans ses provinces*, confirme l'existence d'un grave malaise social et économique. L'Angleterre connaît en 1811 l'un des moments les plus difficiles de son histoire.

---

1. Notamment, F. CROUZET, *L'Économie britannique et le Blocus continental*, t. II, *passim*.

II.

La grande dépression

Si l'Angleterre se trouve secouée en 1811 par l'une des crises économiques les plus sérieuses de son histoire, le continent n'est pas épargné, à la même époque, par une dépression de caractère différent mais qui tire également son origine du blocus institué par Napoléon.

D'un côté, le commerce anglais souffre de ne plus pouvoir exporter produits coloniaux et objets manufacturés vers l'Europe ; de l'autre côté de la Manche, le continent se plaint, quant à lui, de la pénurie de ces denrées. Pour se les procurer, il s'engage dans un système complexe de spéculations que le renforcement du blocus par Napoléon, à partir de 1810, finit par mettre en péril. Il s'ensuit une cascade de faillites d'où sort ébranlée la solidité de l'économie impériale.

ORIGINES ET NATURE DE LA CRISE

À l'automne de 1810, deux importantes firmes commerciales déposent leur bilan, Rodde à Lübeck en septembre, Smeth à Amsterdam en octobre. De proche en proche l'effondrement gagne Hambourg, Francfort et surtout Paris où des maisons connues comme Laffitte, Doyen, Tourton-Ravel sont touchées. La Banque de France devenue prudente refuse de nombreuses traites. Du coup les pertes deviennent sévères.

Tout découle de l'application du tarif de Trianon. L'exemple fait à Francfort terrifia l'Europe. « Les autres États de la Confédération du Rhin craignant qu'une intervention française ne les privât, comme le grand-duché de Francfort, du bénéfice de l'opération, se hâtèrent de la devancer. Ils rivalisèrent de zèle pour faire exécuter chez eux les nouveaux décrets, tel celui de Fontainebleau (18 octobre) et firent une chasse active aux produits coloniaux. Le Danemark et la Suisse les imitèrent et bientôt, de Bâle, de Zurich, de Schaffhouse, de Francfort, de Winterthur, de Kiel, d'Augsbourg, de Heidelberg, de Leipzig, de Berlin ou d'Altona, les manufacturiers français apprirent que leurs balles de coton, leurs caisses d'indigo, leurs barriques de sucre avaient été mises sous scellés dans les magasins des douanes [1]. »

Le tarif de Trianon était particulièrement lourd en ce qui concerne le coton. Celui-ci avait déjà été grevé de droits mais jamais aussi élevés, du moins pour les qualités en provenance du Brésil, de Surinam et de Géorgie. Le sucre était frappé tout autant que l'indigo. Ce ne fut qu'un cri de protestation et, dès la première faillite, un vent de terreur balaya banques et maisons de commerce, sans oublier les manufacturiers.

D'autres facteurs ne peuvent être négligés. À l'origine de la récession, il faut faire intervenir la baisse du change en Russie, le relèvement des droits de douane en Allemagne, le ralentissement des commandes de l'État dans certains secteurs au profit de l'industrie des armements, et, plus que tout peut-être, une crise de confiance née des rumeurs annonçant une prochaine dévaluation de l'écu.

Un décret du 18 août 1810 déprécia les pièces de monnaie étrangère (Prusse, Hollande, Liège, Brabant, Autriche) qui circulaient encore dans les départements de la rive gauche du Rhin et en Belgique.

« Le décret du 18 août 1810 n'était relatif qu'aux petites monnaies d'argent, les moins nombreuses dans la circulation parce que la plupart n'avaient point conservé trace d'empreinte : sous le prétexte d'usure résultant du frai, leur valeur légale était réduite à un franc pour les pièces de 24 sous, 50 centimes pour

---

1. O. VIENNET, *Napoléon et l'industrie française*, p. 191.

celles de 12 sous, 25 centimes pour celles de 6 sous. Mais en même temps, le décret établissait un tarif plus avantageux pour le change à la monnaie des anciennes espèces, de telle sorte que, sans démonétisation officielle, tous les détenteurs avaient désormais plus d'intérêt à les porter à la fonte qu'à les remettre en circulation [1]. »

D'où l'émotion. « On est persuadé, note le bulletin de police du 22 août, que toute l'ancienne monnaie va subir le même sort et chacun cherche à s'en défaire. » Le décret du 12 septembre 1810 fixa en effet la valeur libératoire des pièces d'or de 48 livres à 47,20 F, des pièces de 24 livres à 23,55 F, celle de 6 livres à 5,80 F et celle des écus de 3 livres à 2,75 F. On crut que le gouvernement ne s'arrêterait pas ainsi et l'on se prit à redouter une dévaluation des pièces de billon antérieures à la Révolution. Il y eut quelques désordres vite réprimés [2], mais qui traduisaient la nervosité de l'opinion.

Autre indice de cette nervosité, souligné par Roger Dufraisse [3] : la brusque montée entre juin 1809 et juin 1810 du prix moyen de l'hectolitre de froment, soit 24,28 %.

Tout commence par un renchérissement des subsistances en décembre 1809, mouvement qui s'accentue en 1810, comme le montre le prix de l'hectolitre de froment [4].

	Nord-Ouest	Est	Ouest	Sud-Ouest	Nord	Centre	Sud	Nord-Est	Sud-Est
1809	13.30	15.97	11.35	16.23	12.95	13.49	17.37	11.93	21.04
1810	17.83	21.66	13.33	21.01	17.16	16.81	23.90	15.63	29.07

La crise bancaire et commerciale en est indépendante mais ses conséquences ont été d'autant plus graves pour l'industrie qu'elle survenait en un moment où le pouvoir d'achat était déjà fortement

1. Lanzac DE LABORIE, *Paris sous Napoléon*, t. VI, p. 125.

2. G. THUILLIER, « La crise monétaire de l'automne 1810 », *Revue historique*, 1967, pp. 51-84.

3. DUFRAISSE, « La crise économique de 1810-1812 en pays annexé », *Francia*, 1978, p. 414.

4. LABROUSSE, ROMANO et DREYFUS, *Le Prix du froment en France (1726-1913)*, tableaux.

atteint par le renchérissement des prix des produits agricoles. Les banqueroutes se multiplient en province : Bordeaux, Bayonne, Strasbourg, Reims, Pont-Audemer, Rouen, Marseille, Lille voient des maisons honorablement connues s'écrouler. Toutes les places de commerce sont touchées, de Bâle à Gand. Mollien, ministre du Trésor, doit avouer que les denrées coloniales ne cessent de baisser et que la matière escomptable se raréfie de façon inquiétante. Les Apennins, l'Arno, le Pô et la Sésia souffrent autant que Rouen ou Lyon. Dans toute la Suisse, les manufactures éprouvent de sérieuses difficultés [1] et Beugnot envoie des rapports alarmants sur Berg et les fabriques d'Elberfeld [2]. Seuls sont épargnés les départements où l'industrie a conservé un caractère artisanal.

Au moment où la crise industrielle et commerciale paraît devoir être surmontée, l'agriculture prend le relais à la suite de la mauvaise récolte de 1811. La hausse du prix de l'hectolitre de froment [3] est spectaculaire :

	Nord-Ouest	Est	Ouest	Sud-Ouest	Nord	Centre	Sud	Nord-Est	Sud-Est
1811	20.34	29.20	20.74	28.93	20.99	22.58	30.91	21.32	37.88
1812	33.79	34.25	33.69	33.76	33.21	33.67	36.04	29.34	40.34

L'Italie n'est pas épargnée. À Gênes, l'hectolitre passe d'une moyenne de 19,97 F en 1809 à 29,72 F en 1810 et saute à 42,02 F en 1811.

Même évolution à Rome, mais la hausse est moins sensible : 22,86 F en 1810, 28,45 F en 1812.

La Belgique est frappée. De 1809 à 1812, le prix moyen de l'hectolitre monte de 15,88 à 29, 90 F dans la Dyle, de 12,63 à 26,83 F dans les Forêts, de 16,45 à 29,28 F dans l'Escaut. Plus forte est la hausse en Hollande : de 15 à 34 F en moyenne. Dès le printemps de 1810, le préfet de la Sarre fait connaître ses inquiétudes.

Le gouvernement impérial croit pouvoir réagir par les décrets

---

1. CÉRENVILLE, *Le Système continental et la Suisse*, p. 61.
2. SCHMIDT, *Le Grand-Duché de Berg*, p. 381.
3. LABROUSSE, ROMANO et DREYFUS, *op. cit.*, tableaux.

des 4 et 8 mai 1812 qui interdisent la vente des grains ailleurs que sur les marchés, autorisent les réquisitions, imposent les déclarations de possession de grains et fournissent aux préfets deux armes ressorties de l'arsenal révolutionnaire : le recensement et la taxation. À la cherté, succède la rareté. La récolte n'était que déficitaire dans certains départements ; désormais le grain disparaît partout. La bonne récolte de 1813 finit par apaiser les craintes. Mais à peine le sceptre de la disette se trouve-t-il écarté que la perte des débouchés allemands puis italiens provoque un nouvel effondrement de l'industrie et du commerce.

Il y a eu en définitive plusieurs crises autonomes entre 1810 et 1813, mais les contemporains n'y ont vu que les aspects d'une seule et même dépression que le gouvernement ne parvenait pas à surmonter.

LES CONSÉQUENCES DE LA CRISE

Avec plus ou moins de gravité, c'est l'ensemble de l'Empire qui a été touché. Peu de départements y ont échappé. Les troubles qui ont accompagné ce malaise économique ont terni l'image d'ordre et de prospérité qu'entendait imposer Napoléon.

À l'ouest, voici l'Eure[1]. La crise agricole éclate après la mauvaise récolte de 1811. Au début du mois de septembre, le prix moyen des grains était de 22 F l'hectolitre ; il atteint 32 F en janvier 1812. Le sous-préfet des Andelys signale une brutale recrudescence des incidents dans les campagnes : « Ici le blé d'un cultivateur a été enlevé de force par une cinquantaine d'hommes et les manifestants ont imposé une baisse de 3 F sur le prix du sac de grains ; là des voitures chargées de céréales ont été arrêtées par des miséreux. » Renaissance de troubles qui évoquent les plus mauvais jours de la Révolution. La peur saisit les propriétaires comme les plus modestes journaliers ; les premiers redoutent de

---

1. Jean-Luc SUISSA, *Le Département de l'Eure sous le Consulat et l'Empire*, mémoire dactylographié, pp. 137-140.

voir leurs domaines saccagés ; les seconds ont tout simplement la crainte de mourir de faim. Riz, pain d'avoine ou farine de pois servent de succédanés.

La ville souffre plus encore que la campagne. On sait la solidarité économique qui unit monde des campagnes et population industrielle. Le débouché rural se ferme. Or les manufactures de coton ont été ébranlées dès 1808 par la fermeture du marché espagnol. En 1812, la guerre entre les États-Unis et l'Angleterre provoque un arrêt des importations américaines. Le coton importé du Levant ou d'Italie n'arrive plus en quantité suffisante : entre le premier semestre de 1810 et le quatrième trimestre de 1811, le nombre des broches tombe de 20 000 à 7 120, celui de la quantité de coton filé de 66 000 à 15 000 kilos et celui des ouvriers de 4 900 à 1 100. À Louviers, en 1812, près de la moitié des travailleurs du textile sont réduits au chômage.

Le marasme s'étend à la métallurgie : 7 hauts fourneaux sur 12 cessent de fonctionner.

Quand, en 1813, la situation semble se redresser, certains comportements subsistent. Les royalistes y trouvent une occasion inespérée de reprendre leur propagande.

À l'est, le cas de l'Aube est tout aussi difficile. Le préfet Caffarelli annonce à l'automne de 1811 : « Le déficit est bien effrayant pour un département qui est privé de son commerce. La cherté du pain va encore s'accroître du fait des achats pour le Midi [1]. » C'est voir juste. En mars 1812, la disette s'installe avec son cortège de paniques et de désordres. Des scènes de pillage ont lieu à Villenauxe et à Neuville-sur-Marne. La misère est extrême à Troyes et 21 063 individus doivent être secourus dans le département.

Dans le centre, un département comme l'Indre-et-Loire n'a qu'une industrie stagnante depuis la rupture des relations commerciales avec l'Espagne « d'où il tirait une grande quantité de cuirs secs et où il trouvait un débouché important pour ses

---

1. Corinne BARAQUANT, *Les Préfets de l'Aube sous le Consulat et l'Empire*, mémoire dactylographié, p. 126.

cuirs fabriqués [1] ». On ne travaille plus que sur des cuirs d'origine française et pour un marché réduit à l'Italie.

Aussi, la seule ressource étant l'agriculture, la crise céréalière de 1811 frappe le département de plein fouet. Dans l'été de 1811, c'est un véritable cri d'alarme qui est lancé : « La récolte des grains a été cette année on ne peut plus mauvaise et il est évident que le département qui ne recueille que ce qu'il lui faut, même dans les meilleures années, sera obligé de s'approvisionner pour plus de moitié dans les départements voisins. Les bas prix auxquels étaient tombés les grains les années précédentes étaient cause de ruine pour le cultivateur, mais aujourd'hui les prix sont trop chers. Il est à craindre que la classe des indigents et même celle des journaliers ne puisse tenir à pareil état de choses. » Le préfet encourage la fabrication d'un pain mélangé d'un quart de pommes de terre. Dans les campagnes, des vols armés accompagnés de violence se produisent au détriment de négociants en blé ou supposés tels. À Tours même, des menaces, des affiches, des écrits incendiaires et des attroupements de femmes viennent rompre le calme de la cité.

Situation non moins désastreuse dans le sud-ouest. Le cas du Lot-et-Garonne est significatif [2]. La récolte de 1811 est mauvaise, d'un tiers au moins en dessous de celle de 1810 déjà médiocre. La récolte de maïs n'est pas suffisante pour combler le déficit ; peu de légumes, c'est la disette. « Cette perspective est affligeante, elle fait le désespoir de nos propriétaires et de la nombreuse classe des ouvriers et des artisans qui voient les grains monter en un prix presque double de celui où ils étaient l'an passé à l'époque de l'année correspondante. »

Ici plus qu'ailleurs, apparaît le lien économique qui unit la ville à la campagne. Le paysan, dont le préfet déplore les achats qu'il juge excessifs (« La servante d'un métayer, écrit-il, tient à avoir des jupons et des brassières de coton de Rouen. »), ne se

1. Thierry THIBAULT, *Les Préfets d'Indre-et-Loire sous le Consulat et l'Empire*, mémoire dactylographié, pp. 131-132.

2. Marie-Dominique BROCHEN, *Les Préfets du Lot-et-Garonne sous le Consulat et l'Empire*, mémoire dactylographié, p. 161.

fournit plus dans les cités, faute de disponibilités monétaires. À partir de 1811, s'ouvre le cycle infernal des faillites (toiles à voile, corderie, bouchons), peu nombreuses par rapport à d'autres régions, du fait de la très faible industrialisation du département, mais qui n'en secoue pas moins toute l'économie du Lot-et-Garonne.

Quelques désordres se produisent : scènes de pillage ou incendies.

Passons dans le sud-est. Le département des Bouches-du-Rhône est parmi les plus touchés. « Le département, observe Thibaudeau dans ses *Mémoires*, ne produisait de grains que pour la moitié de sa consommation et le territoire de Marseille que pour le tiers [1]. » La récolte de 1811 étant très faible, « les embarras et les inquiétudes redoublèrent ». Thibaudeau eut la sagesse de ne pas appliquer les décrets impériaux sur les réquisitions et le maximum. « Les préfets voisins, dans le Var, le Gard, l'Hérault et le Vaucluse n'ayant pas osé désobéir, les blés vinrent dans les Bouches-du-Rhône, ils y furent bientôt moins rares et moins chers que dans les lieux de production et, note Thibaudeau, on accourut de toutes parts en acheter à Marseille. » La situation n'en demeurait pas moins préoccupante en raison de l'accroissement du nombre des indigents.

Mais c'est Paris qui retenait l'attention [2]. 61 bilans déposés en janvier 1811. En mai, sur 51 000 ouvriers parisiens, 20 000 sont en chômage. Survient en 1812 le problème de l'approvisionnement : si la récolte était à peu près satisfaisante dans la Beauce et la Brie, les achats de Bordeaux et de Marseille y provoquèrent en définitive un déficit sensible accompagné d'une forte hausse. Ce fut la panique du fait de l'insuffisance des réserves. « L'inquiétude, écrit Pasquier, préfet de police, dans ses *Mémoires*, devint alors de la terreur [3]. » Malgré les décrets des 4 et 8 mai, évoqués plus haut, la pénurie, sinon la disette, persista jusqu'en juin 1812. Mais il

---

1. Thibaudeau, *Mémoires*, p. 307.
2. Tulard, *Nouvelle Histoire de Paris : le Consulat et l'Empire*, p. 348.
3. *Mémoires du chancelier Pasquier*, t. I, p. 503.

n'y eut pas d'émeutes. Le gouvernement avait compris le danger. Il fit un exemple en envoyant la Garde à Caen où la halle avait été pillée et le préfet bousculé : quelques mutins furent fusillés. L'opinion murmura mais le peuple ne se souleva pas. « Le pays était bien en main[1]. »

Toutefois, la crise fut moins grave dans certains départements que ne l'avaient redouté les préfets. Il ne faut pas exagérer la solidarité économique des diverses parties de l'Empire. Il n'y a pas, rappelle Roger Dufraisse[2], de vie générale sur le plan économique, mais simple juxtaposition de régions plus ou moins autonomes et vivant encore en autarcie, faute de moyens de transport.

Le décalage est sensible pour la rive gauche du Rhin : l'influence de la crise bancaire y fut à peine ressentie, mais en revanche la hausse du prix des subsistances eut des répercussions sur certaines industries avant la moisson de 1811. La hausse qui suit est davantage le résultat de spéculations effrénées que de mauvaises récoltes. Enfin, sauf dans l'industrie cotonnière, le chômage ne fut pas très important, les charbonnages et la laine ayant été épargnés.

Même décalage pour l'Italie. Indiscutablement le Piémont et le royaume d'Italie ont ressenti le contrecoup de la crise *française*[3]. C'est la soie, plus que la laine ou le coton, qui est touchée. Les exportations tombent de 55 millions à 46 millions mais elles remontent à 60 millions en 1812[4]. Les effets de la crise générale – une surproduction – ont été rapidement surmontés. Les conclusions optimistes de Pasquale Villani pour l'Italie du Nord rejoignent celles de Roger Dufraisse pour la rive gauche du Rhin.

La crise, si elle fut générale en 1811, n'a pas eu partout des conséquences aussi graves que dans certains départements

---

1. CHABERT, *Essai sur le mouvement des prix et des revenus. . .*, p. 388.
2. DUFRAISSE, *op. cit.*, p. 437.
3. TARLÉ, *Le Blocus continental et le royaume d'Italie*, ch. VII
4. VILLANI, « Aspects de la vie économique italienne à l'époque napoléonienne », *Annales historiques de la Révolution française*, 1977, p. 593.

français : le chômage ne fut pas total et la disette demeura limitée dans le temps et dans l'espace. Le nombre des indigents s'accrut considérablement, mais ils furent pour la plupart secourus. De là l'absence de soulèvements.

Reste que la crise a été durement ressentie dans l'ensemble de l'Empire. C'est le moment que choisit pourtant Napoléon pour se lancer dans une périlleuse expédition contre la Russie. « Nous étions gorgés de gloire et nous mourions de faim », écrit Thibaudeau [1].

---

1. THIBAUDEAU, *op. cit.*, p. 312.

III.

La rivalité franco-russe

La guerre engagée entre la France et l'Angleterre depuis 1793 peut sembler, en 1811, sans issue dans la mesure où Londres se trouve dans l'impossibilité d'envisager une victoire décisive sur terre et que Napoléon ne possède pas encore la flotte nécessaire pour tenter un débarquement sur les côtes anglaises. Pour lequel des deux rivaux le temps eût-il en définitive travaillé ? L'Angleterre se trouvait aux prises avec de sérieuses difficultés économiques, mais le continent grognait contre les contraintes du Blocus.

Le choc qui brisa finalement l'Empire napoléonien vint de l'est, non de l'ouest. La fin de l'esprit de Tilsit condamnait en effet les deux colosses européens, le tsar et l'Empereur, à un affrontement sans merci. L'Angleterre profita de cette lutte pour redresser sa balance commerciale et abattre la domination de Napoléon sur le continent. Parant au plus pressé, elle ne se soucia guère des conséquences pour l'équilibre européen et oriental de la victoire de la Russie sur la France.

CAUSES ÉCONOMIQUES
DE LA RUPTURE FRANCO-RUSSE

C'est le Blocus qui est indiscutablement à l'origine du conflit entre les deux alliés de Tilsit. Les incompatibilités d'humeur et les froissements d'amour-propre ont eu leur importance mais ils n'auraient pas suffi à provoquer la guerre. À Tilsit, les problèmes politiques et militaires avaient formé l'essentiel des discussions.

C'est à peine si les questions économiques avaient été évoquées [1]. L'article 27 du traité d'alliance du 7 juillet 1807 stipulait simplement que « les relations commerciales entre l'Empire français, le royaume d'Italie, les royaumes de Naples et de Hollande et les États confédérés du Rhin d'une part, et d'autre part l'Empire de Russie seront rétablies sur le même pied qu'avant la guerre ».

Tilsit n'annonçait pas seulement l'entrée de la Russie dans le système continental mais l'ouverture du gigantesque marché russe à la France invitée à y supplanter l'Angleterre. Savary, envoyé à Saint-Pétersbourg le 13 juillet 1807, insistait sur une colonisation économique de la Russie par la France, à condition toutefois de ne pas brûler les étapes. Il ne dissimulait pas que le commerce français ne pourrait se substituer tout de suite et entièrement au trafic anglais.

Moins réalistes, les Chambres de commerce réclamaient déjà tous les avantages consentis aux Anglais, notamment le droit de poursuivre les débiteurs à Moscou et à Saint-Pétersbourg, et non au domicile de ces débiteurs, ce qui compliquait la procédure.

Napoléon n'était pas insensible à ces demandes. Champagny le faisait aussitôt savoir à Caulaincourt devenu ambassadeur à Saint-Pétersbourg : « S. M. m'ordonne de vous parler du commerce français. Il paraît seul à Saint-Pétersbourg. Jamais occasion plus belle ne se présentera de le faire renaître. De grandes difficultés s'y opposent : l'éloignement, la cherté des transports, l'incertitude du crédit, l'ignorance où l'on est en France des objets qui conviennent le plus à la Russie, enfin la timidité avec laquelle on se livrera à ces spéculations lointaines, en grande partie nouvelles, et dans lesquelles l'on croira peut-être avoir beaucoup de chemin à parcourir. Cependant il faut profiter de ce débouché que perd l'Angleterre. Il faut tenter de remplacer le commerce sur ce marché de Saint-Pétersbourg. Dans cette vue, l'Empereur désire que vous engagiez M. de Lesseps (consul de France) à rassembler un comité de négociants français

---

1. Nous reprenons ici un article paru dans le *Bulletin historique de Pont-de-Briques*, 1979, p. 80.

les plus dignes d'audience et de confiance parmi ceux qui sont à Saint-Pétersbourg, et que là on discute de ce qu'il faut faire pour naturaliser et refaire le commerce français, comment ce commerce peut se faire, par quelles voies et quelles marchandises, quelles sont les places de France qui peuvent le suivre avec plus d'utilité, quels moyens de communication on peut avoir avec elles, quelles quantités de marchandises conviendraient davantage à la consommation probable de cet empire et enfin quels seraient les encouragements que le gouvernement français devrait accorder [1]. »

Tout repose donc sur le consul Jean-Baptiste Barthélemy de Lesseps, nommé déjà à Saint-Pétersbourg le 7 janvier 1793, confirmé sous le Directoire, de retour dans la capitale russe, après un bref séjour à Constantinople, le 8 mars 1802. Il devait y rester jusqu'au 6 janvier 1807 ; il reprit son poste à la signature de la paix.

Le 7 décembre 1807, Champagny lui écrivait : « Maintenant que le but politique est atteint, l'intérêt de la Russie comme celui de la France exige que l'on donne une grande attention aux relations commerciales des deux États ; elles sont nulles, il faut les faire renaître ; il faut remplacer l'Angleterre sur le marché de Saint-Pétersbourg ; il faut fortifier une alliance politique par des intérêts économiques réciproques [2]. »

Lesseps se consacre entièrement à sa tâche, mais cette tâche est impossible : les liaisons maritimes sont incertaines ; la prohibition de certaines marchandises et la nécessité de certificats d'origine ne simplifient pas les opérations.

Conformément aux prévisions de Savary, et malgré les efforts de Lesseps, le marché russe n'a pas été submergé par les produits français. Un mémoire du 4 janvier 1811 sur le commerce russe le reconnaît : « Si, à une époque où les communications par mer étaient libres, la France n'a pas fait en Russie un plus grand commerce, comment veut-on que, depuis que ce puissant moyen

---

1. *Affaires étrangères*, « Correspondance politique », Russie, vol. 144, fol. 342.
2. *Ibid.*, fol. 345.

lui échappe, elle ait porté ses affaires au degré d'étendue qu'on lui assigne [1]. »

Ni les capacités limitées de production de l'industrie française, ni la prudence des négociants n'étaient en mesure de répondre au vœu des Chambres de commerce et aux instigations de Napoléon.

Les chiffres les plus divers ont été avancés quant aux échanges franco-russes après Tilsit. La France aurait exporté pour 1 511 000 roubles de marchandises et n'en aurait acheté que pour 257 000 roubles [2], ce qui paraît logique dans l'optique mercantiliste de Napoléon, mais que ne peut admettre Alexandre. Dès 1809, Lesseps alerte Paris : « Il est constant que, sans exportation, la balance du commerce est contre la Russie. L'encombrement de ses chanvres, de ses bois, de ses suifs, de ses fers et de mille autres articles de gros volume et de peu de valeur doit produire sa ruine totale, si cette situation critique se prolonge encore plusieurs années [3]. » Le système du blocus se révèle en effet désastreux pour la Russie à partir du moment où la France ne peut se substituer à l'Angleterre.

En 1809, les exportations russes par la voie maritime ont porté sur le chanvre, le lin, les cordages, le suif, la potasse, les toiles. Pays destinataires : la Hollande, la Prusse, Hambourg, le Danemark, l'Espagne. Sur 338 navires recensés, un seul à destination de Bordeaux, chargé de fers, de chanvre et de toiles. Quel médiocre débouché offrait la France à son allié russe !

On comprend, dans ce contexte, le décret du 31 décembre 1810 frappant les produits de luxe français. D'ailleurs Alexandre justifie cette mesure dans sa lettre du 25 mars 1811 où il invoque « la gêne extrême du commerce maritime et la baisse effrayante de notre change ».

Non seulement la France n'importe pas ou peu de produits russes, mais elle se montre incapable d'assurer la relève de l'Angleterre pour certains produits de première nécessité, notamment

---

1. *Ibid.*
2. JACOBY, *Napoléon en Russie*, p. 67.
3. *Affaires étrangères*, « Correspondance consulaire », Saint-Pétersbourg, VI, fol. 128.

les objets manufacturés. La pénurie apparaît en Russie. Trop d'intérêts sont froissés, ceux des grands propriétaires fonciers exportateurs de blé, de lin et de chanvre, comme ceux des modestes consommateurs pour qu'Alexandre ne réagisse, d'autant que le déséquilibre de la balance commerciale russe ne cesse de s'aggraver et que le rouble se porte mal. Au risque de déclencher une guerre avec la France, le tsar est résolu à quitter le système continental aux effets si désastreux pour l'économie de la Russie.

CAUSES POLITIQUES DE LA RUPTURE

Le Blocus n'avait pas seulement des conséquences sur l'économie de l'Europe, il impliquait aussi, on l'a vu, une politique incessante d'annexions entraînant « un développement monstrueux de la puissance française [1] ». Désormais l'Empire atteignait les rives de la Baltique : où s'arrêterait l'expansion de la France ?

L'affaire du duché d'Oldenbourg avait montré le peu de cas fait par Napoléon des remontrances du tsar. Certes l'Empereur proposait à nouveau Erfurt pour indemniser le duc de la perte de ses États héréditaires. Il traitait de « bagatelle [2] » la réunion d'Oldenbourg à l'Empire, ce qui mettait Alexandre hors de lui.

Autre sujet d'inquiétude pour la Russie : que ferait Napoléon en Pologne ? Reconstituerait-il l'ancien royaume au détriment de la Russie ? Établirait-il sur le flanc russe un État puissant chargé de contrôler son voisin et d'établir une barrière entre la Russie et l'Europe occidentale ?

Dans le discours au Corps législatif du 3 décembre 1809, Napoléon avait donné des assurances formelles et publiques au tsar. Le ministre de l'Intérieur déclarait : « Le duché de Varsovie s'est agrandi d'une portion de la Galicie. Il eût été facile à l'Empereur de réunir à cet État la Galicie tout entière,

---

1. VANDAL, *Napoléon et Alexandre Ier*, t. III, p. 3.
2. TATISCHEFF, *Alexandre Ier et Napoléon*, p. 557.

mais il n'a rien voulu faire qui pût donner de l'inquiétude à son allié l'empereur de Russie[1]. » Napoléon avait en effet refusé la proposition de Vienne qui lui offrait toute la Galicie en échange du littoral de l'Adriatique, vital pour l'Autriche.

Le mariage de Napoléon et de Marie-Louise ne risquait-il pas de tout remettre en cause ?

Sans doute Alexandre peut-il à tout moment lancer son armée sur le duché mal défendu par 50 000 hommes. Il sait que la situation économique est désastreuse : disette de numéraire, impossibilité pour les grands propriétaires d'exporter leurs céréales... Là aussi le Blocus continental ruine l'économie. Il a désorganisé « le système défini d'interdépendances entre les différentes zones économiques de l'Europe. Dans ce système, les pays de l'Europe centrale et orientale avaient la certitude de pouvoir écouler tous leurs surplus agricoles disponibles. Le calcul de la rentabilité des biens fonciers avait fait de cette certitude son principe directeur. Comme c'était l'Angleterre qui, au début du XIXe siècle, était le principal acheteur de céréales, la rupture des contacts avec ce pays porta une grave atteinte à ce principe fondamental de gestion[2] ». L'effet fut surtout sensible dans les régions anciennement annexées par la Prusse. La baisse des revenus, et partant une plus grande difficulté des transactions foncières, ont entraîné des retards dans le paiement des dettes au Trésor de l'État. La baisse du prix des céréales en Pologne a les mêmes conséquences que le mouvement inverse de hausse dans l'Europe occidentale.

Un parti russe est prêt à exploiter le mécontentement polonais. D'autant que l'opinion se répand que Napoléon tarde trop à répondre au vœu des Polonais de reconstitution du royaume.

---

1. *Ibid.*, p. 513.

2. B. GROCHULSKA, « L'économie polonaise et le renversement de la conjoncture », *Revue d'Histoire moderne*, 1970, p. 626.

LES FORCES RUSSES

Alexandre a-t-il les moyens de s'opposer à Napoléon ? Il peut se reposer sur les immenses ressources de son Empire. Unanime, à l'exception d'un faible parti francophile, la Russie souhaite la guerre. La cour est la plus acharnée au point que l'on a pu parler de projets d'assassinat contre Alexandre Ier lorsqu'il était apparu comme trop favorable à Napoléon.

S'il peut compter sur la Russie, le tsar n'ignore pas que deux États menacent ses frontières : la Suède et la Turquie.

En Suède le prince héritier s'appelle Bernadotte. C'est un maréchal français mais qui ne doit pas son trône à Napoléon. Dès décembre 1810, Bernadotte a rassuré Alexandre : il ne fera jamais la guerre à la Russie. Certes l'opinion ne pardonne pas à la Russie de lui avoir enlevé la Finlande ; mais Alexandre pourrait lui offrir la Norvège, alors propriété du Danemark, à titre de compensation. De toute manière, les grands propriétaires sont unis dans une même hostilité à l'égard de la France. Là encore le Blocus continental est impatiemment supporté. Le produit des forêts et des mines ne peut s'écouler vers l'Angleterre, grande importatrice de bois, de fer et de cuivre.

En Orient, la guerre continue avec les Turcs. « Guerre molle, languissante qui repassait alternativement d'une rive à l'autre du Danube. » L'Empire turc ne constitue plus une menace dangereuse mais il contraint Alexandre à immobiliser une partie de ses forces sur le Danube. Des négociations sont engagées où le tsar s'efforce d'intéresser la diplomatie anglaise. Elles n'aboutiront qu'en 1812 au traité de Bucarest. Mais la Russie sait depuis 1811 qu'en cédant sur les principautés de Moldavie et de Valachie elle peut obtenir une paix immédiate. Libéré de toute inquiétude à ses frontières, Alexandre n'ignore pas qu'il peut espérer l'appui de l'Angleterre dès qu'il lui aura ouvert ses ports, seul moyen au demeurant de mettre fin à la crise économique dont souffre la Russie.

La Prusse n'attend que l'arrivée des Russes pour reprendre les armes, le tsar en a été averti.

Seul point noir : l'Autriche. « Sans la complicité déclarée ou secrète de l'Autriche, la grande entreprise restait une aventure. Lorsque les Russes s'avanceraient en Prusse, ils tendraient le flanc à l'Autriche dont les troupes n'auraient qu'à déboucher de la Bohême pour tomber sur l'envahisseur et lui infliger un désastre. Or, depuis 1810, les relations de l'Autriche avec Napoléon faisaient l'étonnement et le scandale de l'Europe. L'empereur François Ier lui avait donné sa fille ; Metternich avait vécu cinq mois près de lui, se plaisant dans sa société et se livrant sans doute à de louches compromissions. Revenu à Vienne, il avait fermé l'oreille à toutes les paroles de la Russie ; il venait d'éconduire Schouvalof et d'autres porteurs de propositions[1]. »

Mais Alexandre espère son concours en lui offrant une partie de la Moldavie et la Valachie tout entière lorsque le moment sera venu.

Poussé par des conseillers étrangers comme le Prussien Schöler ou le Suédois Armfeldt, Alexandre peut donc envisager sans craintes excessives la guerre avec Napoléon, convaincu qu'à peine les troupes russes, après avoir fait sauter le verrou polonais, auront pénétré en Allemagne, elles seront accueillies en libératrices.

Au début de 1811, songe-t-il déjà à attaquer la France ? Les Polonais alertent Napoléon par l'intermédiaire du ministre résident à Varsovie, Bignon. Des informations concordantes proviennent de Suède et d'Orient. Napoléon reste sceptique. Pourtant la rumeur d'une attaque russe s'accrédite : la Bourse baisse ; de Copenhague à Berlin, de Dresde à Vienne, on confirme des faits troublants à la frontière russe.

Napoléon finit par s'inquiéter. Il ne souhaite pas une guerre immédiate. Son nouvel ambassadeur à Moscou, Lauriston, appelé à remplacer Caulaincourt, reçoit des instructions précises : il faut gagner du temps[2]. L'envoyé du tsar, Tchernitchef, est abreuvé de paroles rassurantes.

---

1. VANDAL, *op. cit.*, p. 14.
2. *Correspondance de Napoléon*, n° 17 571.

Il ne s'agit pas de s'endormir. Entre le 15 et le 17 avril 1811, Napoléon renforce sa ligne défensive sur l'Oder, sous le commandement de Davout. Des renforts sont rapidement acheminés. Champagny réputé trop mou est remplacé aux Relations extérieures par Maret, duc de Bassano. Un nouveau mouvement diplomatique s'esquisse vers la Suède à laquelle on promet la Finlande, et vers la Turquie assurée de la Moldavie et de la Valachie. On mobilise à Varsovie.

La guerre est annoncée partout pour la fin du printemps ou pour l'été au plus tard. Mais elle ne se produit pas. Alexandre ne croit plus au succès d'une offensive. C'est l'idée défensive qui s'impose. En ce printemps de 1811, la campagne du Portugal s'achève et l'on apprend l'échec de Masséna devant la tactique de la terre brûlée et les lignes défensives de Torres-Vedras imaginées par Wellington. Un Allemand au service de la Russie, le général Pfühl, développe l'idée de construire un camp retranché dans l'espace vide entre le Dniepr et la Dwina. Il affirme la supériorité du système défensif sur l'attaque à outrance. Peut-être a-t-on exagéré après coup l'influence des théories défensives. Il faut faire intervenir également les hésitations d'Alexandre, son horreur de la guerre, la peur que lui inspirait Napoléon. Quelles que soient les raisons, Alexandre renonça à la guerre en 1811, mais l'alerte avait été chaude.

LE POINT DE VUE DE NAPOLÉON

La France n'avait pas à se louer de l'alliance russe. Alexandre n'était pas intervenu en 1809 ; il s'était dérobé devant les demandes de Napoléon concernant un éventuel mariage avec une princesse ; il avait laissé se multiplier les infractions au Blocus ; il armait comme si la Russie était menacée, le tout accompagné de tant de bonnes paroles que Napoléon, exaspéré, avait fini par déclarer : « Alexandre est faux ; il arme pour me faire la guerre [1]. » Napoléon a cru et voulu croire encore longtemps en l'alliance

---

1. VANDAL, *op. cit.*, p. 175.

avec Alexandre. C'était en effet une garantie essentielle de survie pour son Empire. Il n'a pas souhaité la rupture, mais, en 1811, il s'y résigne.

Revenu à Paris, Caulaincourt plaidait en faveur d'un geste rassurant la Russie sur l'éventualité d'une restauration de la Pologne, ou alors, déclarait-il, l'Empereur devait franchement prendre parti en faveur de cette restauration et engager la guerre avec Alexandre pour une cause qui lui assurerait en cas de victoire un allié sûr en Europe septentrionale.

Face à son adversaire, Napoléon disposait de forces immenses ; c'est l'Europe presque entière qu'il pouvait lancer contre Alexandre.

Sans doute se trouve-t-il profondément engagé en Espagne, mais la Péninsule n'absorbe pas, il s'en faut, toutes ses ressources. S'il réussit à mener une guerre éclair contre la Russie, il n'en aura que les mains plus libres du côté espagnol.

Il croit de plus en plus au caractère inéluctable d'un affrontement avec la Russie, mais souhaite le retarder dans la mesure du possible pour mieux s'y préparer.

Faut-il tenir pour authentiques ou tout au moins sincères les propos que lui prête Villemain sur les vastes perspectives que lui aurait offertes la chute de Moscou : la route de l'Inde ouverte, le vieux rêve oriental ressuscité, l'empire universel au bout [1]. Plus réaliste, Napoléon voit dans une éventuelle victoire un renforcement décisif du système continental qui précipiterait cette fois la ruine de l'économie anglaise.

Le 15 août 1811, prenant à partie Kourakine, l'ambassadeur d'Alexandre à Paris, il laisse entendre que sa décision est prise : « Ne vous flattez pas que je dédommage jamais le duc d'Oldenbourg du côté de Varsovie... Je ne pense pas à reconstituer la Pologne ; l'intérêt de mes peuples n'est pas lié à ce pays. Mais, si vous me forcez à la guerre, je me servirai de la Pologne comme d'un moyen contre vous [2]. »

1. VILLEMAIN, *Souvenirs contemporains*, p. 175.
2. VANDAL, *op. cit.*, p. 214.

Il n'est pas question, déclare Napoléon devant son ministre des Relations extérieures, de céder une partie du duché de Varsovie pour sauver la paix. « Cet agrandissement porterait les frontières de la Russie sur l'Oder et sur les limites de la Silésie. Cette puissance que l'Europe, pendant un siècle, s'est vainement attachée à contenir dans le Nord, et qui s'est déjà portée par tant d'envahissements si loin de ses bornes naturelles, deviendrait puissance du midi de l'Allemagne, et en même temps qu'elle obtiendrait de si dangereux avantages par sa nouvelle position géographique, elle aurait acquis en peu d'années, par la possession de la Finlande, de la Moldavie, de la Valachie et du duché de Varsovie, une augmentation de 7 à 8 millions de population, et un accroissement de force qui détruirait toute proportion entre elle et les autres grandes puissances. Ainsi se préparerait une révolution qui menacerait tous les États du Midi, que l'Europe entière n'a jamais prévue sans effroi et que la génération qui s'élève verrait peut-être s'accomplir [1]. »

Donc ce sera la guerre et une guerre décisive qui tranchera le problème de la suprématie sur le continent : France ou Russie. Napoléon en fixe l'époque au mois de juin 1812. Tout en continuant les négociations, il entreprend de grandes actions diplomatiques et fait hâter les préparatifs militaires. Dantzig devient la pièce maîtresse du dispositif, « le grand dépôt pour toute la guerre du Nord [2] ». L'accroissement de l'armée polonaise va de pair. En arrière de la Vistule, les garnisons de l'Oder reçoivent d'importants renforts. Les princes de la Confédération sont invités à remonter leur cavalerie et à préparer leur contingent [3]. Des dépôts d'armes et de munitions sont établis à Metz, Mayence, Wesel, Maestricht. Le corps d'observation des côtes de l'Océan est destiné à faire mouvement vers l'Est. D'Italie, remontent toutes les forces disponibles vers Vérone sous le commandement d'Eugène. En réserve, la Garde, dans le triangle Paris-Bruxelles-

---

1. *Ibid.*, p. 222.
2. *Correspondance*, n° 18 140.
3. *Correspondance*, n° 18 333.

Metz. D'août 1811 à février 1812, la correspondance de Napoléon nous aide à suivre la mise en place de la Grande Armée.

Sur le plan diplomatique, la Turquie du sultan Mahmoud était encouragée à poursuivre la guerre. De Bernadotte, Napoléon n'attendait rien. La cour de Stockholm était convaincue qu'à Erfurt l'Empereur avait proposé au tsar de partager la Suède entre la Russie et le Danemark. Napoléon se contenta, pour rassurer Bernadotte, de rappeler son ambassadeur Alquier qui entretenait de mauvais rapports avec le futur roi, et de laisser entendre qu'en cas de victoire de la France, la Suède pourrait récupérer la Finlande. En fait, le 19 janvier 1812, Davout recevait l'ordre d'occuper la Poméranie suédoise qui accueillait un peu trop facilement les navires anglais dans ses ports. La Suède ne l'avait récupérée en 1810 qu'à condition de la fermer au commerce britannique. La condition n'était pas remplie, Napoléon était en droit de reprendre la Poméranie. Était-ce pourtant le bon moment ?

La Prusse était tenue en respect par les garnisons de Dantzig, Stettin et Custrin, ainsi que par les armées de Westphalie et de Saxe ; au demeurant, elle sollicitait l'alliance de la France. L'Autriche se précipitait en décembre 1811 dans le camp français. Elle en attendait d'appréciables agrandissements sur le Danube, la récupération des Provinces illyriennes et la Silésie dans le cas où la Prusse rallierait la cause du tsar.

LA GUERRE

On ne peut qu'admirer le mouvement de concentration opéré par les forces de tout un continent entre janvier et juin 1812. « Travail sans précédent », selon la formule d'Albert Vandal, qui exigeait une grande précision pour éviter les encombrements et les erreurs d'intendance, et une non moins grande discrétion, la Russie pouvant à tout moment fondre sur les avant-postes français de la Vistule et ravager le pays destiné à fournir les approvisionnements. « Le plan adopté pour la concentration et la marche en avant fut le suivant. L'armée d'Italie étant la plus éloignée partirait la première, franchirait les Alpes, et, s'élevant à travers la Bavière, pousserait droit devant elle jusqu'à Bamberg, au centre de l'Allemagne, à mi-chemin entre le Rhin et l'Elbe ; là, elle obliquerait à droite pour continuer sa route vers le Nord-Est et la Russie. Les 2e et 3e corps, le 6e (Bavarois), le 7e (Saxons), le 8e (Westphaliens), réglant leur mouvement sur celui de l'armée d'Italie, arriveraient à hauteur sur sa gauche et se mettraient en ligne avec elle, tandis que le 1er corps, celui de Davout, s'élancerait rapidement jusqu'à l'Oder, afin que les Russes, s'ils prenaient l'offensive, vinssent immédiatement buter contre cet obstacle. La liaison des autres colonnes opérée, elles se dirigeraient ensemble vers la frontière ennemie, allant plus ou moins vite, suivant les circonstances, mais toujours graduellement et par échelon, se portant d'abord sur l'Elbe, s'avançant ensuite de l'Elbe à l'Oder, s'acheminant enfin à pas sourds vers la Vistule, faisant halte autant que possible sur chacun de ces grands fleuves pour reprendre haleine et rectifier leurs distances, se servant d'eux comme d'assises superposées pour affermir et régulariser leur marche ascensionnelle vers le Nord [1]. »

Napoléon croyait-il la guerre inévitable ou espérait-il que le tsar capitulerait devant la formidable armée réunie par son adversaire ? Que la Russie s'engage à appliquer le Blocus continental et consente à terminer l'affaire d'Oldenbourg en acceptant à titre d'indemnité pour le prince dépossédé Dantzig ou un morceau du duché de Varsovie, telles étaient les conditions posées par Napoléon et transmises à Alexandre. L'Empereur ne pensait pas que le tsar y souscrirait. Cette guerre, expliquait-il à Cambacérès [2], était indispensable pour prévenir une attaque de la Russie ; il valait mieux l'engager dans une période où lui, Napoléon, était en pleine vigueur que de maintenir une paix précaire.

Le 8 avril 1812, une note du tsar faisait connaître la position russe : évacuation complète de la Prusse et de la Poméranie

---

1. VANDAL, *op. cit.*, p. 301.
2. THIERS, *Histoire du Consulat et de l'Empire*, t. XIII, p. 458.

suédoise, retrait de toutes les troupes françaises au-delà de l'Elbe. Comment ce véritable ultimatum aurait-il pu être accepté par Napoléon ? Le tsar lui aussi souhaitait la guerre. Il avait l'assurance que la Turquie, après une humiliante défaite sur le Danube qui avait contraint le Grand Vizir à s'enfermer dans Rouchtchouck, était décidée à traiter. La Suède, rendue furieuse par l'annexion de la Poméranie, s'offrait à la Russie contre la Norvège. À Saint-Pétersbourg, Speranski, francophile et pacifique, était renversé[1] par un complot qui laissait place libre aux adversaires de l'Empereur, les émigrés Stein, Armfeldt, Vernègues, Paulucci, Maistre.

À Dresde, où il arrive le 16 mai 1812, Napoléon passe en revue ses alliés allemands, y compris l'empereur d'Autriche et le roi de Prusse.

LES OPÉRATIONS

Napoléon doit affronter deux difficultés dans cette nouvelle campagne : l'énormité des effectifs d'une part, une contrée déjà pauvre et la menace de la terre brûlée, tactique adoptée au Portugal. « La guerre de Pologne, écrit-il à Eugène le 31 décembre 1811, ne ressemble en rien à la guerre d'Autriche. Sans moyens de transport, tout y est inutile. » Et à Davout, le 26 mai 1812 : « Le résultat de tous mes mouvements réunira 400 000 hommes sur un seul point ; il n'y aura rien à espérer du pays et il faut tout avoir avec soi. »

Pour vaincre un adversaire dont il surestime les forces, Napoléon lève 600 000 hommes dont 400 000 doivent être immédiatement disponibles sur le théâtre des opérations. Comment les faire manœuvrer facilement ? Il imagine le groupe d'armées. Il crée une armée principale de 250 000 hommes sous son autorité directe, recrutée et encadrée par des Français ; il y joint quelques divisions étrangères pour les corvées (escorte, garde des prisonniers, occu-

---

1. Sur cette affaire, cf. le grand livre de Schildner sur Alexandre Ier.

pation des citadelles). Cette armée comprend trois corps : ceux de Davout (70 000 soldats), de Ney (40 000) et d'Oudinot (36 000). À Murat, le commandement de la cavalerie. Il adjoint à cette armée principale deux armées auxiliaires formées l'une de 80 000 hommes (Italiens et Bavarois sous Eugène avec pour chef d'état-major Dessoles), l'autre de 70 000 combattants (Westphaliens, Saxons, Hessois, Polonais) confiée à Jérôme assisté de Marchand. Leur objectif : tromper les Russes sur les intentions françaises.

Pour approvisionner cette gigantesque armée, on est contraint d'en revenir aux magasins roulants et fixes, aux convois fluviaux et aux prairies pour les chevaux.

Le plan de campagne prévoit que Jérôme attirera à lui les Russes vers Varsovie pendant que Napoléon gagnera Kovno, passera le Niémen et marchera sur Vilna avec Eugène à sa droite. À mesure que l'armée de Napoléon s'avancera, celle de Jérôme reculera en sorte que l'Empereur se trouvera sur le flanc droit de l'armée russe et que celle-ci sera prise comme dans une nasse. En vingt jours, estime Napoléon, la campagne sera terminée.

Du 22 au 23 juin, le Niémen est franchi. Napoléon fonce sur Vilna. Le 28, la ville tombe mais l'ennemi se dérobe, évitant l'enveloppement. Du côté français, les traînards sont déjà nombreux et l'on recueille peu de renseignements sur l'ennemi. La manœuvre de Vilna qui visait à détruire les forces russes ne pouvait réussir en raison de la trop grande quantité d'hommes engagés. Une armée franco-polonaise de 250 000 soldats eût suffi face aux 110 000 hommes de Barclay. Les erreurs de Jérôme sont à l'origine de cet échec [1]. Barclay avait échappé et s'était retranché dans le camp de Drissa derrière la Duna, mais Bagration pouvait encore être pris. De Vilna, Davout fonçant sur Minsk avait tenté de lui couper la retraite, mais Jérôme qui poursuivait les Russes ne fut pas assez rapide. Bagration esquiva Davout en se dirigeant vers le Sud, passa le Dniepr et le remonta.

Napoléon essaya alors de marcher sur Vitebsk pour se placer entre les deux armées russes, mais il arriva trop tard le 27 juillet.

---

1. BONNAL, *La Manœuvre de Vilna.*

Barclay s'était retiré sur Smolensk où il opérait sa jonction avec Bagration. Cette deuxième manœuvre échoua comme la première : les forces adverses parvenaient toujours à se dérober.

Les deux armées russes maintenant réunies, Napoléon pouvait espérer qu'elles livreraient enfin bataille. Dans cette perspective, il laissa ses troupes épuisées par les marches forcées, éprouvées par la chaleur, coupées de leurs bases de ravitaillement, se reposer quelques jours.

Il monta une troisième manœuvre : franchissant le Dniepr, il surgit, le 16 août, devant Smolensk. La surprise fut manquée ; les Russes se retirèrent, laissant la ville en feu. Ils ne s'obstinèrent à livrer un combat d'arrière-garde que sur les hauteurs de Valoutina. Cette position couvrait le débouché du chemin où se trouvait engagée l'armée de Barclay et qui aboutissait sur la route de Moscou à Loubino. Junot, qui commandait les Westphaliens, n'obéit pas aux ordres qu'il avait reçus de pousser sur Loubino ; il eût barré la route à la moitié de l'armée de Barclay prise au piège.

La manœuvre de Smolensk avait échoué à son tour. « Le système de Napoléon ne convenait pas à cette contrée [1]. »

Les effectifs de Napoléon fondaient à vue d'œil. Les 16 000 Wurtembergeois ne sont plus que 1 500 en septembre ; les chevaux, privés d'avoine, meurent en masse.

L'Empereur attendait beaucoup des Polonais : « Je ferai la guerre avec du sang polonais », aurait-il déclaré. Ambassadeur en Pologne où il a succédé à Bignon, Pradt a échoué dans la mission que lui a confiée Napoléon, il n'a pas su, pu ou voulu organiser l'effort de guerre dans un pays dont l'économie était fortement ébranlée [2]. Pire, l'Empereur se trouve dans une situation difficile, lorsque, le 28 juin, la Diète laisse la place à une confédération qui rétablit le royaume de Pologne. Napoléon se tait de peur d'effrayer les alliés autrichien et prussien. Il ne réunit même pas la Lituanie au nouveau royaume, se contentant de lui donner une administration particulière.

---

1. CAMON, *La Guerre napoléonienne*, t. II, p. 27.
2. DOUSSET, *L'Abbé de Pradt*, p. 110.

Dans la conduite de la guerre contre la Russie, la meilleure solution pour Napoléon serait d'organiser le pays conquis sur les Russes et de s'assurer l'appui des paysans en leur promettant l'abolition du servage. Il ne s'y résigne pas, preuve, s'il en était besoin, qu'il n'est plus le champion de la Révolution.

Redoutant de rester sur un semi-échec qui pourrait provoquer des réactions en Allemagne, il choisit de reprendre la poursuite. Sans doute espérait-il que la prise de Moscou obligerait Alexandre à négocier.

Cette fois, les Russes se voient contraints au combat. Comment auraient-ils pu admettre l'idée d'un Napoléon entrant sans résistance dans la ville sainte ? Koutouzov remplaça Barclay et se décida à affronter Napoléon à Borodino.

Son dispositif était excellent : la droite couverte par les escarpements de la Kolotscha, le centre défendu par la redoute qui dominait le confluent de la Kolotscha avec un ruisseau ; seule la gauche, malgré quelques travaux défensifs, paraissait vulnérable.

Napoléon renonce à l'idée d'une masse tournante jetée sur les arrières des Russes pour les encercler. Il estime préférable le choc frontal. Mais il ne dispose plus que de 127 000 combattants et de 580 bouches à feu face « à la résignation religieuse et entêtée des Russes ».

C'est une boucherie. Napoléon écrase le centre russe sous le feu de 200 pièces, fait donner toute la grosse cavalerie. Il pourrait espérer remporter une victoire décisive en faisant donner la garde, mais il préfère la conserver en réserve. Il n'a plus que 100 000 hommes lorsqu'il entre à Moscou le 14 septembre. Le lendemain, l'incendie éclate partout dans la cité. Napoléon resta un mois dans la ville attendant les offres d'ouverture d'Alexandre. À ses yeux, dans sa conception de la guerre héritée du XVIIIe siècle, guerre de souverain à souverain et non de peuple à peuple, il est le vainqueur puisque maître de la capitale de son adversaire. Il envoie Lauriston auprès de Koutouzov avec une lettre destinée à Alexandre. Lauriston doit également faire savoir aux Russes qu'ils conduisent la guerre hors des règles en pratiquant la terre brûlée[1]. Mais le tsar veut la guerre totale jusqu'à l'anéantissement de l'ennemi. Il ne négocie pas. Il a d'ailleurs raison. « La Russie ne peut être vaincue parce qu'elle ne peut être acculée », dira Ségur. Napoléon a le choix entre quatre solutions : rester à Moscou, mais il est coupé de ses bases et de sa capitale (il faut quinze jours à un courrier pour joindre Paris) ; se rendre à Saint-Pétersbourg, mais l'hiver est trop proche ; descendre par Kalouga, riche et non encore dévastée, mais Koutouzov lui barre le passage à Malojaroslavtz ; il doit donc se résigner à la quatrième solution : reprendre la route de Smolensk. Le temps est beau. « Il rappelle, dit Napoléon, les belles journées d'automne de Fontainebleau. »

Mais, à partir du 9 novembre, la pluie suivie de la neige se met à tomber. Il n'est plus question d'hiverner à Smolensk ; les magasins étaient vides, l'hiver ayant arrêté la navigation par les fleuves. La Grande Armée avait déjà beaucoup souffert : il restait 35 000 hommes encore organisés.

Quand Napoléon quitte Smolensk, le 14 novembre, le froid s'aggrave, les harcèlements de cosaques se multiplient, les paysans massacrent les traînards. Koutouzov tente, à Krasnoé, de séparer les différents corps français : combats meurtriers. À Orcha, il ne reste plus que 25 000 combattants et autant de traînards. Le 27 novembre, le passage de la Berezina ne peut s'opérer, dans des conditions dramatiques, que grâce au dévouement des pontonniers d'Eblé.

Saisissant est le témoignage du quartier-maître Barrau sur l'arrivée et le départ de Vilna : « Il fallut partir de Vilna avec un des désordres les plus complets sans commandement et sans ordres, chacun marchait à son gré, à chaque pas sur la route des hommes et des chevaux qui tombaient morts. Le moral était à son dernier degré, nous étions comme des animaux sauvages. Sans connaissance et sans égard pour personne, ni pour son frère ni pour son père. On ne faisait que jurer et hurler sans se connaître. Nous avions tous la diarée *(sic)*. À cet effet, pour éviter de mettre

---

1. CAMON, *op. cit.*, p. 36.

culotte bas, et pour ne pas rester avec la culotte à la main à cause du froid, on prit les moyens de la découdre par-derrière afin de pouvoir se soulager en marchant. On voyait de la fiente depuis les talons jusqu'à la ceinture[1]. »

Dès le 6 décembre, Napoléon avait quitté l'armée pour rentrer à Paris. Il lui fallait franchir l'Allemagne avant que fût connue l'étendue du désastre et ordonner de Paris de nouvelles levées. Murat, à qui il avait laissé le commandement, pressé à son tour de rentrer à Naples, l'abandonnait à Eugène qui ramenait les débris de l'armée derrière l'Elbe. À l'aile gauche, Macdonald, réduit à une division, se retire sur Tilsit. Les Prussiens de York ont en effet négocié directement avec les Russes, s'engageant par la convention de Tauroggen, le 31 décembre, à ne pas les combattre pendant deux mois. De même, à l'aile droite, Schwarzenberg avait conclu un arrangement avec les Russes pour rentrer tranquillement en Autriche. Défections inquiétantes pour l'avenir de l'Empire.

La Russie ne s'est pas écroulée contrairement aux espoirs de Napoléon. Sans doute son économie a-t-elle été fortement ébranlée et le rouble a-t-il connu une nouvelle dévaluation, mais la haine de l'envahisseur a soudé les populations contre les Français. Napoléon n'a joué ni la carte des minorités ethniques, notamment en Lituanie, ni celle de l'abolition du servage. Depuis 1808, l'armée française n'apparaît plus comme porteuse des principes de liberté et d'égalité ; elle est l'instrument d'un impérialisme dénoncé d'un bout à l'autre de l'Europe.

« Pour Napoléon, le désastre est irréparable. Ce n'était pas seulement sa puissance militaire qui était frappée, mais tout son système politique européen. Avec la destruction de ses régiments polonais, croulait l'œuvre de régénération ébauchée par la création du grand-duché de Varsovie. Avec la destruction de ses régiments allemands, croulaient sa Confédération du Rhin, son royaume de Westphalie, tous ses plans d'organisation d'une

---

1. GODECHOT, « Mémoires de Jean-Pierre Barrau », *Rivista italiana di Studi napoleonici*, 1979, p. 121.

Germanie soumise à la France. Les deuils que cet immense désastre avait semés dans les autres pays de l'Europe, en Hollande, en Belgique, en Suisse, dans toute l'Italie, de Milan à Naples et de Venise à Turin, et jusque dans les Provinces illyriennes, préparaient la dislocation et l'émiettement de l'empire napoléonien. L'Europe napoléonienne était surtout une Europe des camps et des champs de bataille. Or, presque tout entière, elle était restée dans les plaines de la Russie. À sa place une autre Europe allait se révéler ; elle venait de signifier son avènement, le 30 décembre 1812, par l'éclatante défection de York de Wartenburg. Napoléon s'était donné l'orgueil d'armer contre la Russie jusqu'à vingt nations et de déplacer l'Europe pour ainsi dire, de l'Ouest à l'Est. Alexandre n'allait pas armer moins de nations contre le César français, et cette fois, le flux des masses en armes se ferait de l'est à l'ouest, entraînant dans ses flots, nation par nation, armée par armée, tout ce qui acclamait naguère les aigles de Napoléon [1]. »

---

1. Lavisse et Rambaud, *Napoléon*, p. 802.

IV.

Le soulèvement de l'Allemagne

La nouvelle du désastre de Russie parvint dans une Allemagne alors secouée par un gigantesque bouillonnement intellectuel qui contrastait avec la somnolence de la France. Qu'opposer en effet de notre côté du Rhin à Goethe, Schiller, Jean Paul, Novalis, Hölderlin, Grimm, Tieck, Arnim, Chamisso, Brentano, Fouqué et Hoffmann. Guillaume de Humboldt crée la philologie comparée, Niebuhr écrit sa grande histoire de Rome, Hegel médite sa *Phénoménologie*, Alexandre de Humboldt fonde la géographie comme « synthèse du monde » et Savigny rénove les études historiques par le droit.

Dans son fameux *De l'Allemagne*[1], Mme de Staël avait lancé un avertissement à la France : elle y montrait comment s'établissait peu à peu en Europe la supériorité intellectuelle de l'Allemagne tandis que le génie français périssait, étouffé par la dictature. Le romantisme naît en Allemagne quand la France s'empêtre dans un néo-classicisme qui mêle Plutarque à Pompéi.

Mais il manquait à l'Allemagne un *leadership.* En 1809, on avait pu croire en l'Autriche dont l'Empereur, malgré Austerlitz, demeurait l'héritier d'Otton Ier et de Frédéric Barberousse. La désillusion fut grande lorsque Vienne pactisa avec Paris. Mais comment en aurait-il été autrement quand l'absence de soulèvement de l'Allemagne laissait l'Autriche seule face à l'adversaire français. Les tentatives d'insurrection qui se déroulèrent en Westphalie se limitèrent à des groupes restreints sans jamais solliciter

---

1. S. BALAYÉ, « Mme de Staël et le gouvernement impérial en 1810 », n° 19 des *Cahiers staëliens.*

le secours des masses paysannes. Schill, en dépit de son appel aux Allemands, se contente de sortir de Berlin avec ses hussards ; la tentative de Katt n'est qu'un putsch militaire ; Dörnberg prend contact avec la noblesse westphalienne et n'utilise pas l'appui des paysans de Marburg prêts à l'aider ; Brunswick enfin évite soigneusement de déclencher une insurrection populaire.

LE SOULÈVEMENT DE L'ALLEMAGNE

On ne fait pas la guerre uniquement avec des cadres ; il faut aussi des soldats. Trop conservateurs, les mouvements pour entraîner l'Allemagne dans la lutte contre la France étaient voués à l'échec.

Ce sont les Prussiens qui ont tiré la leçon de l'humiliante expérience de 1809. Ils ont compris que l'absence de ressort patriotique était la cause des désastres. Pour réveiller la nation allemande, il faut lui proposer une participation effective à l'administration et à l'effort de guerre. Analysant les causes de la supériorité militaire de la France, Gneisenau écrit : « La raison pour laquelle la France est arrivée à ce degré de puissance, c'est que la Révolution a éveillé les énergies et a fixé à celles-ci leur rayon d'action. À la tête des armées, sont venus les héros, aux premières places de l'administration les hommes d'État et enfin au sommet du gouvernement l'homme le plus génial que son sein ait porté. Pendant qu'un empire végète dans la faiblesse et dans la honte, un César pousse peut-être la charrue dans le plus misérable des villages et un Epaminondas se nourrit chichement du travail de ses mains [1]. »

LA RÉORGANISATION DE LA PRUSSE

Anéantie financièrement par une énorme contribution de guerre, occupée militairement, amputée de ses provinces westpha-

---

1. DROZ, *Le Romantisme allemand et l'État*, p. 177.

lienne et polonaise, contrainte d'entrer dans le Blocus continental qui la ruine économiquement, la Prusse ne pouvait cependant consentir à demeurer une puissance de second ordre, rang auquel l'avaient réduite les accords de Tilsit. Stein fut le premier à réagir contre les faiblesses de l'État prussien.

« Si celui-ci, estimait-il en 1806, avait été guidé par une véritable force morale et intellectuelle, il eût sauvé la coalition avant qu'elle eût reçu à Austerlitz le coup mortel, il l'eût conduite au but suprême, l'affranchissement de l'Europe opprimée par la domination française. Cette force a fait défaut [1]. » Après Iéna il affirme : « Il faut réveiller l'esprit de collectivité, détruire cet attachement étroit au mécanisme qui est le trait distinctif de la bureaucratie, tirer la nation de cet état de tutelle où la tient l'administration. » La réforme doit être politique avant d'être militaire. Réforme qui doit reposer sur la confiance accordée aux corps représentatifs. Le mémoire de Nassau de juin 1807 développe l'idée du rétablissement de l'autonomie municipale. S'y ajoutent la séparation de l'administration et de la justice et l'essor de l'instruction publique.

Plus ouvert que Stein aux idées de la Révolution, Hardenberg complète ce programme par des réformes sociales : émancipation des paysans, rachat des droits féodaux, suppression des justices seigneuriales. « On s'est fait l'illusion que l'on résisterait plus sûrement à la Révolution, en s'attachant plus étroitement à l'organisation ancienne, en poursuivant sans pitié les principes nouveaux, et l'on a ainsi singulièrement favorisé la Révolution et sollicité son développement. La force de ces principes est telle en effet, ils sont si généralement reconnus et répandus que l'État qui refusera de les accepter sera condamné à les subir ou à périr [2]. »

Bien qu'ayant reçu une éducation voisine de celle de Stein, Hardenberg allait plus loin dans la voie des réformes. Originaire du Hanovre, ayant beaucoup voyagé et s'étant formé dans

---

1. VIDAL DE LA BLACHE, *La Régénération de la Prusse*, p. 226.
2. *Ibid.*, p. 229.

diverses cours allemandes, Hardenberg, passé au service de la Prusse, avait d'abord plaidé en faveur de la France révolutionnaire ; mais, en 1803, après l'occupation du Hanovre par Bonaparte, il devint l'un des adversaires les plus acharnés de la France et ne vit de salut pour la Prusse que dans un accord avec la Russie.

Hardenberg avait remplacé Stein qui s'entendait mal avec Frédéric-Guillaume III, mais Tilsit le condamna. Stein revint au pouvoir.

L'heure des réformes avait enfin sonné. Vaincue, la noblesse ne pouvait plus faire opposition aux changements préconisés par Stein.

Le 9 octobre 1807, un édit supprima la sujétion héréditaire et les restrictions légales qui empêchaient la libre transmission des terres. Sans doute ces mesures n'allèrent-elles pas aussi loin qu'on l'a cru, mais elles marquaient un sérieux progrès.

Une loi municipale, le 19 novembre 1808, rendit aux villes les franchises communales qu'elles avaient perdues. Là encore la décision n'était pas aussi radicale que les historiens des réformes l'ont écrit, puisqu'elle ne concernait qu'une faible partie de la population ; l'effet psychologique n'en fut pas moins important.

Dernière mesure prise par Stein, le jour même de son départ, le 24 novembre 1808 : une simplification administrative qui supprimait les ministres provinciaux, abolissait le système collégial et les privilèges des provinces, révisait les divisions territoriales et augmentait les rendements des caisses générales.

Dans le même temps, Scharnhorst, un Hanovrien prudent et taciturne passé au service de la Prusse en 1801 et qui s'était illustré à Eylau, entreprit la réorganisation militaire qui s'imposait après Iéna. Le système de Frédéric II était condamné. Pourquoi ? D'une part, parce que le roi était resté fidèle à la tactique linéaire et demandait à la cavalerie et à l'infanterie de faire la décision. Or l'artillerie venait de tout bouleverser, c'était elle désormais l'arme déterminante. D'autre part, Frédéric II préconisait une armée de mercenaires encadrés par des officiers nobles et soumis à une discipline rigoureuse. La Révolution française rendait cette conception caduque, en montrant, conformément aux prévisions de Guibert, que l'avenir était aux armées nationales.

Tels ont été les deux axes des réformes de Scharnhorst. Si le service général ne fut établi que le 3 septembre 1814, la situation financière de la Prusse ne permettant pas d'entretenir sous les drapeaux une armée aussi nombreuse, du moins le système des *krumper* (mot venu des chevaux en excédent dans la cavalerie) permit, par système de rotation, de former le maximum de recrues qui retournaient chez elles, leur instruction terminée.

Dès 1808, les efforts de Scharnhorst et de Stein commencent à porter leurs fruits. À Vienne, Stadion peut préparer la revanche contre la France en comptant sur l'appui prussien. Une imprudence de Stein compromit provisoirement l'entreprise. Le ministre prussien écrivit une lettre dépourvue d'ambiguïté quant à ses sentiments envers Napoléon : adressée à Wittgenstein, elle fut saisie par la gendarmerie française et publiée dans *Le Moniteur*, le 8 septembre.

Le renvoi de Stein s'imposait : sinon c'était la guerre. Frédéric-Guillaume qui détestait son ministre céda, le 24 novembre. Les successeurs de Stein, Goltz, Dohna et Altenstein ne le valaient pas : les réformes cessèrent. La Prusse laissa l'Autriche en 1809 se faire écraser par Napoléon. La reine Louise en mourut de chagrin le 19 juillet 1810.

Mais déjà, depuis juin, Hardenberg était revenu aux affaires. Plus diplomate que Stein, il mit en œuvre dans le royaume des réformes analogues à celles entreprises en Westphalie, quoique plus modérées, enlevant ainsi à Napoléon l'une des principales raisons de son prestige en Allemagne. Il redressa en partie la situation financière par l'édit sur les finances du 27 octobre 1810, fit décider la confiscation des biens du clergé, établit un impôt sur le commerce, transforma les corporations, reconnut l'égalité civile aux juifs, affranchit les serfs par l'ordonnance du 14 septembre 1811, s'efforça d'établir une représentation nationale, tandis que Guillaume de Humboldt jouait un rôle décisif dans la création de l'université de Berlin.

En 1812, la situation demeurait toutefois difficile. Hardenberg craignit un moment que Napoléon ne choisît la Prusse comme champ de bataille pour y attendre l'armée russe. Vienne poussait au dépècement de son voisin et se réservait la Silésie. En définitive Frédéric-Guillaume dut mettre à la disposition de Napoléon toutes les ressources accumulées contre lui. La Prusse eut à subir le passage des forces françaises en marche vers la Pologne. Rapines et exactions diverses achevèrent de mécontenter la population.

L'ENTRÉE EN GUERRE DE LA PRUSSE

Dès le début de 1813, la Prusse est prête au combat. Le 8 février, une déclaration appelle aux armes « les classes de la population dispensées du service militaire mais assez riches pour s'équiper à leurs frais ». Le 16 février, toutes les exemptions sont supprimées. Est organisée, le 17 mars, la *Landwehr* et, le 21 avril, c'est le tour du *Landsturm.* Dans le même temps, le roi fonde l'ordre de la Croix de fer destinée à récompenser tous ceux qui, sans distinction de naissance, se seront illustrés contre l'ennemi.

Soulèvement national ? Sans doute faut-il nuancer. « On s'est assez souvent trompé sur le caractère de ces diverses mesures : pas plus que la France en 1789, la Prusse ne fut sauvée en 1813 par des volontaires. Ce qui donna au mouvement sa force irrésistible, c'est qu'il avait été mûrement étudié par des hommes de carrière qui en conservèrent toujours la direction [1]. »

Certes la littérature fut mobilisée, des *Sonnets cuirassés* de Rückert à l'ode célèbre d'Arndt : « Dieu qui a créé le fer n'a pas voulu d'esclave », de Fichte qui galvanisait ses auditeurs à Körner, l'auteur des *Chants de la lyre et de l'épée*, qui mourut dans les rangs des chasseurs de Lützow, mais où ces hymnes à la guerre auraient-ils rencontré un écho hors des universités et des gymnases ? Le mouvement national prussien fut surtout l'œuvre des étudiants.

---

1. LAVISSE et RAMBAUD, *Histoire générale, Napoléon*, p. 619.

LA CAMPAGNE DE 1813

La Prusse se retrouva pourtant isolée en Allemagne. Les autres États se tinrent dans une prudente expectative.

C'est York de Wartenburg qui avait donné le signal en s'engageant par la convention de Tauroggen à ne plus combattre les Russes pendant deux mois, obligeant ainsi les débris de la Grande Armée à évacuer la majeure partie de la Prusse proprement dite, sauf Dantzig.

Napoléon pourtant, sans perdre de temps, réussit à réunir une armée de 500 000 hommes : 140 000 conscrits de l'année 1813 furent appelés puis la conscription de 1814 ; on revint sur les bons numéros, les exemptés ou remplacés des précédentes levées ; on se tourna vers les marins des ports, les régiments d'Espagne ; on institua les gardes d'honneur, fils de familles nobles ou de bourgeois aisés qui durent s'équiper à leurs frais.

Ce n'est plus la Grande Armée faite de soldats expérimentés, mais de jeunes troupes formées sur le tas dans le feu de l'action. Napoléon a peut-être été aveuglé par ces nouvelles ressources qu'il a fait jaillir une nouvelle fois de l'Empire.

1813, moment décisif en effet : pour beaucoup d'historiens, Napoléon, en renonçant à ses conquêtes récentes, aurait pu préserver ses frontières du Rhin et des Alpes, la Grande Nation à défaut du Grand Empire. La Russie était épuisée ; Koutouzov et Roumiantsof, le territoire national sauvé, préconisaient la paix. Metternich ne jugeait pas le moment venu d'entrer en guerre et se serait contenté de la cession de l'Italie du Nord comme gage d'alliance. La Prusse enfin se trouvait sans alliés dans une Allemagne qui attendait encore beaucoup de Napoléon et où l'esprit particulariste demeurait très fort. En se refusant aux concessions, Napoléon s'est condamné à provoquer l'indignation de l'opinion allemande et à apparaître, en France même, comme un fauteur de guerre défendant ses propres conquêtes au détriment de celles de la France révolutionnaire.

Le 28 février 1813, le traité de Kalish reformait l'alliance russo-prussienne et proclamait que les forces des deux souverains combattraient jusqu'au bout pour l'indépendance de l'Allemagne. À la suite de cet accord, Bülow livra le passage de l'Oder, Wittgenstein occupa Berlin, et le 17 mars Frédéric-Guillaume lançait son fameux appel : « Brandebourgeois, Prussiens, Silésiens, Poméraniens, Lithuaniens ! Vous savez ce que vous avez souffert depuis sept ans ! Vous savez quel sort nous attend si nous ne terminons avec honneur la lutte qui commence ! »

La convention de Breslau, du 19 mars, signée entre Stein et Nesselrode, prévit que les pays reconquis sur Napoléon seraient partagés en cinq cercles ayant à leur tête un gouverneur militaire dépendant des généraux alliés et un gouverneur civil rattaché à un conseil central d'administration. Il s'agissait, dans la pensée de Stein, d'une première étape vers l'unité de l'Allemagne. À cette convention de Breslau, adhéra en secret l'Autriche tandis que Metternich continuait à faire bonne figure à Napoléon.

Les proclamations des deux souverains de Russie et de Prusse commençaient en effet à rencontrer quelque écho. Manifestations et soulèvements se produisaient à Hambourg, tandis que, le 26 mars, les Prussiens entraient à Dresde. Ainsi le dispositif français articulé sur la ligne de l'Elbe se trouvait-il enfoncé à ses deux extrémités. Eugène dut se replier sur la Saale. Des troubles éclataient à Cassel, mettant Jérôme en difficulté.

Mais Napoléon accourait avec des renforts. Aux 220 000 Russes et Prussiens commandés par Wittgenstein, il pouvait opposer 200 000 Français. Une première rencontre à Weisenfels coûta la vie à Bessières. Culbutés, les Russes durent abandonner le défilé de Rippach. Napoléon marcha sur Leipzig. Sa victoire de Lützen lui permit de réoccuper la Saxe et de rétablir Frédéric-Auguste. Mais il ne put, faute de cavalerie, transformer en déroute la retraite des alliés. Wittgenstein s'arrêta sur la route de Dresde à Breslau dans une forte position où Napoléon vint l'attaquer, le 20 mai.

Sans être décisive, la bataille de Bautzen permit à Napoléon de prendre une nouvelle fois l'avantage. Démoralisés, les alliés durent se replier sur l'Oder. Davout reprit Hambourg tandis que Jérôme récupérait son trône.

L'INTERVENTION AUTRICHIENNE

Au début de juin, « l'armée de Napoléon se trouvait sur le flanc droit de l'armée coalisée ; elle pouvait, par une marche directe vers le sud, rejoindre l'adversaire et l'acculer à la frontière autrichienne. La direction de Berlin était fermée aux Prussiens et aux Russes. Si, pendant cette poursuite de dix jours, il n'avait pas été possible de joindre l'armée ennemie, malgré les efforts de Napoléon, au moins celui-ci avait-il obtenu un résultat. Mais il faut remarquer que l'armée coalisée pouvait encore s'appuyer sur l'Autriche, dont les forces pouvaient intervenir à un moment quelconque. L'armée française, privée de cavalerie, opérait à tâtons ; elle s'était lancée dans une poursuite sans atteindre l'ennemi, et elle ne pouvait se retremper dans le combat, toutes ces circonstances avaient produit un certain énervement parmi les commandants de corps d'armée et faisaient prévoir la nécessité de terminer la lutte [1] ».

Dans ces conditions, la proposition d'armistice présentée par l'Autriche ne pouvait qu'être bien accueillie de part et d'autre. Les alliés se trouvaient dans une situation stratégique trop mauvaise pour la repousser et Napoléon souhaitait gagner du temps [2]. Le 4 juin, l'Empereur signait l'armistice de Pleischwitz.

Sans aucun doute, Napoléon n'avait nulle intention d'accepter les conditions présentées par l'Autriche pour l'établissement de la paix : dissolution du duché de Varsovie, reconstitution partielle de la Prusse, restitution des villes libres de la Hanse, abolition de la Confédération du Rhin, rétrocession à l'Autriche de l'Illyrie et de la Galicie. Orgueil ou aveuglement : il espérait se jouer de ses adversaires à la faveur d'un congrès, sûr que l'Autriche et ses vassaux allemands lui resteraient fidèles. Il n'était en tout cas pas question pour lui de laisser démembrer son Empire : jusqu'au bout il s'acccrochera à cette idée.

De leur côté, les alliés ne souhaitaient obtenir qu'un répit. La

---

1. CLÉMENT, *La Campagne d'Allemagne, 1813*, p. 261.
2. « Redoublez d'efforts », écrivait-il à Clarke.

déclaration du roi de Prusse, le 5 juin 1813, le prouve : « L'ennemi a offert un armistice, je l'ai accepté... Cela s'est fait afin que la force nationale que mon peuple a si glorieusement montrée puisse se développer entièrement [1]. »

Restait la préparation d'un congrès. Cependant que de Dresde Napoléon continuait à gouverner son empire à coups de décrets, Metternich entreprenait une tournée auprès des belligérants. À Opocno, il rassurait le tsar sur les intentions autrichiennes. À Dresde, le 26 juin, c'était l'entrevue immortalisée par ses *Mémoires*. Metternich vint, porteur de propositions qui consacraient la disparition du Grand Empire (abandon de la Hollande, de la Suisse, de la Pologne, de la plus grande partie de l'Italie, mais respect des frontières naturelles). « Ainsi vous voulez la guerre, déclare Napoléon, c'est bien, vous l'aurez. Je vous donne rendez-vous à Vienne... Comptez-vous sur l'Allemagne ? Voyez ce qu'elle a fait en 1809. Pour tenir en bride les populations allemandes, mes soldats me suffisent et quant à la fidélité des princes la peur qu'ils ont de vous m'en répond. » Singulière illusion. De même Napoléon s'aveugle sur l'Autriche : « Ainsi l'Empereur veut détrôner sa fille [2]... » Même si Metternich a quelque peu arrangé le récit de cette entrevue, tout n'est pas faux. Napoléon croit encore en ses chances de victoire et ne veut rien céder. Il eût fallu en réalité rompre tout de suite ou accepter les conditions autrichiennes. Le serment de 1804 n'engageait Napoléon que pour les conquêtes de la Révolution. Mais il n'entendait plus lâcher des territoires dont l'entrée dans la mouvance française n'avait eu d'autre objectif que d'assurer l'étanchéité du Blocus. Dans ces conditions, il n'était guère adroit d'envoyer des représentants à un congrès dont il n'attendait rien. D'autant que la situation diplomatique était loin de lui être désormais favorable.

À Londres, le prince de Galles, futur George IV, avait été proclamé régent en raison de la folie de George III. Un nouveau ministère animé par Lord Liverpool, Bathurst à la Guerre et

---

1. CLÉMENT, *op. cit.*, p. 270.
2. *Mémoires de Metternich*, t. I.

Castlereagh au *Foreign Office*, prêchait la guerre à outrance bien que l'Angleterre fût déjà engagée dans un conflit avec les États-Unis. Le 15 juin, Liverpool promettait, par le traité de Reichenbach, un subside de deux millions de livres sterling aux gouvernements russe et prussien. À Reichenbach également était signé, le 27 juin, un traité d'alliance entre l'Angleterre, la Prusse, l'Autriche et la Russie. Au cas où Napoléon repousserait les propositions autrichiennes visant à ramener la France sur le Rhin, les alliés reprendraient la guerre contre lui. « Castlereagh avait réussi ce que Pitt n'avait pu mener à bout en 1794 et en 1799[1] », la formation d'une alliance des quatre principales puissances européennes contre la France.

Le congrès de Prague, qui se tint du 5 juillet au 10 août, ne fut qu'une sinistre comédie où Caulaincourt fit pâle figure devant Humboldt et l'Alsacien Anstett qui représentait le tsar. Les alliés, à peine leur concentration achevée, se hâtèrent de prononcer la clôture du congrès. Dès le 7 août, l'Empereur recevait l'ultimatum autrichien : démembrement du duché de Varsovie, indépendance des villes de la Hanse, de l'Espagne et de la Hollande, cession des Provinces illyriennes, renonciation aux titres de protecteur de la Confédération du Rhin et de médiateur de la Confédération helvétique. Pas un mot sur l'Italie. Le 10 août, jour où expirait l'armistice, le général autrichien Bubna partait, porteur de la réponse de Napoléon : il renonçait à l'Illyrie, à l'Espagne et à Varsovie ; il demeurait vague sur l'Allemagne et la Hollande. Bubna n'arriva à Vienne que le 11. Le 10 à minuit, Metternich avait déclaré le congrès dissous et annoncé l'entrée en guerre de l'Autriche. En vain Caulaincourt essaya-t-il de renouer le dialogue. Metternich fut inflexible. Sa mauvaise foi était évidente, encouragée par les écarts de langage de Caulaincourt, diplomate maladroit : « Ramenez-nous en France par la guerre ou un armistice, peu importe, et trente millions de Français vous remercieront[2]. » Mais pourquoi Napoléon avait-il tant tardé ?

---

1. GODECHOT, *L'Europe et l'Amérique à l'époque napoléonienne*, p. 245.
2. KISSINGER, *Le Chemin de la paix*, p. 111.

La campagne d'automne

Il doit maintenant affronter trois grandes armées : l'armée du Nord (180 000 Suédois, Allemands, Anglais, Russes sous le commandement de Bernadotte qui s'était joint, le 22 avril, à la coalition autant par antipathie pour Napoléon que dans l'espoir d'obtenir la Norvège), l'armée de Silésie constituée par 200 000 Prussiens sous Blücher, et l'armée de Bohême, forte de 130 000 hommes commandés par Schwarzenberg. De plus, 80 000 Autrichiens doivent envahir l'Italie tandis que 200 00 Anglais et Espagnols sont en train de chasser les Français de la péninsule Ibérique. La supériorité des alliés est écrasante.

Le plan établi par Bernadotte consiste à refuser tout combat décisif contre Napoléon mais à anéantir tous ses lieutenants à tour de rôle pour mieux refermer l'étau sur lui.

À Dresde, Napoléon balaie à la fin du mois d'août les Autrichiens de Schwarzenberg. Toutefois, malade, il ne peut lancer lui-même la poursuite et laisse l'initiative à ses lieutenants. Comme prévu, ceux-ci sont battus : Vandamme à Kulm, Macdonald au passage de la Katzbach, Oudinot à Grossbeeren, Ney à Dennewitz. Déjà les auxiliaires étrangers, hollandais ou saxons, donnent des signes de défaillance. Pour attirer à la coalition les autres États de l'Allemagne, la Prusse et l'Autriche s'engagent par le traité de Toeplitz à soudoyer la première ceux du Nord, la seconde ceux du Sud.

Tentatives qui n'auraient eu guère de chance d'aboutir si l'issue de la bataille de Leipzig n'avait été fatale, du 16 au 18 octobre, à Napoléon. Les premiers, les Saxons font défection, le 18, se joignant à l'ennemi au milieu de l'action et retournant leurs canons contre les Français.

Au moment de la retraite, rendue dramatique par l'explosion prématurée du pont de l'Elster, les Badois se mirent à tirer contre les débris de l'armée. Plus lents, les Bavarois voulurent faire du zèle en essayant d'arrêter sur le Main ce qui restait des forces françaises : ils furent bousculés à Hanau. De leur chef, Wrede,

Napoléon devait dire : « J'avais bien pu le faire comte, mais je n'ai pu en faire un général[1]. »

LA FIN DE L'ALLEMAGNE NAPOLÉONIENNE

Le 5 décembre 1813, les dernières forces françaises repassent le Rhin ; beaucoup de survivants périssent, victimes du typhus ; il ne reste plus que le fantôme d'une armée.

Pourtant, 170 000 hommes restent répartis en Allemagne. Narbonne est à Torgau, Le Marois à Magdebourg, Laplace à Glogau, Fournier à Custrin, Lapopye à Wittenberg, Rapp à Dantzig et Davout à Hambourg. Ils résisteront encore longtemps. Peut-être aurait-il été préférable de les rappeler mais Napoléon se refusait à renoncer à l'Allemagne.

En tout cas celle-ci se détachait de lui. Au nord, seul allié fidèle, Frédéric-Auguste de Saxe s'était longtemps refusé à rejoindre l'Autriche. Il se retrouvait prisonnier dans sa capitale et menacé de voir son royaume qu'occupaient les Prussiens démantelé au profit de la coalition.

Le sort de la Westphalie, au cœur de l'Allemagne, ne faisait aucune illusion : son armée ayant péri en Russie, Jérôme ne pouvait guère espérer opposer une forte résistance. Dès avril, le Hanovre et le Brunswick étaient perdus. Lorsque, le 28 septembre, Tchernitchef parut devant Cassel, le roi dut s'enfuir, laissant le général Alix défendre la ville. Il put revenir, le 7 octobre mais, au lendemain de la bataille de Leipzig, il évacuait définitivement sa capitale. Les dynasties anciennes du Brunswick et de la Hesse-Cassel, firent leur entrée dans les fourgons des coalisés.

Les États de Berg et de Francfort furent aisément occupés. On y savait, là aussi, la domination française condamnée. Les défections les plus humiliantes furent celles de la Bavière et du Wurtemberg.

Maximilien de Bavière devait à Napoléon sa couronne et

---

1. Cité par DUNAN, *L'Allemagne de la Révolution et de l'Empire*, t. II, p. 209.

ses agrandissements territoriaux. Il importait de conserver les avantages acquis en ne se prononçant ni trop tôt ni trop tard ; de surcroît, Montgelas représentait à la cour la tendance sinon francophile du moins particulariste : on comprend dans ces conditions la politique fluctuante suivie par Munich. Une armée avait été constituée, mais Wrede, son généralissime, reçut ordre de ne jamais « sous aucun prétexte, séparer ses troupes ni les engager en Saxe et en Prusse ». Le roi rassurait tout à la fois Napoléon et les puissances alliées. Le 10 septembre, il fit un premier pas en rompant son traité avec Napoléon et en autorisant Wrede à négocier avec les Autrichiens. L'accord de Ried, le 8 octobre, fut conclu sur la base de la restitution du Tyrol à l'Autriche et de la garantie par les coalisés de la souveraineté de Max-Joseph. Le 14 octobre, la rupture avec la France était consommée.

Le 2 novembre, le roi Frédéric de Wurtemberg suivait l'exemple de la Bavière en signant avec l'Autriche le traité de Fulda : il conservait titre et territoire. Le grand-duc de Hesse-Darmstadt, le même jour, le 20, le grand-duc de Bade « à regret », le 23, Nassau et le 24 Saxe-Cobourg emboîtèrent le pas. La Confédération du Rhin était défunte.

Ce rapide effondrement de l'Allemagne napoléonienne montrait à l'évidence la fragilité de l'influence française. La Germanie demeurait le pays des rois et des soldats. C'est York à Tauroggen qui donne le signal de la défection ; si les fraternisations populaires avec les troupes russes en Prusse orientale ont précédé la décision des princes allemands de rompre avec Napoléon, ce sont malgré tout ces princes qui mènent le jeu dans la phase finale. Historiens est-allemands et ouest-allemands se sont opposés sur le rôle des masses dans cette guerre de libération [1] : celles-ci ont pu quelquefois précipiter la décision des gouvernements, en Prusse notamment [2] mais, dans l'ensemble, elles n'ont pas eu d'action déterminante.

---

1. Droz, *op. cit.*, p. 179.
2. P. Stulz, *Die preussische Kabinettspolitik und die Rolle der Volksmassen in den Jahren 1811 bis 1813*, 1960.

Il faut surtout noter qu'en dépit des réformes d'inspiration française en Westphalie et dans le duché de Berg, qui auraient dû montrer en Napoléon l'émancipateur des paysans et des artisans, il n'y eut nulle part un véritable courant de sympathie pour l'Empereur. Seuls quelques intellectuels comme Goethe (« Laissez-moi mon empereur en paix »), Hegel (« L'État napoléonien est la réalité totale et définitive ») ou le publiciste Aretin, des fonctionnaires francs-maçons et les catholiques ont été séduits. Pourquoi cet échec ?

Ou bien, comme au Tyrol, les masses furent choquées par les réformes entreprises et leur soulèvement fut *réactionnaire*. Ou bien, comme en Westphalie, le gouvernement a favorisé, en dépit des apparences, l'aristocratie allemande ; de là, selon Heitzer [1] des révoltes contre la domination française qui furent de véritables *luttes de classes*, que les agitateurs prussiens ont renoncé à exploiter de crainte d'une explosion révolutionnaire.

Ou bien, comme en Prusse, l'occupation française fut d'une exceptionnelle dureté : logement et approvisionnement des troupes, contributions élevées sur les villes... Stein écrivait : « Trois corps de l'armée française sous le même nombre de maréchaux épuisaient toutes les forces du pays entre la Vistule et l'Elbe par le logement des troupes, les réquisitions, les frais de table. Le pays était vidé de toutes ses forces ; un grand nombre de villages et plusieurs villes étaient brûlés, des milliers de familles vivaient dans la misère [2]. » À Berlin, la disette régnait en octobre 1807. Victor avouait lui-même que la ville était épuisée.

Enfin les conséquences du Blocus continental ont été sévèrement ressenties. De Francfort à Munich, les humiliations ont encore accru un mécontentement né des privations.

Napoléon n'a pas su ni voulu peut-être s'attacher l'opinion allemande. La Confédération du Rhin, malgré les décisions de Napoléon à Milan et à Erfurt, n'a jamais connu de véritable orga-

---

1. HEITZER, *Insurrektionen zwischen Weser und Elbe*, 1959.
2. Autobiographie de Stein, citée par K. OBERMANN dans *Les Pays sous domination française*, p. 160.

nisation. La Diète fut ajournée jusqu'à la paix, les modifications territoriales prirent un caractère arbitraire et les membres de la Confédération s'aperçurent très vite qu'ils n'étaient pas des vassaux mais des sujets.

V.

La fin de la domination française en Hollande et en Suisse

L'effondrement de l'Allemagne napoléonienne a été rapidement suivi, comme dans un château de cartes, de celui de la Hollande transformée en départements et de la Suisse dont la neutralité avait été largement violée par Napoléon. Les brutalités de l'occupation française en Hollande et dans le Tessin et plus encore l'application sans nuances du Blocus continental ont ruiné les efforts des partisans de la France. En 1810 encore, rien ne laissait prévoir une explosion nationale ; en 1813, sans grande résistance, la France renonçait à toute domination sur les deux pays.

LES AVERTISSEMENTS

Le 8 avril 1811, on lit dans un rapport de Devilliers du Terrage, nommé directeur général de la police en Hollande : « La Hollande est un pays trop difficile et M. le maire d'Amsterdam ne mérite point assez de confiance pour qu'ici tout soit réglé sur le même pied qu'en France... [1] »

Alors que l'Empire semble atteindre son apogée, le chef de la police trahit dans ce rapport les inquiétudes que lui inspire l'avenir de la domination française sur la Hollande. Déjà, le 11 janvier, n'écrivait-il pas : « La police générale de ce pays est dans un état qui fait pitié. Je prévois des difficultés sans nombre [2]. » Des vaisseaux anglais ne viennent-ils pas, selon un

---

1. Arch. nat. F7 8374.
2. *Ibid.*

rapport du 27 août 1811, brûler les embarcations des douanes et déposer des libelles contre la France en rappelant ses échecs dans la péninsule Ibérique ? Des complices de l'Angleterre siègent dans le sein des plus hautes autorités ; Devilliers dénonce Gogel, intendant des Finances et le marin Vanderheim. Résumant, en 1812, les notes de ses subordonnés, il affirme : « L'antipathie des Hollandais contre la France est toujours dominante dans ce pays [1]. »

Envoyé comme ministre plénipotentiaire près de la Confédération helvétique en juin 1808, Auguste de Talleyrand, parent du ministre, tient des propos non moins pessimistes concernant les rapports de la Suisse et de la France, surtout après l'occupation du Tessin et l'annexion du Valais : « La Suisse est inquiète, désolée... », écrivait-il en janvier 1811. Un peu plus tard, il précisait : « On ne peut se le cacher, l'attachement des Suisses à la France s'est refroidi par les malheurs ou les inquiétudes qu'ils ont éprouvés pendant et depuis cet hiver. Les affaires d'Espagne que les Suisses voient à leur manière, les bruits que l'on répand dans le pays d'une guerre prochaine avec la Russie, leur histoire dont ils rappellent à chaque instant les époques mémorables, contribuent infiniment à réveiller en eux l'amour d'une indépendance absolue [2]. »

LE MÉCONTENTEMENT DES HOLLANDAIS

C'est à l'ancien consul Lebrun, architrésorier de l'Empire, que Napoléon confie le soin de reprendre en main l'administration de la Hollande en tant que lieutenant général. Les esprits avaient été habilement préparés à l'annexion par plusieurs dispositions : réduction au tiers des intérêts de la dette publique, mais assurance pour les rentiers d'être payés ; possibilité pour les propriétaires de denrées coloniales de les garder contre un droit de 50 % ; la langue hollandaise conservée dans les documents administratifs

---

1. Arch. nat. F7 7014.
2. GUILLON, *Napoléon et la Suisse*, p. 213.

concurremment avec le français ; promesses de faciliter les activités commerciales et industrielles du pays. Enfin, le choix de
Lebrun pouvait flatter l'opinion. « Censeur royal puis inspecteur
des domaines de la couronne sous Louis XV, auteur d'une
traduction anonyme de l'*Iliade* si élégante que d'aucuns l'attri-
buèrent à Rousseau, et des discours prononcés par Maupeou,
ayant, dès 1789, en une brochure fameuse, prédit l'avènement
de César, rapporteur de presque toutes les lois de finances à
l'Assemblée constituante et au Conseil des anciens, troisième
consul après Brumaire, il était depuis 1804 prince architrésorier
de l'Empire [1]. »

En réalité Lebrun n'était pas l'homme de la situation. Incapable d'appliquer des mesures rigoureuses, il était tout aussi
incapable d'empêcher son administration de les appliquer. Ce
que les Hollandais supportaient avec le plus d'impatience, c'était
précisément le Blocus continental. Le 12 septembre 1810, un
décret obligeait les propriétaires de denrées coloniales soumises
au droit de 50 % évoqué plus haut d'effectuer leur paiement,
dans des délais très brefs, soit en espèces, soit en obligations
valablement cautionnées avant le 1er octobre, sous peine de
confiscation. La mesure épouvanta : « La terreur est dans tous
les esprits », déclarait Lebrun. Refus de Napoléon d'apporter
des adoucissements : « Je trouve insensé qu'après les immenses
avantages que je laissais aux Hollandais, je suspendisse encore les
paiements, c'est-à-dire que je leur laissasse le temps d'attendre
que leurs correspondants de Londres leur eussent envoyé des
fonds, car il est bien certain que la plus grande partie de ces
marchandises n'appartiennent pas aux détenteurs et qu'ils ne les
ont qu'en commission et en compte courant. Après les renseignements que j'ai eus de Londres, je ne suis pas même sans regretter
de ne les avoir pas confisquées [2]. »

Le 18 octobre 1810, des tribunaux spéciaux furent établis

---

1. DUC DE LA FORCE, *L'Architrésorier Lebrun, gouverneur de la Hollande*,
p. 12.
2. *Ibid.*, p. 155.

pour lutter contre la fraude. Afin d'encourager les douaniers, on leur donnait une part des bénéfices lors des saisies. La répression fut rude. De gigantesques brûlements de marchandises anglaises impressionnèrent défavorablement l'opinion, d'autant que le tabac se fit rare et que le sucre et le café accusèrent de fortes hausses. Ajoutons-y le poids de la conscription, la fermeture du marché français, qu'explique la dépression, mais qui ruine les espoirs du négoce hollandais, la maladresse de la police, la continuation de la guerre.

En octobre 1811, Napoléon et Marie-Louise effectuent un voyage triomphal à Amsterdam. Bilderjick compose à cette occasion une *Ode à Napoléon* : « Montez mes chants, montez plus haut. L'Oder reconnaît la puissance de l'Empereur et les couleurs impériales flottent sur la Baltique. » Mais les propos de Napoléon annonçant son intention « de ne point se départir de son système continental », dissipent rapidement l'enthousiasme.

Si la Hollande reste encore désunie sous bien des aspects, si les réformes d'inspiration française ont été acceptées par la majorité, l'esprit d'indépendance finit par favoriser un sentiment national de plus en plus fort.

Une opposition naît qui se manifeste surtout sous la forme de pamphlets ou d'émeutes sporadiques. Il n'est pas question de guérilla dans un pays dépourvu de relief, mais de projets d'assassinat ou d'enlèvement des autorités françaises. Une conspiration d'anciens militaires, Maas et Jongh, prit seule quelque consistance. Il s'agissait de s'emparer de Lebrun avec la complicité de la garde hollandaise et d'établir un gouvernement provisoire formé de patriotes. Le complot ne fut découvert que par suite d'une indiscrétion. Il avait, en 1812, peu de chances de réussir.

L'OPPOSITION EN SUISSE

L'expérience politique introduite par l'acte de médiation avait donné d'heureux effets en Suisse : un avoyer dans les cantons aristocratiques, un bourgmestre dans les cantons du commerce, un landamman à la tête des cantons démocratiques, un petit et un grand conseil, une diète pour les affaires communes.

La vie intellectuelle fut plus brillante qu'à d'autres époques grâce à Pestalozzi, disciple de Rousseau et pédagogue fameux, grâce à l'historien Jean de Müller et au romancier Zschokke, sans oublier Sismondi.

Mais ces succès ne touchaient qu'une élite quand le Blocus continental frappait toutes les catégories. « La Suisse n'avait pas d'industrie *(ce qui n'est pas tout à fait exact)* et recevait les produits manufacturés de l'Angleterre. Elle consommait, en outre, les denrées coloniales dont l'Angleterre était presque seule à fournir le continent. Enfin, elle tirait un assez gros revenu du commerce de transit auquel s'ajoutait volontiers la contrebande. Elle fut donc atteinte à la fois dans ses besoins, ses habitudes et ses profits [1] »

C'est surtout à partir de 1810 que le Blocus fut impatiemment supporté. Il choquait, avouait Talleyrand, les idées de liberté et d'indépendance chères aux Suisses ; il favorisait l'extension du chômage dans les cantons manufacturiers ; les cantons catholiques s'inquiétaient de la captivité du pape et répandaient des prières pour sa délivrance.

« La Suisse ne bouge pas, notait encore l'ambassadeur au début de 1813. Il n'y a jusqu'à ce jour, dans aucun canton, de parti contre la France ; mais, dans tous, beaucoup de gens mécontents du système français, ce qui n'est nullement synonyme. Un parti contre la France supposerait des intentions hostiles. Les Suisses ne sont pas encore assez ruinés et sont trop partisans de la paix pour rien entreprendre... S'il existe dans tous les cantons des mécontents, il s'y trouve aussi des gens sages qui savent apprécier le bonheur dont Sa Majesté a laissé et laisse encore jouir les Suisses au milieu des guerres qui déchirent le continent, et qui craindraient de voir troubler par une imprudence une tranquillité aussi précieuse [2]. »

---

1. GUILLON, *op. cit.*, p. 244.
2. *Ibid.*, p. 260.

LE SOULÈVEMENT HOLLANDAIS

À l'annonce de la défaite de Leipzig et devant l'afflux de réfugiés chassés d'Allemagne par l'avance des coalisés, Lebrun, déjà diminué par la mort de son fils tué en Russie, s'effondre. Il est prêt à donner l'ordre de faire évacuer la Hollande par les troupes françaises. Devilliers s'y oppose : ce serait découvrir un des flancs de la Grande Armée et livrer une flotte importante sans compter un matériel considérable à l'ennemi.

Néanmoins les progrès des alliés semblent irrésistibles. Le 14 novembre au soir, Molitor doit quitter Amsterdam avec les troupes de la garnison pour arrêter l'ennemi sur la rive gauche de l'Yssel. Profitant de l'occasion, un groupe de notables, Hogendorp, Van der Duyn, Limburg-Stirum décident de passer à l'action. Ils peuvent compter sur des complicités dans la garde nationale tandis qu'une centaine d'ouvriers licenciés des chantiers de la marine forment le gros de l'émeute. Celle-ci s'étend rapidement : bureaux des douanes incendiés, entrepôts pillés, prisons ouvertes, Français molestés ou assassinés.

Le 16 novembre, Lebrun s'enfuit d'Amsterdam pour se réfugier à Utrecht puis en Belgique. Le 17, un triumvirat, établi à La Haye, forme un gouvernement provisoire. Murat aurait alors conseillé à Louis de rentrer dans son royaume pour y reprendre son trône en se posant en victime de Napoléon et en exploitant la popularité qu'avait pu lui valoir son abdication. Mais il était trop tard. Louis refusa sagement cette proposition. Les émeutiers criaient en effet « *Orange boven* » (« Orange à notre tête ») et ces cris révélaient sinon les dispositions de manifestants surtout portés au pillage, du moins la volonté de notables comme Hogendorp d'encadrer le mouvement.

À la fin du mois, le prince d'Orange débarquait à Scheveningue, appelé par Hogendorp. Il prit le titre de prince souverain. Une Constitution fut proclamée en 1814 ; elle conservait la plupart des innovations introduites par la France, y compris la conscription et le Code Napoléon. Ainsi se trouvait révélé le sens réel de l'insurrection. Le soulèvement n'était pas l'œuvre des tenants de l'Ancien Régime mais de la bourgeoisie issue de la Révolution ; cette bourgeoisie se gardait de toucher aux réformes françaises quand elles servaient ses intérêts. Le prince d'Orange ne retrouvait son trône qu'au prix d'un compromis.

LA PERTE DE LA SUISSE

Le désastre de Russie aurait peut-être fait évoluer les dispositions des Suisses à l'égard de la France, si les victoires de Lützen et de Bautzen n'avaient en définitive confirmé le landamman Hans von Reinhard dans sa conviction de suivre une ligne prudente. Toutefois, avant même l'annonce de la défaite de Napoléon à Leipzig, devant la possibilité d'une intervention des puissances coalisées sur le territoire suisse, Reinhard avait dû se déterminer à convoquer une diète extraordinaire pour le 15 novembre.

Craignant de voir la Suisse s'engager dans une voie hostile à la France, Auguste de Talleyrand réclamait l'évacuation du Tessin. Satisfaction lui fut donnée. Mais le cours des événements se précipitait. Décidés à envahir la France, les Autrichiens souhaitaient traverser la Suisse. Celle-ci affirma, lors de la réunion de la diète extraordinaire à Zurich, en novembre, sa volonté de rester neutre ; mais elle se garda de rappeler les régiments au service de la France. Toutefois, l'avoyer bernois von Wattenwill fit décider l'abrogation des droits sur les denrées coloniales.

Les Alliés attendaient davantage : « Le système de neutralité que veut adopter la Suisse, déclaraient les trois souverains de Russie, de Prusse et d'Autriche, est tout à fait contraire aux intérêts des puissances coalisées. La paix peut se faire d'un jour à l'autre. Si la Suisse prend parti pour nous, nous nous engageons à lui faire restituer le Valais, la Valteline, Bienne, l'Erguel, enfin tout ce qui lui appartenait autrefois. Au contraire, si elle persiste dans sa résolution, à la paix, nous disposerons de tous ces pays et la Suisse les perdra sans retour [1]. »

---

1. GUILLON, *op. cit.*, p. 272.

Le parti oligarchique, formé des grandes familles de Suisse centrale éliminées en 1798, se déclarait prêt à répondre à cet appel. Des contacts furent pris avec les diplomates Senft et Lebzeltern. Les 21 et 22 décembre, les forces autrichiennes franchissaient le pont de Bâle pour prendre la route de Genève. Le Grand Conseil s'empressa de rétablir la Constitution aristocratique par les actes des 22 et 24 décembre.

À Genève, le courant représenté par les deux Pictet, rédacteurs de la *Bibliothèque britannique*, le médecin Odier, l'agronome Lullin de Château vieux et Saladin, accueillit favorablement les troupes autrichiennes et rétablit la République qui fit retour à la Confédération. Le Valais, à son tour, retrouva son indépendance et rejoignit lui aussi la Confédération. La Prusse récupérait Neuchâtel.

Le 29 décembre 1813, une diète de 14 cantons réunie à Zurich déclarait aboli l'acte de 1803 et adoptait un concordat, sorte de Constitution provisoire. En fait on vit rapidement s'opposer Zurich et Berne. Alexandre, conseillé par La Harpe et Jomini, tenait pour la politique modérée qui avait inspiré la médiation. Il fit décider que l'existence politique de la Suisse ne serait reconnue qu'autant que sa Constitution fédérale serait basée sur sa division en 19 cantons, principe adopté en 1803.

Berne s'inclina.

La victoire du patriciat, ici comme en Hollande, était loin d'être complète. Il avait fallu chercher un compromis et les principes de liberté et d'égalité conservaient, malgré les erreurs de Napoléon, d'ardents défenseurs dans le Jura bernois, le Valais, Genève, l'Emmenthal et les campagnes bâloises et soleuroises [1].

---

1. SURATTEAU, dans *Les Pays sous domination française*, p. 124.

VI.

Les défaites d'Espagne

La situation en Espagne n'avait cessé de se dégrader depuis qu'en janvier 1812 Wellington, rassemblant ses forces, s'était emparé de Ciudad Rodrigo, l'une des citadelles qui montaient la garde à la frontière espagnole. Plus au sud, l'autre clef de l'Espagne, Badajoz, tombe en son pouvoir le 6 avril. Ravitaillé par mer, disposant d'une excellente base d'opérations au Portugal, le général anglais peut maintenant pousser comme il l'entend son offensive.

LES CORTÈS DE CADIX

Dans la Péninsule, la résistance à l'occupant s'organise. « Si la guérilla est l'expression militaire de l'engagement du peuple espagnol, les juntes en sont l'expression politique[1]. » On a énormément écrit sur le caractère atroce de la guérilla sans jamais parvenir à égaler l'horreur qu'inspirent les planches de Goya dans leur terrible vérité.

Ce caractère spectaculaire de la guerre ne doit pas dissimuler le rôle joué par les juntes. Celles-ci, en dépit des antagonismes régionaux, ont senti la nécessité de se structurer en juntes locales et provinciales, les premières plus proches du petit peuple, les secondes formées en majorité par des notables. Juntes locales et régionales appellent à l'union. Ainsi naît la junte centrale qu'anime Jovellanos. Mais cette junte est rapidement accusée

---

1. AYMES, *La Guerre d'indépendance espagnole*, p. 72.

de faire passer la politique avant la stratégie. La révolte contre ses méthodes part de l'Andalousie. Finalement la junte préfère se dissoudre et transférer son autorité à des Cortès dont elle prépare la réunion.

Seules les Cortès semblaient habilitées à légiférer. Tel était du moins le vœu des notables en 1808 [1].

Les députés, dont le nombre sera fluctuant et la désignation contestable (la paysannerie est absente), se mettent au travail à Cadix facilement accessible par la mer dont le contrôle échappe aux Français.

Face aux tenants de la tradition, ce sont les libéraux qui dominent les débats : le poète Quintana, Calatrava, Torrero, le géographe Antillon. La Constitution qui est élaborée s'inspire curieusement de la Constitution française de 1791 [2]. Le pouvoir législatif est confié à une Chambre unique qui ne reflétera plus la coupure des ordres ou l'ancienne structure fédéraliste, mais qui exclut les paysans sans terre et garde le nom de Cortès pour ménager les traditionalistes. Pour voter, il faut avoir « des revenus annuels adéquats, assurés par des biens propres ». Le roi reçoit le pouvoir exécutif et un veto suspensif. Il est assisté d'un secrétaire d'État et d'un Conseil d'État.

La nouvelle administration prévue bouscule les *fueros*, les privilèges locaux et va dans le sens d'une plus grande centralisation. Il faut aussi résoudre les problèmes financiers, notamment la question de la dette publique et de la circulation inflationniste des bons émis sur le Trésor royal. D'autres décisions sont prises, dans un esprit libéral, concernant le commerce et l'industrie. Ne s'agit-il pas de donner à l'œuvre constitutionnelle une crédibilité qui lui est d'emblée refusée par beaucoup de traditionalistes, en dépit des défenses passionnées de Quintana et d'Estrada.

Même si le travail des Cortès ne connaît pas un retentissement immédiat, il n'en fournit pas moins une base légale à l'insurrection.

---

1. ARTOLA, *Los Origenes de la Espaha contemporanea*, t. II.
2. CRAWLEY, « French and English influence in the Cortes of Cadiz », *Cambridge Historical Review*, 1939.

Napoléon en prend-il conscience lorsqu'il adresse au gouvernement britannique une nouvelle offre de paix, le 17 avril 1812 ? Il propose à Castlereagh l'arrangement suivant : « L'intégrité de l'Espagne serait garantie. La dynastie actuelle serait déclarée indépendante et l'Espagne régie par des Cortès. L'indépendance et l'intégrité du Portugal seraient également garanties et la maison de Bragance y régnerait. Le royaume de Naples resterait au roi de Naples ; le royaume de Sicile serait garanti à la maison actuelle de Sicile. Par suite, l'Espagne, le Portugal et la Sicile seraient évacués par les troupes françaises et anglaises. Quant aux autres objets de discussion, ils peuvent être négociés sur cette base : que chaque puissance gardera ce que l'autre ne pourra lui enlever [1]. »

La réponse du Cabinet britannique lui fut dictée par l'opinion qu'enthousiasmaient les victoires de Wellington, lequel venait de recevoir le titre de comte et une pension annuelle de 2 000 livres. « Si, par la dynastie régnant actuellement en Espagne, faisait savoir à Napoléon le gouvernement anglais, vous entendez celle de Ferdinand VII, nous sommes prêts à entrer en pourparlers ; mais, s'il s'agit de reconnaître que l'autorité royale sera reconnue comme résidant dans le frère du gouverneur de la France *(sic)*, nous déclarons que des obligations de bonne foi ne permettent pas à Son Altesse royale de recevoir des propositions de paix fondées sur une semblable base [2]. »

Quant à Wellington, comment n'aurait-il pas compris que la farouche détermination des Cortès délibérant dans une ville assiégée par les Français était une invitation à passer à l'offensive.

L'OFFENSIVE DE WELLINGTON

Maître de Ciudad Rodrigo au nord et de Badajoz au sud, Wellington choisit de développer son attaque plutôt au nord, dans la région du Leon.

---

1. COQUELLE, *Napoléon et l'Angleterre*, p. 287.
2. *Ibid.*, p. 289.

Le 17 juin 1812, il s'empare de Salamanque que Marmont doit évacuer. Faute de renforts, le maréchal ne peut que se dérober, mais il est surpris, le 22 juillet, par Wellington[1]. Blessé, il laisse aux Arapiles 10 000 hommes sur le terrain et une armée en déroute, privée de chefs à l'exception de Clausel lui-même atteint. Wellington peut foncer sur Madrid qu'abandonne Joseph. Le 12 juillet, il entre dans la capitale. Il ne peut toutefois s'y maintenir. Clausel au nord, Soult qui s'est décidé à lever le siège de Cadix au sud et à renoncer à l'Andalousie, Suchet enfin à Valence, concentrent leurs forces. De plus, Joseph dispose d'une excellente base arrière avec la Catalogne découpée en quatre départements et administrée par des préfets français, mais non officiellement annexée à la France[2]. Devant son infériorité numérique, Wellington se voit contraint de revenir au Portugal, permettant à Joseph de rentrer à Madrid le 2 novembre.

En apparence, l'Anglais est ramené à son point de départ, mais le bilan est loin d'être négatif : les Français ont abandonné l'Andalousie ; Badajoz et Ciudad Rodrigo sont conservées ; la guérilla est en pleine expansion ; la nouvelle du désastre de Russie achève enfin de démoraliser les partisans de Joseph. Tout semble annoncer la fin de la domination française. « C'est dans cette anxiété d'esprit, dans cette attente pénible d'un avenir menaçant que s'écoulèrent les derniers jours de l'année 1812. Madrid était triste, le palais désert ; le découragement et le dégoût se manifestaient partout. Le maréchal Jourdan, malade, avait, de sa propre autorité, remis ses fonctions au général d'Aultannes, tous les liens de la discipline se relâchaient de plus en plus. Le caractère du roi, aigri par tant de sujets de chagrin, s'altérait ; l'embarras où le jetait pour ses affaires personnelles l'épuisement des finances le forçait à prendre des dispositions qui, en blessant une foule d'intérêts privés, diminuaient chaque jour le nombre de ses partisans[3]. » Les maréchaux en prenaient à leur

1. J. SARRAMON, *La Bataille des Arapiles*, 1978.
2. J. MERCADER RIBA, *Barcelona durante la ócupacion francesa*, analyse le fonctionnement de l'administration française.
3. MIOT DE MELITO, *Mémoires*, t. III, p. 300.

aise. Si, à Valence, Suchet s'efforçait de ménager la population, d'autres se comportaient arbitrairement et refusaient comme Soult d'obéir aux ordres du roi qu'ils critiquaient ouvertement. Le monde des *afrancesados* se faisait de plus en plus composite. Au personnel de la première heure, expérimenté et souvent désintéressé, les Azanzo, Urquijo, Cabarrus, O'Farril, venaient s'ajouter des fournisseurs aux armées et des banquiers soucieux de conserver leurs commandes et de faire de fructueuses affaires, et des administrateurs sans grand caractère, surtout désireux de « rester en place », comme Melendez Valdès. De toute manière, depuis la réunion des Cortès à Cadix, les *afrancesados* n'avaient même plus l'exclusivité des idées libérales.

Devant une situation aussi compromise, les instructions de Napoléon sont claires : il faut abandonner Madrid, se replier sur la Navarre et la Biscaye pour assurer la protection de la frontière française.

Seul Suchet se maintient à Valence[1]. Joseph remonte vers Valladolid puis Burgos. La cour, le personnel politique et l'administration le suivent.

Wellington ne perd pas de temps. « Il se rendit à Cadix, le 4 décembre 1812, l'accueil fut brillant ; à Lisbonne, il devint enthousiaste. De retour à Ciudad Rodrigo, le patient Anglais prépara pendant tout le mois de janvier son mouvement en avant. Il fit croire qu'il attaquerait les Français par leur droite du côté de Madrid, et organisa tout pour leur couper, sur la gauche, par Valladolid, la route des Pyrénées. Afin d'éviter l'intervention de Suchet, il jeta au-devant de lui les troupes anglo-siciliennes qui, unies aux Espagnols d'Élio et du duc de Parque, pouvaient monter à 50 000 hommes. Puis, ayant en Catalogne : Copons ; en Andalousie : L'Abisbal ; de la Galice à la Navarre : Castanos, Porlier et Mina (à eux seuls 40 000 combattants), il partit lui-même avec 45 000 Anglais et 28 000 Portugais, frapper le coup décisif[2]. »

---

1. Cf. les papiers de Suchet aux Archives nationales.
2. G. de GRANDMAISON, *L'Espagne et Napoléon*, t. III, p. 318.

La guerre d'Espagne.

Le 26 mai 1813, il est à Salamanque, le 31 à Zamora, le 13 juin à Burgos. Le 21 juin, il surprend Joseph à Vitoria. À l'armée française, se mêlent les voitures de la cour, les bagages, des centaines de fonctionnaires ; gênés, les soldats ne peuvent conserver l'ordre de combat. C'est la débandade : 150 canons, les équipages, le trésor et les archives de la royauté [1] sont abandonnés. Le pillage ralentit la poursuite. Les Français refluent vers les Pyrénées. La bataille de Vitoria, célébrée en musique par Beethoven, est bien le combat décisif dont rêvait Wellington. Suchet doit évacuer Valence pour se maintenir difficilement en Catalogne. Le reste de l'Espagne est perdu. Pour sauver ce qui pouvait l'être, Napoléon enlevant tout pouvoir à Joseph nommait Soult lieutenant général en Espagne et dans les Pyrénées. Le maréchal sut reprendre en

---

1. Ces archives sont maintenant aux Archives nationales.

main les fuyards, mais son offensive tourna court à Pampelune puis à Saint-Sébastien. Le 8 octobre 1813, Wellington franchit la Bidassoa. Napoléon devait renoncer à l'Espagne.

Laforest est envoyé à Valençay auprès de Ferdinand pour négocier sa restauration. Ferdinand joue au plus fin avant de consentir à signer le traité de Valençay, le 11 décembre 1813. L'Espagne se trouve ramenée au printemps de 1808. Mais la régence de Cadix venue s'installer à Madrid ne l'entend pas ainsi. Comme en Hollande, la bourgeoisie libérale et nationaliste essaie de tirer profit des apports français. Elle déclare que Ferdinand ne sera reconnu roi que s'il prête serment à la Constitution de 1812. Ferdinand gagne du temps, bien résolu à ne pas être un monarque constitutionnel. Le 22 mars, il fait enfin son entrée en Espagne. Trois semaines plus tard un pronunciamiento pro-absolutiste se produit à Valence. Un peu partout, les cris de « Vivent les chaînes ! », la chasse aux inscriptions portant le mot de liberté prouvent que le peuple ne suit pas les Cortès [1]. Assuré de son pouvoir, le 4 mai 1814, de Valence, Ferdinand lance une proclamation déclarant nulle la Constitution de 1812.

C'est rayer d'un coup toutes les réformes introduites par la France, c'est effacer jusqu'au souvenir des *afrancesados* désormais proscrits, c'est revenir à l'absolutisme. Il ne reste plus rien en Espagne de la domination napoléonienne.

---

1. VILAR, dans *Les Pays sous domination française*, p. 255.

VII.

La fin de l'Italie napoléonienne

Pièce maîtresse de l'édifice napoléonien, l'Italie fut perdue sans grande résistance. Elle était minée de l'intérieur et convoitée de l'extérieur.

À l'intérieur, le parti italien rêvait d'une unité de la péninsule sous l'autorité d'un prince libéral. On avait pu croire un moment, à la faveur d'une simplification de la carte italienne d'où disparurent les petits États, que Napoléon serait ce nouveau prince ; tout confirmait depuis 1808 qu'il songeait plutôt à une annexion de l'Italie à la France. C'est vers Murat que se tournèrent alors les patriotes et la tête tourna au roi de Naples. Il crut sincèrement qu'en jouant la carte de l'indépendance et de l'unité, il sauverait son trône ; il le condamnait à court terme.

À l'extérieur, l'Autriche se posait en rivale de la France. « L'Italie, objet éternel de ses complaisances, est toujours devant ses yeux comme une proie qui sera obtenue à bon marché si elle ne coûte que des préjugés », notait Joseph de Maistre. Après l'avoir encouragé, le Habsbourg fit échouer, avec la complicité de l'Angleterre, le rêve impossible de Murat.

Les victoires françaises avaient masqué la vulnérabilité de la domination napoléonienne sur l'Italie. Quand le front en vint à reculer de Varsovie aux Alpes, tous les appétits et toutes les haines se déchaînèrent, laissant place à un gigantesque chaos qui ne pouvait que favoriser un retour à l'ancien régime.

LE ROYAUME D'ITALIE

En 1809, une armée autrichienne sous le commandement de l'archiduc Jean avait envahi le royaume d'Italie par la trouée de Caporetto. Les troupes franco-italiennes avaient dû battre en retraite d'abord derrière la Piave puis, à la suite de l'insurrection du Tyrol, jusqu'à l'Adige. L'archiduc Jean avait lancé une proclamation promettant une Constitution et invitant les Italiens à se soulever contre les Français.

Partout, dans les campagnes, éclatèrent des émeutes. L'Émilie, la région de Mantoue, les environs de Vérone, furent parcourus par des bandes de paysans qui faisaient la chasse aux « jacobins » rendus responsables de la conscription et de la lourdeur des impôts. Les émeutiers s'en prirent également aux juifs émancipés par le Code civil.

Mais l'archiduc Jean, en raison des succès de Napoléon en Autriche, ne put se maintenir longtemps dans le nord de l'Italie. Il dut se replier, poursuivi par Eugène qu'était venu épauler Macdonald. Les Français prirent leur revanche sur la Piave, puis, le royaume libéré, sur le Raab, le 14 juin 1809.

La campagne avait mis en lumière la fragilité de la frontière septentrionale de l'État milanais. Si, dans les stipulations de la paix de Vienne, l'Italie perdit l'Istrie et la Dalmatie appelées à former, avec le littoral adriatique enlevé à l'Autriche, les Provinces illyriennes, elle reçut par le traité du 28 février 1810 une grande partie du Tyrol dont Trente et Botzen, l'ensemble formant le département du Haut-Adige. Napoléon se doutait-il qu'il venait de créer un futur motif de discorde entre l'Autriche et l'Italie et de faire de cette région l'un des points névralgiques de l'Europe. Déjà, en 1809, les Italiens reprochaient à Eugène de n'avoir pas conservé l'Istrie.

Ce que 1809 avait également mis en lumière, c'était le mécontentement des Italiens. Il importait d'accélérer les réformes entreprises, notamment l'établissement du Sénat décidé le 20 décembre 1807 et le 21 mars 1808. On y fit entrer de grands propriétaires fonciers mais aussi des savants comme Volta. La cour devint un pôle d'attraction pour la noblesse. Dans l'administration, c'est la bourgeoisie que l'on invita en multipliant directions et bureaux. La vie économique fut stimulée : blé, riz et soie, encore la qualité de cette dernière fut-elle jugée inférieure à sa rivale piémontaise. Mais l'agriculture se contenta de « remplir le rôle que Napoléon avait assigné à toute la production italienne, celui de fournir à la France vivres et matières premières [1] », et, loin de s'industrialiser, le royaume eut pour fonction d'absorber de plus en plus les produits fabriqués en France à mesure que se restreignaient les autres marchés. C'est en effet « un marché réservé que fit de l'Italie le décret du 10 octobre 1810, y interdisant l'entrée de tous produits autres que les français en matière de toiles, velours, tissus et articles de coton, draps et lainages ; en retour, la soie brute pénétrerait en France sans payer de droits, au grand avantage des tissus de Lyon [2] ». Ce fut donc un royaume d'Italie ébranlé par la crise de 1810-1812 (impossibilité d'exporter en pleine période de surproduction) que l'Autriche, après la rupture de 1813, se décida à envahir. Son objectif : récupérer la Haute-Italie et bien sûr l'Illyrie. Renvoyé à Milan en mai 1813, Eugène reçut pour mission d'organiser une armée de réserve pour assurer la défense de son royaume et tenir en respect les Autrichiens. Se gardant d'oublier qu'il était le gendre du roi de Bavière passé à la coalition le 8 octobre 1813, le cabinet de Vienne lui fit des avances dès le 15, lui proposant un armistice séparé et des conditions avantageuses concernant son avenir.

Eugène aurait pu les accepter sans déshonneur : son royaume était affaibli par la crise économique, démoralisé par les défaites de l'Empereur et épuisé par les incessantes levées d'hommes. Le vice-roi parvint pourtant à mettre sur pied une armée qui prit position sur la frontière. Il eût fallu l'appui des troupes napolitaines. Pour des raisons que nous verrons plus loin, il fit défaut.

La guerre commença en août ; en octobre, l'Illyrie était

---

1. Fugier, *Napoléon et l'Italie*, p. 261.
2. *Ibid.*, p. 263.

perdue. Asphyxiées par le Blocus, exaspérées par le système jugé inique de la conscription, indignées par les mauvais traitements subis par leur clergé, de tendance xénophobe, ces provinces supportaient mal la domination française. Les réformes avaient jeté l'aristocratie dans le camp autrichien sans gagner pour autant à la France le peuple des campagnes. La folie du gouverneur, le duc d'Abrantès, avait achevé de démoraliser les fonctionnaires. Fouché qui le remplace n'arrive que le 29 juillet à Laybach. Trop tard. Malgré des mesures énergiques, il ne peut enrayer l'invasion autrichienne, ni le soulèvement des campagnes [1].

Favorisés par l'insurrection du Tyrol et la défection de la Bavière, les Autrichiens purent se rendre maîtres rapidement des passages alpins. Dès la fin de 1813, la situation en Italie du Nord était singulièrement compromise pour l'administration et les troupes françaises.

LA CRISE ROMAINE

L'enlèvement du pape, en juillet 1809, avait fait à Rome l'effet d'un coup de tonnerre. Privée de son chef temporel et spirituel, la Ville éternelle n'était plus que le chef-lieu du département du Tibre. Rome resta sans réaction.

Il n'y eut pas de résistance ouverte, au point qu'à Paris l'on ne parla bientôt que « d'organiser la conquête [2] ». Pour Napoléon, la Rome des prêtres n'existait plus, la Rome des soldats allait renaître.

La situation était en réalité moins simple. La puissance du clergé demeurait considérable : on comptait 17 000 séculiers ou réguliers sur une population de 1 500 000 habitants. L'Église avait le monopole de l'enseignement et disposait de grandes richesses.

Le patriciat avait lui aussi traversé sans trop de dommages l'épisode dramatique de la République romaine. Immenses lati-

---

1. MADELIN, *Fouché*, t. II, p. 252.
2. MADELIN, *La Rome de Napoléon*, p. 251.

fundia et palais somptueux formaient l'essentiel des fortunes des Borghèse, Doria, Barberini, Farnèse et autres Sacchetti. Nobles et prêtres étaient peu favorables à la France même si de grands propriétaires comme les Santa Croce ou les Sforza Cesarini avaient pris parti jadis pour la République romaine.

On ne pouvait guère compter non plus sur le petit peuple qui formait la grande majorité des habitants. Sa condition était misérable au point que les conseils de révision, de 1809 à 1813, durent éliminer un nombre imposant de phtisiques, scrofuleux et teigneux. L'attachement au pape était très fort dans les basses classes au point que Napoléon apparaissait tout à la fois comme Néron parce qu'il persécutait les prêtres et Moloch parce qu'il exigeait des fournées de conscrits.

L'Empereur ne pouvait guère espérer d'appui qu'auprès d'une bourgeoisie de médecins, d'avocats et de commerçants, peu nombreuse et peu considérée.

Les États romains avaient été divisés en deux départements : le Tibre et le Trasimène. Le Tibre, avec Rome, fut confié, en novembre 1809, à Camille de Tournon, d'une très vieille famille et qui s'était lié au Conseil d'État à Broglie et à Barante. La préfecture du Trasimène revint à Roederer fils, autre auditeur au Conseil d'État. Un moment, Napoléon songea à envoyer à Rome un gouverneur général et son choix se porta sur Fouché (on avait d'abord parlé de Bernadotte puis de Cambacérès), mais il revint sur sa décision. Il laissa en place le général Miollis et une Consulta sans grand pouvoir. Jalousie, dit Louis Madelin : « Rome est une amante rebelle que Napoléon de toutes ses forces entendait posséder [1]. »

Le problème le plus urgent, conséquence de l'annexion, fut la recrudescence du brigandage. Les bandes s'étoffèrent en effet d'opposants au régime et de réfractaires à la conscription ; vinrent s'y ajouter les survivants des compagnons de Fra Diavolo chassés du territoire napolitain par le général Manhès, et les galériens évadés de Civitavecchia en 1808. Attaques isolées, coups de

---

[1]. *Ibid.*, p. 363. Sur Tournon, cf. la thèse de Moulard.

main limités finissent par inquiéter les autorités françaises. La répression est énergique : le plus fameux d'entre les chefs, Rita, est tué avec sa maîtresse ; mais le brigandage ne désarme pas et l'insécurité s'installe en 1811. Les actes de banditisme prennent alors une ampleur inattendue, s'y ajoutait la contrebande depuis l'établissement d'un cordon douanier entre les anciens États romains et le royaume d'Italie. L'Ombrie souffrait d'être coupée des greniers à blé des Marches : des bandes apparurent fortes parfois de 30 à 40 paysans. Bientôt les postes de douanes isolés furent attaqués et les douaniers assassinés.

C'est que la crise de 1810 secoue durement la Ville éternelle. « L'hiver de 1810-1811 révéla aux Romains un mal inconnu. Tandis que le prix du pain augmente d'une façon effrayante, puis que la mesure qui se vendait 8 piastres s'en vend 16 et qu'il faut prendre des mesures pour imposer une taxe aux boulangers, la populace affamée trouve closes les portes des couvents nourriciers. Dès mai 1810, de l'aveu d'un des agents les moins sensibles de Napoléon, le véritable état de détresse où une multitude de familles vivent a rendu plus onéreux le renchérissement des blés [1]. »

Deuxième problème, tout aussi aigu : l'agitation religieuse. Devenu directeur de la police, Norvins [2] s'inquiète de l'influence pernicieuse du clergé. Dans leur immense majorité, les séculiers ont refusé tout serment de fidélité et il a fallu, dans le même temps où l'on procédait à la dispersion des réguliers, déporter les évêques réfractaires et envoyer les curés au bagne. Les non-assermentés furent considérés dans le peuple comme des martyrs. Des émeutes éclatèrent en leur faveur dans plusieurs villes.

Troisième problème : la conscription. Nulle part le système ne fut aussi mal supporté. Il favorisa la naissance de nouvelles émeutes en 1812, dans l'Ombrie. L'officiel *Journal du Capitole* dut lui-même reconnaître les difficultés de l'administration : destruction des registres de baptême, refus des maires, manifestation de

---

1. *Ibid.*, p. 353.
2. Son *Mémorial* s'arrête malheureusement à sa nomination à Rome.

femmes. C'est en vain que l'on exalte les glorieux souvenirs de l'Antiquité.

Le mauvais fonctionnement des institutions crée un autre problème : généraux contre civils, Tournon contre Roederer, la police attaquée par tous. Les rivalités paralysent toute action. Il n'est que de parcourir les archives communales de Rome pour mesurer l'impéritie de la nouvelle administration.

Dernier problème : la banqueroute de l'État. Pour liquider la dette publique, on décide, le 5 août 1810, de payer les créanciers en terres confisquées aux monastères. C'était frapper non seulement l'aristocratie mais une large fraction de la bourgeoisie. Tournon donne à partir d'un cas concret une excellente idée de la façon dont les porteurs de titres d'État furent ruinés : « Je prendrai pour exemple le prince Ruspoli ; il jouissait de 12 000 écus romains de rente provenant de 4 000 luoghi, formant un capital de 400 000 écus, soit 2 150 000 livres. Par suite de la réduction opérée en 1810, ce capital n'a plus été que de 96 000 écus dont le revenu eût été, au 5 pour 100, de 4 800 écus. En supposant que ce capital restant soit employé en achat de biens, il est constant que Ruspoli, à cause de l'accroissement du prix des enchères, ne pourra acquérir de biens ayant une valeur supérieure à 60 000 écus et donnant un revenu de 1 500 écus environ. Ainsi, plus de 2 150 000 livres ne donnent à leur propriétaire qu'un bien de 350 000 livres et 60 000 livres de rente se réduisent à 8 000 livres. Ainsi la réduction n'est pas des deux tiers comme en France, mais des sept huitièmes [1]. »

Aucune compensation n'était à attendre du côté économique : les échanges étaient paralysés par le Blocus ; l'industrie cotonnière sur laquelle on avait fondé quelque espoir (culture du coton dans la campagne ; envoi de jeunes Romains à l'école des Arts et Métiers, suppression des corporations) se soldait par un échec dû en grande partie à la dépression qui secoua l'Empire, fermant les débouchés nécessaires à une activité en plein essor.

Misère, famines et maladies s'installent. L'annonce du désastre

---

1. Madelin, *op. cit.*, p. 491.

de Russie fit moins sensation que la décision du Sénat de voter une nouvelle levée d'hommes. La signature du concordat de Fontainebleau, le 25 janvier 1813, fut accueillie avec scepticisme. La fidélité au pape ne se démentit pas dans le peuple. Il conservait l'auréole du martyr et le Français n'était considéré que comme un occupant sans titre.

LE PROBLÈME NAPOLITAIN

À Naples, les relations s'étaient depuis longtemps détériorées entre Murat et son beau-frère. Le nouveau roi avait souhaité mener une politique indépendante, mais le traité de Bayonne limitait, on l'a vu, son action en liant Naples à la France par une alliance offensive et défensive dont les clauses étaient rigoureuses. Napoléon considérait Murat non comme un vassal mais comme un préfet révocable à tout moment. « Le roi se trompe, déclarait l'Empereur à l'ambassadeur napolitain à Paris, s'il croit régner à Naples autrement que par ma volonté... Dites-lui que, s'il ne change pas de système, je m'emparerai de son royaume et le ferai gouverner par un vice-roi, comme l'Italie [1]. » Le système, c'est le mot que reprend Napoléon dans une lettre à Murat : « Rappelez-vous que je ne vous ai fait roi que pour l'intérêt de mon système. » Une telle sujétion pesait sur Murat : « L'Empereur m'impose des conditions onéreuses ; il me fait signer un traité injuste et reconnaître une dette plus injuste encore ; il diminue mon revenu, écrase mon commerce, paralyse mes fabriques... Il prend des décrets en maître... On n'est pas roi pour obéir. »

En 1811, le conflit avait pris un tour aigu et il avait fallu toute l'habileté de Caroline, dépêchée à Paris, pour radoucir l'humeur de l'Empereur et éviter une annexion. Murat dut néanmoins accepter de prendre le commandement de la cavalerie de la Grande Armée en juin 1812, cependant que Caroline assurait à Naples la régence et que Pérignon devenait général en chef de

---

1. Lettre à Champagny du 2 avril 1811.

toutes les forces du royaume. L'Empereur ne profiterait-il pas de l'absence de Joachim pour réunir Naples à l'Empire ? Telle était la crainte secrète de Murat. Comment n'aurait-il pas vu un indice de cette prochaine annexion dans le fait de n'avoir pas été convié à Dresde avec les autres souverains alliés ou vassaux de Napoléon ? En réalité, l'Empereur souhaitait éviter tout contact entre François Ier et Murat d'autant qu'il n'ignorait pas les rapports un peu trop étroits qu'entretenaient Caroline et Metternich.

Murat s'aigrit encore dans le désastre qui engloutit les deux tiers des contingents italiens. Il n'accepte qu'à contrecœur le commandement de l'armée abandonnée par Napoléon soucieux de rentrer au plus vite à Paris. Le 17 janvier 1813, à 4 heures du matin, il quitte le quartier général, laissant toute autorité à Eugène. À sa décharge, il faut faire intervenir la maladie d'une part, le souci que lui occasionnait l'absence de nouvelles venues de Naples de l'autre.

Le 4 février, il est de retour dans son royaume. La fureur de Napoléon éclate : « Je ne vous parle pas de mon mécontentement de la conduite que vous avez tenue depuis mon départ de l'armée, qui a été diamétralement opposée à vos devoirs. Cela provient toutefois de la faiblesse de votre caractère. Vous êtes un bon soldat sur le champ de bataille, mais hors de là vous n'avez ni vigueur ni caractère... Je suppose que vous n'êtes pas de ceux qui supposent que le lion est mort. Si vous faisiez ce calcul, il serait faux. Vous m'avez fait tout le mal que vous pouviez depuis mon départ de Vilna ; mais nous ne reparlerons plus de cela. Le titre de roi vous a tourné la tête. Si vous désirez le conserver, conduisez-vous bien [1]. » Cette missive marque une nouvelle détérioration dans les rapports entre Napoléon et son beau-frère. Désormais le roi de Naples est résolu à cesser de soutenir inconditionnellement l'Empereur.

---

1. Garnier, *Murat, roi de Naples*, p. 193.

LA POLITIQUE DE MURAT

Murat paraît s'être fixé deux objectifs : sauver son trône d'un désastre qu'il pressent imminent et profiter de l'écroulement de l'Empire napoléonien pour assurer à son profit l'unité de l'Italie. C'est cette politique qu'il met en scène dès son retour à Naples et qui sera stigmatisée par Napoléon comme une véritable trahison. Trahison certes à l'égard de l'Empereur mais nullement, bien au contraire, vis-à-vis du royaume qui lui avait été confié.

Incontestablement Murat a cherché à dissocier sa cause de celle de la France, sans rompre entièrement avec Napoléon. Sa crainte est de se retrouver isolé lors du règlement final qui risque de se faire à ses dépens. Il prend donc contact avec l'Autriche par l'intermédiaire de Mier, ambassadeur à Naples. L'accueil est favorable. Mais le roi s'est simplement plaint des mauvais procédés de son beau-frère à son endroit et a fait part de son désir de rester en paix avec Vienne.

En avril ses avances se font plus précises. Il envoie auprès de Metternich le prince Cariati. Celui-ci a pour mission d'informer l'homme d'État autrichien que le roi de Naples renonce à toute ambition sur la Sicile et qu'il est prêt à soutenir l'effort de guerre de l'Autriche en échange de la reconnaissance de son trône. Metternich promet mais ne signe aucun traité. Dans le courant de mai, Napoléon, informé par Marie-Caroline de ces tractations, exigeait le rappel du prince Cariati et l'envoi immédiat de troupes napolitaines pour renforcer la frontière septentrionale de l'Italie. Les négociations s'engagèrent également du côté anglais. Le représentant de la Grande-Bretagne en Sicile, Bentinck, prit contact avec Murat dans l'île de Ponza. Le roi proposa en échange de la reconnaissance de son titre par le cabinet de Saint-James, une manœuvre de diversion contre Eugène. Bentinck exigeait davantage : Gaète comme gage de sa sincérité. En fait Murat ne pouvait entièrement couper les ponts avec Napoléon : son intérêt le lui commandait depuis les victoires de Lützen et de Bautzen, mais aussi un attachement sentimental à la Grande Armée. Il repassa en Allemagne à la demande de Napoléon pour y commander la cavalerie française. Il s'illustra à Plauen et à Borna aux dépens des Autrichiens, mais incapable de résister aux nouvelles avances de Vienne, il quittait Napoléon, le 24 octobre, pour regagner à la hâte son royaume et éviter d'être englobé « dans l'imminente liquidation impériale ».

Un autre dessein, plus vaste et plus généreux l'animait. Pourquoi ne serait-il pas, à la faveur de l'effondrement de l'Empire napoléonien, le restaurateur de l'unité italienne ? Bentinck[1] lui avait fait miroiter l'idée d'une unification de la péninsule sous son autorité. Il avait trouvé le roi déjà préparé à un tel projet.

Sous Murat en effet s'est développée dans le royaume de Naples la charbonnerie[2]. Elle aurait été fondée par le Français Briot, alors intendant de l'Abruzze citérieure et qui avait appartenu en 1793 aux Bons Cousins Charbonniers, organisation secrète et mystique. Briot s'était illustré comme député au Conseil des Cinq Cents en demandant, le 1er août 1799, la proclamation d'une République italienne une et indivisible. Après avoir servi dans l'administration de l'île d'Elbe, il était passé à Naples comme intendant. En 1810, Murat en fait un conseiller d'État.

À partir de la charbonnerie, se crée un « parti italien » qui prône l'unité de la péninsule sous un régime libéral. Murat le boude puis s'en rapproche par l'intermédiaire de Maghella qui a pris la place de Salicetti à la tête de la police, et de Zurlo. Bientôt il en devient le champion.

LES OPÉRATIONS FINALES

Dès son retour à Naples, Murat avait repris ses négociations avec l'Autriche. Il renonçait formellement à la Sicile et proposait de s'unir aux alliés et de chasser les Français d'Italie en marchant sur le Nord à la tête de 80 000 hommes. En échange, il demandait la reconnaissance de son royaume, l'annexion à celui-ci des États

---

1. ROSSELLI, *Lord William Bentinck and the British Occupation of Sicily.*
2. Cf. l'article de Godechot sur Briot et la charbonnerie repris dans *Regards sur l'époque révolutionnaire*, p. 371.

romains et même la mainmise sur Corfou. Comme preuve de sa bonne volonté, il suspendit l'application du Blocus à Naples, ce qui d'ailleurs soulageait singulièrement son économie et lui valut une popularité à bon compte.

Le 8 janvier 1814, le traité d'alliance est signé entre Naples et l'Autriche représentée par le futur époux de Marie-Louise, le comte Neipperg. Murat renonce à toute prétention sur la Sicile et met 30 000 hommes à la disposition des coalisés. Toutefois ces soldats ne combattront pas hors d'Italie. Vienne reconnaît en retour sa souveraineté sur le royaume de Naples et promet de lui accorder « une bonne frontière militaire » sans plus de précision.

Du côté anglais, Bentinck était moins pressé que Metternich d'obtenir le concours de Murat : peut-être espérait-il en rétablissant les Bourbons à Naples obtenir en échange la Sicile pour le Royaume-Uni. L'accord du 3 février 1814 ne comporte pas la reconnaissance de Murat mais seulement la cessation des hostilités et la reprise du commerce avec l'Angleterre.

Sans attendre le résultat de ces négociations, Murat avait fait marcher ses troupes sur Rome où elles entraient en novembre 1813, accueillies favorablement par un parti napolitain formé des familles Giustiniano et Barberini qui estimaient que Rome et Naples unies sous le même sceptre, c'était l'Italie déjà unie et libérée du joug étranger. À leur tour, étaient occupées Florence, Bologne, Rimini, Ancône, Livourne, Pise, Lucques où Fouché signe la convention rapatriant les garnisons françaises de l'Italie centrale. D'Ancône, Murat, maître de l'Italie jusqu'au Pô, lançait à ses troupes, le 30 janvier 1814, une proclamation dépourvue de toute ambiguïté : « Soldats ! Tant que j'ai pu croire que l'empereur Napoléon combattait pour la gloire et le bonheur de la France, j'ai combattu à ses côtés ; mais aujourd'hui il ne me reste aucune illusion : l'Empereur ne veut que la guerre. Je trahirais les intérêts de mon ancienne patrie, ceux de mes États et les vôtres, si je ne séparais pas sur-le-champ mes armes des siennes pour les réunir à celles des puissances alliées et dont les intentions magnanimes sont de rétablir la dignité des trônes et l'indépendance des nations. Je sais qu'on cherche à égarer le patriotisme des Français qui servent dans mon armée sous de faux prétextes d'honneur et de fidélité, comme s'il y avait encore là de l'honneur à servir la folle ambition de l'empereur Napoléon, à lui assujettir le monde !

« Soldats ! Il n'y a que deux bannières en Europe. Sur l'une vous lisez : religion, morale, justice, modération ; là : paix et bonheur ; sur l'autre : artifices, violences, tyrannie, persécutions, guerre et deuil dans toutes les familles ! Choisissez [1] ! »

Quel fut le rôle de Fouché, envoyé à la hâte à Naples par Napoléon, dans ce que l'on ne saurait qualifier de « retournement » puisque Murat était résolu depuis plusieurs mois, sous l'influence du parti patriote, à jouer la carte italienne ? Peut-être porte-t-il la responsabilité du ton brutal adopté par Murat, jusqu'alors très nuancé sinon incertain dans sa décision de rupture. Napoléon apprend avec stupeur la défection de celui qu'il va surnommer « le Bernadotte du Midi ». C'est la guerre. Il ordonne le départ de l'ambassadeur de Naples, le rappel des Français restés au service de Murat, l'attaque des navires napolitains par les bâtiments français. Le 21 janvier 1814, il fait libérer le pape et le renvoie d'urgence à Rome pour contraindre Murat à se retirer de la Ville éternelle.

Mesurant la situation difficile dans laquelle va se trouver Eugène à Milan, il lui adresse des ordres contradictoires, l'invitant d'abord à évacuer l'Italie puis à s'y maintenir. « Eugène, lui, semble avoir vu les choses un peu plus clairement. Mais s'il demeurait fidèle à l'Empereur, il ne pouvait se défendre cependant de quelques considérations personnelles. Maintenir le contact avec Murat, c'était à la fois empêcher peut-être les Napolitains de se joindre irrémédiablement aux troupes autrichiennes et conserver quelques chances de se maintenir à Milan si l'Empire tombait. Aussi toute cette campagne porta-t-elle un caractère trouble, avec va-et-vient de parlementaires, opérations menées avec une significative mollesse, troupes encerclées qu'on autorisait curieusement à regagner leurs lignes après capitulation [2]. »

1. GARNIER, *op. cit.*, p. 244.
2. FUGIER, *op. cit.*, p. 323.

Peut-on parler là aussi de « trahison » ? Chacun cherchait à s'assurer des gages lorsque viendrait le moment – inéluctable désormais – du partage de l'Empire.

Eugène, attaqué sur ses arrières par les forces de Murat, n'en continuait pas moins à tenir en respect les Autrichiens mais, le 1er février, il dut se replier sur le Mincio. C'est sur le cours de ce fleuve que l'affronta le général autrichien Bellegarde, le 8 février. Ce fut un échec pour l'Autriche que ne put exploiter Eugène. Grenier triompha à Guastalla et à Parme ; mais là aussi la victoire fut sans lendemain.

En vain Napoléon avait tenté, par l'intermédiaire de Joseph et de Faitpoul, de regagner Murat dont la mollesse commençait à inquiéter Vienne.

Le roi de Naples devait en effet renoncer à toute prétention sur les États romains : tout au plus l'Angleterre et l'Autriche lui promettaient-elles 400 000 âmes mais nullement la frontière du Pô. Bellegarde, le commandant en chef des forces autrichiennes, dissipait toutes les illusions qu'aurait pu entretenir Murat sur une éventuelle annexion de la Toscane et des duchés de Parme et Modène : « La volonté généreuse des puissances alliées est de rétablir, autant que le changement de circonstances pourra le permettre, l'antique édifice de l'Europe sur les mêmes bases qui ont fait si longtemps son bonheur et sa gloire... À mesure que vos provinces seront délivrées des étrangers, vos gouvernements seront rétablis sans secousses, sans violence, rien qu'avec les modifications que les localités, les circonstances et vos besoins exigent [1]. »

À Livourne débarquait, le 9 mars, un corps anglais sous le commandement de Bentinck. Celui-ci affirmait les droits de l'Angleterre sur Livourne, Pise et Viareggio. Assiégée, Gênes tombait le 20 avril.

L'abdication de Napoléon rendait toute résistance inutile. Le 17 avril 1814, Eugène et Bellegarde signaient la convention de Schiarino-Rizzino. Les Français évacuaient l'Italie du Nord.

---

1. *Ibid.*, p. 324.

Comme l'avait laissé prévoir la proclamation de Bellegarde, partout furent rétablis les anciens gouvernements : le grand-duc Ferdinand III en Toscane, François IV d'Autriche-Este à Modène, Pie VII à Rome. Murat, découragé, regagnait Naples, incertain sur son avenir. À Milan régnait la plus grande confusion. Eugène eut la sagesse de se tenir à l'écart. Melzi, malade, resta muet. Le désordre s'installa rapidement. Profitant du meurtre du ministre des Finances Prina, l'Autriche intervint militairement et fit occuper, le 28 avril, Milan. Le 12, la Lombardie devenait partie intégrante de l'empire d'Autriche.

Napoléon avait fait de l'Italie le pivot de sa politique européenne ; la perte de la péninsule condamnait le Grand Empire.

VIII.

La chute de l'Empire

Ramenée aux frontières de la Grande Nation, celles de 1803 décrites dans les premiers chapitres de ce livre, la France doit faire face au nord, à l'est et au sud à l'invasion des puissances européennes une nouvelle fois coalisées contre elle. C'est désormais non plus le sort du Grand Empire mais celui du trône même de Napoléon qui se trouve être l'enjeu de la guerre.

LA PERTE DE LA BELGIQUE

Première des conquêtes révolutionnaires à tomber : la Belgique. La crise économique avait provoqué une désaffection envers la domination napoléonienne ; les défaites suscitèrent plus d'inquiétude quant à l'avenir que de consternation dans le présent. Le procès du maire d'Anvers Werbrouck, dénoncé pour malversation, arrêté sur ordre du préfet Voyer d'Argenson, acquitté par la cour d'assises de la Dyle, jugement cassé arbitrairement sur ordre de Napoléon, eut un énorme retentissement [1] et contribua à détacher du régime impérial les notables belges, que vint encore irriter la levée d'un impôt extraordinaire.

S'ajoutait à ce mécontentement ponctuel un sentiment diffus « de non-nationalité française que seul le cours du temps eût pu définitivement effacer [2] ». De Liège, le préfet Micoud écrivait :

---

1. R. WARLOMONT, « L'affaire Werbrouck et le régime impérial », *Revue d'Histoire du droit français et étranger*, 1963.
2. *Les Pays sous domination française*, p. 34.

« Je ne dois pas dissimuler que l'opiniâtre résistance des Espagnols séduit et plaît jusqu'à un certain point à la multitude [1]. » Un autre préfet, à Gand, s'inquiétait de l'attitude des prêtres. À Bruxelles, La Tour du Pin évoquait les craintes grandissantes que suscitaient les nouvelles levées d'hommes en octobre puis novembre 1813. La docilité quasi proverbiale des conscrits belges évoluait dans le mauvais sens : un tiers de manquants à Hasselt en mars 1813 ; des troubles à Bruges ; 408 déserteurs dans la Lys.

Les rapports indiquaient que partout la rupture de l'alliance austro-française avait produit une vive impression. Comment s'en étonner dans cette ancienne possession des Habsbourgs [2] ? La fuite des fonctionnaires d'Amsterdam, suivant l'exode de ceux de Hambourg, acheva de démoraliser l'administration française. Même Pérès à Namur, en place depuis le 18 Brumaire et qui avait fait preuve d'énergie en 1809, s'affola devant l'annonce de l'invasion. C'est en vain que Doulcet de Pontécoulant tentait d'organiser la résistance à Bruxelles. Les Belges étaient passés de l'indifférence à l'hostilité. Marbot dut briser une insurrection à Mons, région réputée pourtant pour sa francophilie [3].

Maison avait reçu mission de défendre Anvers et au besoin de s'y enfermer comme Davout à Hambourg. Mais il ne disposait que de troupes indisciplinées et mal équipées. Laissant quelques détachements dans le port, il prit le parti de se replier sur le Brabant pour faire sa jonction avec Macdonald qui opérait dans la vallée de la Meuse. Puis, devant les progrès ennemis, il évacua Bruxelles pour se réfugier à Namur. Seuls, deux préfets s'enfermèrent, conformément aux ordres, dans des places fortes de leurs départements : Roggieri à Maestricht et Savoye-Rollin à Anvers dont Carnot, qui s'était mis au service de Napoléon, assura la défense.

Le reste de la Belgique était perdu.

---

1. Lanzac de Laborie, *La Domination française en Belgique*, t. II, p. 304.
2. Arch. nat. FI c III départements belges, 1813.
3. Marbot, *Mémoires*, t. III, p. 379.

La fin de la rive gauche du Rhin

Depuis le début de 1813, le marasme économique tendait à devenir général en Rhénanie. La tragique retraite des troupes françaises sur le Rhin après Leipzig, les ravages exercés par le typhus qui emporta l'énergique préfet de Mayence, Jean-Bon Saint-André, la démoralisation des fonctionnaires ne permettaient pas de défendre la ligne rhénane. Marmont évacua Kaiserslautern puis Sarrebruck où entrait Blücher le 11 janvier. Durutte avait dû abandonner Coblence. Partout était mise en place une nouvelle administration : ainsi Böcking, gendre du maître de forges Frédéric Stumm, était-il nommé maire de Sarrebruck par les Prussiens [1].

Il n'y avait que quelques petits corps espacés sur la frontière. Les alliés n'eurent aucun mal à franchir le Rhin, de Bâle à Coblence, entre le 21 décembre et le 1er janvier 1814. L'occupation française de la rive gauche avait pris fin.

De la déclaration de Francfort au congrès de Châtillon

Les alliés étaient résolus à envahir le territoire français, mais ils gardaient un mauvais souvenir du précédent de 1792. Fait prisonnier en octobre 1813, le ministre de France à Weimar Saint-Aignan fut chargé, sur l'initiative de Metternich, de porter à Napoléon les conditions auxquelles les alliés se déclaraient prêts à négocier : les frontières naturelles de la France seraient respectées ; l'Allemagne, la Hollande et l'Italie retrouveraient leur liberté ; l'Espagne seraient rendue aux Bourbons.

Jusqu'à quel point Metternich était-il sincère ? Du moins montrait-il qu'il avait compris l'importance de la propagande. Il retournait contre Napoléon son arme favorite. En distinguant en effet les conquêtes napoléoniennes de celles de la Révolution,

---

1. Capot-Rey, *Quand la Sarre était française*, p. 255.

le ministre autrichien, bien renseigné par Talleyrand, savait qu'il rencontrerait un écho en France.

Saint-Aignan arriva à Paris le 14 novembre. Napoléon répondit de façon dilatoire que Caulaincourt était prêt à se rendre à Mannheim mais il ne dit rien des conditions. Maret, le ministre des Relations extérieures, poussait l'Empereur à continuer la guerre. Mais Napoléon se rendit compte de son erreur : il s'aliénait l'opinion. Il remplaça Maret par Caulaincourt, l'homme de la paix, bien vu du tsar. Le 2 décembre, il adressait une nouvelle réponse à Metternich, lui faisant savoir qu'il adhérait aux « bases générales et sommaires » de son offre. Il répondait donc, mais dans le vague.

Assurément, il pouvait juger que la situation n'était encore nullement désespérée. Déjà se dessinait un conflit entre l'Autriche et la Russie sur l'avenir de la Saxe et de la Pologne ; la Suisse faisait des difficultés pour laisser passer l'ennemi sur son territoire ; enfin Bernadotte paraissait plus intéressé par la Norvège que par l'invasion de la France. Néanmoins, les puissances coalisées continuaient à présenter un front uni et à marquer des points sur le plan psychologique. Le 4 décembre, elles publiaient la déclaration de Francfort, faisant connaître que leurs propositions pacifiques avaient été repoussées ; elles continueraient à faire la guerre à Napoléon mais non à la France. Comment de telles propositions n'auraient-elles pas suscité l'intérêt dans un pays, sinon ruiné, du moins ravagé par une crise économique qui rebondissait en 1813 au moment où l'on pouvait espérer en voir le terme. Levées incessantes d'hommes contraints de laisser les champs en friches et les fabriques fermées ; chute spectaculaire de la rente ; rareté du numéraire ; faillites déclenchées par la perte des créances allemandes et italiennes : la France est lasse de la guerre, à plus forte raison d'une guerre qui n'est plus victorieuse. L'ajournement du Corps législatif qui s'était fait timidement l'écho des plaintes du pays, et les paroles brutales qu'adresse Napoléon aux députés le 1er janvier augmentent encore le mécontentement.

À la sourde opposition du clergé et à l'irritation des notables, viennent s'ajouter les intrigues royalistes. La propagande des partisans des Bourbons tend à présenter l'envahisseur comme un libérateur. On fait circuler une proclamation du prince de Condé : « Français, Louis XVIII, votre légitime souverain, vient d'être reconnu par les puissances de l'Europe. Leurs armées victorieuses s'avancent vers vos frontières. Vous aurez la paix et le pardon. L'inviolabilité des propriétés sera consacrée, les impôts seront diminués, vos enfants seront rendus à l'agriculture et remis dans vos bras. » La conclusion ne manquait pas d'inviter les Français à accueillir les alliés, selon l'expression d'une autre proclamation « avec les accents de la joie [1] ».

Dans le courant de janvier, le duc de Berry arrive à Jersey, à proximité des côtes bretonnes ; le comte d'Artois rejoint la Franche-Comté par les Pays-Bas et la Suisse ; le duc d'Angoulême rallie le quartier général de Wellington.

Partout, l'esprit public s'effondre : multiplication des déserteurs et des réfractaires, refus de payer l'impôt, diffusion de caricatures offensantes pour Napoléon, souci des fonctionnaires de ménager l'avenir.

Mais, à mesure que les forces alliées pénètrent sur le territoire français – l'Autrichien Bubna par le Jura et la vallée de la Saône, les troupes de Schwarzenberg par Dôle, Montbéliard, Remiremont et Colmar, les Prussiens de Blücher par la Lorraine – l'opinion, un instant déroutée, se ressaisit. Face aux exactions des cosaques et des Prussiens, les paysans prennent les armes. En Lorraine, en Bourgogne, en Picardie, en Champagne, des bandes ou compagnies franches de 10 à 300 hommes tendent des embuscades, massacrent des soldats isolés, combattent aux côtés des troupes régulières.

Cependant Napoléon déploie les ultimes ressources de son génie : Montmirail, Champaubert, Vauchamps, Montereau. Les alliés doivent se replier sur la ligne de l'Aube.

Le 26 février 1814, Napoléon dispose encore de précieux

---

1. LAVISSE et RAMBAUD, *Histoire générale, Napoléon*, p. 851.

atouts. Son armée est concentrée entre la Seine et l'Aube, dans une excellente position stratégique.

Au sud, Augereau, avec 28 000 Français, a mission de reprendre Genève et de couper la ligne d'opérations de Schwarzenberg entre Bâle et Langres.

En Espagne, Suchet tient encore à Figueras et Barcelone face aux Anglo-Espagnols de Bentinck ; Soult fait de même, sur l'Adour, contre Wellington.

En Italie, Eugène monte la garde sur le Mincio. En Belgique et en Allemagne, de nombreuses places fortes, bien approvisionnées dont Anvers, Berg-op-Zoom, Maestricht, Glogau, Hambourg, Mayence, Luxembourg, résistent à l'ennemi.

De nouvelles négociations s'ouvrirent à Châtillon. Napoléon affirmait qu'il ne traiterait que sur la base des propositions faites par les alliés à Francfort. « Son obstination se nourrit de deux convictions contradictoires. D'une part, il se figure que, aussi sévère la défaite, il conservera toujours la possibilité de faire la paix sur la base des anciennes frontières nationales, comme si toute transformation des structures internes de la France était impensable. D'autre part, il croit que son règne ne pourrait survivre à la perte de toutes ses conquêtes. D'un côté, le pouvoir considéré comme la seule réalité ; de l'autre, le caractère illusoire de la légitimité de ce pouvoir, voilà, en définitive, l'abîme infranchissable qui sépare l'Europe et Napoléon [1]. »

Ses adversaires, poussés par Castlereagh peu soucieux de laisser les Français à Anvers, entendent quant à eux ramener la France à ses frontières de 1792. Ils sont plus divisés sur la succession de Napoléon : régence de Marie-Louise, Bernadotte ou Louis XVIII ? Metternich veut la première solution, le tsar penche pour la deuxième et l'Angleterre pour la troisième ; la Prusse, elle, ne songe qu'à se venger.

Les conférences, ouvertes le 4 février, s'achevèrent le 19. La résolution des alliés de détrôner Napoléon était déjà prise [2].

---

1. KISSINGER, *Le Chemin de la paix*, p. 167.
2. FOURNIER, *Der Congress von Châtillon* est essentiel.

Caulaincourt, dans ses *Mémoires*, semble penser que tout pouvait encore être sauvé si Napoléon avait écouté ses avertissements. « Si quelques succès passagers l'aveuglèrent sur les dangers réels de sa position, il le voulut donc bien, car les avertissements ne lui manquèrent pas : les périls le pressaient, l'entouraient, l'accablaient de toutes parts, mais il croyait leur échapper et même les cacher aux autres en se les dissimulant à lui-même[1]. »

Ses réticences renforcent le camp adverse. Castlereagh qui redoute, sous la pression des intérêts divergents, une dislocation de la coalition qui sauverait Napoléon, fait signer aux alliés, le 8 mars, le traité de Chaumont, antidaté du 1er. Chacun des quatre signataires (Angleterre, Prusse, Russie, Autriche) s'engage à fournir 150 000 soldats, la Grande-Bretagne convenant, en outre, de financer la coalition jusqu'à concurrence de cinq millions de livres sterling. Aucune paix séparée ne pourra être conclue. Mais la méfiance envers la France demeure telle qu'il est prévu que l'alliance restera en vigueur les vingt prochaines années, c'est-à-dire au-delà de la défaite de Napoléon. Si le pacte consacre la victoire de l'Angleterre qui cesse d'être isolée et obtient qu'Anvers passe à la Hollande, Metternich ne reste pas inactif : les alliés stipulent, outre l'indépendance de la Suisse, de l'Italie et de la Hollande, que l'Allemagne sera constituée d'États souverains, pas question d'hégémonie prussienne sur le nord. La question de la Pologne reste réservée.

LA CHUTE

À Chaumont, sont réduits à néant les derniers espoirs de Napoléon. Ce réaliste s'obstine pourtant contre la réalité alors qu'il serait encore possible de préserver l'avenir de sa dynastie. Metternich alerte Caulaincourt[2]. En vain. Napoléon croit qu'un

---

1. CAULAINCOURT, *Mémoires*, t. III, p. 13.
2. KISSINGER, *op. cit.*, p. 167.

coup hasardé peut encore lui donner l'avantage. Mais, à son infériorité numérique de plus en plus évidente, s'ajoute la trahison.

On ne reviendra pas ici sur les intrigues de Talleyrand en faveur de la restauration de Louis XVIII, sur la fuite de Paris du conseil de régence, sur le retour trop tardif de l'Empereur quand il se révèle que sa tentative pour couper l'ennemi de ses arrières a fait long feu, sur la chute de la capitale où entrent les souverains alliés le 31 mars, sur l'appel du conseil municipal en faveur de Louis XVIII, sur la déchéance de Napoléon votée par le Sénat, sur la première abdication de l'Empereur, le 4 avril, enfin sur l'abdication sans conditions, le 6.

« Les puissances alliées, déclarait l'acte d'abdication, ayant proclamé que l'empereur Napoléon était le seul obstacle au rétablissement de la paix en Europe, l'empereur Napoléon, fidèle à ses serments, déclare qu'il renonce pour lui et ses héritiers aux trônes de France et d'Italie, parce qu'il n'est aucun sacrifice personnel, même celui de la vie, qu'il ne soit prêt à faire à l'intérêt de la France [1]. »

L'empire napoléonien n'est plus. Il avait fini par reposer sur un homme et non plus sur des idées. Cet homme renversé, il ne pouvait que disparaître.

Signé par Talleyrand, redevenu ministre des Relations extérieures, le traité de Paris, le 30 mai 1814, consacre sa disparition. La France est ramenée à ses limites du 1er janvier 1792. Elle garde par rapport à 1789 Philippeville, Marienbourg, Sarrebruck, Landau, Mulhouse, Montbéliard, Chambéry, Annecy, Avignon et le Comtat-Venaissin. Elle récupère toutes ses colonies à l'exception de Tabago, Sainte-Lucie et de l'île de France qui vont à l'Angleterre, et de la partie de Saint-Domingue qui lui avait été attribuée à la paix de Bâle et qui retourne à l'Espagne. Elle n'est soumise à aucune indemnité de guerre.

Le traité, conclu assez vite, le fut « dans des conditions dont l'opinion française ne sentit pas toujours combien elles étaient favorables et combien elles sentaient peu la vengeance à l'égard

---

1. LAVISSE et RAMBAUD, *op. cit.*, p. 887.

d'une puissance qui, si elle n'avait pas eu le monopole de l'esprit de guerre et d'agression, s'était depuis vingt-cinq ans attiré bien des haines [1]. »

Restait à déterminer le sort des territoires enlevés à l'Empire, soit un bon quart de l'Europe. Leur destin se joua à Vienne.

---

1. FUGIER, *La Révolution et l'Empire*, p. 301.

IX.

Vienne ou le nouvel équilibre européen

Le sort des territoires enlevés à l'empire napoléonien devait être officiellement réglé lors d'un congrès qui se tiendrait à Vienne pour établir en Europe « un équilibre réel et permanent ».

Le problème des limites nouvelles de la France avait été assez rapidement réglé lors de la signature du traité de Paris. On y avait déjà invoqué le principe de la légitimité et la nécessité d'un retour à l'Ancien Régime. Jouant habilement des divergences des alliés et multipliant les concessions à l'Angleterre sur le plan colonial, Talleyrand avait obtenu des conditions favorables. Mais il fallait modeler à nouveau le reste de l'Europe, en un moment où l'exacerbation des sentiments nationaux de l'Espagne au Rhin, qu'exaltait Görres comme frontière de l'entité germanique, ne rendait pas les négociations faciles.

L'OUVERTURE DU CONGRÈS

Conformément aux stipulations de l'article XXXII du traité de Paris, le congrès réunissant tous les représentants des puissances européennes s'ouvrit à Vienne, le 1er octobre 1814.

Il avait été prévu, au moment de la signature, que les quatre grands seraient maîtres de la procédure et de la décision des questions importantes. Mais cet article secret du traité n'avait été ni communiqué ni soumis aux représentants de l'Espagne, du Portugal et de la Suède.

D'emblée se posa le problème de la présence de la France. Par égard pour Louis XVIII dont il était nécessaire de renforcer le prestige en apportant la preuve que l'on ne faisait pas la guerre à la France mais à Napoléon et qu'aucun fossé idéologique ne séparait plus désormais les Français du reste de l'Europe, on admit aux délibérations le représentant du roi, Talleyrand. Celui-ci sut habilement profiter de la situation pour se présenter en champion désintéressé des petits souverains et en défenseur du droit des peuples. La France n'avait rien à perdre : elle venait de renoncer à ses conquêtes au traité de Paris.

Les vainqueurs se divisaient, maintenant que le sort de la France était réglé. Alexandre et Frédéric-Guillaume avaient conclu un arrangement par lequel le tsar prenait le grand-duché de Varsovie et la Prusse, à titre de compensation, la Saxe enlevée à Frédéric-Auguste pour le punir de sa fidélité à Napoléon. Seulement, les Anglais refusaient de consentir à l'installation des Russes à Varsovie, cette avancée leur paraissant menaçante pour l'avenir, et les Autrichiens ne pouvaient laisser la Prusse s'établir en Saxe, c'est-à-dire assurer sa prédominance sur l'Allemagne du Nord. La musique des bals donnés en l'honneur des congressistes ne couvrait qu'imparfaitement les divergences des partenaires.

S'acheminait-on vers la guerre ? En ce cas, les deux blocs s'équilibraient. La France, dès lors, se trouvait en position d'arbitre. Pour la gagner, Alexandre lui laissa entrevoir des compensations sur les frontières du nord. Talleyrand entendait jouer jusqu'au bout son rôle de défenseur du droit ; or le roi de Saxe était le monarque légitime : il prit donc le parti de l'Angleterre et de l'Autriche (ce qui servait au demeurant ses intérêts). Le 3 janvier 1815, la France, l'Autriche et l'Angleterre signaient un traité d'alliance par lequel elles s'engageaient à s'opposer à la mainmise de la Russie sur la Pologne et de la Prusse sur la Saxe. La majorité des États allemands (Wurtemberg, Bavière, etc.) se rallia à la Triple Alliance.

En conséquence, Russie et Prusse durent renoncer à leurs visées territoriales. Et c'est la France, pourtant vaincue en 1814, qui avait contribué à ce recul et brisé l'alliance des vainqueurs. En jouant le rôle de la désintéressée, elle retrouvait une autorité morale que lui avaient fait perdre les conquêtes de Napoléon.

Dans ce succès, nuançons toutefois la part de Talleyrand [1]. Sans la complicité de Castlereagh, il n'aurait pu entrer dans le cercle des « grands » ; entrée payée à l'Angleterre par l'abandon d'une partie de notre domaine colonial. Une fois dans la place, Talleyrand s'est contenté d'appliquer à la lettre les instructions que Louis XVIII avait signées le 10 septembre 1814 : la notion de légitimité y était proclamée comme la base du droit public international. Talleyrand n'eut donc pas le mérite de l'introduire dans les débats du congrès. En dehors de sa corruption, bien vite légendaire, et qui déconsidérait la France, il commit deux erreurs : en signant la Triple Alliance, il risquait d'entraîner la France dans une nouvelle guerre, dont elle ne voulait pas et qui ne la concernait pas ; en refusant la mainmise de la Prusse sur la Saxe, il lui fournissait un prétexte pour s'installer en Rhénanie et venir ainsi menacer l'Alsace.

Le seul élément positif demeurait la division des alliés. Le retour de Napoléon remit en cause cette réussite : les quatre renouèrent aussitôt leur alliance tandis que, dans tous les États allemands, se ranimait la haine contre la France.

LES CENT-JOURS

Le traité de Fontainebleau, signé le 11 avril 1814, avait conservé à Napoléon le titre d'empereur et lui avait accordé la souveraineté de l'île d'Elbe. En outre, le gouvernement français devait lui verser une pension annuelle de deux millions. Comment avait-on pu penser que Napoléon, après avoir régné sur la moitié de l'Europe, se contenterait d'une petite île de la Méditerranée ?

Bien des raisons l'incitaient à revenir en France : les maladresses des anciens émigrés, les retards apportés au paiement de la pension, les rumeurs inquiétantes concernant sa déportation dans une île de l'Atlantique, l'annonce enfin des divisions des

---

1. Cf. à ce sujet les excellentes observations d'A. LATREILLE, *L'Ère napoléonienne*, p. 328.

alliés à Vienne, tout l'incitait à tenter sa chance. Le 1ᵉʳ mars 1815, il débarquait à Golfe-Juan ; le 20, il était aux Tuileries.

La nouvelle parvint à Metternich dans la nuit du 6 au 7 [1] ; l'émotion fut à son comble dans la capitale autrichienne. Talleyrand affirmait : « Je ferai tout ce qui sera en moi pour qu'ici l'on ne s'endorme pas et pour faire prendre par le Congrès une résolution qui fasse tout à fait descendre Bonaparte du rang que, par une inconcevable faiblesse, on lui avait conservé [2]. » De Londres, un whig, Graham, vouait la France à l'exécration du genre humain : « Le gouvernement français, c'est la guerre, ses armées vivent pour combattre et combattent pour vivre. Leur constitution a pour essence la guerre et l'objet de cette guerre, c'est la conquête de l'Europe. Ce n'était pas une armée, c'était un gouvernement militaire qui était en marche, semblable à ces légions romaines du plus mauvais temps de Rome, l'Italique, la Rapace, troupes sans loi, sans frein, sans responsabilité devant Dieu, ni devant l'homme [3]. »

Les Prussiens étaient les plus violents ; de son côté, Gentz rappelait à Metternich la faute commise par Vienne en ne reconnaissant pas Napoléon II sous la régence de Marie-Louise. Napoléon se croyait encore empereur ; il n'était plus qu'un chef de bande. Sa défaite de 1814 lui avait fait perdre toute légitimité ; son retour remettait en cause l'équilibre européen et déchaînait à nouveau les passions révolutionnaires.

L'ITALIE

Le retour de Napoléon accrut en revanche la confusion en Italie : si la question romaine avait été provisoirement réglée par le retour de Pie VII dont le prestige était sorti grandi de l'épreuve, et si, non sans brutalité, l'Autriche avait coupé court à toute velléité

---

1. *Mémoires*, t. I, p. 209.
2. Cité par LACOUR-GAYET, *Talleyrand*, t. II, p. 438.
3. SOREL, *L'Europe et la Révolution*, t. VIII, p. 442.

d'indépendance de la Lombardie et de la Vénétie, trois problèmes demeuraient en suspens : le sort de la dynastie de Piémont-Sardaigne, l'avenir de l'Italie centrale et le rétablissement des Bourbons à Naples.

Devant les inquiétudes françaises et anglaises, Metternich admit la restauration de la dynastie sarde sur un royaume amputé de la Savoie, mais agrandi par l'ancienne République de Gênes.

En Toscane, le grand-duc Ferdinand fut réinstallé en septembre 1814 cependant que Parme était réservée à Marie-Louise, ce qui revenait à consacrer sa séparation d'avec Napoléon.

Les Anglais souhaitaient en Sicile le retour de Ferdinand IV. Murat qui en était conscient s'était rapproché de l'Autriche à laquelle il avait sacrifié ses ambitions ; il s'était ensuite efforcé d'acheter Talleyrand à Vienne. Son trône demeurait très menacé. À l'annonce du retour de Napoléon, son inquiétude grandit : craignant que Napoléon, à son tour, ne songeât à le chasser, il essaya de jouer à nouveau la carte de l'unité italienne. Comme le principal adversaire de cette unité demeurait l'Autriche, il rompit avec Vienne, escomptant rencontrer l'adhésion de tous les patriotes italiens. Bousculant les forces autrichiennes, il traversa l'État pontifical et atteignit Bologne. Là lui parvint la nouvelle de l'entrée de Napoléon à Paris. À Rimini, le 30 mars, il lançait une proclamation qui marque une date dans l'histoire de l'Italie : « Italiens ! L'heure est venue où doivent s'accomplir les grandes destinées de l'Italie ! Que toute domination étrangère disparaisse du sol italien... Qu'une représentation nationale, qu'une Constitution digne de ce siècle et de vous garantisse votre liberté, votre prospérité intérieure, aussitôt que, par votre courage, vous aurez assuré votre indépendance ! J'appelle autour de moi tous les braves pour combattre ! » Si elle reflétait les idées des libéraux, de Zurlo à Rossi, sa proclamation venait trop tôt ; elle fut sans effet. Les Autrichiens s'étaient ressaisis ; ils triomphèrent du roi à Tolentino, le 3 mai. De son côté, la flotte anglaise bloquait Naples et obligeait Caroline à capituler. Ferdinand redevenait roi des Deux-Siciles.

Dernier vestige napoléonien en Italie : le royaume de Murat disparut de la carte de la péninsule. L'initiative prématurée du roi de Naples déclencha la colère de Napoléon : elle empêchait toute négociation entre l'Empereur et les alliés alors même que Napoléon avait espéré entamer des pourparlers sur la base du traité de Paris et exploiter les divisions de ses vainqueurs en communiquant à Alexandre les termes de l'accord de la Triple Alliance. En réalité, la tentative de Murat n'avait nullement influencé la décision des congressistes, résolus à opposer un front commun à l'Empereur.

Le 19 juin, Waterloo marquait la fin des espoirs de Napoléon.

Fin du Congrès de Vienne

La seule conséquence durable de l'aventure des Cent-Jours fut de hâter la fin du Congrès de Vienne.

Chacun profita de la confusion pour mettre l'autre devant le fait accompli. Le 23 mars, la Grande-Bretagne imposait définitivement le prince d'Orange aux Pays-Bas auxquels était rattachée la Belgique, cependant que Metternich en profitait pour consolider l'influence autrichienne en Italie centrale. À la mort de Marie-Louise, Parme passerait à Marie-Louise, ci-devant reine d'Étrurie. En attendant, cette princesse aurait Lucques qui ferait ensuite retour à la Toscane. Le pape recouvrait l'ensemble de ses États (Ravenne, Bologne, Ferrare, Bénévent, etc.) mais devait s'accommoder de la protection de Vienne. La Prusse s'installait sur la rive gauche du Rhin. Bernadotte gardait la Norvège, le Danemark recevant en compensation les duchés du Slesvig et du Holstein.

Le tout fut bâclé sans consultation des peuples intéressés, sans respect des nationalités et des libertés, en oubliant les promesses faites pour soulever les populations contre Napoléon.

Lourde faute pour qui avait prétendu faire œuvre durable. L'acte final n'en fut pas moins signé le 8 juin 1815. Il fut complété par le deuxième traité de Paris du 20 novembre. Pour en comprendre les conditions, il convient de rappeler que la France se trouvait envahie sur les trois quarts de son territoire par des soldats anglais, prussiens, russes, autrichiens, hollandais, italiens. Berlin demandait le démembrement de la France : on lui enlèverait l'Alsace, la Lorraine, la Flandre, la Franche-Comté, la Bourgogne. Avec une générosité un peu ostentatoire, le tsar soutint une solution modérée ; l'Angleterre, de son côté, redoutait le déséquilibre que ne manquerait pas de produire sur le continent une France trop affaiblie : « Enlever à la France quelques portions de territoire et une ligne de forteresses, c'est l'exaspérer sans l'affaiblir, dépopulariser le roi ou le forcer à se jeter dans les bras de son peuple, ôter à la paix toute chance de durée et inaugurer pour longtemps en Europe le système des armées permanentes [1]. »

Finalement ses vainqueurs se contentèrent de ramener la France à ses limites de 1790 : on lui laissait Avignon, on lui enlevait la Savoie et Nice.

Sa frontière septentrionale fut rectifiée ; elle perdait Sarrelouis, Sarrebruck, Marienbourg, Philippeville, Bouillon, Landau [2].

Non seulement la France devait payer une lourde indemnité de guerre – 700 millions – sans compter l'entretien d'une armée d'occupation de 150 000 hommes pendant trois ans au minimum, cinq ans au maximum, mais elle dut restituer les œuvres d'art que Vivant Denon avait enlevées à l'Allemagne et à l'Italie, à l'Espagne et à la Belgique et dont le premier traité de Paris n'avait pas parlé.

ESQUISSE D'UN BILAN

Le bilan est finalement lourd.

Sur le plan territorial, la France paraissait considérablement affaiblie. Il ne restait plus rien ni de la Grande Nation ni du Grand Empire. La perte de ses forteresses du Nord rendait aisée

---

1. *Ibid., p.* 475.
2. DE CLERQ, *Recueil des traités de la France*, t. II, p. 642.

une invasion par la vallée de l'Oise et sa frontière des Alpes semblait terriblement vulnérable depuis que la Savoie lui avait été enlevée.

En revanche, l'Angleterre se retrouvait en 1815 maîtresse incontestée des mers. Elle avait acquis Malte et les îles Ioniennes en Méditerranée, la Guyane, Tabago et La Trinité en Amérique, Le Cap en Afrique, Ceylan en Asie, l'île de France dans l'océan Indien. Ainsi se dessinait son empire colonial. Mais le prix en était élevé : pour soutenir son effort de guerre, le gouvernement avait dû recourir à l'emprunt et à l'inflation. Le montant total du capital nominal de la dette publique du Royaume-Uni a plus que triplé, comme l'a montré François Crouzet, entre 1792 et 1815. L'Autriche avait également lieu d'être satisfaite. Elle retrouvait sa prépondérance en Italie du Nord grâce à la formation d'un royaume lombardo-vénitien que ne paraissait guère menacer le petit État sarde, même renforcé de la Savoie. L'influence autrichienne s'étendait à l'Italie centrale, à travers Parme et la Toscane, et même jusqu'à Rome où le pape se trouvait placé sous la protection – bien encombrante – de Vienne.

La Prusse récupérait ses anciens territoires et s'agrandissait notablement. Déjà solidement implantée sur la rive droite grâce au grand-duché de Berg, elle s'installait sur la rive gauche du Rhin, à Trèves, Cologne et Aix-la-Chapelle. Une seconde Prusse naissait face à la France : la Prusse rhénane. Enfin la Russie conservait sur la Baltique la Finlande, sur le Danube la Bessarabie et sur la Vistule le duché de Varsovie devenu un royaume polonais indépendant, en réalité vassal de la Russie.

Autour de la France les alliés avaient constitué une barrière d'États destinés à la contenir et à l'isoler : la Confédération suisse dont les 22 cantons (avec Genève, le Valais et Neuchâtel repris à la France) étaient déclarés neutres ; le royaume des Pays-Bas qui réunissait la Belgique à la Hollande ; le royaume de Sardaigne formé de la Savoie, du Piémont et de Gênes, ouverture essentielle sur la mer ; le royaume d'Espagne enfin qui avait retrouvé son ancien souverain.

Mais l'unité italienne comme l'unité allemande restaient

inachevées. La péninsule demeurait morcelée entre le royaume sarde, le royaume lombardo-vénitien, les États de l'Église, Parme, la Toscane, Lucques, et le royaume des Deux-Siciles. En Allemagne, la Confédération germanique, dont la capitale continuait à être Francfort, était davantage une association de souverains indépendants que la fusion des 38 États qui la composaient en un seul peuple.

La situation de la France était-elle aussi mauvaise sur le plan intérieur ?

Elle comprenait 24 millions d'habitants en 1770 ; elle en comptait 30 millions en 1815. Si l'on peut évaluer à une moyenne annuelle de 60 000 par an les pertes militaires entre 1792 et 1815 [1] pour le territoire français, il n'y a pas eu à proprement parler de saignée démographique. D'autant que, sauf en 1792 puis en 1814-1815, la guerre s'est déroulée hors de France.

Assurément, le bilan économique était loin d'être brillant : resté agricole, le pays se trouvait ravagé au nord et à l'est par deux invasions. À la suite de la mauvaise récolte de 1816, la crise fut sévère en 1817 [2].

La disparition du Blocus ruinait l'industrie textile : comment aurait-elle pu résister à la concurrence anglaise ? Bordeaux ne retrouvait plus ses anciens débouchés pas plus que Marseille ses clients méditerranéens. Lyon voyait s'élever des barrières douanières contre ses soieries en Allemagne et en Italie.

Mais la situation financière, grâce au mercantilisme institué par Napoléon, était loin d'être aussi désastreuse que celle de l'Angleterre profondément endettée par les énormes subventions accordées aux puissances coalisées contre la France. Celle-ci put s'acquitter sans problème de sa contribution de guerre. L'épargne fournit deux milliards. « La plus grande partie des emprunts de libération ont été souscrits en effet sur la place de Paris [3]. »

Tous les éléments se trouvaient réunis pour permettre à

1. GODECHOT, *L'Europe et l'Amérique*, p. 294.
2. CHABERT, *L'Activité économique en France*, p. 401.
3. GILLE, *La Banque et le crédit en France*, p. 295 ; NICOLL, *Comment la France a payé après Waterloo*, p. 189.

l'économie, avec le retour de la paix et les difficultés des premières années de la Restauration surmontées, de prendre enfin son essor : l'abolition de la féodalité, la disparition des corporations, la suppression des douanes intérieures offraient au capitalisme l'occasion de se développer sans entraves.

Enfin, comment oublier que tout est prêt pour qu'éclate une révolution littéraire et artistique ? Les romantiques ne seront-ils pas « les enfants de Napoléon » ?

Conclusion

« Chaque année, il reculait les frontières de son empire au-delà même des limites majestueuses et nécessaires que Dieu a données à la France. Il avait effacé les Alpes comme Charlemagne, et les Pyrénées comme Louis XIV ; il avait passé le Rhin comme César et il avait failli franchir la Manche comme Guillaume le Conquérant. Sous cet homme, la France avait cent trente départements. Il était le souverain de quarante millions de Français et le protecteur de cent millions d'Européens. Dans la composition hardie de ses frontières, il avait employé comme matériaux deux grands-duchés souverains, la Savoie et la Toscane, et cinq anciennes Républiques, Gênes, les États romains, les États vénitiens, le Valais et les Provinces-Unies. Il avait construit son État au centre de l'Europe comme une citadelle, lui donnant pour bastions et pour ouvrages avancés dix monarchies qu'il avait fait entrer à la fois dans son empire et dans sa famille. »

Pourquoi ne pas demander au Victor Hugo d'*Avant l'exil* cette évocation de l'Empire napoléonien que les contemporains n'eurent ni le temps ni le talent d'esquisser ?

Cette prodigieuse extension territoriale de la France qui renouait avec les conquêtes de Charlemagne a plus impressionné la génération suivante, celle des romantiques, que les notables issus de la Révolution, bourgeois prudents et soucieux d'équilibre qui virent avec inquiétude s'accroître une France qu'ils avaient souhaité limiter à ses barrières naturelles : Pyrénées, Alpes, Rhin et Océan.

Car, il ne faut pas l'oublier, l'Empire napoléonien ne fut pas une création ex nihilo. Bonaparte, en Brumaire, trouvait la France déjà installée, en dépit de nombreuses vicissitudes, sur la rive gauche du Rhin et en Belgique. Avant la formation de la deuxième coalition, c'est la majeure partie de l'Italie, de Milan à Naples, la Suisse et la Hollande qui avaient été soumises à l'influence française. La Grande Nation a précédé le Grand Empire qui en fut l'héritier.

Après 1807, Napoléon a dépassé les limites que semblait vouloir se fixer la Révolution. Du glacis protégeant les frontières de la France – comme le duché de Berg – on est passé aux annexions nécessitées par la fermeture des côtes européennes aux marchandises anglaises. Jusqu'en 1812, la volonté française ne rencontre aucun obstacle à sa mesure sur le continent. L'Empire s'étend où le veut son fondateur.

Refaisant l'histoire à sa façon dans ses *Mémoires*, Talleyrand estime que Napoléon en 1807, à l'apogée de son pouvoir, aurait pu donner à l'Europe un réel équilibre. « Il ne fallait pour cela : 1) qu'appeler à l'unité l'Italie en y transférant la maison de Bavière ; 2) que partager l'Allemagne entre la maison d'Autriche qui se serait étendue jusqu'aux bouches du Danube et la maison de Brandebourg qu'on aurait agrandie ; 3) que ressusciter la Pologne en la donnant à la maison de Saxe. » De cette manière, il y aurait eu en face de la France plusieurs États européens au lieu d'une poussière d'États dépecés et morcelés, comme la Pologne, cause de conflits internationaux et de revendications nationales.

Remarquons qu'en 1807 Talleyrand était hostile à la résurrection de la Pologne et qu'il faudra attendre Murat pour que soit agitée par un Français l'idée de l'unité italienne.

Plus réaliste ou plus ironique, Stendhal constatera dans *Rome, Naples et Florence* : « Quant à moi, je pense que Bonaparte n'avait nul talent politique : il eût donné des Constitutions libérales, non seulement en Italie, mais partout, et mis des rois illégitimes comme lui, mais pris dans les familles régnantes. À la longue, les peuples l'auraient adoré pour ce grand bienfait. En attendant qu'ils le comprissent, leur force se serait usée à arracher une liberté complète et non à envahir la France. »

En 1807, s'esquissait pourtant une communauté politique

européenne où les autres nations auraient progressivement copié les institutions françaises, où le Code civil serait devenu le fondement de la nouvelle société continentale, où le réseau routier en étoile de Paris aurait apporté une unification des mœurs et des coutumes tout en respectant les particularismes locaux et notamment la langue. «Trop de variétés séparent encore les peuples de cette belle Europe qui ne devrait faire qu'une grande famille», affirme Napoléon, le 5 mai 1806.

C'est sous l'angle économique que la construction napoléonienne a péché.

D'une part, Napoléon ne fut pas seulement l'héritier de la Révolution mais aussi celui du mercantilisme colbertien. Sa politique à l'égard de l'Italie en porte la marque. On vit Eugène, vice-roi à Milan, tenter de ranimer les échanges de l'Italie du Nord avec les États allemands, échanges particulièrement actifs au temps de la domination autrichienne. Le 2 janvier 1808, il signait avec la Bavière un traité qui réduisait les droits de douane à un niveau très bas. De sa propre autorité, Napoléon en suspendit l'application. Un décret du 10 octobre 1810 prohibait l'entrée de tous tissus, autres que français, dans le royaume d'Italie. En revanche, la soie de Lombardie dut acquitter une taxe de 1,50 F à sa sortie vers la Bavière mais put pénétrer en franchise dans une France qui en avait grand besoin. Lorsque Murat, pour défendre l'industrie napolitaine, frappa de droits importants les tissus français, il se fit aussitôt rappeler à l'ordre par l'Empereur. Inversement, il dut réserver son coton aux manufactures françaises. «Mon principe est la France avant tout, écrivait Napoléon à Eugène. Ce serait mal voir que de ne pas reconnaître que l'Italie n'est indépendante que par la France ; que cette indépendance est le prix de son sang, de ses victoires, et que l'Italie ne doit pas en abuser. Il faut que l'Italie ne fasse pas de calculs séparés de la prospérité de la France : elle doit confondre ses intérêts dans les siens. » C'est une politique semblable que Napoléon pratiqua en Allemagne à l'égard de la Westphalie ou du duché de Berg.

Mais c'est l'application rigoureuse du système de blocus

imaginé par Napoléon pour lutter contre l'Angleterre qui aliéna à Napoléon, à partir de 1810, l'opinion européenne en raison des gênes imposées aux industries locales et des privations que devaient supporter les particuliers. Cette politique contraignait de surcroît Napoléon à une suite d'annexions pour désarmer les résistances autochtones et établir une administration française plus vigilante parce qu'étrangère aux intérêts locaux.

Cette politique d'annexions fut mal comprise. Il n'est pas tout à fait juste de parler alors d'impérialisme et de dénoncer, comme le fera Benjamin Constant, « l'esprit de conquête » de Napoléon. Les annexions de Rome, d'Amsterdam ou de Hambourg étaient exigées par le caractère particulier de la guerre menée contre l'Angleterre. Rien de comparable à Cambyse ou Attila, les modèles évoqués par Constant.

Mais, en 1813, se découvre une faille dans le système continental. Quand l'efficacité du Blocus paraît condamnée, alors que la paix pourrait être obtenue semble-t-il contre l'abandon des pays récemment annexés, Napoléon refuse de renoncer à des conquêtes devenues pourtant inutiles.

En effet, cet Empire, tout en rivages, machine de guerre contre l'Angleterre, forme désormais un tout dans l'esprit de Napoléon : le Grand Empire qu'il entend léguer à ses héritiers de la IVᵉ dynastie. Il ne peut plus y distinguer l'essentiel, à savoir la France des frontières naturelles, de l'accessoire, Varsovie ou Cassel, Rome ou Hambourg.

Du coup, la construction napoléonienne paraît arbitraire. En 1805, l'Empereur défendait les conquêtes de la Révolution ; depuis 1808, avec l'intervention en Espagne, il n'apparaît plus que soucieux de distribuer des trônes à ses frères ; en 1811, on dénonce sa mégalomanie et Béranger va exalter, par contraste, le petit roi d'Yvetot. On eut l'impression qu'il n'y aurait plus jamais de paix tant que Napoléon régnerait. Les puissances coalisées surent habilement utiliser ce sentiment.

Mais ne nous trompons pas sur le sens de la chute de l'Empire. Ce n'est nullement la défaite de l'oppression face à la liberté. C'est bien au contraire la victoire de la vieille Europe, celle des monarchies plus ou moins absolues sur la France de la Révolution. Le Congrès de Vienne révéla que les vainqueurs de Napoléon n'entendaient tenir aucun compte des principes de 1789. Assurément, la Révolution puis l'Empire avaient trahi ces principes, mais leur apport restait positif : émancipation des paysans, libération des juifs, suppression de l'arbitraire judiciaire...

En Pologne, en Italie, en Belgique, où l'on avait simplement changé de domination, la nostalgie de l'époque napoléonienne s'empara des esprits. Partout, de la France à l'Allemagne, les paroles du *Mémorial de Sainte-Hélène* rencontrèrent un immense écho : « Une de mes plus grandes pensées avait été l'agglo-mération, la concentration des mêmes peuples géographiques qu'ont dissous, morcelés les révolutions et la politique. Ainsi, l'on compte en Europe, bien qu'épars, plus de trente millions de Français, quinze millions d'Espagnols, quinze millions d'Italiens, trente millions d'Allemands : j'eusse voulu faire de chacun de ces peuples un seul et même corps de nation. Je me sentais digne de cette gloire. »

Assurément Napoléon prenait quelque liberté avec la réalité. Il n'avait jamais, durant son règne, songé à l'unité allemande, ayant au contraire joué la carte du tripartisme (Confédération du Rhin, Autriche et Prusse) et n'envisageait-il pas d'enlever à l'Espagne la Catalogne ? Mais, Sainte-Hélène, d'où il parlait, prisonnier de la Sainte-Alliance, lui donnait l'autorité et la crédibilité nécessaires.

Vétérans d'une Grande Armée qui réunit tous les peuples de l'Empire, libéraux qui avaient cru dans les « lumières » appor-tées par cette Grande Armée, poètes qu'exaltait l'épopée, tous, Allemands ou Anglais, Italiens ou Polonais communièrent dans le même culte de l'Empereur, « dormant, selon Shelley, avec les jours morts mais inoubliés, dont le spectre épouvante, dans leurs tours ancestrales, les rois victorieux ».

Les révolutions de 1830 et de 1848 furent les filles de la légende, celle du Napoléon libéral et champion des nationalités.

Metternich avait cru à Vienne pouvoir figer la carte de

l'Europe pour un siècle au nom du principe de la légitimité. En laissant les nationalités de son propre empire écrasées, la Pologne et la Belgique opprimées, l'Allemagne et l'Italie divisées, comment a-t-il pu s'aveugler pareillement sur la durée de son œuvre ?

Coïncidence ? En Allemagne, naît, le 22 mai 1813, dans le royaume de Saxe encore vassal de Napoléon, Richard Wagner ; en Italie, le 12 octobre 1813, dans le département français du Taro, est enregistrée la naissance de Guiseppe Verdi. Ces deux génies si opposés, nés l'un et l'autre sous Napoléon, seront les chantres d'une nouvelle Europe, celle de l'unité italienne et du militarisme prussien qui balaieront le rêve d'équilibre européen élaboré par Metternich et mettront une nouvelle fois le vieux continent à feu et à sang. Telle la tapisserie de Pénélope, l'Europe était une nouvelle fois à refaire.

Bibliographie

On trouvera d'utiles indications bibliographiques dans L. VILLAT, *Napoléon*, 1936 ; J. GODECHOT, *L'Europe et l'Amérique à l'époque napoléonienne*, 1967 ; J. TULARD, *Napoléon ou le mythe du sauveur*, 1977. Le texte des traités est publié dans *Recueil des traités de la France*, t. II, 1864, par A. de Clercq. Pour les Mémoires, se reporter à J. TULARD, *Bibliographie critique des Mémoires sur le Consulat et l'Empire*, 1971.

A. OUVRAGES GÉNÉRAUX

BIGNON, L., *Histoire de France sous Napoléon*, Paris, 1838-1850, 14 vol.

THIERS, A., *Histoire du Consulat et de l'Empire*, Paris, 1845-1862, 20 vol.

DUCASSE, baron, *Les Rois frères de Napoléon Iᵉʳ*, Paris, 1883.

MAHAH, A.-T., *Influence of the Sea Power upon French Revolution and Empire*, Londres, 1892.

LAVISSE et RAMBAUD, *Histoire générale*, t. IX ; *Napoléon*, Paris, 1897.

BOURGEOIS, E., *Manuel de politique étrangère*, t. II. Paris, 1900.

SOREL, A., *L'Europe et la Révolution française*, Paris, 1885-1904, 8 vol.

MASSON, Fr., *Napoléon et sa famille*, Paris, 1897-1919, 13 vol.

DARMSTAEDTER, L., *Studien zur napoleonischen Wirtschaftspolitik*, Francfort, 1903-1904, 3 vol.

Cambridge Modern History, t. IX, *Napoléon*, 1906, nouvelle édition en 1965.

DRIAULT, E., *Napoléon et l'Europe*, Paris, 1912-1927, 5 vol.

LEFEBVRE, G., *Napoléon*, 1935, plusieurs rééditions.

MADELIN, L., *Histoire du Consulat et de l'Empire*, Paris, 1936-1954, 16 vol.

THIRY, J., *Napoléon Bonaparte*, Paris, 1938-1975, 16 vol.

DUNAN, M., *La Révolution française et l'Europe*, t. III, cours polycopié, Sorbonne, 1950.

FUGIER, A., *La Révolution française et l'Empire napoléonien*, t. IV de l'*Histoire des relations internationales* de Renouvin, Paris, 1954.

MARKHAM, F., *Napoléon and the Awakening of Europe*, Londres, 1954 ; *Napoléon et l'Europe*, Paris-Bruxelles, 1961.

CONNELLY, O., *Napoleon's Satellite Kingdoms*, New York, 1965.

DREYFUS, Fr., *Le Temps des révolutions*, Paris, 1968.

ZAGHI, C, *Napoleone e l'Europa*, Milan, 1968.

MISTLER, J., *Napoléon et l'Empire*, Paris, 1968, 2 vol.

BERGERON, L., *Les Révolutions européennes*, t. VII de *Le Monde et son histoire*, Paris, 1968.

–, *Occupants-occupés, 1792-1815*, Bruxelles, 1969.

SOBOUL, A., *Les Pays sous domination française (1799-1814)*, 1968, cours polycopié.

SIEBURG, F., *Napoleon und Europa*, 1971.

LOVIE, J. et PALLUEL, A., *L'Épisode napoléonien. Aspects extérieurs*, t. V de *Nouvelle Histoire de la France contemporaine*, Paris, 1972.

–, *Patriotisme et nationalisme en Europe à l'époque de la Révolution française et de Napoléon*, Paris, 1973.

LATREILLE, A. *L'Ère napoléonienne*, Paris, 1974.

GODECHOT, J., *L'Empire napoléonien*. Recueil de la Société Jean Bodin, 1973.

LAURENT, J. et VARENNE, A. *Quand la France occupait l'Europe, 1792-1814*, Paris, 1979.

TULARD, J., *L'Empire napoléonien*, dans *Le Concept d'empire*, Paris, 1980.

B. L'EMPIRE : LES FACTEURS D'UNIFICATION

1. Le code civil

SAGNAC, Ph., *La Législation civile de la Révolution française*, Paris, 1898.

CHABANNE, R., « Napoléon, son code et les Allemands », *Études offertes à Jacques Lambert*, 1975.

FEHRENBACH, E., *Traditionale Gesellschaft und revolutionäres Recht*, Göttingen, 1978.

SENKOWSKA-GLUCK, M., « Effects of the napoleonic legislation on the development of the 19th Century's Europe », *Acta Poloniae Historiae*, 1978.

2. L'armée

LÜTKEN, O. G., *Les Danois sur l'Escaut*, 1891.

BOPPE, P., *Les Espagnols à la Grande Armée*, 1899.
  –, *La Légion portugaise*, 1897.

SAUZEY, C., *Les Allemands sous les Aigles françaises*, Paris, 1902-1912, 6 vol.

MORVAN, J., *Le Soldat impérial (1800-1814)*, 1904.

GODCHOT, *En Danemark, les Espagnols du marquis de la Romana, 1807-1808*, Paris, 1924.

BALDET, M., *La Vie quotidienne dans les armées de Napoléon*, Paris, 1964.

CARIES, J., « Les Derniers Jours des régiments étrangers au service de Napoléon », *Revue historique de l'Armée*, 1972.

3. La route

BLANCHARD, M., *Les Routes des Alpes occidentales à l'époque napoléonienne*, Grenoble, 1920.

CAVAILLÈS, H., *La Route française*, Paris, 1946.

PETOT, J., *Histoire de l'administration des Ponts et Chaussées*, Paris, 1958.

PALLUEL, A., « Le Consulat et l'aménagement des cols alpins », *Revue de l'Institut Napoléon,* 1969.

4. Les décorations et les honneurs

STALINS, J., *L'Ordre impérial de la Réunion*, Paris, 1959.

LORION, A., « Les Trois Toisons d'or », *Revue de l'Institut Napoléon*, 1962.

TULARD, J., *Napoléon et la noblesse d'Empire*, Paris, 1978.

5. Les institutions

EDMOND-BLANC, A., *Napoléon I*[er]*. Ses institutions civiles et administratives*, Paris, 1880.

POULLET, P., *Les Institutions françaises de 1795 à 1814*, Bruxelles, 1907.

IMBERT, J., *Le Droit hospitalier de la Révolution et de l'Empire*, Paris, 1954.

PONTEIL, F., *Napoléon I*[er] *et l'organisation autoritaire de la France*, Paris, 1956.

DURAND, Ch., *Quelques aspects de l'administration préfectorale sous le Consulat et l'Empire*, Aix-en-Provence, 1962.

GODECHOT, J., *Les Institutions de la France sous la Révolution et l'Empire*, Paris, 1968.

DAINVILLE, F. DE et TULARD, J., *Atlas administratif du Premier Empire*, Paris, 1973.

TULARD, J., « Le fonctionnement des institutions impériales en l'absence de Napoléon », *Revue des Travaux de l'Académie des Sciences morales et politiques*, 1974.

–, *Paris et son administration. 1800-1830*, Paris, 1977.

–, *Les Préfets en France*, Paris, 1977.

WHITCOMB, E. A., *Napoleon's Diplomatic Service*, Londres, 1979.

COPPOLANI, J.-Y., *Les Élections en France à l'époque napoléonienne*, Paris, 1980.

6. *Les douanes*

TARLÉ, E., « L'Unité économique du continent européen sous Napoléon 1er », *Revue historique*, 1931.

DUFRAISSE, R., « La politique douanière de Napoléon », *Revue de l'Institut Napoléon*, 1974.

CLINQUART, J., *L'Administration des douanes en France sous le Consulat et l'Empire*, Paris, 1979.

7. *L'économie*

JOUVENEL, B. DE, *Napoléon et l'économie dirigée*, Paris, 1942.

VIENNET, O., *Napoléon et l'industrie française*, Paris, 1947.

CHABERT, A., *Essai sur le mouvement des revenus et de l'activité économique en France de 1798 à 1820*, Paris, 1949.

PALMADE, G., *Capitalisme et capitalistes français au XIXe siècle*, Paris, 1961.

CROUZET, Fr., « Wars, Blockade and Economie Change in Europe, 1792-1815 », *Journal of Economie History*, 1964.

GILLE, B., *Histoire de la Maison Rothschild*, t. I, Paris, 1965.

LABROUSSE, E., « Éléments d'un bilan économique, la croissance dans la Guerre », *XIIe Congrès des Sciences historiques*, 1965.

BOUVIER, J., *Les Rothschild*, Paris, 1967.

THUILLIER, G., « La crise monétaire de l'automne 1810, *Revue historique*, 1967.

BUTEL, P., « Le commerce maritime de la France sous la Révolution et l'Empire », *Information historique*, 1968.

ROMANO, R. et DREYFUS, F., *Le Prix du froment en France*, Paris, 1970.

BERGERON, L., « Problèmes économiques de la France contemporaine », *Revue d'histoire moderne et contemporaine*, 1970.

SZRAMKIEWICZ, R., *Régents et censeurs de la Banque de France*, Paris, 1974.

–, *Banquiers, négociants et manufacturiers parisiens du Directoire à l'Empire*, Paris, 1975.

SOBOUL, A., *La Révolution française 1789-1815*, t. III de l'*Histoire économique et sociale de la France*, Paris, 1976.

MURACCIOLE, J., « Le Tournant de l'Empire, 1808-1812 », *Bulletin de la Société d'histoire moderne*, 1978.

LÉON, P., *Histoire économique et sociale du monde*, t. III, Paris, 1978.

8. La langue et les arts

FRANCASTEL, P., *Le Style Empire*, Paris, 1940.

BRUNOT, F., *Histoire de la langue française*, t. IX, X et XI, Paris, 1943.

DEDÉYAN, Ch., *Le Cosmopolitisme européen sous la Révolution et l'Empire*, Paris, 1975.

C. LES PAYS SOUS DOMINATION FRANÇAISE

1. Allemagne

a) Généralités

RAMBAUD, A., *L'Allemagne française sous Napoléon Ier*, 1897.

FISCHER, H., *Napoleon : Napoleonic Statesmanship in Germany*, 1903.

GROMAIRE, G., *La Littérature patriotique en Allemagne*, 1911.

HOELZLE, E., *Das napoleonische Staatensystem in Deutschland*, 1933.

DUNAN, M., *L'Allemagne de la Révolution et de l'Empire*, cours polycopié, 1954.

ANDREAS, W., *Das Zeitalter Napoleons und die Erhebung der Volker*, 1955.

STULZ, P., *Der Kampf des deutschen Volkergegen die napoleonische Fremdherrschaft*, 1955.

STREISAND, P., *Deutschland 1789-1815*, 1959.

DREYFUS, Fr., « Bilan économique des Allemagnes en 1815 », *Revue d'histoire économique et sociale*, 1965.

DROZ, J., *Le Romantisme allemand et l'État*, 1966.

FOUCART, B., « Attirance et réaction dans les relations artistiques franco-allemandes entre 1800 et 1815 », *Francia*, 1973.

FREUD, M., *Napoleon und die Deutschen*, 1969.

DIPPER, Ch., « Probleme einer Wirtschafts und Sozialgeschichte der Säkularisation in Deutschland 1803-1813 », *Deutschland und Italien im Zeitalters Napoleons*, 1979.

DUFRAISSE, R., « Das napoleonische Deutschland », *Geschichte und Gesellschaft*, 1980.

BERDING, H., « Die Reform des Zollwesens in Deutschland unter dem Einfluss der napoleonischen Herrschaft », *Geschichte und Gesellschaft*, 1980.

–, et ULLMANN, H. P., *Deutschland zwischen Revolution und Restauration*, 1981.

b) Bade

HAEBLER, R., *Badische Geschichte 1789 bis 1818*, 1948.

L'HUILLIER, F., *Étude sur le Blocus continental. La mise en œuvre des décrets de Trianon et de Fontainebleau dans le Grand-Duché de Bade*, 1951.

BERNARDY, Fr. DE, *Stéphanie de Beauharnais*, 1977.

c) Bavière

DUNAN, M., *Le Système continental et les débuts du royaume de Bavière*, 1943.

WEIS, E., *Montgelas. Zwischen Revolution und Reform*, 1971.

–, *Die Begrundung des modernen Bayerischen Staates unter König Max. I*, 1974.

DUFRAISSE, R., « Napoleon und Bayern », *Wittelsbach und Bayern*, 1980.

d) Berg

SCHMIDT, Ch., *Le Grand-Duché de Berg*, 1905.

e) Francfort

BEAULIEU-MARCONNAY, K. VON, *Karl von Dalberg und seine Zeit*, 1879.

VOSSLER, O., « Carl von Dalberg », *Geist und Geschichte*, 1964.

WEIS, E., « Napoleon und der Rheinbund », *Deutschland und Italien in Zeitalter Napoleons*, 1979.

f) Hambourg et les villes de la Hanse

SERVIÈRES, G., *L'Allemagne française sous Napoléon*, 1904.

SCHNEPEL, H., *Die Reichsstadt Bremen und Frankreich, 1789-1813*, 1935.

VIDALENC, J., « Les notables des départements hanséatiques », *Revue d'histoire moderne et contemporaine*, 1970.

– , « Les départements hanséatiques et l'administration napoléonienne », *Francia*, 1973.

BRUGUIÈRE, M., « Remarques sur les rapports financiers entre la France et l'Allemagne du Nord à l'époque napoléonienne », *Francia*, 1973.

MISTLER, J., « Hambourg sous l'occupation française », *Francia*, 1973.

g) Rive gauche du Rhin

LÉVY-SCHNEIDER, L., *Jean Bon Saint-André*, t. II, 1901.

MOLITOR, H., *Von Untertan zum Administre*, 1980.

SAGNAC, Ph., *Le Rhin français*, 1917.

CAPOT-REY, R., *Quand la Sarre était française*, 1928.

THUILLIER, G., « Les houillères de la Ruhr », *Annales*, 1950.

WESTERHOLT, E. VON, *Lezay-Marnesia*, 1958.

TULARD, J., « La Sarre sous l'Empire », *Revue de l'Institut Napoléon*, 1960.

– , « Pour une histoire de l'économie rhénane de 1800 à 1830 », *Annales*, 1960.

– , « La métallurgie rhénane de 1800 à 1830 », *Annales*, 1961.

DUFRAISSE, R., « Le soulèvement des Gardes nationales de la Sarre en 1809 », *Bulletin de la Société d'histoire moderne*, 1969.

– , « Les notables de la rive gauche du Rhin », *Revue d'histoire moderne et contemporaine*, 1970.

FABER, « Die Rheinlander und Napoleon », *Francia*, 1973.

– , « La contrebande dans les départements réunis de la rive gauche du Rhin à l'époque napoléonienne », *Francia*, 1973.

– , « Témoignages sur le culte de Napoléon dans les pays de la rive gauche du Rhin (1797-1811) », *Jahrbuch für westdeutsche Landesgeschichte*, 1976.

– , « La crise économique de 1810-1812 en pays annexé », *Francia*, 1978.

– , « Commerce, contrebande et formation du capital dans les pays de la Rive gauche du Rhin », *Scripta mercaturae Verlag*, 1981.

h) Saxe

BONNEFONS, A., *Frédéric-Auguste, premier roi de Saxe et grand-duché de Varsovie*, 1902.

i) Westphalie

MARTINET, A., *Jérôme Napoléon, roi de Westphalie*, 1902.

FABRE, M.A., *Jérôme Bonaparte, roi de Westphalie*, 1952.

HEITZER, H., *Insurrektionen zwischen Weser und Elbe*, 1959.

BERDING, H., *Napoleonische Herrschafts und Gesellschaftspolitik in Königreich Westfalen, 1807-1813*, 1973.

TULARD, J., « Siméon et l'organisation du royaume de Westphalie », *Francia*, 1973.

–, « Les dotations impériales dans le royaume de Westphalie », *Revue de l'Institut Napoléon*, 1976.

MELCHIOR-BONNET, B., *Jérôme Bonaparte ou l'envers de l'épopée*, 1978.

j) Wurtemberg

HOELZLE, E., *Württemberg im Zeitalter Napoleons und der deutschen Erhebung*, 1937.

2. Belgique

BALAU, S., *La Belgique sous l'Empire*, 1894.

LANZAC DE LABORIE, L., *La Domination française en Belgique*, t. II, 1895.

VERHAEGEN, *La Belgique sous la domination française*, 1922-1929, 5 vol.

PIRENNE, H., *Histoire de la Belgique*, t. VI, 1926.

DARQUENNE, R., *Histoire économique du département de Jemmapes*, 1965.

CATHELIN, J., *La Vie quotidienne en Belgique sous le régime français*, 1966.

DEVLEESHOUWER, R., « Le Consulat et l'Empire période de *take off* pour l'économie belge », *Revue d'histoire moderne et contemporaine*, 1970.

–, *La Conscription dans le département de Jemmapes*, 1970.

3. Espagne

NAPIER, W. F. P., *History of the War in the Peninsula*, 13 vol., trad. fr., 1828.

OMAN, Ch., *History of the Peninsula War*, 7 vol., 1902-1930.

BALAGNY (commandant), *Campagne de l'Empereur Napoléon en Espagne*, 5 vol., 1902-1907.

GRASSET, A., *La Guerre d'Espagne*, 3 vol., 1914-1932.

GRANDMAISON, G. de, *Correspondance du comte de la Forest, ambassadeur de France en Espagne, 1806-1814*, 1905-1907.

–, *L'Espagne et Napoléon*, 1908-1931.

CONARD, P., *La Constitution de Bayonne*, 1909.

–, *Napoléon et la Catalogne*, 1909.

FUGIER, A., *Napoléon et l'Espagne, 1799-1808*, 1930.

–, *La Junte supérieure des Asturies et l'invasion française*, 1930.

CRAWLEY, C. W., « French and english influences in the Cortes of Cadiz. 1810-1814 », *Cambridge Historical Journal*, 1939.

LUCAS-DUBRETON, J., *Napoléon devant l'Espagne*, 1947.

MERCADER-RIBA, J., *Barcelona durante la ocupación francesa, 1808-1814*, 1949.

–, « España en el Bloqueo Continental », *Estudios de Historia moderna*, 1952.

ARTOLA, M., *Los Afrancesados*, 1953.

–, *Los Origines de la España contemporanea*, t. I, 1959.

DEFOURNEAUX, M., *Pablo de Olavide ou l'Afrancesado*, 1959.

MERCADER-RIBA, J., *La organización administrativa francesa en Espana*, 1959.

VILAR, P., *La Catalogne et l'Espagne moderne*, 1962.

DEMERSON, *Don Juan Meléndez Valdès et son temps*, 1962.

LOVETT, *Napoleon and the Birth of modern Spain*, 1965.

CHASTENET, J., *La Vie quotidienne en Espagne au temps de Goya*, 1966.

THIRY, J., *La Guerre d'Espagne*, 1966.

DÉROZIER, A., *Manuel Joseph Quintana et la naissance du libéralisme en Espagne*, 1968.

MARTIN, Cl., *José Napoléon Ier, Rey intruso de España*, 1969.

GIROD DE L'AIN, G., *Joseph Bonaparte, le roi malgré lui*, 1970.

CHARLES-ROUX, *Le Guêpier espagnol*, 1970.

TRÉNARD, L., « La Résistance espagnole à l'invasion française », *94e congrès des Sociétés savantes*, 1971.

MERCADER-RIBA, J., *José Bonaparte, rey de España*, 1971.

GLOVER, R., *The Bonaparte Kingdom of Spain*, 1971.

PARKINSON, R., *Peninsula War*, 1973.

AYMES, J. R., *La Guerre d'indépendance espagnole*, 1973.

GLOVER, R., *The Peninsula War*, 1974.

AYMES, J. R., « La guérilla dans la lutte espagnole pour l'indépendance », *Bulletin hispanique*, 1976.

SARRAMON, J., *La Bataille des Arapiles*, 1978.

TRANIÉ, J. et CARMIGNIANI, J.-C, *Napoléon et la campagne d'Espagne*, 1978.

4. Hollande

BONAPARTE, L., *Documents historiques et réflexions sur le gouvernement de la Hollande*, 1820.

ROCQUAIN, Fr., *Napoleon Ier et le roi Louis*, 1875.

JORISSEN, Th., *Napoléon Ier et le roi de Hollande*, 1898.

DUBOSQ, A., *Louis Bonaparte en Hollande*, 1911.

LA FORCE, duc DE, *L'Architrésorier Lebrun, gouverneur de la Hollande*, 1923.

RENIER, G., *Great Britain and the Establishment of the Kingdom of the Netherlands 1813-1816*, 1930.

ROCHE, E., *La Censure en Hollande pendant la domination française*, 1954.

LABARRE DE RAILLICOURT, D., *Louis Bonaparte roi de Hollande*, 1963.

5. Italie

a) Généralités

DRIAULT, E., *Napoléon en Italie*, 1906.

GILIS, L., « Napoléon et l'unité italienne », *Revue des Études napoléoniennes*, 1935.

BOURGIN, G et GODECHOT, J., *L'Italie et Napoléon*, 1936.

GHISALBERTI, A., *Introduzione alla storia del Risorgimento*, 1942.

FUGIER, A., *Napoléon et l'Italie*, 1947.

DUNAN, M., « Napoléon, l'Italie et le système continental », *Revue de l'Institut Napoléon*, 1965.

ZAGHI, *Napoleone e l'Italia*, 1965.

ZANGHERI, R., *La popolazione italiana in età napoleonica*, 1966.

GODECHOT, J., *Histoire de l'Italie moderne : le Risorgimento*, 1972.

Napoleone e l'Italia, actes du colloque de l'Accademia dei Lincei, 1973.

« L'Italie jacobine et napoléonienne », numéro spécial des *Annales historiques de la Révolution française*, 1977.

VILLANI, P., *Italia napoleonica*, 1978.
CAPRA, C, *L'Età rivoluzionaria e napoleonica in Italia*, 1978.

b) Piémont

VACCARINO, G., *Storia del Piemonte di Vittorio-Amedeo*, 1960.
DAVICO, R., «Prix et conjoncture : la période napoléonienne en Piémont», *Revue historique*, 1972.
   –, «L'économie du Piémont à la fin du XVIIIe et au début du XXe siècle», *Revue d'histoire moderne et contemporaine*, 1972.

c) Royaume d'Italie

WEIL, H., *Le Prince Eugène et Murat, 1813-1814*, 5 vol., 1901.
PINGAUD, A., *Bonaparte, président de la République italienne*, 1914, 2 vol.
   –, *Notices sur l'histoire de la République italienne*, 1914.
IVRAY, J. D', *La Lombardie au temps de Bonaparte*, 1919.
   –, «Le Premier Royaume d'Italie», *Revue des Études napoléoniennes*, 1923-1925.
TARLÉ, E., *Le Blocus continental et le royaume d'Italie*, 1928.
RATH, *The Fall of the napoleonic Kingdom of Italy*, 1941.
BAVIÈRE, A. DE, *Eugène de Beauharnais*, 1943.
ROBERTI, M., *Milano capitale napoleonica*, 1946.
ZAGHI, C., *Il regno d'Italia*, 1965.

d) Florence et l'Étrurie

MARMOTTAN, P., *Bonaparte et la République de Lucques*, 1896.
   –, *Le Royaume d'Étrurie*, 1896.
BOUDARD, R., «Le décret de création de l'Université impériale de Pise et son application en Toscane», *Rivista italiana di Studi napoleonici*, 1978.
Florence et la France, actes du colloque 1979.

e) Gênes

BOREL, J., *Gênes sous Napoléon*, 1929.

f) Bénévent

INGOLD, A., *Bénévent sous la domination de Talleyrand*, 1916.

g) Rome

MADELIN, L., *La Rome de Napoléon*, 1906.

MOULARD, J., *Le Comte Camille de Tournon*, t. II, 1930.

BOYER, F., « Les travaux publics dans les départements romains et toscans », *Revue des Études napoléoniennes*, 1932.

LATREILLE, A., *Napoléon et le Saint-Siège, 1801-1808*, 1935.

BERCÉ, Y.-M., « Société et police dans l'Ombrie napoléonienne » *Atti del Convegno di Studi umbri*, 1973.

FILIPPINI, J.-P., « Le Livournais et l'occupation française sous le Premier Empire », *Annales historiques de la Révolution française*, 1975.

PINAUD, P. F., « Problèmes quotidiens d'un préfet français dans le département de la Trasimène », *Rivista italiana di Studi Napoleonici*, 1980.

h) Naples

COLLETTA, P., *Histoire du royaume de Naples*, 1835.

DUFOURQ, A., *Murat et la question de l'unité italienne en 1815*, 1898.

JOHNSTON, R. M., *The napoleonic Empire in Southern Italy*, 1904.

BONNEFONS, A., *Marie-Caroline reine de Naples*, 1904.

AURIOL, Ch., *La France, l'Angleterre et Naples de 1803 à 1806*, 2 vol., 1905.

CHAVANON, J. et SAINT-YVES, G., *Joachim Murat*, 1905.

WEIL, H., *Joachim Murat, roi de Naples : la dernière année du règne*, 1909, 5 vol.

ESPITALIER, A., *Napoléon et le roi Murat*, 1910.

RAMBAUD, J., *Naples sous Joseph Bonaparte*, 1911.

ROSSELLI, J., *Lord W. Bentinck and the British Occupation of Sicily*, 1956.

ACTON, H., *The Bourbons of Naples*, 1956.

GARNIER, J.-P., *Murat roi de Naples*, 1959.

CALDORA, U., *Calabria napoleonica, 1806-1815*, 1960.

VALENTE, A., *Giocchino Murat e l'Italia meridionale*, nouvelle édition 1965.

VILLANI, P., *La vendita dei beni dello stato nel regno di Napoli*, 1964.

CARIES, P., *L'Organisation militaire du royaume de Naples sous les rois français Joseph et Joachim, Cavalier et roi*, 1970, résumé d'une thèse de doctorat restée inédite.

GODECHOT, J., « P. J. Briot et la Carboneria dans le royaume de Naples », *Regards sur l'époque révolutionnaire*, 1980.

6. *Luxembourg*

DOLLAR, J., *Napoléon et le Luxembourg*, 1979.

7. *Méditerranée*

a) *Illyrie*

PISANI, P., *La Dalmatie de 1797 à 1815*, 1893.
CASSI, G., « Les populations juliennes-illyriennes, 1806-1814 », *Revue des Études napoléoniennes*, 1930.
PIVEC-STELÈ, M., *La Vie économique des provinces illyriennes, 1809-1813*, 1931.
QUARANTOTTI, G., *Trieste e l'Istria nell'età napoleonica*, 1954.
SENKOWSKA-GLUCK, M., « Pouvoir et Société en Illyrie napoléonienne », *Revue de l'Institut Napoléon*, 1980.

b) *Îles Ioniennes*

RODOCANACHI, E., *Bonaparte et les îles Ioniennes*, 1899.
BOPPE, P., *L'Albanie et Napoléon*, 1914.
SAVANT, J., *Napoléon et les Grecs*, 1945.
BAEYENS, J., *Les Français à Corfou*, 1973.

c) *Malte*

GODECHOT, J., *Histoire de Malte*, 1952.

8. *Pologne*

HANDELSMAN, M., *Napoléon et la Pologne, 1806-1807*, 1909.
GRYNWASSER, H., « Le Code Napoléon dans le Duché de Varsovie », *Revue des Études napoléoniennes*, 1917.
ASKENAZY, S., *Le Prince Joseph Poniatowski*, 1923.
    –, *Napoléon et la Pologne*, 1925.
MANSUY, A., *Jérôme Napoléon et la Pologne en 1812*, 1931.
« La Pologne de l'époque des Lumières au Duché de Varsovie », numéro spécial des *Annales historiques de la Révolution française*, 1964.
SENKOWSKA-GLUCK, M., *Donacje napoleonskie W Ksiestwie Warszawskim*, 1968.
GROCHULSKA, B., « L'économie polonaise et le renversement de la conjoncture », *Revue d'Histoire moderne et contemporaine*, 1970.
PACHONSKI, Jan, *Josef Grabihski*, 1975.

BIELECKI, R., « L'effort militaire polonais 1806-1815 », *Revue de l'Institut Napoléon*, 1976.

KALLAS, « L'administration territoriale du Grand-Duché de Varsovie », *Revue d'Histoire du Droit français et étranger*, 1977.

9. Portugal

BRANDAO, R., *El rey Junot*, 1917.

FUGIER, A., « Napoléon et le Portugal jusqu'au traité de Fontainebleau », *Bulletin de l'Institut français du Portugal*, 1931.

LHERITIER, M., « Napoléon et le Portugal (1799-1808) », *Congresso do Mundo portugues*, 1941.

MACEDO, J., *O Bloqueio Continental*, 1962.

DAUPIAS D'ALCOCHETE, N., « La Terreur blanche à Lisbonne », *Annales historiques de la Révolution française*, 1965.

PINS, J. DE, « Le Comte Barca, 1754-1817 », *Revue de l'Institut Napoléon*, 1976.

DAUPIAS D'ALCOCHETE, N., « Les pamphlets portugais antinapoléoniens », *Arquivios do Centro Cultural portugues*, 1977.

GODECHOT, J., « Le Portugal et la Révolution, 1789-1814 », *Regards sur l'époque révolutionnaire*, 1980.

HORWARD, D., « Portugal and the Anglo-Russian naval Crisis : 1808 », *Naval war College Review*, 1981.

10. Suisse

CÉRENVILLE, B. de, *Le Système continental et la Suisse*, 1906.

CHAPUISAT, E., *Le Commerce et l'industrie de Genève pendant la domination française*, 1908.

GUILLON, E., *Napoléon et la Suisse*, 1910.

DUNAN, M., « Napoléon et les cantons suisses », *Revue des Études napoléoniennes*, 1912.

MARTIN, W., *La Suisse et l'Europe 1813-1814*, 1931.

SADRAIN, M., *La Réunion du Valais à la France*, 1936.

MEYLAN, M., *Le Grand Conseil vaudois sous l'acte de médiation*, 1958.

COURVOISIER, J., *Le Maréchal Berthier et sa principauté de Neuchâtel*, 1959.

WAEBER, P., *La formation du canton de Genève, 1814-1815*, 1974.

11. Les mondes extra-européens

a) Généralités

SAINTOYANT, J., *La Colonisation française pendant la période napoléonienne*, 1931.

JULIEN, Ch.-A., *La Politique coloniale de la France sous la Révolution, le Premier Empire et la Restauration*, 1955.

b) Antilles

POYEN, H. de, *Les Guerres des Antilles de 1793 à 1815.*

JAMES, R., *Les Jacobins noirs*, 1949.

CÉSAIRE, A., *Toussaint-Louverture*, 1960.

c) Les îles et le Pacifique

FAIVRE, J.-P., *L'Expansion française dans le Pacifique, 1800-1842*, 1953.

MERRIEN, J., *Un certain chevalier de Fréminville*, 1970.

d) Océan Indien

FABRE, E., *La Guerre maritime dans l'Inde*, 1883.

PRENTOUT, H., *L'Ile-de-France sous Decaen*, 1901.

PARKINSON, C, *War in the Eastern Seas, 1783-1815*, 1954.

EYMERET, J., « L'administration napoléonienne en Indonésie », *Revue d'histoire d'outre-mer*, 1973.

   –, J., « Les Iles Seychelles sous Quéau de Quinssy, 1793-1811 », *Revue de l'Institut Napoléon*, 1980.

e) Louisiane

BARBÉ-MARBOIS, Fr., *Histoire de la Lousiane et de la cession de cette colonie*, 1829.

VILLIERS DU TERRAGE, M. DE, *Les Dernières Années de la Louisiane française*, 1904.

WILSON-LYON, E., *Louisiana in French Diplomacy*, 1934.

BUSH, R., « Colonial administration in French Louisiana : The napoleonic episode, 1802-1803 », *Louisiana Historical Quaterly*, 1975.

MURAT, I., *Napoléon et le rêve américain*, 1976.

D. LES ADVERSAIRES DE L'EMPIRE

1. Prusse

LEHMANN, M., *Scharnhorst*, 1886.

CAVAIGNAC, G., *La Formation de la Prusse contemporaine*, t. II, 1898.
–, *Freiherr von Stein*, 3 vol., 1902-1905.

USSEL, J. D', *La Défection de la Prusse*, 1907.

VIDAL DE LA BLACHE, J., *La Régénération de la Prusse après Iéna*, 1910.

ANDERSON, E., *Nationalism and the cultural crisis in Prussia 1801-1815*, 1939.

BOUVIER, R., *Le Redressement de la Prusse*, 1941.

SIMON, W.-M, *The failure of the Prussian reform movement, 1807-1819*, 1955.

RITTER, G., *Stein*, 1958.

STULZ, P., *Die preussische Kabinettspolitik und die Rolle der Volksmassen in den Jahren 1811 bis 1813*, 1960.

KLEIN, E., *Finanzpolitik und Reformgesetzgebund des preussischen Staats Kanzlers Karl August von Hardenberg*, 1964. Wohlfeil, R., *Spanien und die deutsche Erhebung, 1808-1814*, 1965.

PARET, P., *Yorck and the Era of Prussian Reform*, nouv. éd., 1966.

2. Autriche

USSEL, J., *La Défection de l'Autriche*, 1912.

SRBIK, H. VON, *Metternich der Staatsman und der Mensch*, 1925.

LANGSAM, W.C., *Napoleonic Wats and german Nationalism in Austria*, 1930.

BUCKLAND, C. S. B., *Metternich and the british Government from 1809 to 1813*, 1932.

BIBL, V., *Metternich*, 1935.

HAMMER, H., *Oesterreichs Propaganda zum Feldzug 1809*, 1935.

ROESSLER, *Oesterreichs Kampf um Deutschlands Befreiung*, 1940.
–, *Erzherzog Karl*, 1942.

ROBERT, A., *L'Idée nationale autrichienne et les guerres de Napoléon*, 1943.

PAULIN, K., *Das Leben Andreas Hofer und der Tiroler Freiheit*, 1959.

BERTIER DE SAUVIGNY, G., *Metternich et son temps*, 1959.

BACLAS, E. H., « Berzeviczy et Napoléon », *Annales historiques de la Révolution française, 1977.*

TRANIÉ, J. et CARMIGNIANI, J.-C., *Napoléon et l'Autriche, la campagne de 1809*, 1979.
KOSARY, K., *Napoléon et la Hongrie*, 1979.

3. La Russie

TATISTCHEFF, S., *Alexandre Ier et Napoléon*, 1891.
VANDAL, A., *Napoléon Ier et Alexandre*, 3 vol., 1893-1896.
SCHILDER, N., *Imperator Aleksandr I*, 3 vol. 1897.
WALISZEWSKI, K., *Le Règne d'Alexandre Ier*, 3 vol., 1923-1925.
SEIGNOBOS, C., MILIOUKOV, P. N. et EISENMANN, L., *Histoire de Russie*, t. II, 1933.
JACOBY, J., *Napoléon en Russie*, 1938.
MOURAVIEFF, B., *L'Alliance russo-turque au milieu des guerres napoléoniennes*, 1954.
GRUNWALD, C. DE, *Alexandre Ier*, 1955.
SAÜL, N., *Russia and the Mediterranean, 1797-1807*, 1970.
TULARD, J., « Les relations commerciales franco-russes sous le Consulat et l'Empire », *Bulletin historique de la Société de sauvegarde de Pont-de-Briques*, 1979.

4. La Grande-Bretagne

COQUELLE, P., *Napoléon et l'Angleterre, 1803-1813*, 1904.
CUNNINGHAM, A., *British Credit and the last Napoleonic Wars*, 1910.
HOLLAND ROSE, J., *Pitt and the great War*, 1911.
HALÉVY, E., *Histoire du peuple anglais au XIXe siècle*, t. I, 1912.
GALPIN, W., *The grain Supply of England during the napoleonic Wars*, 1925.
CROUZET, Fr., *L'Économie britannique et le Blocus continental, 2* vol., 1958.
WATSON, J., « The reign of George III », *Oxford History of England*, t. XII, 1960.
CROUZET, Fr., « Bilan de l'économie britannique pendant les guerres de la Révolution et de l'Empire », *Revue historique*, 1965.
EMSLEY, C., *British Society and the french Wars, 1793-1815*, 1979.

5. L'Europe du Nord

PINGAUD, L., *Bernadotte, Napoléon et les Bourbons*, 1901.
HEIDENSTAN, G. de, *La Fin d'une dynastie d'après les mémoires de la reine de Suède*, 1911.

RUPPENTHAL, P., « Denmark and the Continental System », *Journal of Modern History*, 1943.

HEILS, K., *Les Rapports économiques franco-danois sous le Directoire, le Consulat et l'Empire*, 1958.

TOMMILA, P., *La Finlande dans la politique européenne en 1809-1815*, 1962.

GIROD DE L'AIN, G., *Bernadotte, chef de guerre et chef d'État*, 1968.

6. L'Orient

DRIAULT, E., *La Politique orientale de Napoléon*, 1904.

CIRAGNAN, O., *La Politique ottomane pendant les guerres de Napoléon*, 1954.

SPILLMANN, G., *Napoléon et l'Islam*, 1969.

7. Les États-Unis

BONNEL, U., *La France, les États-Unis et la guerre de course (1797-1815)*, 1961.

8. Le Congrès de Vienne

FOURNIER, A., *Der Congress von Châtillon*, 1900.

WEIL, H., *Les Dessous du Congrès de Vienne*, 1917, 2 vol.

WEBSTER, C. K., *The foreign Policy of Castlereagh*, 1925.

–, *The Congress of Vienna*, 1934.

FERRERO, G., *Reconstruction. Talleyrand à Vienne*, 1940.

SCHENK, H. C., *The Aftermath of the napoleonic Wars*, 1947.

NICOLSON, H., *Le Congrès de Vienne*, 1947.

–, *Le Congrès de Vienne et l'Europe* (1964).

KISSINGER, H., *Le Chemin de la paix*, 1972.

SUPPLÉMENT BIBLIOGRAPHIQUE
1982-2009

Depuis 1982, plusieurs milliers de livres ont été publiés sur l'époque napoléonienne. On n'a retenu que les ouvrages essentiels. Important est le *Dictionnaire Napoléon* de Jean Tulard (2 vol., 1999).

Ouvrages généraux

BERCÉ, Yves-Marie, *La Fin de l'Europe napoléonienne*, Paris, 1990, 392 p.
BOUDON, Jacques-Olivier, *La France et l'Europe de Napoléon*, Paris, 2006, 344 p.
BROERS, Michael, *Europe under Napoleon*, New York, 1996, 240 p.
CASAGLIA, Gerardo, *Le Partage du monde. Napoléon et Alexandre à Tilsit*, Paris, 1998, 416 p.
DUFRAISSE, Roger, et KERAUTRET, Michel, *La France napoléonienne : aspects extérieurs*, Paris, 1999, 280 p.
DWYER, Philip, *Napoleon and Europ*, Londres, 2002, 328 p.
ELLIS, Geoffrey, *The Napoleonic Empire*, New York, 2003, 166 p.
LENTZ, Thierry, *Napoléon et l'Europe*, Paris, 2005, 446 p.
–, *La France et l'Europe de Napoléon*, Paris, 2007, 836 p.
MARTIN, Jean-Clément, *Napoléon et l'Europe*, Rennes, 2002, 170 p.
WOOLF, Stuart, *Napoléon et la conquête de l'Europe*, Paris, 1990, 390 p.

Les pays européens

ANGELELLI, Jean, et PIGEARD, Alain, *La Confédération du Rhin*, Entremont-le-Vieux, 2002, 304 p.
AYMES, Jean-René, *L'Espagne contre Napoléon*, Paris, 2003, 256 p.
BARTON, Arnold, *Scandinavia in the Revolutionary Era, 1760-1815*, Minneapolis, 1986, 448 p.
BLED, Jean-Paul, *La Reine Louise de Prusse*, Paris, 2008, 278 p.
BOUDON, Jacques-Olivier, *Le Roi Jérôme*, Paris, 2008, 748 p.
BREGEON, Jean-Joël, *Napoléon et la guerre d'Espagne*, Paris, 2006, 354 p.
BROERS, Michael, *The Napoleonic Empire in Italy*, New York, 2005, 368 p.
BUNDY, Frank, *The Administration of the Illyrian Provinces of the French Empire*, New York, 1987, 678 p.
CROUZET, François, *L'Économie britannique et le Blocus continental*, Paris, nouv. éd., 1987, 950 p.

DONATI, Edgardo, *La Toscana nell'Impero napoleonico*, Florence, 2008, 2 vol.

DUFRAISSE, Roger, *L'Allemagne à l'époque napoléonienne*, Berlin, 1992, 576 p.

GOTTERI, Nicole, *Napoléon et le Portugal*, Paris, 2004, 288 p.

HOCQUELLET, Richard, *Résistance et révolution dans l'occupation napoléonienne en Espagne*, Paris, 2001, 370 p.

MAISON, Geneviève, et VAN YPERSELE, Anne, *Napoléon en Belgique*, Bruxelles, 2002, 296 p.

PALLUEL, André, *L'Aigle et la Croix, Genève et la Savoie, 1798-1815*, Vents-sur-Morges, 1999, 662 p.

PILLEPICH, Alain, *Milan, capitale napoléonienne*, Paris, 2001, 734 p.
–, *Napoléon et les Italiens*, Paris, 2003, 226 p.

RATCHINSKI, André, *Napoléon et Alexandre Ier. La guerre des idées*, Paris, 2002, 404 p.

SOKOLOV, Oleg, *Austerlitz, Napoléon, l'Europe et la Russie*, Paris, 2006, 542 p.

WEISS, Eberhard, *Montgelas*, Munich, 2008, 320 p.

La France

BERTAUD, Jean-Paul, *Les Royalistes contre Napoléon*, Paris, 2009, 464 p.

BOUDON, Jacques-Olivier, *Napoléon et les cultes*, Paris, 2002, 368 p.

CHANTERANNE, David, *Le Sacre de Napoléon*, Paris, 2004, 344 p.

CHATEL DE BRANCION, Laurence, *Cambacérès*, Paris, 2001, 642 p.

DOSSIOS-PRALAT, Odette, *Michel Regnaud de Saint-Jean d'Angély*, Paris, 2007, 584 p.

FIERRO, Alfred, *La Vie des Parisiens sous Napoléon*, Paris, 2003, 346 p.

JOURDAN, Annie, *Napoléon, héros, empereur, mécène*, Paris, 1998, 382 p.

LAMARQUE, Philippe, *L'Héraldique napoléonienne*, Saint-Jorioz, 1999, 2 vol.

LEDRU, Éric, *Napoléon*, Paris, 2008, 122 p.

LEMAIRE, Jean-François, *La Médecine napoléonienne*, Paris, 2003, 370 p.

LENTZ, Thierry, *Dictionnaire des ministres de Napoléon*, Paris, 1999, 210 p.

LIGNEREUX, Aurélien, *Gendarmes et policiers dans la France de Napoléon*, Maisons-Alfort, 2002, 276 p.

PETITEAU, Natalie, *Élites et mobilités, la noblesse d'empire au XIXe siècle*, Paris, 1997, 714 p.

SOBOUL, Albert, *La Civilisation napoléonienne*, Paris, 1990 (rééd.).

TULARD, Jean, *Joseph Fouché*, Paris, 1998, 496 p.

–, *La Province au temps de Napoléon*, Paris, 2003, 198 p.

–, *Dictionnaire biographique des membres du Conseil d'État. 1799-2002* (avec R. Drago et J. Imbert), Paris, 2004, 988 p.

–, *Le Sacre de Napoléon*, Paris, 2004, 220 p.

VILLEPIN, Dominique DE, *Le Soleil noir de la puissance*, Paris, 2007, 568 p.

–, *La Chute ou l'empire de la solitude*, Paris, 2008, 520 p.

WOLOCH, Isser, *Napoleon and his Collaborators. The Making of a Dictatorship*, New York, 2001, 282 p.

La diplomatie

HENRI-ROBERT, Jacques, *Dictionnaire des diplomates de Napoléon*, Paris, 1990, 366 p.

MORLOT, Georges-Albert, et HAPPERT, Jeanne, *Talleyrand, une mystification historique*, Paris, 1991, 1036 p.

WARESQUIEL DE, Emmanuel, *Talleyrand, le prince immobile*, Paris, 2003, 800 p.

La guerre

BÉRAUD, Stéphane, *La Révolution militaire napoléonienne : I. Les manœuvres*, Paris, 2007, 352 p.

BERTAUD, Jean-Paul, *L'Armée au cœur de la France de Napoléon*, Paris, 2006, 220 p.

BOUDON, Jacques-Olivier, *Armée, Guerre et Société*, Paris, 2002, 258 p.

DOUAY, Abel, et HERTAULT, Gérard, *Schulmeister*, Paris, 2002, 434 p.

ELTING, John, *Swords around Throne. Napoléon's Grande Armée*, Londres, 1988, 768 p.

GARNIER, Jacques, *Austerlitz*, Paris, 2005, 458 p.

JOURQUIN, Jacques, *Dictionnaire des maréchaux du Premier Empire*, Paris, 1999, 212 p.

LEMAIRE, Jean-François, *Les Blessés dans les armées de Napoléon*, Paris, 1999, 336 p.

MONAQUE, Remi, *Trafalgar*, Paris, 2005, 396 p.

MOTTE, Martin, *Les Marches de l'empereur*, Paris, 2007, 160 p.

NAULET, Frédéric, *Eylau*, Paris, 2007, 274 p.

PIGEARD, Alain, *L'Armée napoléonienne*, Paris, 1993, 992 p.

QUINTIN, Bernard et Danielle, *Dictionnaire des colonels de Napoléon*, Paris, 1996, 988 p.

QUOY-BODIN, Jean-Luc, *L'Armée et le franc-maçonnerie, au déclin de la monarchie, sous la Révolution et sous l'Empire*, Paris, 1987, 344 p.

REYNAUD, Jean-Louis, *La Contre-Guerilla en Espagne*, Paris, 1992, 214 p.

ZINS, Ronald, *1814, l'armée de Lyon*, Lyon, 1998, 352 p.

L'économie

BOURGUET, Marie-Noëlle, *Déchiffrer la France. La statistique à l'époque napoléonienne*, Paris, 1988, 476 p.

BRANDA, Pierre, *Le Prix de la gloire. Napoléon et l'argent*, Paris, 2007, 634 p.

BRUGUIÈRE, Michel, *Gestionnaires et profiteurs de la Révolution*, Paris, 1986, 340 p.

DARNIS, Jean-Pierre, *La Monnaie de Paris et son histoire, du Consulat et de l'Empire à la Restauration*, Paris, 1988, 120 p.

MEY DE, Jean, et POINDESSAULT, Bernard, *Répertoire des monnaies des Napoléonides*, Bruxelles, 1971, 550 p.

THUILLIER, Guy, *La Réforme monétaire de l'an XI. La création du franc-germinal*, Paris, 1993, 892 p.

WOLFF, Jacques, *Napoléon et l'économie*, Paris, 2007, 348 p.

–, *Le Financier Ouvrard*, Paris, 1992, 343 p.

WORONOFF, Denis, *L'Industrie métallurgique en France pendant la Révolution et l'Empire*, Paris, 1984, 592 p.

ZYLBERBERG, Michel, *Les Milieux d'affaires français et l'Espagne, 1770-1808*, Paris, 1993, 654 p.

Culture et religion

AMBRIÈRE, Madeleine et Francis, *Talma*, Paris, 2007, 894 p.

BONNET, Jean-Claude, *L'Empire des muses*, Paris, 2004, 484 p.

BOUDON, Jacques-Olivier, *Les Élites religieuses à l'époque de Napoléon*, Paris, 2002, 312 p.

CASANOVA, Antoine, *Napoléon et la pensée de son temps*, Paris, 2001, 324 p.

CHAILLOU, Daniel, *Napoléon et l'opéra*, Paris, 2004, 544 p.

CHEVALLIER, Bernard, *Style Empire*, Paris, 2000, 220 p.

–, *Les Lieux du pouvoir*, Paris, 2004, 128 p.

DENIS, Antoine, *Le Baron de Barante (1782-1866)*, Paris, 2000, 1006 p.

MOLLIER, Pierre, *La Franc-Maçonnerie sous l'Empire*, Paris, 2007, 300 p.

MONGRÉDIEN, Jean, *La Musique des Lumières au Romantisme*, Paris, 1986, 370 p.

PLONGERON, Bernard, *Les Pratiques religieuses dans l'Europe révolutionnaire*, Paris, 1988, 778 p.

Code civil

CHARTIER, Jean-Luc, *Portalis*, Paris, 2004, 442 p.
HALPÉRIN, Jean-Louis, *L'Impossible Code civil*, Paris, 1992, 310 p.
PLANTEY, Alain, TULARD, Jean, VARAUT, Jean-Marc, TERRE, François, BROGLIE, Gabriel DE, *Bicentenaire du Code civil*, Paris, 2004, 28 p.

Décorations et ordres

DAMIEN, André, *Le Grand Livre des ordres de chevalerie et des décorations*, Paris, 1991, 160 p.
Napoléon et la Légion d'honneur, Numéro spécial de *La Phalère* (Éric Ledru, Phidippe Vidal, Fernand Beaucour, Hervé-Just Favier, Marie-Christine de Bouët du Portal, etc.), Paris, 2000, 342 p.
TULARD, Jean, MONNIER, François, ÉCHAPPE, Olivier, *La Légion d'honneur*, Paris, 2004, 220 p.

Mémoires

De nombreux mémoires ont été publiés depuis 1982. Parmi les plus importants ceux de Cambacérès par Laurence de Chatel de Brancion (2 vol., 1999), de Thibaudeau par François Pascal, de Peyrusse par Christophe Bourachot, de Dufour par Jacques Perot, du journal de Fontaine par Bruno Foucart ainsi que les nombreuses éditions critiques de La Vouivre.

Index

Table

DEUXIÈME PARTIE
LE GRAND EMPIRE

TROISIÈME PARTIE
L'ÉCROULEMENT DU GRAND EMPIRE

Éditions Albin Michel
22, rue Huyghens, 75014 Paris

www.albin-michel.fr

ISBN : 978-2-226-18717-8
Impression Normandie roto en octobre 2009

N° d'édition : 26022
N° d'impression :093864
Dépôt légal : novembre 2009

Imprimé en France